EU법

European Union Law

김두수 저

박영사

서 문

EU는 1957년 당시의 기존 회원국인 독일, 프랑스, 이탈리아, 벨기에, 네덜란드, 룩셈부르크에 이어 1970년대에서 1990년대까지 영국, 덴마크, 아일랜드, 그리스, 스페인, 포르투갈, 스웨덴, 핀란드, 오스트리아가 가입되었고, 2004년 5월 1일에 키프로스, 몰타, 헝가리, 폴란드, 슬로바키아, 라트비아, 에스토니아, 리투아니아, 체코, 슬로베니아가 가입된 후 2007년 1월 1일에 루마니아, 불가리아가 그리고 2013년 7월 1일에 크로아티아가 가입되어 영역이 확대되었고, 전쟁 없는 유럽을 지향하여 역내복지를 보다 잘 구현할 수 있는 기초를 놓게 되었다. 또한 EU는 2009년 10월 2일 아일랜드 2차 국민투표에서 리스본조약(Treaty of Lisbon Amending the Treaty on European Union and the Treaty Establishing the European Community)이 통과되어 '하나의 유럽'으로 가는 난관을 극복하고 위기 속에서도 EU의 결속을 더욱 강화하게 되었다.

더욱이 2009년 12월 1일부터 리스본조약이 발효됨에 따라 역내 단일생활권을 형성하고 있는 EU는 이제 명실상부한 국제사회의 구성원으로서 대내외적으로 그 지위가 확고해지고 영향력도 증대되게 되었다. 즉 EU는 소위 EU의 대통령이라고 할 수 있는 유럽이사회 상임의장(President of the European Council)을 선출하고, EU의 대외정책을 조율하는 EU외교안보정책고위대표(High Representative of the Union for Foreign Affairs and Security Policy)를 선출하게 되었다. 1999년의 유로(Euro)화 도입으로 EU의 진정한 경제통합이 가시화되었다면, 유럽이사회 상임의장 및 EU외교안보정책고위대표의 선출은 EU의 정치통합의 핵심적인 내용이라고 할 수 있다.

이러한 상황에서 우리나라는 EU 자체의 정치, 경제, 사회, 문화 등 각 부문에 대한 이해를 위하여, 그리고 2011년 7월 1일부터 발효된 한－EU FTA에 대한 검토와 대응을 위해서도 EU 및 그 법제에 대한 기초적 또는 기본적 이해가 필요하다. 더욱이 점점 지구촌화 되어 가고 있는 현 국제사회에서는 인간의 실생활과 매우 밀접하게 관련이 있는 초국경적 문제인 식품안전, 기후변화대응 및 환경보호 등에 관한 관심이 점점 증가하고 있어 EU의 관련 부문에 대한 선도적 또는 적극적인 정책이나 법제에 대하여 살펴보는 것도 향후 우리나라의 대응을 위하여 의미가 있다.

이에 이 책은 EU법의 입문서로서의 성격으로 EU 및 그 법제의 기초적 내용에 대한 이해를 위하여 새롭게 편제하여 출간하게 되었다. 그 주요 내용으로 제1부에서는 EU 통합의 통치구조적 측면에 대하여, 제2부에서는 EU의 공동시장체제와 유로화를 중심으로 한 경제통상에 대하여, 제3부에서는 지역주의, 즉 지역 국제사회에서 공동의 대응체제를 갖추고 있는 EU의 식품안전, 기후변화대응 및 환경보호의 기초적인 내용에 대하여 다루었다.

이러한 내용의 구성을 위하여 이 책은 저자의 기존 출간물인 EU법, EU공동시장법, EU식품법, EU환경법 등을 참고하여 EU 및 그 법제에 대한 기본서로서 재구성하였으며, 일부 새로운 내용을 추가하여 발행하게 되었다. 특히 이 책은 EU 및 그 법제에 대한 기본 이론과 핵심 사례를 해당 부문에서 상세하게 소개함으로써 EU 및 그 법제에 대한 이해를 제고하고자 하였다. 부디 이 책이 EU 및 그 법제에 대한 이해를 필요로 하는 여러 분야의 학계 및 실무계의 관계자 여러분들께 조금이나마 도움이 되기를 바란다.

끝으로 NY Cheon과 YW Kim에게 고마운 마음을 전하며 언제나 건강하고 행복하기를 소망한다.

2020년 5월 13일

김두수

차 례

제1부 통치구조와 법

제1장 EU의 통합법제사

제2장 EU의 주요기관

제3장 EU법의 법원

제6장 이행강제소송

제7장 선결적 판결 소송

제2부 경제통상과 법

제8장 상품의 자유이동

제9장 사람의 자유이동

제10장 설립의 자유

제11장 유로화·재정규범과 유럽사법법원(ECJ)

제12장 공동통상정책과 한·EU FTA

제3부 개별법제의 발전

제13장 식품법제의 발전

제14장 유럽식품안전청(EFSA)의 조직구조와 역할

제15장 환경법제의 발전

부 록

제1부

통치구조와 법

제 1 장
EU의 통합법제사

Ⅰ. 서언

오늘날 모습을 보이고 있는 유럽연합(European Union: EU)의 통합은 단기간 동안에 갑작스레 이루어진 것이 아니다. 유럽에서는 과거에 먼저 영토 정복을 통한 유럽 통합의 시도가 있었다. 프랑스의 나폴레옹에서 독일의 히틀러에 이르기까지 당대 정치 지도자들은 유럽 대륙에 대한 제국주의적 지배를 통하여 통합을 이루고자 하였다. 그러나 유럽 대륙이 모자이크처럼 분열되어 있다는 사실과 지방민들의 요구를 간과한 채 거대한 영토를 단지 무력으로 통제하려고 했기 때문에 그들의 유럽에 대한 통합 시도는 결국 실패하였다.

이러한 의미에서 '진정한 의미의 통합'은 소위 군사적 또는 무력적 정복에 의해서 성취되는 것이 아니라고 할 수 있다.[1] 여러 지식인들과 사상가들도 이러한 통합이라는 주제에 관하여 지속적인 관심을 가지고 있었다. 많은 저술가들은 유럽통합

---

[1] 지역통합에 있어서 중요한 것은 공식적인 사법적 분쟁해결제도의 도입이라고 할 수 있으며, 제3자적 사법기관의 존재로 인하여 국가는 주권을 존중받게 되고, 또한 역내 분쟁을 법적 절차에 따라 해결할 수 있게 된다. 김두수, "지역통합상 지역법원의 중요성: EU의 사법적 통합을 중심으로", 「국제지역연구」 제9권 제2호(2005.7), pp.29-56; Derek W. Urwin, *The Community of Europe: A History of European Integration since 1945*(London: Longman, 1992), p.2.

의 모델을 고대 로마제국에서 찾기도 한다. 이는 아마도 통합의 가장 큰 가치는 전쟁의 방지와 평화의 보존이라고 할 수 있는데, 당시 로마제국이 외부의 약탈과 침략으로부터 '유럽을 효과적으로 방위'할 수 있었기 때문으로 볼 수 있다.[2] 세계 2차 대전 후 유럽 통합의 활발한 움직임도 이러한 '유럽의 안보와 번영'이라는 궁극적 가치와 관련이 있었다.

　　1946년 9월 19일 스위스 취리히(Zürich) 대학의 연설에서 윈스턴 처칠(Winston Churchill)은 "유럽(European family)은 통합을 통하여 앞으로 보다 많은 성과를 달성할 수 있다"라고 역설하였으며, 유럽의 평화·자유가 정착된 통치구조의 설립을 제안하였다.[3] 이 연설을 시초로 시작된 유럽 통합의 이상은 약 45년이 흘러 1992년 네덜란드(Holland) 마스트리히트(Maastricht)에서 체결된 '유럽연합조약'(Treaty on European Union: TEU)에 의해 구체화 되었다. 그런데 이러한 EU통합의 이상은 일찍이 '로마제국', '중세 기독교적 유럽', 히틀러의 '제3제국'과 같은 모습으로 전개되기도 하였으며, 1849년에는 빅토르 휴고(Victor Hugo)가 '유럽합중국'(United States of European)이라는 용어를 사용하기도 하였다.[4] 그러나 본격적인 EU통합의 역사는 제2차 세계대전 종결 후부터 시작되어 1992년의 유럽연합조약(TEU)의 채택에 의해 일단락되었다고 볼 수 있다.[5]

　　현재 EU는 통합과정[6]의 '과도기적' 단계를 대부분 지나 이제는 '완전한 통합' 단계에 도달해 있다. 즉 EU통합을 위하여 기능주의적 차원에서 추구했던 '경제통합' 단계를 넘어서 '정치통합'을 추구하고 있다. 이전보다 더 긴밀한 움직임 속에

---

2) *Ibid.*
3) P.S.R.F. Mathijsen, *A Guide to European Union Law* (London: Sweet & Maxwell, 1995), p.12.
4) Urwin, *supra* note 1, p.3.
5) Mathijsen, *supra* note 3, p.12.
6) 지역통합 3대 이론으로 Federalism, Communications Approach, Neo-functionalism이 있다고 할 수 있다. 'Federalism'은 정치적 선결요건(political postulates)이 확립되어 주권국가를 지향하는 것이고, 'Communications Approach'는 지역적으로 동일한 법적 조리를 구상하는 것이고, 'Neo-functionalism'은 다원론적 국가모델(Pluralistic National Model)로서 설명된다. 일반적으로 연방주의의 추진요소는 경제적 요소로 통합목적이 공동체이며, 기능주의의 추진요소는 정치적 요소로 통합목적이 주권국가의 성립에 있다. Ernst B. Hass, "The Study of Regional Institution: Reflections on the Joy and Anguish of Pretheorizing", *International Organization*, Vol.24(1970), pp.622-630.

EU의 역내 경제적·정치적 통합이 동시에 진행되어 결실을 보고 있는 것이다. 이런 EU가 '완전한 연방체'로 통합된다면 21세기 국제질서는 보다 새로운 국면을 맞이하게 될 수 있다.[7] EU는 한국, 중국, 일본을 포함한 동아시아, 미국을 포함한 북미자유무역지대(North America Free Trade Area: NAFTA)와 함께 세계 경제질서의 3대 축 가운데 하나라는 점에서 중요한 비중을 가진다.

대부분 국제기구들은 일련의 역사적 투쟁 결과로 이를 성립하기 위하여 많은 관심과 열정, 희망과 갈등의 시간을 겪으며 법·제도적으로 발전하여 왔다. 이러한 지역기구[8]로 출발한 EU도 마찬가지이다. 따라서 현재의 EU와 EU법을 충분히 이해하기 위해서는 EU의 통합과정을 '법제사적 관점'에서 바라볼 필요가 있다.[9] 갖추어진 현재의 EU만 바라보고 EU를 이해하는 것은 거대한 숲 속의 나무 몇 그루만을 보고 거대한 숲을 모두 보았다고 말하는 것과 같을 것이다.

---

7) 6개국이었던 회원국 수는 1973년 영국, 아일랜드, 덴마크의 가입, 1981년 그리스의 가입, 1986년 스페인, 포르투갈의 가입, 1995년 오스트리아, 핀란드, 스웨덴의 가입으로 15개국이 되었다. 반면 당시 EC와 동유럽 국가들과의 관계에는 성과가 없었는데, 이는 EC가 가장 크게 실패한 부분이라고 설명하는 자도 있었다. 1972년에는 노르웨이가 가입조약을 체결하였음에도 불구하고, 국민투표(Referendum)에서 EC가입이 거부됨에 따라 EC의 권위가 손상을 입기도 하였다. 지리적 범위는 1985년 2월 그린란드가 탈퇴함으로써 축소되었다. 덴마크의 일부분이었던 그린란드는 유럽과 멀리 떨어져 있고 인구가 희박한 섬으로서, 1973년에 덴마크의 EC가입과 함께 자동적으로 EC의 일원이 되었다. 2004년 사이프러스, 몰타, 헝가리, 폴란드, 슬로바키아공화국, 라트비아, 에스토니아, 리투아니아, 체코, 슬로베니아의 가입으로 25개국이 되었다. 2007년 루마니아, 불가리아의 가입, 2013년 크로아티아의 가입으로 28개국이 되었다.

8) 지역기구라는 것은 비록 지역적(regional)이라고 표현은 하지만, '지역'이라는 용어가 갖는 실질적인 의미는 지리학상의 개념이라기보다는 정치적 성격을 갖는 개념이라고 볼 수 있다. D.W. Bowett, *The Law of International Institutions* (London: Stevens & Sons, 1982), p.11.

9) 유럽통합사의 주요 조약의 체결과 발효는 다음과 같다.

주요 조약	체결	발효
ECSC설립조약	1951. 4. 18.	1952. 7. 25.
EEC설립조약·Euratom설립조약	1957. 3. 25.	1958. 1. 1.
Merger Treaty	1965. 4. 8.	1967. 7. 1.
Single European Act	1986. 2. 28.	1987. 7. 1.
Treaty on European Union	1992. 2. 7.	1993. 11. 1.
Amsterdam조약	1997. 10. 2.	1999. 5. 1.
Nice조약	2001. 2. 26.	2003. 2. 1.
Lisbon조약	2007. 12. 13.	2009. 12. 1.

II. EC와 EU

과거에 유럽공동체(European Communities: EC)라고 함은 엄밀히 말해서 유럽석탄철강공동체(European Coal and Steel Community: ECSC, 1951), 유럽원자력공동체(European Atomic Energy Community: Euratom(EAEC), 1957), 유럽경제공동체(European Economic Community: EEC, 1957)를 통틀어 의미하였다. 이 중에 하나의 공동체(Community)를 지칭할 때는 통상 유럽경제공동체(EEC)만을 의미하였다.[10] 그런데 이러한 EEC는 나머지 두 개 공동체와 완전히 분리되어 개별적인 역할을 수행하지는 않으며, 실제로는 조약 대부분 목적들이 EEC 내로 흡수되어 있고, 유럽연합조약(TEU)은 이러한 EEC를 유럽공동체의 '대표격'으로 여겨 EC로 개칭하였다.[11]

'공동시장'(Common Market, 즉 역내시장(Internal Market)을 의미함)은 '공동체'와 혼동될 우려가 있으나, 공동시장은 '공동체'에 의해 수행되는 다양한 농업, 상업, 경쟁, 식품, 환경, 에너지 정책들과 같은 '기본적 자유들'(basic freedoms)이 실현되는 공간을 의미한다.[12] 역내시장(internal market)이란 공동시장과 유사한 개념으로 '상품, 사람, 서비스, 자본의 자유이동이 보장된 경계선이 없는 지역'을 의미한다.

1. EC

과거 1951년 ECSC조약 초안자들은 '고등관청'(High Authority, 현재의 European Commission에 해당됨)의 회원국들에 의해 수행되는 기능의 특수성과 관련하여 '초국가적'(supranational)이란 용어를 사용하였다.[13] 이는 공동체가 개별 회원국들보다 또한 개별 회원국들의 국내법보다 우위에 있다는 것으로 이해되었다. 이로써 공동체는 국제법상의 '국제조직'(즉 국제기구)의 형태로 설립되었지만, 다른 국제조직들보다 그 설립시 많은 신중을 기하였고, 단순히 서명국들이 '국가 간 체제'에 따라 그들

---

10) Mathijsen, *supra* note 3, p.4.
11) T.C. Hartley, *The Foundations of European Community Law* (Oxford: Clarendon Press, 1994), p.3.
12) Mathijsen, *supra* note 3, p.4.
13) ECSC조약 제9조의 (5), (6).

상호 간의 의무를 수용하는 것이 아니라, 일체의 권한을 공동체에 위임함으로써 '주권의 제한'을 받게 되었다.[14]

그런데 보통의 국제조약과 비교하여 볼 때, 공동체와 관련된 기초 설립조약들은 국가 간(international)이란 용어를 사용하지 않으며, 자체적인 법적 체계인 '국제법상의 새로운 법질서'(a new legal order of international law)를 형성하여 왔다. '초국가적'이란 용어는 보통의 국제조약과 공동체 조약과의 차이를 보여 주고 있는데, 바로 이는 회원국을 규율하는 공동체법이 일반적으로 국가들 간을 규율하는 일반 국제법과는 다른 성격을 가짐을 의미한다.[15] 그렇기 때문에 공동체법은 모든 회원국에서 통일적이고도 일관성 있게 적용되어야 하고, 이로서 공동체법은 진정한 '초국가적' 성질을 가진다.

그런데 현재는 '초국가적'이란 용어의 사용에 대한 논란이 있어 왔고, EU시민들이 'EU헌법'에 민감한 반응을 보였던 것과 같이 '초국가적'이란 용어는 ECSC조약에서도 삭제되었다. 그러나 이로 인해 공동체와 공동체법의 '초국가적' 특수성이 변화 또는 변질되었다는 것을 의미하는 것은 아니다. 보다 중요한 점은 이러한 '초국가적' 개념이 현재 EU 내에서 보편적으로 수용되고 있고, 또한 공동체법(Community Law)이란 용어로 지속적으로 표현되어 왔다는 것이다.[16] 그리고 공동체법을 단수 'Community'로 표현한 이유는 대부분의 법률문제가 EEC조약과 관련되기 때문이었다.

1967년 통합조약(Merger Treaty)으로 유지되던 유럽공동체(EC)는 시간이 흘러 1984년 '유럽연합에 대한 초안'(Entwurf eines Vertrages zur Gründung einer Europäischen Union)이 유럽의회에서 채택되고,[17] 'EU' 출범 준비를 위한 1986년 단일유럽의정서(Single European Act: SEA)가 채택되면서 명칭이 점차 'EU'로 변경되게 된다. 이 단일유럽의정서(SEA)의 핵심 내용은 ① 1992년 말까지, 즉 'EU'가 창설될 때까지 '완전한 역내시장'을 완성해야 한다는 것과 ② '제1심법원'(CFI, 현재의 일반재판소(General

---

14) Mathijsen, *supra* note 3, p.7.

15) *Ibid.*, pp.7−8.

16) *Ibid.*, p.8.

17) Albert Bleckmann, *Europarecht: Das Recht der Europäischen Gemeinschaft* (Köln: Carl Heymanns Verlag KG, 1990), p.5.

Court)를 의미함)의 설립에 관한 것이었다.[18]

2. EU

EU는 출범 당시 그 존립 형태가 구체적으로 결정된 것은 아니었으나, 완전한 연방체가 궁극적인 목표였다고 할 수 있다. 이런 EU는 법적 측면에서보다는 정치적 측면에서 보다 중요한 의미를 갖는 기구였다.[19] 그런데 회원국의 모든 국민들이 유럽연합조약(TEU)상 그들의 권리가 확고히 보장되는 EU의 '시민'[20](citizens)으로 인정되었기 때문에 법적 측면에서도 완전히 무관한 것만은 아니다.[21]

한편 리스본조약 발효 이후에는 의미가 없어졌지만 당시 EU의 3개 기둥[22](3주 체제) 중에 공동외교안보정책[23](Common Foreign and Security Policy: CFSP)과 사법·내무협력(Co-operation in the fields of Justice and Home Affairs: CJHA)은 아직 회원국들 간 합의가 이루어지지 못해, 이 두 분야에 관한 내용은 EC조약 외부에 두어 특수한 지위를 인정하고 있었다.[24]

---

18) *Ibid.*, p.7. Mathijsen, *supra* note 3, p.18.

19) *Ibid.*

20) EU시민이 그 거주지에서 선거권과 피선거권을 소유하느냐와 관련하여 프랑스 헌법법원은 EU시민이 그가 거주하고 있는 프랑스 내의 어떤 도시에서의 선거에서 선거권과 피선거권을 갖는 것은 위헌이며, 유럽의회(EP) 의원선거에 있어서 선거권과 피선거권을 갖는 것은 합헌이라고 하였다. 변해철, "유럽연합조약과 프랑스헌법", 「외법논집」, 제2집(1995), p.117.

21) Albert Bleckmann, *supra* note 17, p.5. TFEU 제20조-제25조.

22) 이런 EU의 3대 기둥은 통합된 3개 공동체(European Communities), 공동외교안보정책 (Common Foreign and Security Policy), 사법내무협력(Co-operation in the fields of Justice and Home Affairs)이다.

23) 1996년 10월 5일 아일랜드에서 개최된 EU 특별 정상회의에서 독일과 프랑스 등 대다수 회원국들은 EU의 국제적 영향력을 강화하기 위해서는 '확대된 EU' 내에서 보다 결집력 있는 공동외교안보정책이 긴요하며, WEU의 EU방위기구화 등을 통해 공동외교안보정책(CFSP)을 내실화해야 한다는 입장을 표명하였다. 반면 영국은 회원국 전체의 동의가 있는 경우에만 외교안보정책에 대하여 공동정책을 추진해야 한다고 하며, 역내문제 해결을 위해서는 EU와 NATO 간의 협력 확대를 주장하였다. 스웨덴, 핀란드, 아일랜드 등 중립국들도 CFSP 참여를 유보하였다. 하지만 WEU는 1996년 11월 19일 벨기에 오스탕드에서 정례 각료이사회를 개최하여 EU 방위기구로서의 WEU 역할 증대 및 NATO와의 협력강화방안을 내용으로 하는 '오스탕드 선언'을 채택하였다. 서병철, "유럽안보환경의 변화와 안보체제의 발전 방향", 외교안보연구원정책연구시리즈 96-3(1997), p.50.

24) Mathijsen, *supra* note 3, pp.5-6. TEU 제3조.

EU의 대외적 정체성[25](external identity)은 국제상사·경제 분야에서의 공동체 역할과 관련하여 필요하지만, 당시에는 아직 국제정치적 현실로 인해 대외적 정체성을 완전히 성취하지 못하였다.[26] 따라서 EU의 '법인격'에 대해서는 계속해서 의견이 분분하였고, EU는 명확하지 않은 정체성을 유지하는 가운데 국제회의에 EU의 대표를 파견해 왔다. 그러나 2007년 12월 13일 채택된 리스본조약에 의해 '개정된 유럽연합조약'(TEU) 제47조에 의해 EU는 명확한 법인격을 갖게 되었다.

한편 회원국과 회원국 가입을 희망하는 국가는 '민주주의 원칙'에 기초한 정부여야 하였기 때문에,[27] 이 조건에 부합되지 못하는 경우에는 EU의 회원국 자격을 박탈할 수 있었다.[28] 그리고 '공동체법의 일반원칙'[29]을 구성하고 있는 회원국들 헌법의 공통산물인 '기본권'을 유럽사법법원(European Court of Justice: ECJ)은 인정하고 있었다.[30] 이 기본권에 관한 규정은 EU헌법조약에는 규정되었으나 동 조약은 실패로 끝났고, 이후 리스본조약에서는 승인의 형식을 통하여 'EU기본권헌장'(Charter of Fundamental Rights of the European Union)을 리스본조약 체계 내로 수용한다고 규정하고 있다.

그리고 리스본조약 내로 대부분 수용된 EC조약은 유럽공동체설립의 목적들로 다음을 들고 있다. ① 경제활동의 조화와 균형 있는 발전, ② 환경을 존중하는 지속적이고도 인플레이션을 일으키지 않는 성장, ③ 경제수행의 높은 집중력, ④ 높은 임금과 사회적 보호, ⑤ 삶의 수준 향상, ⑥ 회원국들 간의 경제·사회적 결합과 연대 등이다.[31] EU는 이전부터 이러한 EC조약상의 목적들을 실현하기 위해 노력

---

25) 공동체설립조약은 각각 그 법인격을 규정하고 있다(EC조약 제281조(현재는 삭제되고 'TEU 제47조'), Euratom조약 제184조, ECSC조약 제8조). 그리고 EC조약 제300조(현 TFEU 제218 조), Euratom조약 제101조는 국제협정 체결권을 부여하고 있으며, ECSC도 그 권한의 범위 내에서 협정체결권이 인정된다. I. Macleod·I.D. Hendry·Stephen Hyett, *The External Relations European Communities: A Manual of Law and Practice* (Oxford: Clarendon Press, 1996), pp.29, 166; Rachel Frid, *The Relations Between the EC and International Organizations: Legal Theory and Practice* (London: Kluwer, 1995), pp.29-116.

26) Mathijsen, *supra* note 3, p.6.

27) TEU 제6조의 (1).

28) Mathijsen, *supra* note 3, pp.6-7.

29) TEU 제6조의 (2). Cf. TFEU 제218조의 (6).

30) TEU 제6조의 (2).

31) EC조약 제2조(현재는 삭제됨).

하고 있다.

EU는 이러한 광범위한 목적들을 달성하기 위해서는 첫째, 경제·화폐의 통합과 공동시장(역내시장)의 확립·기능화·발전이 필요하다. 둘째, 조약상 규정된 공동정책들(common policies)의 일관된 이행이 필요하다.[32] EC조약은 이런 공동시장과 경제·화폐통합을 위한 비교적 '상세한' 규칙들과 프로그램을 규정하고 있다. 그러나 공동정책과 관련해서는 '일반적인 문구'로 규정하고 있다.[33] 그러나 이러한 모호함에도 불구하고 공동체 활동들은 계속해서 사회·경제적 분야에서 발전하고 있으며,[34] 그 외의 분야도 유럽연합조약(TEU)에 의해 추가되었고 리스본조약에 의해 재정비되었다.[35]

그런데 이러한 EU의 발전은 공동체의 정치적 혼란과 경제적 침체의 시기에도 유지되었을 뿐 아니라, 그 통합분야를 확대하여 왔으며, 지리적·정치적으로도 지속적으로 발전하였다. 이는 공동체와 회원국들이 심오한 '대의의 달성'을 위해 EU 통합을 위한 기초적 조건들을 계속 이행하고 있었음을 의미한다.[36] 이는 그리스를 포함한 몇몇 국가들의 경제위기에서도 EU 차원에서 지원을 아끼지 않는 결속력과 유럽이 함께 잘 살고자 하는 복지를 향한 강한 의지에서도 나타난다고 할 수 있다.

---

32) TFEU 제119조(EC조약 제2조, 제4조).
33) Mathijsen, *supra* note 3, p.10.
34) TFEU 제352조를 근거로 한 이사회의 결의로서 가능하다.
35) 이에는 교육, 문화, 보건, 산업 등이 있다.
36) 유럽연합조약(TEU)의 비준(ratification)과 관련하여, 덴마크는 국가의 독립성에 대한 우려로 인해 1992년 6월 국민투표에서 비준이 거부되었으나, 1992년 12월 12일 영국의 에든버러 정상회담에서 덴마크에 통화단일화, 공동방위정책, 유럽시민권, 사법공조의 예외를 인정하여 1993년 5월 재투표에서 비준되었다. 영국은 노동관련 규정인 사회정책조항의 삭제를 주장하였으나, 1993년 8월 영국의회에서 비준되었다. 프랑스는 자국의 정치적 입지가 독일에 비해 약화될 우려 속에 1992년 9월 투표에서 비준되었다. 독일은 1993년 1월 비준되었다. 덴마크와 프랑스의 통합반대론자들의 영향을 받은 독일 내 통합반대론자들이 본 조약에 의해 독일의 독립국가로서 주권을 해치게 된다고 위헌소송을 제기했으나, 1993년 10월 독일헌법재판소는 단일통화에 동의하기 전 의회의 승인을 받아야 한다는 전제하에 합헌판결을 내렸다. Andrew Duff · John Pinder · Roy Pryce, *Maastricht and Beyond: Building the European Union* (London: Routledge, 1995), pp.54-65.

Ⅲ. EU의 통합 정도

1. 정치적 측면

유럽연합조약(TEU)은 주로 EU의 협력(cooperation)체제·정책을 지향하고 있으며, 새롭게 사법·내무협력과 공동외교안보정책을 규정하여 부차적인 통합을 꾀하고 있다. 또한 회원국 국민들에게는 EU시민권을 부여하며, 역내적으로 완전한 자유이동이 보장된 단일시장과 단일통화체제를 확립하고 있다. 다소 제도화된 정부 간 협력체로서의 일면도 있지만, 조약상의 연방적 성질을 지닌 요소(federal elements)를 통해 완전한 통합체로 발전해 나가고 있다.

또 하나의 발전된 모습은 이사회의 만장일치가 특별한 사안의 경우에만 인정되고, 그 이외의 사안에 대해서는 가중다수결제도가 활용된다는 점이다. 특히 유럽사법법원(ECJ)에 의해 EU법 우위의 원칙이 확립됨으로서 EU내 일원화된 법질서가 확립되었다.[37] 비록 발효되지는 못하였으나 EU헌법조약(Ⅰ-6)은 EU법의 우위를 명문화한 바가 있었다.

정치통합과 관련하여 특별히 살펴볼 내용은 유럽의회(European Parliament: EP)에 관한 내용이다. EU는 UN과 같이 발달된 국제기구도 갖고 있지 않은 회원국들 국민들의 직접선거에 의해 선출한 대표들(유럽의회 의원)[38]로 EP를 구성하고 있다.[39] 이런 의회를 갖는 EU는 회원국들 간 합의에 기초한 국제기구이면서, 또한 회원국들에 구속력을 부여하는 법률을 제정하는 초국가적 기구의 성질을 갖고 있다. 이전에 협상과정에서 유럽연합조약(TEU)초안에서는 본 조약이 유럽연방의 목표를 가지고 있는 정치동맹으로서 점차적으로 발전해 가는 새로운 단계임을 표시하는 문구를 포함하였다. 그러나 이에 대한 영국의 반대로 '연방'이라는 용어는 삭제된 바가 있

---

37) Hartley, *supra* note 11, pp.8-9.
38) TFEU 제223조는 국가별 유럽의회 의석수를 규정하고 있다. 유럽의회(EP)의 의석수는 각국의 인구수에 비례한다. 여기에서 '인구수'란 일반적 수치를 의미하는 것이 아니라 회원국들의 경제규모 내지 실질적 기능을 고려한 대표성을 의미한다. 의원들은 유럽의회 내에서 출신국가가 아닌 정당을 대표하는데, 이는 유럽의회가 회원국의 '주체성'보다는 회원국들 간의 '평등과 불평등'의 개념을 도입했기 때문이다.
39) 최수경, "유럽연합의 발전과정과 정치·경제적 통합", 「국제법학회논총」, 통권 제78호(1995), p.191.

었다.[40] 이는 EU체제가 그 구조에 있어서는 연방제와 유사하지만, 조약상의 중요 분야에 있어서는 회원국들이 여전히 '주권'을 행사할 수 있기 때문이다.

그런데 유럽연합조약(TEU)을 보면 EU는 국가연합의 단계를 넘어 연방국가에 근접했음을 알 수 있다. 이는 EU법에 '초국가적 성질'을 보여 주는 '연방적 요소'가 다분히 존재하고 있음을 의미하며, 무엇보다 유럽연합조약(TEU)이 EU의 헌법과 같은 기능을 하고 있기 때문이다.[41] 본래 '국가연합'(confederation)이란 둘 이상의 국가가 동등한 자격으로 조약을 체결함으로서 형성되어 일정한 외교적 권한을 공동으로 행사하는 국가 결합 형태를 말한다. 이런 국가연합은 연방국가에 비해 보다 유연한(flexible) 성격을 갖고 있다.[42] 한편 '연방국가'(federal state)는 연방헌법에 기초하여 설립되며, 연방은 완전한 외교능력을 향유하여, 각각의 구성원은 대외적으로 국제법상 주체성을 소유하지 아니한다.[43] 그런데 둘 이상의 국가가 상호 의존의 특수한 관계에 있거나 또는 실질적 의존이 인정되고 있는 국제관계를 조약에 기초하여 형성하고 있다면, 이는 국가연합으로 볼 수 있다. 따라서 EU는 국가연합에 해당한다고 볼 수 있다. 물론 리스본조약에 의해 유럽이사회의 상임의장과 집행위원회 내의 EU외교안보정책고위대표가 선출되기 때문에 EU를 '국가'로 볼 수 있다고 주장할 수는 있으나, 현재 EU가 보이는 소위 국가적 형태는 지금까지 존재하지 않았던 '새로운 형태의 국가적 모습'으로는 볼 수 있을 것이다.

2. 경제적 측면

경제통합의 금융 분야[44]는 비중 있는 현안사안으로서 그 통합 정도를 살펴볼

---

40) *Ibid.*, p.192.
41) D. Lasok, *Law and Institutions of the European Communities* (London: Butterworths, 1994), p.27.
42) Malcolm N. Shaw, *International Law* (Cambridge: Cambridge Univ. Press, 1997), p.155.
43) Peter Malanczuk, *Akerhurst's Modern Introduction to International Law* (London: Routledge, 1997), p.81.
44) 자본의 자유이동은 EU에 통용되는 유럽단일통화 Euro화의 구축으로 말미암아 보다 확실한 법적 지위를 확보하게 되었다. EU의 유로화 도입에 따른 재정준칙 및 사례에 관하여는 김두수, "EU의 재정규범강화와 제재에 관한 유럽사법법원(ECJ)의 역할", 「국제경제법연구」 제13권 제3호(2015.11), pp.45−81 참조.

필요가 있다. 먼저 회원국들의 화폐가 'Euro화'로 통합되었고, Euro화를 사용하는 국가들을 모아 'Euro Zone'이라고 한다.

유럽연합 15개국 재무장관들은 1995년 6월 19일 룩셈부르크에서 열린 재무장 관회의에서 통화단일화 시기를 1999년으로 연기하기로 결정한 바 있는데, 이는 유 럽연합조약(TEU)이 1997년을 통화단일화 실행시기로 정한 것을 사실상 포기한 것 이었다. 물론 본래의 계획보다 2년 지연되어 유로화가 사용되기 시작하였지만, 그 기준 또한 엄격하였다. 유럽연합조약은 통화단일화 실현을 위해 각 회원국에 부채 를 국내총생산의 '3% 이하'로 줄이고, 재정적자를 국내총생산의 '60% 이하'로 줄일 것을 기준으로 제시하였다. 이에 거부반응을 보이는 국가는 영국, 덴마크였다. 그런 데 이런 회원국들의 재정정책의 조화를 위해서는 회원국들의 보다 적절한 정치적 결단이 필요했으며, 회원국들이 정치적 권한을 EU에 점차 이전(또는 양도)함으로서 정치통합을 이루어야 했다. 영국은 결국 Euro화를 도입하지 않았다.

경제통합의 이론가인 Bela Balassa는 경제통합의 발전 단계로서 부분별 통합, 즉 자유무역(free trade), 관세동맹(customs union), 공동시장(common market), 경제동 맹(economic union)을 통한 완전한 경제통합을 제시하였다.[45] 현재 EU는 Euro Zone 을 형성하여 'Euro화'의 통용을 확대해 가고 있는 경제동맹의 단계에 있다고 할 수 있다. 역내시장에서 상품과 생산요소의 자유이동이 보장되고, 역외국가에 대해서는 공동관세가 부과되며, 회원국들 간에는 경제정책의 조정과 협력이 이루어진다. 회 원국들의 국가 '주권'이 '공익적 차원' 이외의 분야에서는 대부분 '포기'되어 하나의 단일국가로 통합되고 있는 것이다.

---

45) ① '자유무역'이란 역내국가 간에는 무관세를, 역외국가에는 관세를 적용하는 것을 말하고, ② '관세동맹'이란 역내국가 간에는 무관세를, 역외국가에는 공동관세를 적용하는 것을 말하 고, ③ '공동시장'이란 생산요소의 자유이동을 보장하는 것을 말하고, ④ '경제동맹'이란 금 융·통화의 단일정책 실행을 의미한다. Bela Balassa, *The Theory of Economic Integration* (London: George Allen & Unwin, 1961), pp.1−17 참조.

IV. 결언

1. 리스본조약의 체결과 발효

2002년 2월 28일 벨기에 브뤼셀에서 15개월을 기한으로 하는 유럽미래회의 (Convention on the Future of Europe)가 구성되어 마련한 EU헌법조약(Treaty Establishing a Constitution for Europe)은 2004년 10월 29일 채택되었으나, 프랑스 국민투표(2005년 5월 29일)와 네덜란드 국민투표(2005년 6월 1일)에서 부결되었다. 이후 새로운 조약안 이 마련되어 2007년 12월 13일 리스본조약(Treaty of Lisbon Amending the Treaty on European Union and the Treaty Establishing the European Community)이 채택되었고, 2008 년 6월 13일 1차 국민투표에서 부결시켰던 아일랜드가 2차 국민투표에서 2009년 10월 2일 가결한 후 EU 모든 회원국들의 찬성으로 2009년 12월 1일 발효되었다.

이 리스본조약은 제1조에서 '유럽연합조약(TEU)의 개정', 제2조에서 'EC설립조 약의 개정', 제3조에서 '리스본조약의 유효기간', 제4조에서 '리스본조약의 부속의정 서 1&2와 관련된 내용', 제5조에서 '신·구 조문의 대조', 제6조에서 '리스본조약의 비준과 발효', 제7조에서 '조약의 정본과 기탁'에 관하여 규정하고 있다.

2. 리스본조약상 변화된 주요 법적 내용

1) 쇄신된 EU의 법인격

이제 EU는 개정된 '유럽연합조약'(Treaty on European Union: TEU)과 'EU기능조 약'(Treaty on the Functioning of the European Union: TFEU)에 따라서 운영된다. 이제 EU는 과거의 EC를 대체하여 승계하게 되었으며,[46] 그동안 논란이 되어 왔던 EU의 정체성과 관련해서 독립된 '법인격'을 갖게 되었다.[47] 다만, 유럽원자력공동체 (European Atomic Energy Community: EAEC 또는 Euratom) 설립조약은 리스본조약에 합 치되어 존속하기 때문에 '공동체'(Community)라는 용어는 제한된 범위 내에서 계속

---

46) TEU 제1조(3).
47) TEU 제47조.

사용하게 되었다. 한편 유럽석탄철강공동체(ECSC) 설립조약은 50년의 존속기간 규정에 따라 2002년 7월 23일 소멸된 바 있다.

2) EU기본권헌장과의 관계

2000년 12월 7일 채택된 EU기본권헌장(Charter of Fundamental Rights of the European Union)은 '헌법적 성질'의 민감한 성질로 인하여 리스본조약체계에 직접 담지 않고, 승인의 형식을 통하여 리스본조약과 '동일한' 법적 효과를 갖는 것으로 하고 있다.[48] 따라서 EU헌법조약 Part Ⅱ에 명기되었다가 이번 리스본조약에서는 직접적으로 명기되지는 않았으나 '효력 발생'에는 아무런 문제가 없기 때문에 이와 관련하여 분쟁이 발생하는 경우에는 EU사법기관의 '재판관할권'이 인정되게 되었다.

3) EU기관들의 변화

과거 EC기관들은 리스본조약에 따라 대부분 그대로 EU기관이 되었다. 물론 EU의 정체성이 논란이 되었던 시대에도 실제적으로는 EC기관들이 EU기관들로 사용되기도 하였다. 이러한 주요 기관들(Institutions)로는 유럽의회(European Parliament: EP), 유럽이사회(European Council), 이사회(Council), EU 집행위원회(European Commission), 유럽사법법원(Court of Justice of the EU, 즉 ECJ), 유럽중앙은행(European Central Bank: ECB), 감사원(Court of Auditors)이 있다. 자문기관들(Advisory Bodies)로는 지역위원회 (Committee of the Regions), 경제사회위원회(Economic and Social Committee)가 있다.[49]

(1) 유럽의회

유럽의회의 전체 의원 수는 최대 '750명'이며, 이는 회원국의 '인구비례'에 의한 것으로 어떤 회원국도 최대 96명 이상을 넘을 수 없고, 아무리 작은 회원국도 최소 6명의 의원을 확보하게 되었다. 그리고 유럽의회는 EU 집행위원회 위원장을 선출한다.[50]

---

48) TEU 제6조.
49) TEU 제13조(1). TFEU 제300조.

(2) 유럽이사회

리스본조약에 의해 유럽이사회가 특별히 새로운 권한을 부여받은 것은 아니다. 그러나 EU 공식적 기구로 새로이 인정되었다. 유럽이사회는 회원국 정부수반, 유럽이사회에서 가중다수결(qualified majority)로 선출된 '유럽이사회 상임의장'(President of the European Council: 소위 EU대통령), EU 집행위원회 위원장(President of the Commission)으로 구성된다. 그런데 유럽이사회는 '입법권한'을 부여받지 않아 이를 행사하지 아니한다. 그리고 유럽이사회 상임의장은 EU외교안보정책의 영역에서 'EU외교안보정책고위대표'(High Representative of the Union for Foreign Affairs and Security Policy)와 함께 EU를 대외적으로 대표한다. 유럽이사회 상임의장의 임기는 2년 6개월이고, 1회에 한하여 연임이 가능하다.[51] 따라서 과거의 6개월 임기의 순번제 EU '이사회 의장직'과 달리, 이러한 유럽이사회 상임의장직은 업무수행의 '연속성'과 '대표로서의 권위'가 한층 강화될 수 있다고 볼 수 있다.

(3) 이사회

이사회는 일반적으로 각 회원국의 부문별 장관급으로 구성되며, 유럽의회(EP)와 공동으로 입법·예산에 관한 권한을 행사한다.[52] 가장 중요하다고 볼 수 있는 '외무이사회'(Foreign Affairs Council)의 의장은 EU외교안보정책고위대표가 역할을 수행하며,[53] 기타 이사회의 의장은 '순환'하며 직임한다.[54] 그런데 이사회는 이중다수결(dual majority)을 도입하여 '찬성하는 국가의 수' 그리고 '찬성하는 국가들이 EU에서 차지하는 전체 인구수'를 이중적 기준으로 적용하고 있다.[55] 이사회 내의 의사결정 기준을 회원국 수의 55%로 하되 최소 15개 회원국의 찬성과 EU 전체 인구 65% 이상 찬성이라는 '이중다수결'을 도입하고 있다. 이를 통해 EU내 '국가 평등의

---

50) TEU 제14조(1), (2).
51) TEU 제15조(1), (2), (5), (6).
52) TEU 제16조(1), (2).
53) TEU 제18조(3).
54) TEU 제16조(9).
55) TEU 제16조(3), (4).

원칙'과 '강대국에 대한 견제'를 확보하게 되었다. 이러한 이중다수결은 2014년 11월 1일부터 적용되며, 2017년 3월 31일부터는 과도기규정에 따라 예외 없이 적용된다.[56]

(4) EU 집행위원회

EU 집행위원회의 '위원장'은 유럽의회(EP)에서 선출된다. EU 집행위원회는 'EU법의 적용'을 '보장'하고 '감독'하는 기능을 수행하며, EU사법기관에 EU법 불이행의 당사자(위반회원국)를 '제소'할 수 있다. EU의 입법제안은 일반적으로 EU 집행위원회가 행사한다.[57] 그리고 집행위원의 임기는 5년이다.[58] 한편 'EU외교안보정책고위대표'는 '유럽이사회'가 'EU 집행위원회 위원장'과 합의한 후 임명한다. EU외교안보정책고위대표는 EU 집행위원회에서 대외관계 업무를 담당하는 부위원장직을 겸직하면서 EU의 대외관계를 책임진다.[59] 따라서 EU의 '대외활동'을 보다 '효과적'이고도 '일관성' 있게 수행할 수 있게 되었다. EU는 공동외교안보정책에 있어서 다른 국가나 국제기구와 국제협정을 체결할 수 있다.[60]

(5) 유럽사법법원

EU의 사법기관은 유럽사법법원(Court of Justice of the EU: ECJ), 과거 제1심법원(Court of First Instance: CFI)을 대체하는 일반재판소(General Court), 과거 사법패널(Judicial Panel)을 대체하는 전문재판소들(Specialized Courts)로 구성되며, '재판관'과 '법률고문'(Advocate-General)의 임기는 6년이며 재임할 수 있다.[61]

---

56) Protocol on transitional provisions, 제3조(1), (3).
57) 과거에는 EU 집행위원회(Commission)가 사실상 모든 입법제안을 하였으나, 이제는 EU시민 최소 1백만 명이 리스본조약의 이행을 위해 EU 차원에서의 입법행위가 필요하다고 판단하는 경우에 EU 집행위원회에 적절한 입법안을 마련하도록 환기시킬 수 있어 EU시민의 입법제안권이 일면 인정된다. TEU 제11조(4).
58) TEU 제17조(1), (2), (3).
59) TEU 제18조.
60) TEU 제37조.
61) TEU 제19조(1), (2).

(6) 유럽중앙은행 및 감사원

독립된 법인격을 갖는 유럽중앙은행(European Central Bank: ECB)은 '유로(Euro) 화'를 발행하며, 회원국들 '중앙은행'과 함께 EU의 통화정책을 수행한다.[62] 한편 감사원은 EU의 모든 수입과 지출에 대한 회계감사를 수행하며, 각 회원국별로 1명씩 임명되어 직무수행상의 독립된 지위를 가진다.[63]

3. 리스본조약의 발효 이후

EU는 2009년 10월 2일 아일랜드 2차 국민투표에서 리스본조약이 찬성 67.1%, 반대 32.9%로 통과됨으로써 '하나의 유럽'으로 가는 최대 난관을 극복하였다. 2008년 하반기부터 시작된 국제경제의 침체는 아일랜드를 포함한 EU 회원국들이 국익 차원에서 EU라는 든든한 울타리의 필요성을 더욱 체감하였고, EU의 결속을 강화하는 계기가 되었다고 할 수 있다. 역내 단일생활권을 형성하고 있는 EU는 이제 명실상부한 국제사회의 구성원으로서 대내외적으로 지위가 확고해지고 영향력도 향상되었다. 이를 가장 잘 보여 주는 것은 이제 EU가 소위 EU의 '대통령'이라고 할 수 있는 '유럽이사회 상임의장'을 선출하고, EU의 대외정책을 조율하는 EU 집행위원회 내에서 집행위원회 위원장 외의 부위원장을 겸하는 'EU외교안보정책고위대표'를 선출하게 되었다는 점이다. 이러한 EU와 자유무역협정(FTA)을 체결하고 2010년 10월 6일 브뤼셀에서 정식 서명한 우리나라는 EU와 더욱 긴밀한 관계를 구축하게 되었고, EU의 법과 제도에 대한 이해가 더욱 필요하게 되었다.

---

62) TFEU 제281조(1), (3).
63) TFEU 제285조.

제2장
——
EU의 주요기관

EU 주요기관의 소재지와 관련하여 유럽의회(European Parliament: EP)는 프랑스 스트라스부르(Strasbourg), 이사회(Council)와 집행위원회(European Commission)는 벨기에 브뤼셀(Bruxelles), 유럽사법법원(Court of Justice of the EU: ECJ)과 일반재판소(General Court, 구 제1심법원(Court of First Instance: CFI)) 및 감사원(Court of Auditors)은 룩셈부르크(Luxembourg)에 위치하고 있다. 한편 유럽중앙은행(European Central Bank: ECB)은 독일 프랑크푸르트(Frankfurt), 경제사회위원회(Economic and Social Committee)와 지역위원회(Committee of the Regions)는 벨기에 브뤼셀에 위치하고 있다.

I. 이사회

1. 구성

이사회(Council)는 주로 회원국들의 장관급 대표자들로 구성되며, 이들은 회원국 정부로부터 권한을 위임받아 자국의 이익을 위하여 역할을 수행해 왔다. 이사회의 구성원들은 회원국을 대표하기 때문에 해당 정부의 지시에 따라 행동한다. 그러나 이들은 정부 간 장관급회의(intergovernmental conference of ministers)를 별도로 구

성하지는 않으며, 또한 국제기구들(international organizations) 내에서의 파트너와 유
사한 지위를 갖는 것은 아니다. 국제기구에서의 결정은 그 결정에 '비준'(ratification)
한 국가(EU 해당 회원국)에만 구속력이 있다. 또한 이사회는 연방국가(federal state) 내
의 하원이 없는 상원(senate)에 비유될 수 있다. 이사회의 구성원은 실제 '개별국가
의 이익'을 대표하고 있으나, 동시에 EU기관으로서 'EU의 이해관계'를 위하여 협력
하고 행동하여야 한다. 그러나 이것이 항상 모든 참가자들에 의해서 명백하게 수용
되는지는 분명하지 않다.

　　이사회에 참여하는 회원국 대표자를 결정하는 권한은 각 회원국 정부에 부여되
어 있다. 그리고 비록 조약이 '한 사람'의 대표자라고 언급했을지라도, 때로 필요한
경우에는 두 사람 이상의 장관들이 동일 회의에 참석하기도 한다. 이사회는 일반사
무를 위해 외무장관들로 구성되는 '일반이사회'(외무이사회)와 각각의 기타 세부 '전
문이사회'로 통상 구분되어 왔다. 대체로 전문이사회에는 관련 문제나 이슈에 대하
여 국가적으로 권한 또는 책임 있는 각급 장관들이 참석한다. 따라서 회기 내에 여
러 이사회 모임들이 동시에 이루어지는 것은 기이한 일이 아니다. 이사회 의장직은
6개월 간격으로 회원국들이 순번을 정하여 교대로 수행해 왔다. 이는 상임대표위원
회(Committee of Permanent Representatives: COREPER), 실무그룹, 기타 장관급회의와
같은 이사회의 모든 하위기관에도 적용된다.

2. 의결절차

　　TFEU(Treaty on the Functioning of the European Union)상의 표결절차는 EU의 흥미
있는 관점 중의 하나이다. 왜냐하면 만장일치가 아닌 '다수결'에 의해 채택된 결정
은 '모든 회원국을 구속'하기 때문이다. 다수결 표결제도하에서는 어떤 회원국도
'거부권'을 행사할 수 없다. 이 표결제도는 EU가 EU 목적의 지속적 이행을 위해 허
용되어 왔다. 이 표결제도는 EU를 국제법하에 설립된 다른 기구들과 구별시켜 주
는 '독특한' 제도이다. 왜냐하면 국제법하에 설립된 기구들은 주로 만장일치에 의한
결정에 근거하여 운영되기 때문이다.

　　이사회 내에서 표결과 관련된 기본 규율은 TFEU에 규정된 다른 방식을 제외하

고는 이사회 구성원의 '다수결'에 의하여[1] 운용된다. 그 외에는 '대부분' 조약규정들이 다른 방식('qualified majority' or 'unanimity')을 규정하고 있어[2] 사실상 일반 규율은 예외규정이 되었다. 그렇다 하더라도 가중다수결(qualified majority) 제도는 EU의 가장 독특한 표결방식이라고 할 수 있다.

3. 상임대표위원회(Committee of Permanent Representatives: COREPER)

상임대표위원회는 이사회가 수개월 동안만 개최되기 때문에 이를 보완하고자 창설되었고, EU가 발전하면서 그 업무도 증가함에 따라 상설화되기에 이르렀다. 상임대표자들(permanent representatives, 즉 회원국들의 '대사급' 고위공무원들)은 매일 이슈나 사안들에 관련된 다양한 EU의 활동을 긴밀하게 수행한다. 그러나 상임대표자들은 이사회 구성원의 '대리인'이 아니므로 의결권(decision-making power)을 소유하지는 못한다. 다만 이사회 체제 내에서 하나의 '상설적' 그리고 '실무적' 기관을 형성한다. 이들은 이사회의 실무를 준비하며, 이사회에 의하여 COREPER에 위임된 업무를 이행한다.[3] 이들은 주 1~2회 회합하며, 때로는 보다 자주 회합한다. 그리고 이들은 비록 '의결권'은 없으나, 일단 COREPER가 EU 집행위원회의 일정한 제안에 관하여 승낙하면, 이는 결국 이사회에 의해 사실상 의결되도록 상정된다. 이 경우이러한 사안은 이사회 일정록에 'A'로 표시되어 중요하게 다루어진다.[4] 그리고 이사회가 개회되면 이사회는 모든 'A'로 표시된 사안들을 접수하여 검토하고 직무를 수행한다. 이를 통해 이들 사안들은 채택되고 법적 구속력을 갖게 된다. 그러나 주의할 것은 이사회가 'A'로 표시된 사안을 반드시 접수할 의무가 있는 것은 아니고, 어느 이사회 구성원도 본 사안에 관한 토의나 검토를 요하지 않는다고 판단되는 경우에는 이는 차기 이사회 일정록에 기입되고, 이때는 'B'로 표시된다. 또한 COREPER의

---

1) TFEU 제238조의 (1).
2) TFEU 제238조의 (1).
3) TFEU 제240조의 (1).
4) ECJ규칙 제2조의 (6).

위원은 유보를 주장할 수 있는데, 국내 의회의 심사를 필요로 하는 경우가 이에 해당된다. 그러나 이러한 유보는 시간상 제약으로 인해 차기 이사회에서 'A'로서 채택될 것을 조건으로 수용될 수 있다.

4. 이사회의 직무와 권한: 의결권의 일반원칙과 범위

이사회는 EU에서 다루는 여러 정책에 있어서 주요 의결권을 부여받은 기관이었다. 그러나 이러한 권한은 'TFEU(구 EC조약) 규정'에 따라 허용된 범위와 권한 내에서 실행되어야 했다. 즉 각 기관들은 TFEU에 의하여 각 기관에 부여된 권한의 범위 내에서 행동하여야 했다. 이는 기관들이 '한정적' 권한을 가짐을 의미한다. 따라서 이사회는 일반적인 통제능력을 부여받지는 못하고 있다. 그렇기 때문에 월권행위에 의한 입법행위는 취소소송의 대상이 되기도 한다. 그러나 EU의 '목적'을 추구하기 위하여 필요한 경우에는 TFEU가 관련 권한을 규정하지 아니하여도 이사회는 일정한 조치를 취하게 된다. 이 경우 이사회는 EU 집행위원회의 제안에 대하여 유럽의회(EP)의 자문과 이사회 만장일치를 통하여 적절한 조치를 취하게 된다. 이처럼 몇몇 엄격한 조건이 충족되어야 하기 때문에 EU기관들의 의결권 증대에 무제한의 기회가 있는 것은 아니다. 실제 TFEU상 근거 규정이 없는 조치는 TFEU상의 '목적'을 달성하기 위하여 필요한 경우에만 제한적으로 취해진다. 그리고 이 경우에 부여된 권한은 단지 보충적인(complementary) 성격을 갖는다. 실제로 EU 권한의 확대는 불가피하게도 그만큼 회원국의 권한을 축소시킨다. 즉 보충성의 원칙과 비례의 원칙이 반영되었다.

이사회가 TFEU에 명백하게 규정된 경우에만 행동한다는 것 외에, EU기관들 사이의 힘 균형으로부터 도출되는 또 다른 이사회 권한의 제한이 있다. 즉 실제로 대부분 경우에 이사회는 'EU 집행위원회 제안'을 기초로 한 경우에만 의결권을 행사할 수 있다는 점이다. 그런데 TFEU상에는 많은 경우에 EU 집행위원회가 이사회에 입법 관련 사안을 제안하도록 하고 있으나,[5] 이사회는 적절한 제안을 제출할 것

---

5) TFEU 제18조(구 EC조약 제12조의 (2)).

을 EU 집행위원회에 요청할 수 있다.[6] 실제 이사회가 만장일치에 의하여 EU 집행위원회의 제안을 수정하는 법안의 채택을 위하여 권한을 위임받았다 할지라도, 이사회는 여전히 일반적인 내용에 있어서는 제한을 받게 된다.[7] 단 EU 집행위원회가 그 본래의 제안을 수정하는 것을 수락하는 경우에는 가능하다.[8] 따라서 중요한 점은 EU 집행위원회가 사실상의 배타적 입법발의권을 갖는다는 것이다. 이는 EU가 아직까지도 소위 유럽의회 '의원발안'보다는 '정부(위원회)발안'에 크게 의존하고 있음을 보여 준다. 그러나 입법발안은 그렇다 하더라도 의결절차에 있어서는 현재 이사회와 유럽의회가 공동결정절차에 의하는 경우가 많아 유럽의회가 '입법발안'에 관한 권한은 전무하더라도 '의결권'에 있어서는 상당히 강화된 권한을 행사하고 있다는 점은 중요한 의미를 갖는다.

　　대체로 이사회의 의결권과 관련하여 '의결권을 제한'하는 방식이나 보호조항 또는 통제수단은 참으로 인상적으로 보인다. 첫째, 조약규정에 의거한 '수권방식'(system of conferred powers)에 의해 초래되는 제한이다. 둘째, 이사회가 'EU 집행위원회의 제안'(proposal of the commission)이 없이는 실제 법령을 제정할 수 없다는 사실이다. 셋째, 다양한 경우에 '유럽의회'를 포함시켜야 하는 의무로서, 유럽의회가 관여하는 의결절차의 종류에는 자문(consultation)절차, 협력(co-operation)절차, 동의(assent)절차, 공동결정(co-decision)절차가 있다. 넷째, 월권행위에 의한 입법행위의 경우 취소소송이 제기될 수 있어 '유럽사법법원(ECJ)에 의한 사법적 통제'(judicial control)가 있다.[9]

Ⅱ. 위원회

1. 구성

---

6) TFEU 제241조(구 EC조약 제208조).
7) TFEU 제293조(구 EC조약 제250조의 (1)).
8) TFEU 제293조(구 EC조약 제250조의 (2)).
9) TFEU 제263조(구 EC조약 제230조).

EU 집행위원회는 약 20명의 '위원'으로 구성된다.[10] 위원회의 '위원'은 이사회에 의하여 대체될 수 있다.[11] 위원의 임기는 5년이었으며, 회원국들 정부(이사회)와 유럽의회로 구성된 임명절차에서 재임될 수 있었다. 위원회의 위원으로서 임명되기 위한 요건은 매우 광범위하게 정의되어 있다. 국적(nationality), 자질(competence), 독립성(independence)인데, 이들은 EU의 '공무원'에 해당되기 때문에 '독립성'이 가장 중요하다고 할 수 있다. 실제 이러한 독립성은 위원회를 이사회나 유럽의회와 가장 잘 구별시켜 주는 특징이다. EU위원회는 'EU 자체의 이익'을 위하여 역할을 수행하며, EU의 주요업무에 대하여 대외적으로 EU를 대표한다. 이러한 'EU 자체의 이익'은 EU 집행위원회의 모든 직무수행에 있어서 최우선의 목표이다.

이런 '독립성'과 연관하여 명심해야 할 것은, ECSC조약은 '국가 간'(international)이 아닌 '초국가적'(supranational)이란 용어를 도입했다는 점이다.[12] 이후의 주요 조약에서 이 용어가 다시 나타나지는 않았지만, 이러한 개념의 본질적 성격은 EU에 여전히 남아 있다. 이런 독립성의 요구는 위원 지원자(candidate-Commissioner)의 자격뿐만 아니라, 위원의 임무수행에 있어서도 완전한 독립을 요구하고 있다.[13] 그리고 대부분 독립성과 관련된 문제가 위원과 위원의 소속 국가 간의 관계이기 때문에, TFEU는 명백하게 회원국들에 이 원칙을 존중해 줄 것과 의무이행과 관련하여 EU 집행위원회의 구성원에게 영향을 미치지 않을 의무를 부과하고 있다.[14] 이 점이 바로 EU가 일반적인 국제기구가 아니라는 점을 보여 주고 있으며, 회원국들의 관계를 '국가 간'이 아니라 '초국가적'인 관계로 이해하고 있다는 증거가 된다.

2. 직무와 권한

EU 집행위원회의 주요 기능은 '공동시장'(common market)의 발전과 기능을 보장하는 것이었다. 또한 EU 집행위원회는 EU의 기초가 되는 설립조약의 '보호자'이

---

10) TFEU 제245조의 (1).
11) TFEU 제245조의 (1)2.
12) ECSC조약 제9조.
13) TFEU 제245조의 (2)1.
14) TFEU 제245조의 (2)2.

자 '감시자'로서의 역할을 수행해 왔다. 즉 EU 집행위원회는 모든 사람들이 기초 설립조약에 따라 EU법에 종속되어 행동하는 것을 보장한다. 또한 EU 집행위원회는 EU '재정을 관리'하며, '국제협정 체결' 시 국제협상(외교적 교섭)을 통하여 대내외적으로 EU를 대표한다. 또한 EU위원회는 EU활동에 동력을 제공하기 위하여 브뤼셀에서 부단히 회합한다. 그러나 더욱 중요한 것은 회원국들 간에 채택된 결정을 구체화하며, EU의 공동이익을 대변한다는 점이다.

이러한 EU위원회의 직무와 권한은 다음과 같다. EU법 적용의 보장, 권고 및 의견의 전달, 의결권의 실행, EU입법절차에의 참여, 국제협정체결을 위한 교섭과 EU의 대외적 대표, 예산의 집행, EU 활동에 관한 연례보고서의 발행이다.

1) EU법 적용의 보장

EU 집행위원회는 EU의 기초 설립조약(1차적 법원)과 설립조약에 의거해 각 기관들이 채택한 2차 입법(2차적 법원)의 회원국 내 이행을 보장하는 책임을 진다. 1차적 법원이나 2차적 법원은 일반적으로 EU의 공법적 차원에서 회원국에 의무를 부여하여 양자 모두 회원국에 이행해야 할 의무를 부과한다. '회원국' 내의 기관, 자연인 또는 법인이 EU법을 준수하도록 책임을 지는 것이 EU 집행위원회의 직무이다. 이러한 목적을 위해 EU 집행위원회는 주로 정보를 획득할 수 있는 권리, 위반자에 대해 소송을 제기할 수 있는 권리를 부여받고 있다. 정보획득의 권리를 위해서는 일반적 방법을 규정하고 있으며,[15] 다양한 설립조약규정들과 EU법령에 의해 규정된다.[16] 더욱이 EU의 목적달성을 촉진하기 위해 회원국들에 부과된 일반적 의무(관련 '보고서'의 제출)는 EU 집행위원회가 필요로 하는 모든 정보를 확보하도록 필요한 법적 환경을 마련해야 한다는 것이다.

EU 집행위원회는 획득한 정보에 근거하여 필요시 다음과 같이 행동한다.

(1) 회원국과 관련하여[17]

---

15) TFEU 제337조.
16) TFEU 제108조의 (3).
17) TFEU 제258조.

회원국이 EU법상의 의무를 이행하지 아니할 경우에 EU 집행위원회는 다음과 같은 조치를 취한다. ① EU 집행위원회는 회원국에 의무위반과 관련된 문제를 환기시킬 수 있으며, 필요한 조치를 취하도록 권고할 수 있으며, 법의 준수를 부탁할 수 있다. EU위원회는 이를 위해 보통 '2개월'의 여유를 준다. ② 회원국이 적절한 조치를 취하지 아니하거나, 법의 준수를 수용하지 아니하거나, 자신의 의무불이행에 대하여 EU 집행위원회를 납득시키지 못하는 경우, EU 집행위원회는 사법절차 전에 문제에 대한 '합리적 의견'(reasoned opinion)을 회원국에 전달하고 회원국이 응해야 할 '기한'을 정한다. ③ 회원국이 이에 응하지 아니하면, EU 집행위원회는 사안이나 문제를 유럽사법법원(ECJ)에 제소할 수 있다.[18] ④ 유럽사법법원이 회원국의 '의무불이행'을 확인하는 경우, 회원국은 재판에 회부된다.

물론 여기에서 중요한 문제는 위반회원국이 유럽사법법원(ECJ)의 '판결'을 이행하지 않는 경우이다. 만약 유럽사법법원(ECJ)이 위반회원국이 판결에 응하지 않음을 확인한 경우 EU법을 '폄하'하는 위반회원국에 대하여 강제조치를 규정하기도 한다.[19] 주의할 것은 위반회원국의 EU법 이행과 관련된 문제는 대부분 '유럽사법법원(ECJ)의 외부'에서 해결되고 있다는 점이다.

(2) 법인 또는 자연인과 관련하여

EU 집행위원회는 공법인, 사법인, 자연인에 대하여 업무상 중요한 권한을 부여받고 있으며,[20] 이러한 권한은 주로 경쟁(competition)과 운송(transport) 분야에서 행사되며, EU 집행위원회는 이러한 '위반행위'에 대하여 '벌금'을 부과할 수 있다. 또는 '합병 조사' 시 법규를 위반한 기업에 대하여 해외투자를 철회하도록 명령할 수도 있다.

---

18) 이는 집행위원회의 전속적 재량권이라 할 수 있다.
19) ESCS조약 제88조.
20) TFEU 제106조.

2) 권고 및 의견의 전달

TFEU가 명백하게 규정하고 있거나[21] 또는 EU 집행위원회가 판단하여 필요한 경우, EU 집행위원회는 사안에 대하여 권고(recommendations) 및 의견(opinions)을 전달할 수 있다. 이른바 EU 집행위원회의 공지(Notices)나 통보(Communications)가 이러한 범주에 해당한다. 주의할 것은 권고나 의견은 '법적 구속력'을 갖지 못하기 때문에,[22] EU 집행위원회는 단지 '정보를 제공'한다거나 '충고적인 권한'으로서 이러한 직무를 수행하게 된다는 점이다. TFEU는 EU 집행위원회의 의견이 필요한 경우에 관하여 규정하고 있었으며, EU 집행위원회의 권고와 의견은 TFEU에서 다루는 사안과 관련된 내용이어야 한다.

3) 의결권의 실행

TFEU는 EU 집행위원회의 의결권에 관하여 규정하고 있었다. EU 내의 의결기관은 원칙상 이사회이다. 그러나 EU 집행위원회 역시 의결권을 행사한다는 사실은 입법권을 두 기관이 함께 향유하고 있다는 인상을 갖게 한다. 그런데 비록 두 기관이 EU법에 예속되어 행동한다고는 하지만, 양자의 구별은 이사회의 특권인 입법권(legislative power)과 EU 집행위원회의 행정권(executive power or implementing power)으로 특징 지어져야 한다. 입법부와 행정부 양자는 '규칙'을 제정할 수 있고, '지침'이나 '결정'을 채택할 수 있다. 명심해야 할 것은 양자 모두 그 권한이 조약상의 '수권'(conferred powers)에 의해 제한된다는 점이다. 즉 이들 기관들에는 일반적 의결권(general decision−making power)이 주어지는 것은 아니다. 이들 기관들은 단지 '조약상' 명백하게 부여된 경우에만 의결권을 행사한다. 그런데 이러한 경우에도 이사회와 EU 집행위원회가 '동등한 수준'으로 의결권이 운영되는 것은 아니다. 비록 양자를 명백하게 구분하는 것이 불가능하다고 할 수 있더라도, 이 양 기관은 매우 동등한 수준으로 운영되지는 않는다.

---

21) TFEU 제242조.
22) TFEU 제288조.

TFEU에 의하여 EU 집행위원회에 직접적으로 부여되는 결정권한은 '공동시장'
의 발전과 기능에 관한 내용이었다. 그중에서도 특히 '관세동맹'에 관한 행정
(administration of the customs union), '세이프가드조항'(safeguard clauses)의 적용과 '경
쟁'(competition)[23]과 '농업'(agriculture)[24]과 같은 다양한 정책, 공동체 '예산'의 실행,
보다 광범위하게는 공동통상정책 등의 '대외관계'(external relations)에 관한 것이다.

    EU 집행위원회의 결정(의결)은 다수결[25]로 채택되며, 적어도 11명의 위원이 참
석해야 한다.[26] 이러한 EU 집행위원회의 의결권은 위원들 중 하나 또는 그 외의
공무원들에게 위임될 수 없다.

4) 입법절차에의 참여

    이사회는 EU 집행위원회의 '제안'에 근거해야만 입법에 대한 의결권을 수행할
수 있다. EU 집행위원회가 규칙, 지침, 결정을 위한 입법초안을 제출함으로써 이사
회의 입법상 의결권 행사가 가능하다. 이를 TFEU(구 EC조약)에서는 '이사회와 유럽
의회에 의하여 채택된 법안을 형성함에 있어서'라고 표현하였다. 따라서 EU 집행위
원회는 EU의 입법과정에서 사실상 '배타적인 발안권'(exclusive right of initiative)을 행
사하는 것이다. 대부분의 경우 EU 집행위원회는 입법제안의 적정성에 대하여 스스
로 판단해야 한다.[27]

    그런데 비록 EU 집행위원회가 입법과정에서 사실상의 '배타적인 발안권'을 행
사한다고 할지라도, 이사회[28]와 유럽의회[29]는 집행위원회에 적절한 제안을 제출하
도록 요구할 수 있다. 물론 이는 단지 요구할 수 있는 것일 뿐이지만, '사실상' 집행
위원회가 이를 무시하기란 어려울 것이다. 그럼에도 불구하고 이사회나 유럽의회는
입법안을 발의할 수 없다. 그런데 집행위원회는 다른 기관의 요구에 따른 입법안
제안시 그 제안에 대한 정치적 책임이 있다. 그리고 EU 집행위원회가 이사회에 입

---

23) TFEU 제101조의 (3), TFEU 제105조의 (2), TFEU 제106조의 (3), TFEU 제108조의 (2).
24) TFEU 제43조.
25) TFEU 제250조.
26) Rules of Procedure, 제6조.
27) TFEU 제109조.
28) TFEU 제241조.
29) TFEU 제225조의 (2).

법을 위한 제안을 한다는 것은 3개 기관인 집행위원회, 유럽의회, 이사회 내에서의 의결절차의 '개시'를 말하는 것이며, 각 기관은 각자 본연의 역할을 수행하게 됨을 의미한다.

여기서는 EU 집행위원회의 역할에 대하여 간략하게 살펴볼 필요가 있다. 입법 제안에 대한 초안을 작성하기 전, 어떤 경우 집행위원회는 경제사회위원회(Economic and Social Committee)[30]와 상의(자문)해야 한다. 그러나 보다 중요한 것은 집행위원회에 의하여 위임된 국내전문가들(national experts)과 행하는 비공식적 자문(informal consultations)이다. 이는 집행위원회가 '각국의 반응들'을 파악하는 기회를 제공한다. 특별히 이사회 내에서 다수결에 의해 의결되는 경우에 그 '결과를 예측'할 수 있게 해 준다는 데에 중요한 의미가 있다.

일단 입법제안에 대한 초안을 EU 집행위원회가 승인하면, 일반적으로 이는 관보에 공표되는데, 이는 모든 이해당사자들의 '논평'이 있은 후에 공표된다. 이를 위하여 필요한 경우 집행위원회는 자문그룹(consultations of groups)을 구성하거나 또는 청문회(hearings)를 구성할 수 있다. 비록 이러한 상의(자문)가 '많은 시간'을 소비할지라도, 이는 입법제안의 초안과 관련된 매우 귀중한 '다양한 정보들'을 집행위원회에 제공할 것이기 때문에 큰 의미를 갖는다고 할 수 있다. 또는 입법초안이 이미 제출된 경우일지라도 그 '수정' 및 '보완'의 차원에서 중요한 정보들이 제공될 수 있다.

EU 집행위원회의 입법제안은 이사회에서 유럽의회의 '자문'을 위한 기초로 제공된다. EU 집행위원회는 유럽의회와도 긴밀하게 직무를 수행하는데, 특히 입법제안의 초안을 심의하는 '유럽의회 분과위원회들'과 더욱 긴밀하게 직무를 수행한다. EU 집행위원회의 대표위원들은 항상 이들 유럽의회 분과위원회들의 개회시 참관한다. 이는 EU 집행위원회가 초안에 대한 자신의 입장을 유럽의회 분과위원회에서 설명하게 하고, 또한 이에 대한 유럽의회의 반응을 보다 잘 이해하기 위함이다. 이로서 EU 집행위원회는 결국 그 입법제안의 '수정' 및 '보완'에 대한 준비를 하게 되고, 이사회가 아무런 행동을 취하지 않는 한 해당 입법초안은 EU 법령으로 채택된다.[31] EU 집행위원회는 '유럽의회 내의 토의 시'에 참석하듯, '이사회 내 의제 논의

---

30) TFEU 제43조의 (2)1.
31) TFEU 제293조의 (2).

시'에도 참석하며, 이때 이사회는 상임대표위원회(COREPER)에 의해 실무그룹 차원
에서 논의한다. 많은 경우에 COREPER의 이런 실무그룹들은 각 국가공무원으로 구
성되며, 이들은 사안이 입법초안이 되기 전에 EU 집행위원회에 비공식적으로 자문
을 받고, 이사회 내에서 보다 부드러운 토의(smoother discussion)가 진행될 수 있도
록 보조한다.

    EU 집행위원회의 입법제안은 이사회의 최종결정을 위한 기초가 된다. 이사회
가 집행위원회가 제출한 입법제안의 '수정' 및 '보완'을 원하는 경우에는 회원국들
의 만장일치가 요구된다.[32] 그런데 제안을 수정하는 이사회의 권한이 무한한 것은
아니다. 유럽사법법원(ECJ)도 지적하였듯 제안의 '본질적인 내용'은 수정 또는 변경
할 수 없다.[33] 이 이외의 경우에 EU 집행위원회는 이사회의 수정을 수용한다. 제안
에 대한 이사회 토론 시 이사회 의장(6개월 순번 의장국)은 교착 상태를 해소하기 위
해 '조화'를 도모한다. 법안을 상정한 EU 집행위원회는 종종 스스로 이사회의 의장
에게 그러한 타협점에 이를 것을 제안한다. 이러한 이사회의 수정을 집행위원회가
수용했을지라도, '수정된' 제안에 관한 또 다른 의견수렴을 위하여 해당 입법안은
'유럽의회'에 다시 제출된다.

    끝으로 EU 집행위원회는 유럽의회에서뿐만 아니라 추후에 문제가 된 경우에
유럽사법법원에서도 그 입법제안의 정당성에 대한 책임이 있다. 왜냐하면 유럽사법
법원(ECJ)은 이사회가 제정한 법령의 합법성(적법 타당한 입법)에 관하여 법령을 채택
한 이사회에 대해서뿐만 아니라 법안을 제안했던 집행위원회에 대해서도 소송을
제기하는 원고의 권리구제를 위하여 상대방으로서의 당사자 적격을 인정해야 하기
때문이다.[34]

5) 대외관계

    EU의 대외관계와 관련해서는 EU 집행위원회의 두 가지 측면을 지적할 수 있
다. 첫째, TFEU상 국제협정(international agreements)의 체결시, 주로 EU의 공동통상

---

32) TFEU 제293조의 (1).
33) Case C-65/90, *Parliament* v. *Council*, [1992] ECR Ⅰ-4593.
34) Joined Cases 63-69/72, *Werhahn* v. *Council*, [1973] ECR 1229 at 1247(8).

정책(commercial policy)의 체제 내에서, 집행위원회는 이사회에 권고를 할 수 있다. 이에 대하여 이사회는 집행위원회에 EU를 대표해서 필요한 국제협정체결을 위한 국제협상(외교적 교섭)을 '개시'할 것, 그리고 그러한 국제협정의 교섭을 위해 '지침'을 형성할 권한을 부여하고 있다. 둘째, EU 집행위원회는 이사회가 지명한 전문위원회(special committees)와 상의함으로서 국제협정의 체결을 위해 상대방과 '교섭'한다.[35]

한편, 이사회가 집행위원회에 국제협정의 체결을 위한 교섭을 지시하는 경우, 그 국제협정의 내용이 TFEU 규정과 양립할 수 없을 경우에 집행위원회는 유럽사법법원(ECJ)에 의견을 구할 수 있다.[36]

그리고 타국과의 국제협정의 체결을 위한 교섭 외에, EU 집행위원회는 모든 국제기구들과 적절한 관계를 유지하기 위해 '대외적인 활동'을 할 수 있다.[37] 특별히 국제연합(United Nations: UN)과 그 전문기구(specialized agencies) 그리고 세계무역기구(World Trade Organization: WTO)와의 관계에서 그러하다.[38]

또한 EU 집행위원회의 특별 임무에는 유럽평의회(Council of Europe)[39]와 경제협력개발기구(Organization for Economic Co-operation and Development: OECD)[40]와 밀접한 협력관계를 확립하는 것이 포함된다.

Ⅲ. 유럽의회

명칭과 관련하여 유럽의회는 처음에 Assembly라는 용어를 사용하였다.[41] 그후 1958년 3월 유럽의회 회의(European Parliament Assembly)로 개명되었다가, 1962년 3월 자체 내부적으로 '유럽의회'라는 명칭을 사용하기로 결정하여 1987년 단일유럽

---

35) TFEU 제218조의 (1).
36) TFEU 제218조의 (6).
37) TFEU 제220조의 (2).
38) TFEU 제220조의 (1).
39) TFEU 제220조.
40) TFEU 제220조.
41) ECSC조약 제7조.

의정서(SEA)에 의해 정식으로 'European Parliament'라는 용어를 채택하였다.[42]

유럽의회를 논함에 있어서 핵심적인 부분은 물론 유럽의회의 입법권 내용에 관한 것이라고 할 수 있다. 왜냐하면 1979년 실시된 최초의 '직접보통선거'와 이에 의한 실질적인 법치주의와 연관하여 '민주질서'를 형성하기 때문이다. 그러나 유럽의회에는 배타적 또는 광범위한 입법권이 부여되어 있지 않다. 단일유럽의정서(SEA)와 유럽연합조약(Maastricht 조약)에 의해 입법절차상의 그 '권한을 확대'시켰다고는 하지만, 민주주의의 주축을 이루는 유럽의회의 역할로는 만족스럽지 못하며, 특히 입법권과 관련하여 '의회'라는 용어가 요원하게 느껴지기도 한다. 하지만 EU 집행위원회가 입안하고 이사회가 의결한다고 해도, 유럽의회가 부여받은 협의(consultation), 협력절차(co-operation procedure), 공동결정절차(co-decision procedure: 현재의 보통입법절차(ordinary legislative procedure)를 의미함), 동의절차(assent procedure) 등은 그 의미가 크다고 할 수 있다. 특히 이사회·유럽의회에 의한 공동결정절차(현 보통입법절차)에 의한 법률제정의 빈도가 점점 증가하고 있다는 점은 매우 고무적인 현상이라고 할 수 있다. 이러한 현상은 2000년대 이후 급증하고 있으며, 리스본조약 체결 및 발효를 전후해서는 보편적인 현상으로 보아도 좋을 만큼 광범위하게 활용되고 있다고 할 수 있다. 또한 예산[43]에 관한 유럽의회의 권한도 상당하다 할 것이다.

1. 구성과 운영

1) 구성: 의원의 선출

유럽의회(EP)는 총 750석 이하의 의석수를 가지며,[44] 의원들은 EU 회원국들의 국민, 보다 정확하게는 '정당'을 대표하였다. ECSC조약[45]은 이미 직접보통선거를 규정하고 있었으나, 1976년 이사회의 부속서를 통해 유럽의회 의원의 선출방식을 직접보통선거(direct universal suffrage)로 하는 법안을 채택함으로서 임기를 5년으로

---

42) SEA 제3조의 (1).
43) TFEU 제313조-제314조.
44) TFEU 제223조.
45) ECSC조약 제21조의 (3).

하는 의원선출 직접보통선거가 1979년에 처음으로 실시되었다.

EP 의석수는 각국의 인구수에 비례하여 할당된다. 이러한 방식은 EU의 '초국가적' 성질을 보여 주며, 회원국의 주체성보다는 회원국 간의 '평등과 불평등'의 개념을 도입한 특징을 보여 준다. 그런데 여기서의 '인구수'란 일반적 수치를 의미하는 것이 아니라, 회원국의 '경제규모나 대표성' 등 실질적 기능을 고려한 인구수를 의미한다.

EP 의원들은 의회에서 출신국가가 아니라 '정당'을 대표하였다. 이러한 형태는 EU 통합의 중요한 요인이 되기도 하였다. 즉 유럽정당(European Political Parties)은 EU통합의 중요한 요소가 되어 EU시민의 '여론'을 형성하고 EU시민의 '정치적 의사'(political will)를 표현하는 데 기여하게 된 것이다.

EP 내규에 따라 EP는 상임위원회(standing committees) 또는 임시위원회(temporary committees)를 둘 수 있다.[46] 여기에는 법률, 예산, 농업 등을 다루는 20여 개의 부속된 '분과위원회'가 있으며, 이들은 EP에서 토의될 내용의 보고서를 작성하거나 또는 회기 동안 집행위원회, 이사회와 회합하거나 또는 안건에 대해 교섭한다. 그런데 이러한 20여 개의 부속 분과위원회들은 EP와 '접촉'할 기회가 많지 않으므로 대부분 독자적으로 활동을 수행한다.

EP 사무국(Bureau)은 재정적·행정적 업무를 담당하며, 2년 6개월을 임기로 하는 의장과 14명의 부의장 및 직원으로 구성된다.

2) 운영

EP는 별도의 규정이 없는 한, 재적의원 1/3 이상 출석 그리고 출석의원 과반수로 의결한다.[47] EP는 프랑스 스트라스부르(Strasbourg)에 위치하며 이곳에서 예산책정을 포함한 본회의(plenary sessions)가 열린다. 추가회의(additional sessions)는 브뤼셀에서 열린다. 이는 한 회원국에 의한 권력의 집중을 방지하려는 정치적 동기에서 기인한다고 볼 수 있다.

---

46) Rules of Procedure, 제109조, 제114조.
47) Rules of Procedure, 제112조.

2. 직무와 권한: 입법절차에의 참여

처음 EP는 자문이나 협력의 역할만 수행하였으나, 단일유럽의정서(SEA)와 유럽연합조약(Maastricht 조약)에 의해 입법권이나 예산안 결정과 같은 영역에서 그 권한이 강화되었다.

1) 자문(Consultation)절차

'자문 또는 협의'는 EU 집행위원회가 이사회에 제출한 입법안에 대해 EP가 자문 또는 협의하여 '의견'을 제시하는 것을 말한다. 그러나 이러한 EP의 의견은 법적 구속력을 갖지 못하여, 집행위원회나 이사회가 EP의 의견에 반드시 응할 의무는 없다고 할 수 있다. 실제로 이사회는 EP의 의견보다는 '회원국들의 이해'를 조율하는 데 더 관심을 갖고 있다.

한편 EP는 집행위원회에게 적절한 법안(appropriate proposal)을 제출할 것을 요구할 수 있는데,[48] 이는 집행위원회의 배타적인 법률안 제안권을 저해할 수 있다는 우려가 제기될 수 있다. 그러나 TFEU의 어느 규정도 EP의 입안 요구시 집행위원회가 이에 응할 의무를 규정하고 있지는 않다. EP가 자문 또는 협의를 하는 중요한 분야는 농업, 운송, 경쟁 관련 분야이다.[49]

2) 협력절차(Co-operation Procedure)

이는 EU 집행위원회가 제출한 입법안에 대해 이사회가 유럽의회와 상의 후, 의결이 아닌 '공동입장'(common position)을 채택하는 것을 말한다. 이는 역내시장(internal market)의 완성과 관련된 대부분 문제에 적용된다고 볼 수 있다. 이때 EP는 제안을 승인하거나 거부할 수 있으며, 재적의원 절대다수에 의해 수정안을 제안할 수 있고, 이때 집행위원회는 이를 근거로 재검토하여야 한다. 만약 (전제 조건: 상의절차를 진행한 후) '공동입장'의 도출에 실패하였음에도 불구하고 이러한 제안이 채택되기 위해서는 이사회의 '만장일치'를 요한다.[50] 주로 EU의 지역발전, 연구, 환경(예:

---

48) TFEU 제225조의 (2).
49) TFEU 제43조의 (2)3.

파라콰트(paraquat) 활성화 허가 사건), 기술개발, 사회정책, 해외협력에 관한 사안들이 해당된다.

3) 동의절차(Assent Procedure)

이는 이사회와 EP가 함께 조정절차(conciliation procedure)하에서 결의하는 것을 의미한다. 동의절차에 있어서는 공동결정이라기보다는 '거부권'(veto right)을 EP에 부여하고 있다고 할 수 있다. 즉 EP의 동의를 요하는 경우에는 이사회의 권한이 그만큼 축소되는 것을 의미하기 때문이다. 유럽의회의 동의절차를 요하는 경우로는 회원국에 개별적으로 적용되는 조치, 국제협정의 체결, 재정 관련 사안이 해당된다.

4) 공동결정절차(Co-decision Procedure: 현재의 보통입법절차 (ordinary legislative procedure)를 의미함)

이는 EU 집행위원회의 제안에 대해 이사회와 EP가 공동으로 의결하는 것을 의미한다. 이를 위하여 '조정위원회'가 설치되어 조력한다.[51] 유럽의회와의 공동결정을 요하는 경우는 역내시장의 성립을 위한 사람의 자유이동, 소비자보호, 교육, 문화, 보건, 식품안전 및 소비자보호 등이다.

Ⅳ. 사법기관

1. 국내법원

회원국 국내법원은 국가기관과 자연인 및 법인 간의 모든 사건에 대하여 EU법상의 의무를 적용하고 권리를 보호할 의무가 있다. 이러한 EU법 적용에 있어 국내법원의 가장 기본적인 기능은 EU법의 독특한 성질과 관계가 있다. 즉 EU는 EU법의 '직접효력'과 '우위'라는 '하나의 새로운 법질서'(a new legal order of international law)를 형성하고 있으며, 이러한 EU법의 적용은 회원국 '국내법원의 협력'과 직접적

---

50) TFEU 제293조.
51) TFEU 제294조의 (3).

인 관련이 있다. 즉 EU의 사법질서와 회원국의 사법질서는 EU법의 직접효력과 우위라는 법적 성질에 의해 초국가적으로 운영되고 있다. 한편 EU시민인 개인이 EU법상의 권리에 대하여 어떤 방법을 통해 그 구제를 주장할 수 있는가의 문제가 제기될 수 있는데, 이러한 경우에 개인은 일반재판소(구 CFI)를 통해 직접소송으로 제소할 수 있으며, 또한 개인이 국내법원에 1차적으로 제소하여 당해 국내법원이 유럽사법법원(ECJ)에 선결적 판결이라고 하는 판정을 부탁함으로써 EU법상의 권리구제가 가능하다.

EU의 기초 설립조약들은 회원국 내에 사법보호제도로서 개별적인 소위 'EU법 관할법원'의 창설을 규정하고 있지 않다. 이는 곧 국가기관의 작위 또는 부작위에 의해 또는 EU법이 부여한 개인의 권리가 타방 당사자에 의해 침해되었을 경우, 그 개인이 의지할 수 있는 기관은 오직 '국내법원'뿐임을 전제로 하는 것이다. 따라서 국내법원은 EU법원으로서 유럽사법법원(ECJ) 또는 일반재판소(구 CFI)의 관할에 속하지 않는 모든 사건에 대하여 심리하고 판결할 권한을 가진다. 국내법원은 회원국 사법제도에서 EU사법질서의 교두보로서 ECJ와 대화·협력하며, 이를 통해 EU법의 집행을 보장한다.[52] ECJ는 이 경우 선결적 부탁절차의 개시와 관련하여 국내법원의 직무내용을 결정함과 동시에, TEU 제4조 3항상 국내법원의 '협력의 원칙'을 적용할 것인지를 결정하고, 국내법원의 협조를 실질적으로 요청할 수 있다.

1) 국내법원의 범위

일반적으로 TFEU 제267조(구 EC조약 제234조) 2단의 회원국의 국내법원(any court or tribunal of a Member State)이란 표현 자체는 특별한 문제를 발생시키지는 않는다. 먼저 여기에서 회원국의 국내법원이란 국내사법질서상의 '상급심과 하급심'을 구별함이 없이 모두 인정함을 말한다. 따라서 국내의 '최고법원'이 아닌 '하급법원'도 독자적으로 선결적 판결의 결정을 유럽사법법원(ECJ)에 부탁할 수 있다.

---

52) Koen Lenaerts, Dirk Arts and Robert Bray, *Procedural Law of the European Union* (London: Sweet & Maxwell, 1999), p.3; 유럽사법법원(ECJ)과 회원국 국내법원 간의 선결적 판결 소송절차에 관하여는 김두수, "EU법상 선결적 부탁절차의 한계와 극복방안", 「국제법학회논총」 제50권 제1호(2005.6), pp.29－56.

(1) 사법기관으로 인정될 수 있는 공공기관의 요건

회원국이 어떤 '공공기관'을 일종의 법원과 같은 성격의 최종적 제재 결정 기관으로 인정하였다면, EU는 회원국의 이러한 견해를 그대로 수용한다. 왜냐하면 이 경우 당해 공공기관은 '사법기관으로서의 직무'에 대한 ECJ의 기준을 분명하게 이행하고 있기 때문이며, 당해 공공기관이 비록 국내법상 법원으로 인정되지 않는다 하더라도 선결적 판결 소송에 관한 한 EU법을 적용하는 '사법적 성질'을 갖는 기관(준사법적 기관)으로 인정될 수 있다고 보기 때문이다. 한편 국내법원으로 인정되기 위하여 기관은 어떠한 명칭으로 불리는가는 문제가 되지 않으며, 당해 기관이 소위 '사법적 기능'을 수행하는가가 그 중요한 판단 기준이 된다.

따라서 회원국의 당해 '공공기관'이 ECJ에 의해 국내법상의 '법원'으로 인정되기 위해서는 다음과 같은 요건을 갖추어야 한다. 회원국의 공공기관은 ① 일정한 기관의 형태로 존재해야 하며, ② 법에 근거하여 설립되었어야 하며, ③ 상설적·독립적 기관이어야 하며,[53] ④ 분쟁해결에 대한 책임을 지는 기관으로, ⑤ 보통의 법원규칙과 같은 절차규칙에 의해 운영되어야 하며,[54] ⑥ 분쟁해결을 위해 적합한 '사법적 기관'으로서 행동할 수 있어야 하는데, 이는 곧 당사자들이 분쟁해결을 위해 법원이나 법정에 제소할 수 있어야 하고 또한 당사자에 대한 '판결의 구속력'이 존재해야 함을 의미한다.[55] ⑦ 그리고 법의 지배가 가능해야 한다.[56][57] 이러한 판단에 따라 네덜란드의 Commissie van Beroep Juisartsgeneeskunde(일반진료 상소위원회: Appeals Committee for General Medicine)는 전문기관으로서 네덜란드법상으로는 법원이 아님에도 불구하고 ECJ는 법원으로 간주하였다.[58] 본 상소위원회가 법원으

---

53) Case C-54/96, *Dorsch Consult*, [1997] ECR Ⅰ-4961, at Ⅰ-4992~4993, para.23.

54) *Ibid.*, paras.22-38.

55) *Ibid.*, paras.27-29.

56) Case 61/65, *Vaassen(née Göbbels)* v. *Beambtenfonds Mijnbedrijf*, [1966] ECR 261, at 273.

57) Josephine Steiner and Lorna Woods, *EC Law* (Oxford: Oxford Univ. Press, 2003), p.555; Mark Brealey and Mark Hoskins, *Remedies in EC Law* (London: Sweet & Maxwell, 1998), pp.200-201.

58) Case 246/80, *Broekmeulen* v. *Huisarts Registratie Commissie*, [1981] ECR 2311, at 2327, para.11.

로 인정된 중요한 이유는 다음과 같은 판결에 의해 구체화되었다. 즉 ECJ가 본 상소위원회는 "'EU법의 적용'과 관련하여 '사실상 최종적인 기관'으로 간주되며,[59] 이러한 상소위원회를 통한 선결적 판결을 요청할 기회가 존재하지 않는다는 것은 'EU법의 적용 및 기능'을 위협하는 결과를 초래할 수 있다"[60]고 판결하였다.

그러나 ECJ는 룩셈부르크대공국(Luxembourg Grand Duchy)의 조세국장(Director of Taxation and Excise Duties: Directeur des Contributions Directes et des Accises)에 의한 선결적 판결의 요청에 관해서는 이를 거부하였다. 그런데 본 기관의 담당관은 이러한 기관을 법원으로 볼 수 있다고 주장했었다.[61] 이에 대하여 ECJ는 그러한 주장은 EU법에 의해 판단되어야 하며, 성질상 소송의 객체를 다루는 기관은 '제3자'로서 행동하는 어떤 기관이어야 한다고 강조하였다. 그러나 본 조세국장에 의한 사건에 있어서는 분명 그렇지 않았다. 본 기관의 담당관은 세금평가를 담당하는 세무부서에 근무하고 있었고, 더욱이 본 사안은 상소로서 룩셈부르크의 참사원(Conseil d'Etat)에 제출되어 본 기관의 담당관은 피고가 되어 소송상 당사자가 되었기 때문에, 이제는 더 이상 '제3자적' 기관의 자격이 아니었기 때문이다.

그런데 비록 공공기관에 의견을 제출하는 기관이 행정적 기능을 수행한다 할지라도 국내법원의 지위로서 선결적 판결을 제소할 수 있는 권한을 부여받은 것은 아니다. 예를 들면, 외환관련 국내법을 위반한 개인에 대하여 재무장관이 부과하는 제재에 관하여 재무장관에게 합리적 의견(reasoned opinions)을 — 그러나 구속력은 없는 — 제출할 의무가 있는 '자문위원회'가 그것이다. 이 양자의 경우 최종적인 행정적 결정 이후 필요한 경우에 선결적 판결의 부탁을 위해 당사자로서 국내사법기관에 제소할 가능성이 있는 것인지에 관하여 직접 ECJ에 선결적 판결을 부탁할 권한이 있는 기관은 아니다. 이러한 '전문기관'이나 '자문위원회'는 제3자적 기관으로 간주될 가능성이 전무한데, 이는 이들 기관이 관련 내용을 '자체적'으로 형성하였거나

---

59) 상소위원회가 국내법원 또는 법정으로 간주되기 때문에 굳이 다른 법원이나 법정을 구할 필요가 없다. 국내법상으로는 법원으로 인정되지 않더라도, EU법의 적용과 관련된 문제일 경우에는 그러하다는 것이다.

60) Case 246/80, *Broekmeulen* v. *Huisarts Registratie Commissie*, [1981] ECR 2311, at 2328, paras.16~17.

61) Case C−24/92, *Corbiau*, [1993] ECR Ⅰ−1277, at Ⅰ−1304, para.17.

혹은 그러한 사항을 형성하는 데 '직접적'으로 관여하였기 때문에 '제3자적' 지위를 부여받기에는 부적절하다는 점이 그 이유이다.

경쟁법(competitions law)의 적용과 관련하여, 분쟁해결의 책임을 지는 '국내기관들'에 선결적 판결의 제소권이 부여될 수 있는가의 문제가 발생한다. 무엇보다도 이들 국내기관이 일반 국내법원과 같은 방식으로 판결할 수 있는가의 의문이 발생한다. 이 문제에 대한 해답을 위해 당해 '국내기관'의 국내법상 법적 지위에 대한 분석이 선행되어야 한다. 이러한 국내기관의 국내법상 법적 지위는 '회원국에 따라' 다를 수 있다. 그럼에도 불구하고 ECJ는 처음부터 이들 국내기관을 통한 선결적 판결의 부탁을 허용하였다. 왜냐하면 EU경쟁법의 '통일된 적용'을 통한 법적 효과를 최대한 보장할 필요성을 깊이 인식하고 있었기 때문이다. 이는 ECJ의 법률고문 Jacobs가 무역부(Ministry of Trade)의 행정적 법정(Tribunal) 형태로 만들어진 법정부서를 '국내기관'으로 인정한 후, 스페인의 Tribunal de Defensa de la Competencia에 의한 선결적 판결 부탁에 대하여 어떠한 유보도 없이 ECJ가 그 선결적 판결의 부탁을 '접수'하여 판결한 이유가 되었다.[62] 행정적 성격을 갖는 기관임에도 불구하고 앞서 언급했던 '사법적 기관'으로서의 성질을 갖는 국내법원으로 인정될 조건이 충족되었던 것이다.

(2) 중재의 사법기관으로서 인정 여부

중재인(arbitrator)은 국내기관으로 인정될 조건을 충족시키지 못하는 경우, 사실관계가 다음과 같음에도 불구하고, TFEU 제267조(구 EC조약 제234조)상의 '회원국의 국내법원'으로 간주될 수 없다. 즉 ECJ는 "'중재법원'의 활동과 '일반법원'의 활동 사이에는 일정한 유사성이 있는데, 이러한 중재법원의 활동은 법의 범위 내에서 규율된다는 것, 중재자는 법에 따라 판결해야 한다는 것, 그의 판정은 당사자 간에 법적 구속력을 갖는다"는 것이다.[63] 그런데 이러한 단순한 유사성만으로 중재기관에 회원국의 국내법원으로서 지위를 부여하기는 불충분하다. 왜냐하면 조약의 당사자들

---

62) Case C-67/91, *Asociación Española de Banca Privada and Others*, [1992] ECR I -4785, at I -4809.

63) Case 102/81. *Nordsee* v. *Reederei Mond*, [1982] ECR 1095, at 1110, para.10.

이 "일반법원에 의해 해결되어야 할 분쟁을 '회피'하거나 혹은 조약상 중재조항을 규정하여 중재를 '선택'"[64]하게 할 수 있기 때문이다. 이렇게 되면 중재기관은 실제로는 적절한 사법기관으로 행동할 수 없고, 이로 인해 국내법원으로 인정될 조건을 실질적으로 충족하지 못하게 된다. 조약의 당사자들은 중재조항을 선택하여도 법적으로든 실질적으로든 그들의 분쟁을 중재에 회부할 의무가 실제로는 존재하지 않게 된다. 더욱이 중재기관이 소재하는 '회원국'이 중재선택의 결정에 관여하지 않고, 중재소송절차상 어떠한 요청도 하지 않는다면 본 중재기관을 국내법원으로 인정하기는 더욱 어려울 것이다.

그런데 ECJ는 중재기관에 의한 선결적 판결의 제기가 부진함에 따라 중재기관에 선결적 판결을 요청할 것을 권유하게 되었다. 실제 TFEU 제267조(구 EC조약 제234조)의 입법취지는 회원국 '국내법원'과 'ECJ'의 '대화·교류·협력'을 위한 것이었다. 국내법원은 선결적 판결의 요구에 대한 독점적 권리를 갖고 ECJ라는 EU사법 당국에 판단을 위임하기 위해 진정으로 필요한 경우에 한하여 선결적 판결을 부탁한다. ECJ의 관점에서 보면 이러한 사법체제는 조약의 당사자가 '중재'를 통해 국내법원보다 선행하여 문제의 해결을 시도하는 경우에는 다른 방법을 취할 수 없게 하는 위험을 초래할 수 있다. 따라서 중재기관과 국내법원 간의 사법적 보호제도에는 충분히 밀접한 관계가 정립되어야 하고, 이렇게 정립된 후에야 이러한 중재기관은 TFEU 제267조 2단의 회원국의 국내법원과 같은 성격의 법원으로 간주될 수 있을 것이다.[65]

(3) 사법기관의 역외 소재의 경우

TFEU 제267조(구 EC조약 제234조) 2단의 국내법원은 반드시 '회원국의 소유'여야 한다. 그런데 이 점은 일반적으로 인정되어야 할 내용이라 할지라도, 다음의 법원들이 그러한 자격을 실제로 부여받고 있다는 사실은 매우 중요하다. 회원국 내 설립된 법원, 프랑스 해외 부분과 특별제휴협정상의 법원,[66][67] 회원국이 책임을 지는

---

64) *Ibid.*, para.11.
65) John Fairhurst and Christopher Vincenzi, *Law of the European Community* (London: Pearson Longman, 2003), p.129.
66) TFEU 제349조의 (2).

대외관계에 대한 유럽영토 내의 법원, 마지막으로 아일랜드해협(Channel Islands)과 만 섬(Isle of Man) 내에 설립된 법원[68][69]에 의해 선결적 판결을 ECJ에 부탁할 수 있다.

분명 '비회원국' 내에 설립된 법원은 TFEU 제267조(구 EC조약 제234조) 2단의 사법기관은 아니다. 그러나 비회원국 내의 법원에 선결적 판결을 부탁할 일정한 권리를 부여한다고는 볼 수 없음에도 불구하고, EU와 관련 '비회원국 간에 체결된 국제협정'에 근거하여 선결적 판결을 부탁할 일정한 권리의 존재가 부여되는 경우가 있다. 'EEA협정'이 바로 그러한 경우인데, 이 협정은 EFTA회원국의 국내법원이 EEA규칙의 '해석'에 관하여 ECJ에 선결적 판결을 부탁할 권한을 부여하고 있다.[70] EEA협정 제107조에 의하면 EFTA국가들은 자국의 재판소 또는 심판소가 ECJ에 EEA규칙의 '해석'에 관하여 결정을 주도록 요청하는 것을 허용할 수 있다. 세부적인 규정은 제34의정서에 수립되어 있는데, 동 의정서에 의하면 이 같은 요청은 EEA협정의 규정이 EU법 규정과 실질적으로 동일한 경우에만 가능하다.

(4) 국제재판기관의 경우

국제사법재판소(International Court of Justice: ICJ), 유럽인권재판소(European Court of Human Rights: ECHR)와 같은 국제재판기관은 ECJ에 선결적 판결을 부탁할 권한이 없다. 비록 국제분쟁이 사안의 성질상 어떠한 경우에는 ECJ에 제소하는 것이 그 해결에 유용하다고 판단될지라도 그러하다.

그러나 베네룩스대법원(Benelux Court of Justice)의 경우에는 일반적인 국제법원과는 그 법적 지위가 다르기 때문에, 베네룩스대법원은 베네룩스 3국 내에서 통일된 공동의 사법질서를 보장할 의무가 있으며, 국내법원의 자격으로 ECJ에 선결적 판결을 부탁할 권한이 있다.

---

67) TFEU 제355조의 (3).
68) TFEU 제355조의 (6)의 (c).
69) Protocol No.3 constitutes the "arrangements for those islands set out" in the Accession Treaty signed on January 22, 1972.
70) EEA Agreement 제107조(OJ 1994 L1/26), Protocol 34 annexed to the EEA Agreement(OJ 1994 L1/204).

2. 유럽사법법원(ECJ)

EU의 사법법원은 '국내법원' 외에 두 개의 법원으로 구성되는데, '유럽사법법원'(European Court of Justice: ECJ)과 일반재판소[71](General Court, 구 제1심법원(Court of First Instance: CFI))가 그것이다.[72] 이 두 사법기관은 관할권의 범위에 의해 구분되지만, EU법의 해석과 적용을 보장하여 EU법의 준수를 확보한다는 역할에 있어서는 동일하다. EU의 사법질서는 국내법원, ECJ 그리고 일반재판소(구 CFI)에 의해 규율되는데, 여기에서 한 가지 주목할 것은 ECJ와 일반재판소는 본래 EC의 사법기관이었으며, 1992년 2월 7일의 마스트리히트(Maastricht) 조약으로 설립된 EU의 사법기관이 되었다는 점이다. 마스트리히트 조약은 3대 기둥으로 구성되었는데, 제1 기둥은 통합된 3개의 공동체(European Communities), 제2 기둥은 공동외교안보정책(Common Foreign and Security Policy: CFSP), 제3 기둥은 사법내무협력(Co-operation in the Fields of Justice and Home Affairs: CJHA)이다. ECJ와 CFI는 주로 제1 기둥인

---

71) TFEU 제256조. 한편, 니스조약에 의하여 EC 제220조(TFEU에 의해 삭제됨)에 도입된 주요변화의 하나는 ECJ와 CFI 이외에 "사법패널(judicial panels)이 — 제225a조(TFEU 제257조)에 규정된 조건에 따라 — CFI에 부속될 수 있다"(*may be attached* to the Court of First Instance)는 사실이다. EC 제225a조(TFEU 제257조)에 의하면, 특수 영역에서의 일정 소송을 제1심의 자격으로 심리하고 결정지을 각 사법패널은 — 위원회의 제안에 의거하여 그리고 유럽의회와 ECJ의 의견을 구한 후 또는 ECJ의 요청에 따라 그리고 유럽의회와 집행위원회의 의견을 구한 후 — 만장일치로 행동하는 이사회에 의하여 설립될 수 있다. 한편, 'EC 제225a조에 관한 선언'(Declaration on Article 225a TEC)에서는 "EU와 그 직원 간의 분쟁에 대해 제1심의 자격으로 판결을 내릴 권한이 있는 한 개의 사법패널을 설치하기 위한 결정초안을 가능한 한 신속히 준비할 것을 ECJ와 집행위원회에 요구"하고 있다. 예를 들면 2005년에 설치된 EU공무재판소(Civil Service Tribunal)라고도 하는 EU행정법원을 들 수 있다.

72) ECJ(European Court of Justice)는 1951년 4월 18일 채택되어 1952년 7월 25일 발효된 ECSC조약에 의하여 설치된 ECSC의 사법기관으로 시작되어, 1957년 3월 25일 EEC조약과 EAEC조약이 채택된 후 "Convention on Certain Institutions Common to the Three Communities"에 의하여 EC(European Communities)의 사법기관이 되었다. 세 개의 공동체에 공통적인 일정한 기관에 관한 동 협정에서는 단일의회(a Single Assembly)와 단일법원(a Single Court)에 있어서 합의를 이루었기 때문에, 이때부터 ECJ는 EC의 실질적인 사법기관이 되었으며, 물론 향후 1965년 4월 8일 통합조약에 의해 완전한 공식적인 EC의 사법기관이 되었다. 한편 CFI(Court of First Instance)는 1986년 2월 28일 채택되어 1987년 7월 1일 발효된 단일유럽의정서(SEA: Single European Act)에 의하여 설치되어 1989년 11월에 직무를 개시하였다. L. Neville Brown and Tom Kennedy, *The Court of Justice of the European Communities* (London: Sweet & Maxwell, 2000), pp.1-2.

EC의 분쟁해결기관으로 기능하였기 때문에, EU 설립 이후에 제2 기둥과 제3 기둥과 관련된 사안에 대해서는 그 관할권이 제한받게 되었다. 그러나 현재는 이러한 제약에도 불구하고 일반적으로 ECJ와 일반재판소는 통합된 EU의 사법기관으로 불리고 있다. 따라서 여기에서도 ECJ와 일반재판소를 통상 'EU의 사법기관'으로 다루고자 한다.

1) 재판관과 법률고문

ECJ의 구성을 살펴보면, ECJ의 '재판관'은 '법률고문'[73)]의 자문을 받는다. ECJ가 요청하는 경우 이사회의 만장일치에 의하여 재판관[74)]이나 법률고문[75)]의 숫자를 증가시킬 수 있다. 재판관과 법률고문은 회원국들의 일반협정에 의해 6년의 임기로 선출된다. 이들은 물론 독립적 지위를 가지며, 개인 자격으로 선출되어 회원국에 종속되지 않으며, 당해 국가의 고위법률기관에 근무한 경력자 또는 유능하다고 인정된 법률가이다. 이들은 3년마다 부분적으로 교체된다. 그런데 TFEU는 회원국 가운데 재판관이나 법률고문[76)]의 숫자를 배분하고 있지 않으며, 심지어 회원국의 국민이어야 한다고 규정하고 있지도 않다.[77)] 그러나 실제 각 회원국은 1명의 재판관을 보유하고 있다.[78)]

재판관과 법률고문은 직무개시 전에 법원에서 그들의 직무를 공평하고도 양심적으로 이행할 것과 심의과정 비밀을 보장할 것을 선서한다.[79)] 재판관과 법률고문은 사법권으로부터 면제를 받으며, 이러한 특권은 구두절차와 서면절차를 포함한 업무의 한도 내에서 인정된다. 이들의 사법권으로부터 면제특권은 재판관 전원출석

---

73) TFEU 제252조, para.1.
74) TFEU 제251조, para.4.
75) TFEU 제252조, para.3.
76) 법률고문의 임명에 있어서는 5대 회원국인 프랑스, 독일, 이탈리아, 스페인, 영국이 각각 관여하며, 나머지의 법률고문은 그 외의 회원국들이 교대로 임명한다. 만일 재판관 또는 법률고문의 임기만료 전에 공석이 발생하는 경우에 후임자는 선임자임기의 연장선상에서 임명된다. ECJ규정 제7조.
77) Cf. TFEU 제245조, paras.2−4. 집행위원회의 구성원은 반드시 회원국의 국민이어야 함을 명시하고 있다.
78) ECJ는 항상 홀수의 재판관으로 구성되어야 하며, 이는 판결상 항상 홀수의 재판관이 필요하기 때문이다. ECJ규정 제15조.
79) ECJ규정 제2조.

의 개정에 의해 법원이 철회할 수 있다. 일정한 사유로 인해 이들의 사법적 면제특권이 철회되면, 이들 재판관이나 법률고문에 대한 형사절차는 회원국 고위사법기관의 구성원에 대한 재판관할권을 갖는 ECJ에 의해서 진행된다.[80]

재판관과 법률고문은 일체 자국의 정치기관이나 행정기관에 임직할 수 없으며, 이사회(Council)가 인정하지 않는 한, 어떠한 직업에도 고용될 수 없다. 이들은 임기만료 후에도 일정한 지위나 이해와 관련하여 청렴결백하고도 사려 분별 있게 행동해야 한다.[81] 재판관이나 법률고문은 다른 재판관이나 법률고문의 만장일치에 의하여 개인 또는 기타 이익에 대한 권리나 직무를 박탈당하는 경우에 더 이상 직무를 수행할 수 없다.[82] 재판관의 부분적 교체 즉시, 재판관들은 그들 가운데서 3년 임기의 법원장(President of the Court)을 선출하며, 재선[83]이 가능하다.[84]

2) 재판부의 구성

원칙상 ECJ는 '전원재판부'로 이루어지며, 예외적으로 관할재판부(chambers)를 구성하는데 3명, 5명, 또는 7명의 재판관으로 구성되며,[85] 전원재판부에 비해 이러한 관할재판부에 의해 판결되는 사건들이 양적 측면에서 많다. ECJ의 법원장은 어느 재판부에도 참석하지 아니한다. 각 재판부는 각 재판부의 재판장에 의해 사회가 진행된다. 재판부들의 구성과 재판장들의 임명은 유럽연합공보(Official Journal of the European Union: OJ)에 공시된다.[86]

3) 재판절차

재판을 위한 서면절차가 종료되면, ECJ는 여러 사건들을 일정한 재판부에 각각 할당하며, '보고담당재판관'(Judge-Rapporteur)의 '예비보고서'에 대한 숙지와 법률고

---

80) ECJ규정 제3조.
81) ECJ규정 제4조.
82) ECJ규정 제6조.
83) TFEU 제253조, para.5. ECJ규칙 제7조의 (1).
84) 임기만료 전에 공석이 발생하는 경우 후임자가 선임자의 임기를 대신하여 선출된다는 재판관과 법률고문에 관한 규정은 법원장에게도 동일하게 적용된다. ECJ규칙 제7조의 (2).
85) TFEU 제251조, para.2.
86) ECJ규칙 제10조의 (1), subpara.3.

문이 제시한 '법률고문의 의견'을 청취한 후에, 어떤 회원국 또는 어떤 EU기관이 소송당사자로서 불복하지 않는 한 그다음의 절차를 계속하여 진행한다.[87] 여기에서 소송당사자란 회원국 또는 EU기관, 선결적 판결 소송에 서면보고서를 제출한 이해당사자를 의미한다.[88] 이로부터 ECJ는 자체적으로 재판부들에 할당될 사건들의 기준을 정한다.[89] 반면 이들 재판부는 소송절차의 어떤 단계에서든지 사건을 ECJ에 회송할 수 있다.[90] 소송당사자들은 특정 국적의 재판관을 지정 또는 제외할 것을 요구하지 못하므로,[91] ECJ는 회원국의 특별한 절차상의 이해에 대하여 초국가적 법원(supranational court)으로 조직되고 운영된다고 볼 수 있다.

소송의 부탁 즉시 ECJ의 법원장은 사건들을 각 재판부에 지정 할당하며,[92] ECJ의 판결에 대한 중요한 책임은 보고담당재판관[93]에게 있다. 동시에 최고법률고문[94](First Advocate General)은 본 사건에 대하여 1명의 법률고문[95]을 배정한다.[96]

법원장은 ECJ의 법적·사무적 행정을 책임지고 지시하며, 심문·심리시 사회를 주관한다.[97] ECJ는 임무의 수행을 위하여 자체적으로 다양한 부서를 둘 수 있다. 예를 들면, 통역부, 번역부, 자료검색부, 법원도서관, 내부행정조직(인사과, 총무과 등을 포함하는) 등이 있다. 법원행정처 직원(Registry staff)은 법원행정처장(Registrar)의 법적·행정적 업무를 보조하고, 법원행정처장은 법원의 다양한 부서들을 활용할 수 있다. 재판관들과 법률고문들은 법률사무비서(référendaires)로 알려진 직원을 3명씩

---

87) TFEU 제251조, para.3. ECJ규칙 제95조의 (2).
88) ECJ규칙 제95조의 (2), subpara.2.
89) ECJ규칙 제9조의 (3).
90) ECJ규칙 제95조의 (3).
91) ECJ규정 제16조, para.4.
92) ECJ규칙 제9조의 (2).
93) 당해 보고담당재판관과 법률고문은 각별히 주의하여 사건의 소송 진행에 따라야 한다. 보고담당재판관은 사건의 경과와 결과에 관한 '예비보고서'를 작성할 책임을 지며, 이 보고서는 후에 재판부에서 청취된다. 결국 보고담당재판관은 '판결초안'을 작성하게 되는 것이고, 이어서 이것을 수정하여 ECJ 또는 재판부의 합의에 반영한다.
94) ECJ규칙 제10조의 (1).
95) ECJ규칙 제10조의 (2).
96) 매우 공평하고도 독립적으로 활동하는 법률고문은 공개법정에서 ECJ의 임무수행을 지원하기 위하여 그에게 할당된 각 사건에 관하여 합리적인 의견(Advocate General's Opinion)을 제시하여 중재한다. TFEU 제252조, para.2.
97) ECJ규칙 제8조.

둘 수 있다. 이 직원들은 재판관들과 법률고문을 위해 사전작업을 수행한다. 또한 재판관과 법률고문은 법률사무비서가 아닌 별도의 3명의 비서직원을 둘 수 있다.

4) 주요 기능

ECJ의 기본적 주요 기능에 관하여 살펴보면, ECJ는 EU의 '헌법재판소'(constitutional court)로서의 기능을 한다. 즉 TFEU(구 EC설립조약)상에 규정된 '목적의 달성'과 EU법에 의한 '법치주의의 감시자'로서 역할을 수행한다. ECJ가 회원국들이나 EU기관들이 제소한 사건에 대하여 판결하는 경우, 이러한 사건은 EU의 기초 설립조약상의 쟁점이어야 한다. 예를 들면 EU의 2차적 법원(규칙(regulations), 지침(directives), 결정(decisions), 권고(recommendations) 및 의견(opinions))의 '합법성', 제도적 균형의 보호와 유지, 기본권의 보호 등에 관한 문제이어야 한다. 또한 ECJ는 국내법원의 선결적 판결의 부탁과 관련하여 EU의 '최고법원'(supreme court)으로서의 기능을 하여 EU법의 통일적 '해석'과 적용을 보장한다. 이는 TFEU상의 목적달성에 반하는 회원국의 상이한 EU법의 적용에 대하여 ECJ가 EU사법질서의 통합을 위해 수행하는 사법적 기능이다.[98]

3. 일반재판소

1) 재판관

일반재판소(구 CFI)의 구성에 관하여 살펴보면, 재판관은 회원국들의 합의로 6년 임기로 임명된다.[99] 이들은 독립된 개인자격으로 선출되어 회원국에 예속되지

---

98) ECJ의 이와 같은 기능과 관련하여 볼 때, 분명한 것은 EU법의 헌법적 쟁점들에 관한 사건은 국내법원 또는 제1심법원에도 제소될 수 있다는 사실이다. 따라서 ECJ만이 EU사법질서의 유일한 감시기관은 아니다. 그러나 국내법원도 결국은 선결적 부탁절차를 통하여 ECJ에 헌법적 쟁점을 제기할 수 있으므로, 선결적 부탁의 대상이 되는 법률문제에 대한 최종적인 사법적 감독기관은 ECJ뿐이다. 그리고 국내법원은 제1심법원의 판결에 관하여 ECJ로 상소를 제기할 수 있는데, 이는 EU 기초 설립조약상의 난해한 법률문제를 판결하는 최종적인 권한을 행사하는 사법기관이 ECJ임을 의미한다.

99) TFEU 제256조의 (3).

않는 법률사무에 필요한 능력을 갖춘 자들이다. 이들은 3년마다 부분적으로 교체되며, 퇴임하는 재판관일지라도 재선이 가능하다.[100] 재판관의 임명에 있어 국적을 요건으로 하지는 않으나, 실제로 각 회원국들은 1명의 재판관을 보유한다. 사무 기간에 공석이 발생하는 경우, 신임재판관은 선임자의 기간을 위해 임명된다.[101]

각각의 재판관은 그의 직무 전, ECJ에서 선서를 한다.[102] 재판관들은 ECJ의 재판관이나 법률고문과 동일한 법적 지위를 가진다.[103] 그리고 다른 정치적 또는 행정적 사무에 종사하거나 기타의 직종에 종사하는 것을 자제할 의무가 있다. 어떠한 재판관도 직무상 필요한 조건을 갖추지 못해 직무상의 의무를 더 이상 수행할 수 없는 경우, 이러한 사유에 관해서는 일반재판소의 의견을 청취한 후 ECJ에 의해 그의 직위에서 제명된다.[104] 그러한 제명에 관한 사유의 청취 이전에 적합하다고 판단되는 경우 관련 재판관은 자신의 의견을 일반재판소에서 설명할 수 있다.[105]

일반재판소는 ECJ와는 달리 원칙적으로 별도의 법률고문이 존재하지 않는다. 이는 일반재판소 관할권에 속하여 일반재판소에 제소되는 모든 사건들이 재판상 법률고문의 보조를 반드시 필요로 하지 않기 때문이다. 그러나 재판관은 일정한 사건에 대하여 '법률고문'의 보조를 요청할 수 있다.[106] 전원재판부를 구성하는 경우, 경우에 따라서 법률고문의 보조를 받을 수 있다.[107] 즉 당해 사건을 관할하는 재판부는 사건이 법적인 '난해함'이나 '복잡한' 성질을 가진다고 판단되는 경우에 법률고문의 임명을 요구할 수 있다. 이때 일반재판소의 법원장은 재판관들 중 한 재판관에게 법률고문의 기능을 수행할 것을 지시할 수 있다.[108] 결국 일반재판소의 소

---

100) TFEU 제256조의 (3).
101) ECJ규정 제7조. ECJ규정 제44조.
102) CFI규칙 제4조의 (1).
103) TFEU 제256조의 (2). ECJ규정 제44조.
104) ECJ규정 제44조. CFI규칙 제5조.
105) CFI규칙 제5조.
106) 이렇게 지명된 재판관은 ECJ의 법률고문과 같은 자격과 동일한 기능을 수행하되, 본 사건의 판결에는 재판관으로서 직접적으로 관여하지 아니한다. 이런 특별한 사건에 있어서 법률고문의 임명은, CFI(현 일반재판소(General Court)를 의미함) 행정회의시에 또는 사건의 초기배정시에 본 사건을 관할하는 재판부의 요구에 의해 이루어진다. CFI(현 일반재판소(General Court))규칙 제19조, para.1.
107) CFI규칙 제17조, 제32조의 (1), subpara.2.
108) CFI규칙 제19조, para.2.

송규칙상 법률고문의 요구는 강제사항이 아니기 때문에, 법률고문으로서 재판관이 지정될 경우에만 법률고문의 임명이 가능하다.[109]

2) 재판부의 구성

ECJ와는 달리, 일반재판소(구 CFI)는 보통 '일반재판부'를 구성하며, 예외적인 경우에만 전원재판부를 구성하거나 또는 단독판사로 재판부를 구성한다.[110] 일반 재판소는 3명의 재판관으로 재판부를 구성하거나, 5명의 재판관으로 재판부를 구성할 수 있다.[111] 일반재판소는 각 사건들의 분류기준에 따라서 각 재판부에 사건을 배당한다.[112] 법원장은 법원이 정하는 분류기준에 근거하여 재판부에 당해 사건의 해결을 지시한다. 물론 재판관의 수에 필적할 만큼의 사건을 각 재판부에 할당한다.[113] 재판부의 구성과 재판부 재판장들의 임명은 유럽연합공보(OJ)에 공지된다.[114] 사건의 법적인 난해함, 사건의 중요성 또는 재판을 위한 특별한 환경이 필요한 경우에 당해 사건은 일반재판소의 전원합의부[115]에 배당되거나 별도의 판사 수로 구성된 재판부에 배당된다.[116]

3) 재판절차

일반재판소의 소송절차는 대부분 ECJ 소송절차와 같다. 그리고 법원장의 직무와 권한은 그 범위에 있어서 ECJ 법원장의 내용과 유사하다. 그리고 재판관은 2명의 법률사무비서(이들은 ECJ의 재판관과 법률고문의 법률사무비서와 같은 동일한 직무를 수행한다)와 2명의 일반사무비서 직원의 보조를 받는다. 이는 이들이 다른 법원으로부터 독립을 보장받아 법원장하에서 직접적으로 그리고 배타적으로 법적 기능을 수

---

109) CFI규칙 제2조의 (2).
110) CFI규칙 제11조의 (1), 제14조의 (2).
111) CFI규칙 제10조의 (1).
112) CFI규칙 제12조.
113) CFI규칙 제13조의 (1).
114) CFI규칙 제15조, para.3.
115) 소송의 어떤 단계에서든지 재판부는 자체적으로 또는 당사자의 요구에 의하여 본 사건이 전원합의부를 통하여 효과적으로 판단될 수 있다고 제안할 수 있다. 이때 전원합의부의 구성 여부는 당사자 또는 법률고문의 의견을 청취한 후 결정된다. CFI규칙 제51조.
116) CFI규칙 제14조, para.1.

행하기 위함이다. 일반재판소의 인사에 관해서는, 이사회(Council)의 결정(decision)을 통해 ECJ규정에 다음의 규정이 첨가되었다. 즉 "ECJ 법원장과 일반재판소 법원장은 공동합의로 일반재판소의 기능을 위해 봉사할 수 있는 직원을 ECJ에 소속시킨다는 조건하에 그 직원들을 결정한다."[117]

4) 주요 기능

일반재판소(구 CFI)의 기본적 주요 기능을 살펴보면, 일반재판소는 EU의 일종의 '행정법원'으로서 기능한다. 즉 일반재판소는 EU기관의 불법행위(unlawful act)나 부작위(ommission)에 대하여 자연인이나 법인의 권리를 보호한다. 한편 일반재판소(구 CFI)의 설립목적은 EU사법질서를 통한 법적 보호를 '질적'이면서도 '효과적'으로 달성하기 위함이다. 이는 유럽단일의정서(SEA)에서 구체화되었으며, 1988년 이후 발생한 수많은 사건들이 접수할 수 없을 정도로 법원에 제소된 상황과 맥을 같이한다. 더욱이 복잡한 사실관계의 평가를 요하는 사건들에 대하여 ECJ는 시간적으로 그리고 인적 인프라상으로 더 이상 양질의 법적 보호를 부여할 수 없게 되었다. 1988년 10월 24일 이사회에 의해 제1심법원 설립에 관한 결정(Council Decision 88/591)이 채택되었고, 1989년 9월 25일 제1심법원이 설치되었으며, 1989년 11월 제1심법원의 직무가 개시되었다. 이에 따라 '2단 법원체제'(two-tier court system: ECJ와 CFI체제)가 성립되었고, 이로써 EU 차원의 사법적 보호의 질적 향상에 기여하게 되었다.

그런데 TFEU 제256조(구 EC조약 제225조)의 (1)에 의하여, 일반재판소 관할권의 범위에서 제외되는 것은 오직 '선결적 부탁의 대상'뿐이다. 반대로 그 외 모든 사건은 직접소송의 대상으로 TFEU 제256조의 (2)에서 정하는 의결절차에 따라서 일반재판소의 관할권에 속한다.[118] 현재 자연인이나 법인은 오직 직접소송에 의해 제소하는데, 이는 본래의 EU법에 해당하는 EU기초 설립조약의 적용과는 무관한 것으로서 일반재판소의 재판관할권에 해당되는 문제의 경우이다.[119] 그러나 위반회원국

---

117) ECJ규정 제45조, para.2.
118) TFEU 제256조의 (1), (2).
119) EC설립조약(TFEU)상 직접소송의 대상 중 자연인과 법인과 무관한 사건에 관해서는 ECJ가 관할권을 행사한다. 그런데 회원국의 EU법위반행위에 대해 다른 회원국이나 집행위원회는

에 대한 회원국이나 위원회의 제소에 의한 직접소송은 ECJ가 관할권을 행사한
다.[120] 일반재판소의 판결에 대한 상소[121]는 오직 법적인 쟁점에 대해서만 ECJ로
제소될 수 있다. 이 경우에 일반재판소는 독자적인 사실조사관할권을 갖기 때문에,
상소소송에 있어서 ECJ는 사실관계에는 크게 관여하지 않으며 오직 법률문제의 해
결에 관심을 가진다.

V. 감사원

감사원(Court of Auditors)[122]은 이전에는 공동체의 단순한 기관(simple organ)이었
으나, TEU(Maastricht 조약)에 의해 공동체의 주요 기관(institution)으로 승격되었다.
감사원의 임무는 공동체의 회계감사를 이행하는 것이며 룩셈부르크에 소재한다.

1. 구성

감사원은 15명으로 구성되며, 6년 임기로 이사회의 만장일치로 임명하며 재임
이 가능하다. 이때 이사회는 '유럽의회'의 자문을 받은 후에 위원들을 임명한다. 감
사원은 각국에서 대외회계기관(external audit bodies)에 속하거나 속해 왔던 사람 중
에서 선출되거나 또는 이 직무에 특별히 자격과 능력을 갖춘 사람 중에서 선출된
다. 감사원장은 3년을 임기로 구성원 중에서 선출되며, 재선이 가능하다.[123]
감사원 위원들은 집행위원회의 구성원이나 사법기관의 재판관과 같이 그들의

직접소송을 통해 ECJ에 제소할 수 있으나, 회원국의 위반행위를 간접적으로 평가하기 위해
EU법의 해석에 관한 선결적 판결 소송을 이용하는 경우도 있다. Lenaerts, Arts and Bray,
supra note 52, p.128.

120) TFEU 제270조. EAEC조약 제152조.
121) CFI의 결정에 대한 ECJ의 상소소송절차는 서면절차와 구두절차로 구성된다. 서면절차는 원
칙적으로 상소서(appeal)와 응답서(response)로 구성되며(ECJ규칙 제110조, 제111조(1)), 서
면절차를 통해 당사자들의 의견이 충분히 반영되지 못한 경우가 아닌 한, ECJ는 구두절차
없이 결정을 내릴 수 있다(ECJ규정 제52조. ECJ규칙 제120조, 제121조).
122) TFEU 제285조.
123) TFEU 제286조의 (2), (3).

임무를 수행함에 있어서 완전한 '독립'이 보장되어야 하며, 자국의 어떠한 지시를 받아서도 아니 되며, 여타의 직업에 종사할 수 없으며, 그 직무에 대하여 진지하게 임무를 수행하며, 청렴결백하게 행동해야 하며, 직무기간이나 그 후에도 신중하게 행동해야 한다. 이들은 유럽사법법원(ECJ)의 판결에 의해 강제 퇴임될 수 있다.[124]

2. 직무

감사원은 EU와 EU에 의해 설립된 모든 기구들의 세입(revenue)과 지출(expenditure)에 대한 회계를 심사한다.[125]

감사원은 거래의 기초가 되는 회계대차(accounts), 적법성(legality), 일반성(regularity)에 관하여 신뢰할 만한 진술서(평가서)를 작성하여 유럽의회와 이사회에 제출해야 한다.[126]

감사원은 수입과 지출의 '적법성'과 '일반성'에 대해 심사하며, 재정에 대한 경영의 '건전성'에 관하여 심사한다. 감사원은 EU의 모든 기술사항(premises)과 모든 기록(records)들에 대하여 방문 심사할 권리를 갖는다. 회원국이 관련되는 경우 그 회계는 국내회계기관(national audit bodies)의 연락관을 통하여 이행되어야 한다. 기관들(institutions)과 회원국들은 감사원의 직무수행에 필요한 자료(documents)와 정보(informations)를 제공해야 한다.[127]

감사원은 여러 EU기관들이 관측할 수 있도록 관보(OJ)에 연례보고서(annual report)를 작성하여 공지한다. 여기에는 감사원의 부가 설명이 포함된다. 그런데 이는 EU기관들에는 불리하게 작용되는데, 왜냐하면 이러한 답변에 대하여 자신들의 견해를 알릴 수 있는 가능성이 희박하기 때문이다.

한편 감사원은 특별한 문제에 관해서는 특별보고서(special reports)를 제출할 수 있고, 여타 기관의 요청에 대해 감사원의 견해(opinions)를 전달할 수 있다.[128]

---

124) TFEU 제286조의 (4), (5), (6).
125) TFEU 제287조의 (1)1.
126) TFEU 제287조의 (1)2.
127) TFEU 제287조의 (2), (3).
128) TFEU 제287조의 (4).

감사원의 역할은 "예산(budget)의 이행을 조율하는 유럽의회와 이사회를 보조한다"라는 TFEU 제287조상의 문구에 의해 가장 잘 요약되어 표현된다고 할 수 있다.[129)]

VI. 유럽중앙은행

유럽통화기구(European Monetary Institute: EMI), 유럽중앙은행제도(European System of Central Banks: ESCB), 유럽중앙은행(European Central Bank: ECB)은 TEU(Maastricht 조약)에 의하여 설립되었다. 이들은 일정한 범주 내에서 EU의 경제와 통화정책(Economic and Monetary Policy)을 이행하는 각각의 임무를 수행하며 그 권한을 행사한다. 아래에서는 제도적 측면에 관하여 간단히 살펴보고자 한다.

유럽통화기구(EMI)[130)]는 경제 및 통화정책에 대한 제2단계에서 구성되어 독자적인 법인격을 가지며, 각 회원국들의 중앙은행장들로 구성된 이사회에 의하여 지시를 받으며 운영된다. 유럽통화기구의 의장은 유럽의회와 이사회의 자문 후 은행장위원회(Committee of Governors)의 추천에 의하여 유럽이사회(European Council)가 임명한다. 유럽통화기구 의장은 통화와 은행 업무에 있어서 명성이 있으며, 전문적인 경험이 있는 자 중에서 선출된다. 자체의 내규는 EU조약에 부속된 의정서에 규정되어 있다. 제3단계에서는 1993년 10월 29일 유럽이사회(European Council)의 결정에 따라 유럽통화기구(EMI)가 유럽중앙은행(ECB)으로 대체되었다. 따라서 프랑크푸르트(Frankfurt)에 있는 유럽통화기구(EMI)의 체제는 그대로 유럽중앙은행(ECB)으로 이전되게 되었다.

유럽중앙은행제도(ESCB)[131)]는 제3단계에서 기능이 시작되며, 'ECB'와 '회원국 중앙은행들'(national central banks)로 구성된다. 유럽중앙은행제도(ESCB)는 독자적인 법인격을 가지며, ECB의 의결기관들(Governing Council과 Executive Board)에 의해 운

---

129) TFEU 제287조의 (4)4.
130) TFEU 제141조.
131) TFEU 제129조.

영된다. 유럽중앙은행(ECB)[132]은 제3단계에서 유럽통화기구(EMI)를 대신하며, 의결
기관들인 '관리위원회'와 '집행위원회'의 지시를 받는다. 유럽통화기구(EMI)의 청산
에 관해서는 EMI의 법령에 규정되어 있다. ① 관리위원회[133]는 집행위원회의 구성
원들과 회원국 중앙은행장들로 구성된다. ② 집행위원회[134]는 의장, 부의장 그리고
관리위원회 구성원 4명으로 구성된다. 이들은 8년을 임기로 통화와 은행 업무에 있
어서 명성이 있으며 전문가적 경험을 갖춘 자 중 회원국 정부들의 동의에 의해 임
명된다. 그 임명은 이사회의 추천에 의하여 유럽이사회(European Council)가 결정한
다. 이때 이사회는 먼저 유럽의회와 관리위원회의 자문을 받아야 한다. 유럽중앙은
행(ECB)의 의장은 유럽중앙은행제도(ESCB)의 목적과 직무에 관련된 문제를 논의하
는 경우 유럽이사회 회의에 초청된다.[135] 분명한 것은 모든 것이 국가최고화폐기관
(highest national monetary institutions)과 EU최고의결기관(highest decision-making
authorities within the Community)을 밀접하게 연결시키도록 규정되어 있다는 것이다.
유럽중앙은행(ECB)의 연차보고서는 유럽의회와 유럽이사회(European Council), 이사
회, 집행위원회에 보고된다. 이 연차보고서는 유럽중앙은행(ECB) 의장에 의해 이사
회와 유럽의회에 보고되는데, 유럽의회에서는 이에 대한 일반적인 논의가 진행된
다.[136] ③ 자문적 지위를 갖는 통화위원회(Monetary Committee)는 역내시장 기능 확
대를 위한 회원국들 정책의 조화를 증진시키기 위해 설립되었다.[137] 통화위원회의
직무는 회원국들과 EU의 금융과 재정 상태를 검토하고 회원국의 일반지출체계를
검토하는 것으로, 이를 이사회와 집행위원회에 보고한다.[138] 이는 '자본의 이동'과
관련된 이사회의 업무에 기여하며, 회원국들의 경제정책의 방향이 된다.[139] 그리고
통화위원회는 재정기관들에 관여하며, 공공기관의 범죄와 정부의 결손에 관여하며,
경제화폐연합(Economic and Monetary Union: EMU)의 과도적 규정들에 관여한다. 제3

---

132) TFEU 제140조-제141조.
133) TFEU 제283조의 (1).
134) TFEU 제283조의 (2).
135) TFEU 제284조의 (2).
136) TFEU 제284조의 (3).
137) TFEU 제134조의 (1)1.
138) TFEU 제134조의 (1)2, 3.
139) TFEU 제134조의 (1)4, 5.

단계에서 통화위원회는 경제재정위원회(Economic and Financial Committee)로 대체되고, 그 직무는 전과 동일하며,[140] 다만 제3국과 국제기구와의 재정관계가 첨가되었으며,[141] 경제재정위원회의 구성원의 임명에 유럽중앙은행(ECB)도 관여한다는 것이 첨가되었다.[142]

VII. 경제사회위원회 · 지역위원회

1. 경제사회위원회

경제사회위원회(Economic and Social Committee)는 EU의 의결절차에서 주로 '자문역할'(consultative role)을 수행한다. 경제사회위원회는 일반적으로 최종결정이 채택되기 전 이사회의 요청에 의해 자문의 역할을 담당하고, 이때 유럽의회가 함께 관여한다. 만일 이사회가 TFEU에 따라 경제사회위원회에 자문을 구하는 것을 소홀히 한 경우, 중요 절차요건(essential procedural requirement)의 위반으로 유럽사법법원(ECJ)에 의해 그 채택된 조치 또는 법령이 무효가 될 수 있다.

경제사회위원회는 이사회나 집행위원회에 의해, 또한 경제사회위원회 자체 발의에 의해[143] 자문 역할을 수행한다. 이사회와 집행위원회는 필요한 경우 경제사회위원회에 의견서 제출을 위한 1개월의 기한을 정할 수 있으며, 기한이 만료된 경우 의견서의 부재를 이유로 후속조치를 해하지는 아니한다.[144] 이 경우 이사회는 집행위원회의 자문을 받아야 하며, 공동체와 관련된 경제영역 · 사회영역을 대표하는 여타 기구들의 의견도 수렴하게 된다.[145]

1972년 파리 정상회담(Paris Summit meeting)에서 국가대표들은 "앞으로 공동체 기관들(community institutions)은 자체 발의권에 의하여 공동체에 영향을 주는 모든

---

140) TFEU 제134조의 (2).
141) TFEU 제134조의 (2)4.
142) TFEU 제134조의 (2)7.
143) TFEU 제303조의 (3), TFEU 제304조의 (1).
144) TFEU 제304조의 (2).
145) TFEU 제302EC조약 제259조의 (2).

문제에 대하여 경제사회위원회의 자문에 대한 승인을 할 수 있다"고 결의하였
다.[146] 경제사회위원회는 '농업'과 '운송'과 같은 특별 분야에 있어서는 관련 규정들
에 구속되어 자문절차가 의무화되며, 이러한 특별 분야들은 경제사회위원회의 자문
역할에서 독립될 수 없다.

경제사회위원회의 구성원은 재임이 가능한 4년의 임기로, 개인적 자질을 갖춘
자로 이사회의 만장일치에 의해 임명된다.[147] 이들은 직무상 완전한 독립이 유지되
어야 하고, 경제·사회적 활동의 다양한 범주의 대표자들로 구성된다. 경제사회위
원회의 의장과 그 외 관료는 2년을 임기로 구성원 중에서 선출된다.[148] 경제사회위
원회는 브뤼셀에 소재한다.

2. 지역위원회

지역위원회(Committee of the Regions)는 TEU(Maastricht 조약)에 의해 설립되어 지
역 대표자들로 구성되어 자문 역할을 수행한다.

지역위원회는 경제사회위원회와 마찬가지로 4년 임기의 구성원으로 구성되며,
재임이 가능하고, 각 회원국들의 제안에 대한 이사회의 만장일치에 의하여 임명된
다.[149] 구성원은 어떠한 지시에도 구속되지 않으며, EU 일반이익상의 직무수행상
완전한 '독립'을 누려야 한다.[150]

지역위원회는 2년 임기의 의장과 관료들을 구성원 중에서 선출하며, 이사회나
집행위원회의 요청에 의하여 또는 지역위원회 자체 발의에 의하여 회합한다.[151]

지역위원회는 TFEU 규정상 이사회와 집행위원회에 대하여 자문하며, 기타 두
기관이 필요하다고 판단되는 경우에 자문의 역할을 수행한다.[152] 지역위원회는 적
절하다고 판단되는 경우 자체 발의에 의하여 의견을 표명할 수 있다.[153] 집행위원

---

146) See the own—initiative opinions in [1988] OJ C95, C134 and C318.
147) TFEU 제301조의 (1), (2).
148) TFEU 제303조의 (1).
149) TFEU 제305조의 (2), (3).
150) TFEU 제305조의 (4).
151) TFEU 제306조.
152) TFEU 제307조의 (1).

회와 이사회는 지역위원회의 의장에게 통지된 지 1개월 내에 자체 의견을 제출하
도록 기한을 정하며, 기한 만료 시 의견 부재를 이유로 하여 후속조치를 해하지는
아니한다.[154] 경제사회위원회가 TFEU 제304조(구 EC조약 제262조)에 의거하여 자문
을 하는 경우, 이사회나 EU위원회는 지역위원회에도 의견을 타진해야 하며, 특별한
지역적 이해관계에 관한 문제라고 판단되는 경우에 지역위원회는 이에 대하여 자
신의 의견을 표명할 수 있다.[155] 지역위원회의 의견은 진행기록과 함께 이사회와
집행위원회에 발송된다.[156]

153) TFEU 제307조의 (4).
154) TFEU 제307조의 (2).
155) TFEU 제307조의 (3).
156) TFEU 제307조의 (5).

제3장

EU법의 법원

EU의 정책결정(입법)의 주요방향은 유럽의회, 이사회 그리고 집행위원회에 의해 주로 이루어지며,[1] 이를 통하여 EU는 근간을 이루는 유럽연합조약(TEU)이나 EU기능조약(TFEU, EU운영조약이라고도 함) 등 기초 설립조약상의 정책 이외에 기본 조약들에 근거한 2차 입법 활동에 의하여 정책이 결정되기도 한다.

그런데 여기에서는 다음과 같은 사항들에 유념할 필요가 있다. 즉 일정한 경우에는 규칙(Regulations)이나 지침(Directives)보다는 결정(Decisions)의 채택이 증대되기도 한다. 한편 이사회의 선언(declarations) 이외에도 계획(programmes),[2] 결의 (resolutions)를 통해 정책 결정이 이루어지기도 한다. 이를 위해 TEU는 '국가나 정부의 수뇌들로 구성된 이사회회의'(Council Meeting in the Composition of the Heads of State or of Government)를 추가로 구성하기도 하였다. 그러나 이러한 법령들은 직접적으로 권리와 의무를 발생시키지 못한다. 왜냐하면 이러한 법령은 모두 사법기관에서 참조될 수 있는 합법성을 지닌 법령으로서 제정되는 것이 아니기 때문이다. 또한 이는 항상 EU 집행위원회의 입법제안으로 공표되는 것도 아니고, 유럽의회나 경제사회위원회가 반드시 자문해야 하는 것도 아니기 때문이다. 그럼에도 불구하고 이러한 법령들은 EU의 본질적인 정책을 형성한다. 그리고 그 결과로서 EU통합의

---

1) P.S.R.F. Mathijsen, *A Guide to European Union Law* (London: Sweet & Maxwell, 1999), p.25.
2) TFEU 제50조.

발전에 기여하고 있다. 종종 그 내용이 중요해질수록 절차와 형식은 덜 형식적이게 된다는 것을 의미하기도 한다. 그러나 그럼에도 불구하고 기초 설립조약에 의해 명확히 규정된 법령들은 여전히 EU의 정책결정 과정에서 중요한 역할을 한다는 기본 원리의 중요성에 관해서는 의문의 여지가 없으며, 이를 통해 이러한 기초 설립조약은 합법성 차원에서 수호되고 보장된다.[3]

EU 기초 설립조약의 채택 이후 EU의 기관들은 EU의 '공동 목적'을 이행하는 책임을 지게 되었으며, 이를 수행하기 위해 규칙, 지침, 결정, 권고 및 의견 등의 법령을 제정할 수 있는 권한을 부여받게 되었다. EU법의 발전에 있어서 각 법령들은 '특별한 기능'을 수행하고 있으며, EU 기초 설립조약은 이러한 법령들이 채택되는 몇 가지의 경우를 규정하고 있다.[4] 이러한 EU법령들에 대한 이해는 EU의 전반적인 통합체계를 이해하는 데에 필수적이다. 따라서 아래에서는 EU법령의 종류와 특징에 관하여 살펴본다.

I. 설립조약

EU의 기초가 되는 설립조약에는 ECSC설립조약, EC설립조약(TFEU를 의미함), Euratom설립조약이 있다. 이러한 설립조약들은 의심의 여지없이 직접효력을 갖는 법으로서 국내법원에 의해 국내법의 범주로 수용되었다. 이 세 개의 공동체설립조약들은 단일유럽의정서(SEA)와 유럽연합조약(TEU)에 의해 수년에 걸쳐 개정되었다. 특히 유럽연합조약(TEU)은 EU를 창설한 EU의 정치적 '헌장'이라고 할 수 있다. 비록 TEU가 국내 헌법과 같이 모든 임무를 수행할 수는 없다 하더라도, TEU는 헌법에서 일반적인 주제로 다루기 부적절한 내용까지도 다수 다루고 있다. 구체적으로 보면 한편으로는 일반적인 원칙(general principles)의 선언 형태를 취하고 있고, 다른 한편으로는 발전되어야 하는 정책 분야(policy sectors)를 규정하는 형태를 취하고 있

3) T.C. Hartley, *The Foundations of European Community Law* (Oxford: Clarendon Press, 1994), p.196.
4) TFEU 제288조의 (1).

다.[5] 이러한 정책에는 ECSC설립조약상의 석탄과 철강정책, Euratom설립조약상의 핵에너지정책, EC설립조약(TFEU)상의 농업정책, 사회정책, 운송정책, 지역정책, 소비자보호 및 보건정책, 환경정책, 과학개발연구정책, 경제통화동맹정책 등이 있다.

Ⅱ. 2차 입법[6]

EU의 입법(규칙, 지침, 결정, 권고 및 의견)은 주로 집행위원회의 입법제안에 대해 이사회가 유럽의회(EP)와 협력함으로서 채택된다.[7] 입법제안은 집행위원회의 자체 제안 또는 이사회의 위임으로 인한 제안으로 행해지며, 이때 집행위원회의 제안에 대하여 수정을 필요로 할 경우 이사회는 만장일치로 수정할 수 있으며, 집행위원회는 이사회가 입안을 거부하는 동안 그 제안된 법안을 변경할 수 있다.[8] 이로서 이사회와 집행위원회는 '상호 견제'한다고 할 수 있다.

1. 규칙

규칙(regulations)은 모든 회원국에 대해 일반적 적용성을 가지며, 이행해야 하는 결과와 방법 선택에 있어 모두 구속력을 가진다.[9] 따라서 연방적 성격을 갖는 규칙은 EU의 법질서 형성을 위한 중요한 법원(법의 연원)이다.

규칙의 구체적 특성은 다음과 같다. 첫째, 규칙은 '일반적 적용성'이 있는데, 일반적 적용성이란 수범자가 불특정 다수라는 것을 의미한다. 둘째, 규칙은 '전체적 구속력'을 가지는데, 여기서 구속력이 있다는 것은 수범자에게 권리를 부여하거나

---

5) Neill Nugent, *The Government and Politics of the European Union* (London: Macmillan Press, 1994), pp.209‒210.
6) TFEU 제296조, ECSC조약 제15조: 유럽의회와 이사회에 의해 공동으로 채택되는 규칙, 지침, 결정 그리고 이사회 또는 집행위원회에 의해 채택되는 그러한 법령은 그 기초가 되는 이유를 명시해야 한다.
7) TFEU 제288조.
8) TFEU 제293조.
9) TFEU 제288조의 (2). Euratom조약 제161조.

의무를 부과함을 말한다. 그리고 전부 구속력이 있다는 것은, 지침과 같이 달성될 결과에 대해서만 구속력을 가지는 것이 아니라, 국내법률과 같이 규칙에 담겨 있는 모든 규정이 구속력이 있음을 의미한다. 즉 '결과' 이외의 '형태나 방법' 등에 관한 사항에 대해서도 구속력을 가진다. 따라서 규칙에 결과 달성의 방법이 명시되어 있으면 이것도 구속력이 있다. 회원국들에는 규칙 내의 여러 조항을 선별하여 자국민 또는 자국의 이익에 불리한 부분의 적용을 거부할 권리가 없다. 셋째, 규칙은 '직접 적용성'을 가지는데, 직접적용성이란 규칙이 제정됨과 동시에 자동적으로 회원국 내 법질서의 일부를 형성하며, 따라서 효과 발생을 위한 특별한 국내적 편입절차 (national legislation)가 요구되지 않는다. 넷째, 규칙은 '모든 회원국 내'에서 직접 적용된다. 따라서 규칙은 EU의 모든 영토에서 법적 효력이 발생한다.

2. 지침

어떤 국제기구도 지침(directives)과 같은 성격을 지닌 규정은 없으며, 이는 EU에서 가장 특이한 입법 형태이다. 지침은 때로는 이사회에 의해서, 때로는 집행위원회에 의해서, 때로는 유럽의회와 이사회의 협력으로 채택된다. 이러한 지침은 TFEU 제288조(구 EC조약 제249조(구 제189조))에는 단지 그 기능만 언급하고, TFEU 제288조는 일단 이사회와 집행위원회에 지침을 채택할 수 있는 권한을 부여할 뿐이다. 이 지침도 구속력이 있는 법령이다. 그러나 규칙과는 달리 '전부' 구속력이 있는 것은 아니고, 달성될 '결과'에 대해서만 구속력이 있으며, '형식과 방법'의 선택은 회원국에 위임되어 있다. 즉 지침에 있어서는 목표만을 수립하고, 적당하다고 생각하는 형식과 방법은 회원국에게 위임하고 있다. 하지만 지침은 국내법으로의 변형이 필요한데, 이로 인해 회원국들은 중요한 이해관계에 직면한다.[10] 분명한 것은 지침이 회원국에 의해 그 이행조치가 취해져야 한다는 것을 예정하고 있다는 것이다. 따라서 회원국들은 자국의 이익을 위해 지침을 위반해서는 아니 된다. 이러한 지침을 불완전 이행하거나 불이행하는 경우 유럽사법법원(ECJ)의 판결을 통하여 해

---

10) Elies Steyger, *Europe and its Members: A Constitutional Approach* (Aldershot: Dartmouth, 1995), p.89.

당 회원국에게 막대한 벌금을 부과할 수 있다.

지침에 있어서 주의할 것은, TFEU 제288조(구 EC조약 제249조) 규정상으로 지침은 직접적용성이 없으며, 그 수범자도 회원국에 한정되어 있다는 것이다. 따라서 실제 모든 회원국들은 항상 지침을 이행해야 할 직접적 의무가 없다고 주장해 왔다. 따라서 중요 문제는 규칙의 형태로 규정하며 그 밖의 것은 지침의 형태를 취하게 된다. 이처럼 지침은 외관상으로는 연방적 성격이 없는 것으로 보인다. 그러나 ECJ는 이처럼 지침이 회원국을 상대로 발표되지만, 해당 국민은 그로부터 '직접적인 권리나 효과'를 향유할 수 있다고 봄으로서, 그 성격을 규칙 또는 '연방적 법령'에 근접시키고 있다. 즉 국내법원은 직접효력을 갖지 않는 EU규정, 곧 지침의 합법성과 관련하여 ECJ에 선결적 판결을 부탁할 수 있다. 지침의 효과에 대해 유권적 해석기관인 ECJ에 제소할 수 있다는 것은 지침이 연방적 성질을 가짐을 보여 준다.

이러한 지침은 기한이 완료되기 전에는 직접효력을 갖지 못하는데, 이 또한 규칙과의 차이점이다. 한편 규칙과 EU 기초 설립조약들은 회원국 국민 개인에게 직접 권리와 의무를 부여하지만, 지침은 '회원국'에는 의무부여가 가능하나 '개인'에게는 의무부여가 원칙적으로 불가능하다. 개인과 관련된 지침이 문제가 될 경우에도, 단지 ECJ는 법률사항을 관할할 뿐, 사실문제는 국내법원이 관할한다. 개인과 관련된 법률문제도 '개인'이 아니라 '국가'가 판결을 ECJ에 부탁하는 경우이며, 개인이 지침과 관련하여 직접 제소할 수 없다. 지침의 효과에 있어서 이제는 지침의 수평적·수직적 효과의 구별이 사라지고 있다.

3. 결정

결정(decisions)은 당해 수범자들에게 전부 구속력이 있다. '전부' 구속력이 있다는 점에서 규칙과 같고 지침과 다르다. 결정은 또한 오로지 확정된 개개의 수범자들을 대상으로 한다. 이러한 '개별 적용성'으로 인해 수범자는 하나 혹은 둘 이상의 회원국일 수도 있고 회원국 내의 하나 혹은 둘 이상의 개인일 수도 있다. 다만 수범자가 다수인 경우에는 당해 결정에서 그들을 일일이 지칭할 필요는 없고 수범자의 집단이 확인될 수 있을 정도면 충분하다.

일반적으로 결정은 집행위원회 또는 이사회가 개별 문제를 다루는 수단이 된
다. 따라서 결정을 국내 행정법상의 '행정행위'에 비유한다. 하지만 실제는 결정의
내용이 추상적인 입법적 성격의 결정도 많이 채택되고 있다. 그 결과 지침과 비슷
하게 일정한 목적을 달성하기 위해서 회원국에 대해 필요한 조치를 취할 것을 요구
하는 결정도 있고, 규칙과 같이 일반규칙을 수립하는 결정도 있다.

4. 권고 및 의견

권고(recommendations)란 일정한 상대방에게 특정행위를 권하는 국제기구의 일
방행위이며, 의견(opinions)이란 특정대상자 없이 제3자의 요청으로 단순한 견해를
표시하는 것이다. 이러한 권고 및 의견은 모두 구속력이 없다. 이들은 대부분 회원
국 정부에 대해 내려지지만, EU 기초 설립조약에 명시되어 있는 몇 가지의 경우에
는 한 개인, 다수인 또는 일정한 사업가에 대해서도 내려질 수 있다. 권고와 의견의
차이점을 분명히 말하기란 쉽지 않다. 일반적으로 그 목적이 수범자로부터 행동(EU
집행기관이 회원국들의 국내법규를 조화시키기 위한 간접적인 행동수단)을 얻는 것이면 권
고이고, 제3자의 요청에 대해 어떤 관점인가를 표현하는 것이면 의견이다.

Ⅲ. 국제협정

일반적으로 국제법은 그 구속력과 이행강제에 있어 불완전한 점이 있지만, 유
럽사법법원(ECJ)은 종종 EU의 발전을 위해 판결에서 국제협정을 인용한다. 이러한
사법심사는 EU가 고유의 국제적 법인격을 갖게 됨으로서 그리고 회원국들로부터
국제협정체결의 권한을 위임받음으로서 가능하게 되었다.

EU가 당사자로 참여하는 많은 국제협정들은 종종 국제법상으로는 다소 다른
차원으로 이해되고 있다. 그러나 그러한 국제협정들이 EU 내에서는 'EU의 입법'으
로 수용되어 이행되기 때문에, 그러한 국제협정들은 EU의 입법과 동등하다. 즉 EU
가 당사자가 되어 체결한 국제협정은 EU가 입법한 것으로 수용되어 회원국에 직접

적용된다. 여기에서 '구속력이 있다'는 것은 국제협정이 EU법의 일부를 형성함을 의미한다. 따라서 EU법도 국내법과 마찬가지로 하나의 통일된 법체계를 형성한다고 할 수 있다. 그렇다면 EU에 대하여 구속력을 가지는 국제협정은 EU법체계 내에서 어느 정도의 서열에 있는가가 문제이다. 그런데 국제협정체결권을 포함한 EU의 모든 권한은 설립조약으로부터 발생한다. 따라서 EU 기초 설립조약과 국제협정 사이에서는 당연히 EU 기초 설립조약이 우선한다.

IV. 법의 일반원칙

　　EU의 3개의 공동체설립조약들은 ECJ에 설립조약의 해석과 적용에 있어서 '법의 준수'를 보장하는 관할권을 인정하고 있다.[11] 그런데 이 EC설립조약 제220조(구 제164조), ECSC설립조약 제31조, Euratom설립조약 제136조 그리고 명백하게는 EC 설립조약 제230조(구 제173조, TFEU 제263조)와 제288조(구 제215조, TFEU 제340조)는 명문화된 EU법 규정만이 EU의 법원으로 인정될 수 있는 유일한 법적 근거가 아님을 함축하고 있다. 즉 이는 ECJ가 판결시 '법의 일반원칙'의 적용이 필요한 경우에는 법의 일반원칙을 해당 사건에 적용하여 재판 불능을 면할 수 있음을 의미한다. 현재는 정확하게는 무엇이 법의 일반원칙이냐를 놓고 논쟁이 있기도 하다. 결국에는 법의 일반원칙은 회원국들의 법제를 비교법적으로 연구하여 적용하여야 할 것이다.

　　그리고 ECJ에 의해 인용된 법의 일반원칙에는 '기본권 존중'이 있는데, 이는 현재 TEU 제6조(구 제F조)에 명백하게 규정되어 있다. 즉 "유럽연합은 1950년 11월 4일 Rome에서 서명한 인권과 기본적 자유의 보호에 관한 유럽대표자회의(European Convention for the Protection of Human Rights and Fundamental Freedoms)에 의해서, 회원국 공통의 전통으로서 그리고 공동체법의 일반원칙으로서, '기본권'을 존중해야 한다"[12]는 것이다. 법의 일반원칙은 종종 법원의 판결을 이끌어 내는 법적 참작으

---

11) EC조약 제220조(TFEU에 의해 삭제됨). ECSC조약 제31조. Euratom조약 제136조.
12) TEU 제6조의 (2)(구 제F조의 (2)).

로서 중요하다. 이로서 재판관의 자의적 판결을 방지하고, 법의 흠결로 인한 재판 불능을 예방하기 때문이다. 기본권과 관련해서는 'EU 기본권헌장'이 채택된 바 있으며, 이는 리스본조약에 의해 승인되어 동 조약의 일부가 되었다.

　ECJ에 의해 다수 인용되었던 법의 일반원칙들[13])에는 적법의 기대 가능성 보장 (protection of legitimate expectation),[14]) 청문권(right to be heard),[15]) 법적 확신(legal certainty),[16]) 동등하게 대우받을 권리(equality of treatment),[17]) 비례의 원칙(proportionality),[18]) 충실한 행정운영과 감독(good administration)[19]) 등이 있다.

V. 사법적 해석과 판결

　일반적으로 국제법상으로는 '선례구속의 원칙'이 적용되지 않아, 당해 판결은 당해 사건에 대해서만 효력을 갖는다. 그런데 이런 판례법은 영국과 아일랜드를 제외한 대부분 EU 회원국 내에서 전통적으로 법원으로서의 주된 기능을 하지 못하였음에도 불구하고, ECJ의 판결은 EU법의 한 부분을 형성해 왔다. 이는 법의 올바른 해석과 적용을 보장하기 위해 ECJ에 인정된 권한이다. 또한 이는 EU의 성문법 '불명확성'과 '불완전성'에서 기인한다.

　EU 성문법의 '불명확성'과 '불완전성'은 다음과 같은 요인으로 발생한다. 새로운 EU와 기존 공동체와의 관계, 타협으로 인한 미약한 의결절차의 문제와 제2차 입법으로의 회피, EU의 발전에 부합하는 성문법 영역의 빠른 변화 속도가 그것이다. 따라서 EU의 다양한 권한의 영역에 있어서 ECJ가 상세한 법령에 기초한 판결

---

13) L. Neville Brown and Tom Kennedy, *The Court of Justice of the European Communities* (London: Sweet & Maxwell, 2000), pp.345-367.
14) Case 112/77, *Töpfer* v. *Commission*: [1978] ECR 1019 at 1033(19).
15) Case 17/74, *Transocean Marine Paint Association* v. *Commission*: [1974] ECR 1063 at 1080(15), [1974] 2 CMLR 459.
16) Case 21/81, *Openbaar Ministerie* v. *Bout*: [1982] ECR 381 at 390(13), [1982] 2 CMLR 371.
17) Case 148/73, R *Louwage* v. *Commission*: [1974] ECR 81 at 89(12).
18) Case 122/78, *Buitoni* v. *FORMA*: [1979] ECR 677 at 684(16), [1979] 2 CMLR 665.
19) Joined Cases 33 and 75/79, *Kuhner* v. *Commission*: [1980] ECR 1677 at 1698(25).

을 내릴 수 없는 경우도 존재한다. 또한 다양한 사건들이 법원에 제소됨으로써,[20] ECJ는 불가피하게 기술적이고도 문법적인 해석이 불가능할 경우도 있다. ECJ는 이를 극복하고자 해석을 통하여 법을 명확하게 하고, 나아가 새로운 법을 창출하기도 한다. 이는 회원국 국내법원들이 ECJ의 판결을 존중해 줄 것이 기대되는 데서 비롯되는데, 일반적으로 그렇게 수용되고 있다. 그리고 실제 ECJ가 판례법을 인용하는 정도가 증가하고 있는데, 이를 통하여 ECJ는 해석과 판결을 통하여 EU법의 적용을 확대시키고 있다.

VI. 결의 및 계획

여기서의 결의(resolutions)란 주로 이사회와 이사회 내의 회원국 정부 간 대표자회의에 의한 결의를 의미한다. 그리고 계획(programmes)이란 EU 회원국과 EU기관들이 EU의 장래 행동에 대한 일반원칙을 설정하는 것을 의미한다. 이러한 계획도 역시 일반적으로 이사회와 이사회 내의 회원국 정부 간 대표자회의에 의해 채택된다. 오늘날에는 기후변화나 환경과 같은 분야에서 행동계획(action programmes)의 형태로 많이 활용되고 있다.

---

20) 단일유럽의정서(SEA) 제11조에 의해 이사회는 재판의 효율을 위해 ECJ에 부속된 제1심법원 (Court of First Instance, 현재의 일반재판소(General Court))을 두고 있다. 그런데 법적 관점에 관한 판결에 관해서는 ECJ의 관할이다. 이러한 제1심법원(일반재판소)은 이사회 결정 88/591(Council Decision 88/591)에 의해 1988년에 설치되어, 1989년 11월부터 기능하고 있다. 제1심법원(일반재판소)은 각 회원국이 한 명씩 임명한 재판관들로 구성되며, 특별한 경우에는 전원재판부(plenary session)를 구성한다.

제4장

EU법의 법적 성질

Ⅰ. 유럽사법법원(ECJ)의 초기 주요 사례

　　유럽사법법원(ECJ)의 선결적 부탁절차를 통해 확립된 EU법의 법적 성질은 직접
효력, 우위 그리고 초국가성이다. 이렇게 선결적 부탁절차는 EU법 형성에 기여하였
다. EU법의 법적 성질을 설명하기 위해서, 먼저 ECJ의 초기 중요 사례를 간략하게
살펴볼 필요가 있다. 이를 통해 국제법도 아니고('지역법'에 해당) 연방법도 아닌 EU
법의 독특한 성질을 이해할 수 있다. EU법은 국가의 수용여부와 무관하게 적용되
며, 회원국 국내법(헌법)보다도 우위에 있는 것으로 EU법의 우위는 연방법의 우위
와 유사하다.

1. *Van Gend en Loos*

　　먼저 *Van Gend en Loos* 사건[1]의 사건 개요는 다음과 같다. Van Gend en
Loos는 네덜란드 수입가로서, 요소포르말데히드(ureaformaldehyde)를 독일에서 수입
하고 있었다. 당시 원고인 Van Gend en Loos는 1947년의 관세법에 따라 3%의 관

---

1) Case 26/62, *Van Gend en Loos*, [1963] ECR 1.

세를 납부하는 것이 합당하며, 이는 E[E]C조약 제12조(EC조약 제25조, TFEU 제30조) 상의 '회원국 간의 새로운 관세협정의 자제'에도 타당하다고 주장하였다. 이에 대해 네덜란드정부는, 1958년 7월 25일 베네룩스3국간에 체결되어 1959년 12월 16일에 네덜란드가 승인한 후 1960년 1월 20일에 공포한 '새로운 관세법'에 따른 8%의 수입관세의 부과를 주장하였다. Van Gend en Loos의 주장은 네덜란드세관에 의해 무시되었고, Van Gend en Loos는 네덜란드관세위원회(Dutch Tariff Commission)에 중재되었다. 이 네덜란드관세위원회는 자체결정을 유보하고, TFEU 제267조(EC조약 제234조, 구 제177조)에 따라 ECJ에 선결적 판결을 요청하였다. 이에 대해 ECJ는 "본 공동체는 국제사회에 있어서 '하나의 새로운 법질서'(a new legal order of international law)를 형성하며, 회원국들은 이 새로운 법질서를 위하여 주권적 권리(sovereign right)를 제한한 것이다"고 판결하여 EU법의 직접효력을 처음으로 인정하였다.

2. *Costa v. ENEL*

Costa v. *ENEL* 사건[2]의 사건 개요는 다음과 같다. 이탈리아정부는 1962년 전력생산과 분배의 국유화를 위해 새로운 국립전력회사(ENEL: Ente Nazionale Per L'energia Elettrica)를 설립하였다. Costa는 이탈리아정부의 이런 행위는 회사설립의 자유의 보장과 회원국의 개입금지를 규정한 당시 EC조약 제102조, 제53조, 제37조 제2항에 대한 위반이라고 주장하였다. Costa는 이 새로운 국유화전력회사의 전 주주로서 피해자가 되어, 자신에게 청구된 $300 전기요금의 납부를 거부하며 이를 Milan법원에 제소하였고, Milan법원은 ECJ에 선결적 판결을 요청하였다. 이에 대해 ECJ는 "조약에 의한 회원국법상의 권리의무의 공동체법으로의 양도는, 공동체법과 양립되지 않는 사후 조치에 의해 영향을 받지 아니 한다"라고 판결하여 국가권한의 양도를 통한 EU법 우위의 확고한 지위를 인정하였다.

---

2) Case 6/64, *Costa v. ENEL*, [1964] ECR 585.

Ⅱ. EU법의 직접효력

EU의 사법질서는 TFEU 제267조의 선결적 부탁절차를 통하여 확립되었다. 여기에서 EU의 사법질서라 함은, EU법과 회원국의 국내법과의 관계에 있어서의 EU법의 '직접효력'과 '우위'를 통해 형성된 '초국가적'인 사법질서를 의미한다. 이러한 EU의 사법질서를 통한 EU법의 법적 성질의 형성은 ECJ의 초기 사례에 그 기초를 두고 있다. *Van Gend en Loos* 사건이 회원국 주권의 제한을 통하여 E[E]C법의 '직접효력'을 인정한 판결이라면, *Costa v. ENEL* 사건은 회원국 주권의 이전이라는 개념을 통하여 E[E]C법의 '우위'를 확고히 한 판결이다.

그런데 EU의 3개의 설립조약을 포함한 EU조약(Treaty on European Union: TEU)은 회원국의 상호의무를 규정하는 '국제조약 그 이상'의 것이다. 더욱이 ECJ는 설립조약들을 국제조약 그 이상의 것으로 인식하고 있다. 왜냐하면 설립조약은 국가 공공기관에 해당하는 EU의 독립된 준정부기관(quasi-governmental bodies)을 자체적으로 설립하였고, 이러한 EU기관은 회원국이 이전한 입법적, 행정적, 사법적 권한을 부여받았기 때문이다. 무엇보다 이러한 설립조약들의 규정은 설립조약상 자체적으로 또는 EU기관의 입법행위를 통하여 기본원칙들을 규정하고 있다. 이로써 EU는 회원국 및 회원국의 자연인과 법인에게 직접 권리를 부여하거나 의무를 부과하는 일련의 규정을 소유하게 되었다. 따라서 설립조약들은 연방헌법과 유사한 성질을 갖게 되어,3) 비록 협정체결의 처음에는 '국제조약'이었지만 그 이후에는 EU의 '연방헌법의 성질'을 갖게 되었다. 그러나 성질 자체는 연방헌법의 성질을 가졌으나 그것은 어디까지나 국제조약임에 유의해야 한다.

설립조약들에 구체화된 원칙들은 지속적인 신규정들에 의해 보충되어 시행되었으며, EU기관의 다양한 입법행위(EU의 2차적 법원들: 규칙(regulations), 지침(directives), 결정(decisions), 권고(recommendations) 및 의견(opinions))에 의해 이행되었다. 그리고 이러한 내용은 ECJ의 판결에 의해 EU의 법원으로 인정되어 왔다. 그런데 모든 국내법원이 설립조약들에 의한 독특한 사법질서의 성립에 대한 견해를 공유하기까지

---

3) Stephen Weatherill and Paul Beaumont, *EC Law* (London: Penguin Books, 1995), p.342.

는 많은 시간이 필요하였다.[4]

1. 직접적용성과 직접효력

　　EU법의 '직접효력'을 논함에 있어서 구별해야 할 개념이 있다. 그것은 EU법의 '직접적용성'에 관한 개념이다. 일반적으로 EU법의 '직접적용성'(direct applicability)이란, EU법의 이행에 있어서 회원국의 '국내입법절차'의 필요 없이 EU법이 직접 회원국의 국내법질서의 일부를 형성하는 것을 의미하며, EU법의 직접효력(direct effect)이란 개인이 자신에게 부여된 EU법상의 권리·의무의 규정을 근거로 하여 회원국 국내법원에 '직접 제소'할 수 있는 것을 의미한다. 따라서 EU법은 '직접적용성'에 근거하여 '직접효력'이 인정될 수 있다는 점에서 그 구별의 실익이 있다.[5]

　　그러나 이는 회원국들의 다양한 국내사법질서의 독특한 성질을 무시함을 의미하는 것이 아니라, 다만 EU법의 적용은 모든 회원국에서 동일해야 한다는 것을 의미한다. EU법의 통일된 '해석'과 통일된 '적용'이 보장되지 않는다면, EU는 더 이상 존립할 수 없다. 따라서 EU법의 직접적용의 문제는 회원국 국내법질서의 소홀이라는 측면이 아니라, 'EU의 존립'이라는 관점에서 이해되어야 한다. 이렇게 이해될 때, EU는 역내의 기본적 자유질서를 보장하며 EU법의 적용영역을 확보할 수 있다.

　　EU법의 '직접적용'이 회원국 국내기관의 '입법조치'의 불필요를 의미한다면, EU법의 '직접효력'이란 EU법이 개인에 대하여 직접효력을 갖는 것을 근거로 하여,

---

4) 그러나 독일최고행정법원(Germany Supreme Administrative Court) 및 몇몇 회원국국내법원은 단기일내에 이런 견해에 동의하기도 했다. 독일최고행정법원은 공동체법이 "일반국제법에도 회원국국내법에도 속하지 않는 특별한 사법질서"를 형성한다고 하였다. P.S.R.F. Mathijsen, *A Guide to European Union Law* (London: Sweet & Maxwell, 1999), p.149.

5) EU법의 '직접적용'이란, 회원국국내기관의 별도의 입법절차 없이 EU법상의 권리·의무의 부여가 가능함을 의미한다. 따라서 규칙(regulations), 지침(directives), 결정(decisions)은 회원국 사법질서상의 법적 효력을 갖기 위해서 개별회원국의 어떠한 조치를 필요로 하지 않는다. 특별히 규칙과 관련해서는 TFEU 제288조(EC조약 제249조, 구 제189조) (2)에 의하여 '직접적용'을 분명하게 규정하고 있다. 규칙은 2차적 법원 중 '직접적용'의 성질이 가장 큰 법원이다. 나아가 회원국은 EU법의 직접적용을 방해할 수 없으며, 이는 "회원국은 조약의 목적의 달성을 위태롭게 하는 일체의 조치를 자제해야 한다"라고 하는 EC조약 제10조(구제5조)에 근거하고 있다. T.C. Hartley, *The Foundations of European Community Law* (Oxford: Clarendon Press, 1998), p.206.

모든 사건에서 EU시민인 개인은 EU법을 근거로 국내법원에 '제소'할 수 있음을 의미한다. 이를 통해 EU는 EU시민의 권리를 실질적으로 보호한다. 일반적으로 EU법이 회원국들에게 의무를 부여하게 되면, EU시민에게는 권리를 부여하는 결과가 된다. ECJ는 EU법 효력발생의 이행시한이 설정되어 있는 경우, 그 시한이 완료되면 당해 EU법의 직접효력을 인정한다. 그런데 ECJ는 EU기관이나 국내당국의 시행세칙의 불비에도 불구하고 직접효력을 인정한다. 즉 시행세칙의 불비의 경우에, 당해 EU규정은 그 세부내용의 이행을 위한 배타적 권한을 국내입법부에 유보하고 있는 것이 아니라는 것이 ECJ의 견해이다.

그런데 ECJ와 대부분의 국내법원은 EU법의 직접적용과 직접효력을 인정하고 있다. 처음에 회원국의 국내법원은 선결적 판결의 부탁[6]의 자제를 통해 EU법의 직접적용과 직접효력을 묵인해 왔다. 그러나 나중에 국내법원은 선결적 판결을 요청하게 되었고, 국내법원이 자신의 관할영역에서 직접적용과 직접효력을 지지하고 인정해야 당해 회원국이 EU법상의 권리를 부여받게 된다는 사실을 인식하였다. 이는 그만큼 대내외적으로 EU의 지위가 격상되었음을 의미한다.

2. 하나의 새로운 법질서 형성

EU법이 '하나의 새로운 법질서'를 성립하고 있다는 사실은 EU통합의 초기부터 발견되었고, 수년 전부터는 회원국의 국내최고법원들에 의해 인정되었다. 이탈리아, 독일, 벨기에는 이에 대해 적극적이었지만, 이러한 '하나의 새로운 법질서'에 대한 소수 국내법원들의 견해에 대해서는 EU법의 발전과정상 그 역사적 가치에도 불구하고 외면되어 국내법관들의 반대가 있을 경우에 종종 중요한 문제로 대두되어 논쟁이 되었다. 그런데 이러한 EU의 사법적 통치의 문제는 당장 명확히 해결될 내용은 아니었으며 사법적 통합을 위한 많은 인내를 필요로 하였다. 그러나 결국에는 TFEU 제267조(EC조약 제234, 구 제177조)의 선결적 부탁절차에 의한 ECJ와 국내법원 간의 역할과 협력을 통한 사례의 축적에 의하여 오늘날의 EU의 사법질서를 확립하게 되었다.

---

6) TFEU 제267조(EC조약 제234조, 구 제177조).

Ⅲ. EU법의 우위

1. EU법의 통일된 해석과 적용의 필요

EU의 사법질서에 있어서, EU법의 '우위'란 EU법이 국내법과 '충돌'할 경우 국내법보다 EU법의 우위를 인정하여 EU의 사법질서를 확립하고, 모든 회원국에서 통일된 법의 '해석'과 '적용'을 가능케 함을 말한다. 이러한 EU법 우위의 문제는 과거 설립조약상 EU법과 회원국 국내법의 충돌시 그 해결을 위한 명문규정을 두고 있지 않음에서 발생되었다. 이를 국내법에 의해 해결하려는 시도는 있었지만, 이러한 미묘한 성격을 갖는 문제를 명확하게 해결할 수 있는 규정을 갖는 국내법체계는 존재하지 않았다.[7] 이러한 EU법 우위는 EU헌법조약(Ⅰ-6조)에서 명문화된 바도 있으며,[8] 현재로서는 확고한 원칙으로서 EU법의 법적 성질로 수용되고 있다.

따라서 과거 EU법 '우위'의 근거를 설명하기 위해서는 특정한 국내법질서에 대한 언급이 아닌, 모든 회원국의 국내법원이 EU법의 우위를 인정하고 있다는 EC조약 제234조(TFEU 제267조)를 통한 ECJ의 판결들이 존재해야 한다. 이는 곧 모든 회원국의 국내법원이 어떠한 유보도 없이 동일한 조건하에서 EU법을 준수할 것을 인정해야 함을 의미한다. 이와 관련하여 주목할 만한 ECJ의 판결은, "EU법은 EC조약 제10조 2항(구 제5조 제2항)상 설립조약상의 목적의 달성을 위해 어떠한 차별을 야기하지 아니하며, 후속되는 회원국의 국내법에 따라 개별 회원국에서 다르게 적용될 수 없다"[9]는 판결이며, 이와 같은 ECJ의 판결에 의해 국내헌법과 관련하여 공동체법의 효력은 헌법규정에 반한다는 주장에 대하여 아무런 영향을 받지 않는다고 보아야 할 것이다.[10] 간략하게 말해, EU법은 회원국 국내법과 충돌 시에도 그 자체적으로 존립이 유지되며, 국내법에 대한 '우위'로서 EU내에서 통일적으로 적용된다. 중요한 것은 이러한 견해가 현재 모든 회원국에 의해 수용되고 있느냐 하는 문제이

---

7) 회원국들은 EU법의 우위를 위해 헌법을 개정하면서까지 EU 회원국으로서의 지위를 획득하는가 하면, ECJ는 충돌회원국 국내법의 무효판결을 우회적으로 회피하여 EU법 자체를 해석함으로서 그 우위를 인정하는 판결을 내려왔다. 이제는 EU법의 우위에 관한 회원국의 반응은 그 논의의 의미가 사라져가고 있다.

8) EU헌법조약 제Ⅰ-6조.

9) Case 6/64, *Costa* v. *ENEL*, [1964] ECR 585, para.10.

10) Case 4/73, *Nold* v. *Commission*, [1974] ECR 491.

다. 그런데 실제로 EU의 회원국 국내법원이 ECJ의 EU법 우위의 판결을 어떠한 유
보가 없이 수용하고 있다는 점은 EU통합의 사법제도화에 있어 매우 중요한 내용이
다.

그런데 직접적용이 되는 모든 EU법은 관련되는 내용에 있어서 모든 권리와 의
무의 직접적인 근거가 된다. 따라서 회원국 국가기관으로서 자국의 사건을 관할하
는 국내법원은 EU법상의 개인의 권리를 보호해야 할 의무가 있다. 그렇기 때문에
국내법원은 EU법의 성립 이전에 존재하든 또는 이후에 존재하든 관계없이 EU법과
충돌하는 일체의 국내법규의 적용을 포기해야 한다. 이는 EU의 사법질서상 자동적
으로 발생하는 원리이므로, 개인은 국내법원에 충돌된 국내법규정을 근거로 어떠한
입법적 또는 여타의 조치를 요청하거나, 또는 그 충돌된 국내법규정의 포기를 기다
릴 필요가 없다. EU는 법의 지배에 근거하고 있으며, 어떤 회원국이나 EU기관도
EU법의 해석 및 적용의 영역에서 벗어날 수 없다. 마찬가지로 EU법에 의해 자연인
과 법인도 EU법의 해석 및 적용의 영역에서 회피할 수 없다. EU는 이러한 역내의
법치주의의 확립을 위해 그 사법기관은 ECJ를 설립하였으며, 이러한 ECJ의 주된 임
무는 TFEU 제267조에 의하여 EU법의 해석 및 적용상의 문제의 해결을 통하여 EU
법의 준수를 보장하는 것이다.[11]

2. EU통합상 유럽사법법원(ECJ)의 역할

이와 관련하여, ECJ의 판결과정상에는 몇 가지 본질적인 특성이 있다. 첫째,
EU는 법치주의에 기초해야 한다는 것이다. 즉 분쟁의 발생시 어떤 사유보다도 먼
저 'EU법'을 고려해야 할 대상이다. 이러한 특성으로 인해 EU법은 회원국의 이해관
계를 사실상 필요로 하지 않는다. 이러한 EU법의 효력을 보장하기 위해 ECJ라는
사법기관이 존재하고 있으며, ECJ의 재판관은 그 독립성이 보장된다. 둘째, 1차적
법원인 설립조약들은 EU의 헌법적 성질을 가지며, 실제 EU의 헌법으로 이해되어
왔다. 왜냐하면 설립조약들은 모든 법률제정의 기초가 되는 기본법이기 때문이다.

---

11) 과거 EC조약 제220조(구 제164조).

셋째, ECJ는 EU기관행위의 '유효성'과 관련하여 최후수단으로서의 통제기능을 한다. EU법에 의한 통치를 거부하는 회원국이 존재하는 EU는 존속·유지될 수 없으며, 따라서 EU는 앞으로도 회원국의 성실한 준법의식이 필요하다.

그런데 ECJ의 역할과 임무는 실제로는 상당히 복잡하다. 왜냐하면 EU법은 기본적으로 경제적·사회적인 내용이 중심이며, 그러한 내용은 계속하여 변화하고 있기 때문이다. EU법의 이러한 측면은 ECJ가 "현재는 공동체법의 발전 단계로서.. ."[12]라는 표현을 공식적으로 자주 사용하는 데서 발견할 수 있다. 실제로 설립조약(특히 EC조약)은 그 해석 및 적용을 위해 필요한 내용을 약 350개의 조문으로 규정하고 있고, 대부분은 일반원칙들과 과도적 절차들로 규정되어 왔다. 결국 관련분야에 관하여 EU법의 판결을 요청받은 ECJ는 우선 EU의 '목적'에 관한 내용을 검토하고, 이를 통해 목적론적으로 해석하여 적용하는 경우가 많게 된다. 실제로 ECJ는 EU법을 '해석'할 뿐 아니라, 법규부존재의 경우에 적용될 '법규를 창설'(학설 적용 등) 하기도 한다. ECJ도 EU의 특수성을 잘 인식하고 있기 때문이다. 그러나 ECJ가 이러한 임무를 수행하는 것을 부여받았지만, '창설되는 법규'가 명확하게 형성되기까지 그리고 '일반원칙들'이 EU법의 형성에 관하여 그 중요성을 인정받기까지는 수년간의 기간을 필요로 하며, 이는 대부분 계쟁중인 관련 EU법에 관한 국내재판관의 요청에 의하여, 설립조약이나 기관법령의 해석에 관한 선결적 부탁절차를 통해 이루어진다.

결국 EU법의 '우위'는 EU통합에 있어 회원국 국내법과의 충돌문제를 해결하는 필수적인 원리로서, '위헌심사'가 인정되는 회원국에 의해 완벽하게 실현되지 못하는 한계가 있었지만, ECJ의 판결을 존중하는 회원국 국내법원의 태도를 통해 EU의 사법적 통합상의 한계를 극복하여 왔다. 그러나 EU는 초국가적 성질이 매우 짙은 국제기구의 성질을 갖고 있으나, 아직 완전한 연방국가에 해당한다고 볼 수는 없을 것이다. 하지만 현재와 같이 EU통합이 ECJ라는 사법기관에 의해 계속 강화·확대되어 간다면, 더불어 EU법의 우위의 지위도 더욱 확고해질 것이다.

---

12) Case 27/80, *Fietje*, [1980] ECR 3839.

IV. EU의 초국가성

1. 회원국 주권의 제한

EU의 '초국가성'과 관련하여, 1951년 4월 18일에 설립된 ECSC조약의 초안자들은 고등관리청(High Authority, 현재의 European Commission)의 '역할의 특수성'과 관련하여 초국가적(supranational)이란 용어를 사용하였다.[13] 이는 공동체가 개별회원국 또는 개별회원국의 국내법 보다 우위에 있다는 것을 의미한다. 이는 공동체가 국제조직의 형태로 설립되었지만, 실제로는 일반 국제조직에 비해 설립시 많은 신중을 기하였고, 단순히 회원국 상호간의 의무를 수용한 것이 아니라, 회원국의 상당한 권한을 공동체에 이전하여 회원국 '주권의 제약'을 인정하였다는 것을 의미한다. 이처럼 ECSC조약은 '회원국'의 권리·의무를 성립시켰을 뿐 아니라, 공동체의 시민인 회원국 '국민'(EU 시민)에 대한 직접적인 법률관계를 형성하고 있었다.[14] 따라서 EU는 앞으로도 연방국가의 성립을 위해 국가주권의 제한 영역을 계속하여 확대하려고 할 것이며, 이에 대해 회원국들은 적극적 태도로 국가 주권을 양보하거나 또는 소극적 태도로 국가 주권의 이전을 회피하거나 하나를 '선택'할 것이다. 그런데 EU의 회원국들은 지금까지 EU법의 우위의 보장을 위해 헌법 개정을 하면서까지 주권 문제의 해결을 위해 노력하여 EU의 통합을 발전시켜 왔다.

일반 '국제조직'과 비교할 때 설립조약들은 국가 간(international)이란 용어를 사용하지 않고 독자적인 법체계를 형성해 왔다. 따라서 EU의 '초국가성'은 EU법을 일반적인 국제기구법과 구별시켜 주어 EU법이 일반적인 국제기구법과는 성격을 달리함을 보여준다.[15] 비록 현재는 이러한 초국가적(supranational)이라는 용어를 조문상 사용하고 있지는 않지만, 그렇다고 EU법의 특수성이 변질되었다는 것을 의미하는 것은 아니다. 중요한 것은 이러한 초국가성이라는 개념이 현재 보편적으로 회원국

---

13) ECSC조약 제9조(5),(6). 그러나 이 조항은 1965년 4월 8일 통합조약(Merger Treaty)에 의하여 개정될 때 삭제되었다.

14) TFEU 제20조(EC조약 제17조) (1).

15) 그런데 이러한 용어 사용의 문제는 공동체법을 이해함에 있어 난해함을 초래한다는 이유로, ECSC조약 제9조(5),(6)은 통합조약(Merger Treaty)에 의한 개정시 삭제되었다. Mathijsen, *supra* note 4, p,7.

들에 의해 수용되고 있고, 다만 EU법(European Union Law)이라는 용어로 대용되고 있을 뿐이라는 것이다. EU법은 곧 '초국가적' 법의 대명사에 해당한다고 볼 수 있다.

2. 개인 및 회원국의 이중적 지위의 조화 필요

이처럼 EU는 연방국가형성의 잠재적 특수성을 갖고 있는 포괄적 지역통합체이다.[16] 3개의 설립조약 이외의 EU의 입법행위는 일반 법률가와 시민들에게는 익숙한 내용이 아니며, 국내투표제도나 전통적인 국내통치제도와는 성격이 다르다고 할 수 있다. 특히 EU의 2차 법원인 규칙, 지침, 결정은 그 집행절차가 복잡할 뿐 아니라, 일반 국민들과는 동떨어진 회원국의 외부인 공동체기관에서 논의·형성되고 있기 때문에 큰 괴리감을 가져오기 쉽다. 그럼에도 불구하고 이 2차적 법원들은 직접효력을 갖고 있다. 2차적 법원들은 회원국에 일정한 의무를 부여함과 동시에 EU시민의 권리보장을 위한 입법행위의 결과물로서, 분쟁 발생시 TFEU 제267조에 의하여 회원국의 국내법원을 통하여 ECJ에 EU법을 근거로 선결적 판결을 부탁할 수 있도록 하고 있다. 따라서 이러한 개인은 '회원국의 국민'인 동시에 'EU의 시민'으로서 EU사법질서의 일부를 구성하고 있는 것이다.

EU 회원국은 EU와의 관계에서 이중적 지위를 가진다. 회원국은 한편으로는 '독립국가'로서, 다른 한편으로는 'EU 회원국'으로서의 지위를 가진다. 이런 회원국의 이중적 지위는 EU에 있어서 회원국 간의 관계를 난해하게 하는데,[17] 이는 EU와 회원국의 관계가 국제법적으로 단순하게 설명될 성질의 것이 아니기 때문이다. EU 회원국은 국제법상 '독립국가'임과 동시에 EU법에 구속되는 'EU 회원국'이라는 이중적 지위[18]로서의 특별한 관계를 갖고 있어, EU가 성장·발전함에 따라 '연방국가

---

16) Neil Nugent, *The Government and Politics of the European Union* (London: Macmillan Press, 1994), p.430.

17) EU사법질서는 국가에 버금가는 새로운 국제적 실체를 개별회원국들이 형성한 것으로, 일반적 국제기구에 관한 국제법적 이론으로는 포괄할 수 없는 독자적인 주권을 가지는 지역적 국제기구의 사법질서이다. 최철영, 「유럽연합의 대외통상법제연구」 (서울: 한국법제연구원, 2000), p.50.

18) 이는 일종의 유럽연방국가를 향한 회원국의 잠정성과 특수성을 기초로 한 사법질서로 이해되어야 할 내용이다.

적'인 지역국제사회의 통합을 이룰 것으로 보인다. 이러한 통합과정에서 회원국은 EU에 협력할 의무가 있고, 위반시에는 당연히 ECJ에 제소되어 제재를 받게 된다.[19] 따라서 회원국 간의 관계는 일반적인 국제법적 관계로 보기 어려우며 연방국가체제로 보기도 어렵다. 회원국은 EU사법질서에서 자국의 독자성만을 주장할 수 없는 지위에 있기 때문에, 회원국들은 '상호협력과 조화'를 이루어 나갈 수밖에 없다.[20]

EU사법기관의 하나인 ECJ는 그 소송제도의 하나인 '선결적 부탁절차'를 통하여 EU통합의 형성과 발전에 크게 기여하였다. EU법과 회원국의 국내법의 충돌시 EU의 사법기관으로서 '유권해석' 또는 '유효성'에 관한 판결을 내려 회원국들이 추구하는 목표인 '지역통합'을 이루는데 공헌하였으며, 여러 회원국들의 '다양한 사법질서'로 인한 충돌문제를 극복하여[21] 지역통합의 사법제도화를 확립하였다.[22] 이렇

---

19) 세계가 지구촌화되어 가면서 개별 주권국가들은 정치적 독립은 예외로 하더라도 경제적 독립은 그 의미를 상실해 가고 있다. 특히 EU와 같은 지역경제통합기구는 구성국가들이 해당 분야의 국가적 관할권, 특히 경제생활영역에 관한 관할권을 당해기구에 양도하고 있다. 나아가 EU내의 사법질서를 규율하는 독자적인 사법제도를 설치·운영함으로서 지역기구의 초국가적 성격을 분명히 보여주고 있다. 이처럼 EU가 회원국정부로부터 독립된 독자적인 기관에 의해 운영되고, 보통의 국제법과는 구별되는 독자적인 사법제도를 가지고 있으며, 의사결정에 있어서 회원국의 만장일치를 반드시 요하지 않는다는 점은 EU가 초국가적 지역기구임을 보여주는 근거가 된다.

20) EU소송법상 회원국들 간의 상호협력과 조화를 위해 특별히 기여할 수 있는 것은 선결적 판결 소송절차이며, 선결적 판결 소송절차는 실체법적으로나 또는 소송법적으로 EU사법질서의 통합에 반드시 필요한 내용이라 하겠다.

21) 국내법원들이 추구하는 사법적 이익의 내용을 살펴볼 필요가 있다. 첫째, EU법의 국내적 수용에 있어서의 '국내입법의 유효성'에 관한 사법심사권(judicial review)의 행사이다. 이는 EU의 정책사안에 관한 '국내입법기관의 권한의 증가'를 의미한다. 둘째, 동일한 국내사법제도에서 다른 국내법원과의 관계에 대한 '권위와 명성'을 위한 사법심사의 행사이다. 이와 관련하여, Karen Alter는 EU의 사법적 통합을 설명하기 위해 '법원 간 경쟁'(inter-court competition)의 접근방식을 주장하여 발전시켰다. 셋째, 일정한 '실질적 정책의 촉진'을 위한 사법심사의 행사이다. 즉 EU법과 국내법이 상이한 정책을 추구하는 경우에 EU법의 적용을 통해 일개의 국가보다는 전체로서의 EU에 적합한 실질적인 정책을 촉진시킬 수 있다. 그런데 여기서 중요한 것은, EU의 사법적 통합에 있어서 사법심사의 사법적 이익의 핵심주체는 결국 ECJ라는 것이다. 국내법원이 EU의 법률문제에 대한 사법심사권을 이미 실행하고 있고, 이러한 국내법원의 사법심사권의 행사를 ECJ의 사법심사권과 동등한(parallel) 것으로 이해할 수 있다고 할지라도, ECJ만이 실질적인 사법심사권을 행사하는 것으로 보아야 한다. 왜냐하면 어떤 국내법원은 다른 국내법원이 EU법을 수용함에 대하여 '사법정책에 대한 다양성'(이러한 다양성은 첫째, EU통합의 지향에 대한 국가 정책선호도의 다양성, 둘째, 국가의 법률문화의 다양성, 셋째, 특정국가의 법적 선언에 의해 존재함)을 이유로 사법심사에 대한 자존심을 내

게 EU는 국내법원과의 협력을 조화롭게 확립하였고, 선결적 판결의 국내적 효력 보장을 확립하였다. 근래에 와서 ECJ와 국내법원 간의 관계가 관심의 대상이 되는 이유는 ECJ와 국내법원 사이에 이루어진 '선결적 판결절차'가 이처럼 EU통합에 있어서 주요한 역할을 수행했기 때문이며, 이는 지역통합의 사법제도화를 모색함에 있어서 중요한 의미를 부여한다.

세워 당해 EU법의 수용을 거부할 우려가 있기 때문이다. 또한 국내법원은 국내법의 적용에 의해 발생하는 결과에 익숙하고, 그러한 결과를 선호하기 때문에 EU법의 적용에 대하여 부정적일 수 있기 때문이다. 그러나 국내법원은 약자의 보호자로서, 정의의 공평한 분배자로서, 다른 국내법원의 사법심사권의 남용의 감독자로서, 신의성실한 법적용을 통한 사회질서의 보호자로서 그리고 공동체의 동반자적 사법기관으로서의 역할을 해야 한다. 즉 국내법원은 사법적 이해관계로 인하여 사법심사를 추구하지만 그러한 사법심사권을 남용해서는 아니 된다. 나아가 국내법원은 선결적 부탁을 위한 사법심사권의 행사에 있어서 '정치적 상대성'의 탈피를 위한 '사법적 정체성'(judicial identity)을 확보해야 한다. 국내법원은 분쟁당사자의 요청에 대하여 성실하게 판결해야 하며, 정치적 특정계층이 아닌 다수의 정치적 선호도를 존중해야 한다. Walter Mattli and Anne-Marie Slaughter, "The Role of National Courts in the Process of European Integration: Accounting for Judicial Preferences and Constraints," in Anne-Marie Slaughter, Alec Stone Sweet and J.H.H. Weiler(eds), The *European Court and National Courts—Doctrine and Jurisprudence: Legal Change in Its Social Context* (Oxford: Hart Publishing, 2000), pp.257, 266-267.

22) EU의 사법적 통합에 관한 신기능주의자들의 설명은 EU의 사법적 통합에 관한 목적론적 귀결이라는 특성이 있다. Haas의 초기 신기능주의에 관한 분석은 공동체 자체의 운명에 따라 성쇠가 좌우되었고, EU가 통합된 현재적 측면에서의 신기능주의는 마치 성공적 사례를 설명하기 위하여 맞추어진 이론처럼 여겨질 수 있다. 즉 신기능주의는 상이한 행위자가 공동목적(common goal)의 달성을 위해 어떻게 한계를 극복할 수 있었는가를 설명하는 이론처럼 보인다. 따라서 신기능주의는 통합이 미래를 향하여 언제 발생하고 발생하지 않고를 설명하는 이론으로는 한계가 있으며, 오히려 통합이 과거에 어떻게 이루어졌는가의 과정(process)을 설명하는 데에 적합한 이론이라고 볼 수 있다. 위와 같은 신기능주의에 대한 견해에 대하여 신기능주의의 이론적 체제를 재검토할 필요가 있다. EU통합상의 경험적 증거들은 주요 행위자들의 운영상의 정황, 상호작용의 역학관계, 동기의 '확인수단으로서 신기능주의'체제의 가치를 강화시켜 준다. EU 법률가들은 법률공동체에서 행위하는 국가부속의 행위자(sub-national actors)와 초국가적 행위자(*supra*-national actors) 사이에는 긴밀한 구조적 체제가 존재한다는 사실을 점점 인식하고 있다. 이런 구조적 이해를 위해 신기능주의적 관점은 유익하다. *Ibid.* pp.254-255.

제5장
EU법과 회원국국내법의 조화

Ⅰ. 서언

EU는 오늘날 국제사회에서 가장 발전된 형태를 보이고 있는 전형적인 법적, 제도적 '지역통합체'이다. 이러한 EU의 발전의 근저에는 회원국들 상호간의 유사한 종교적, 역사적, 문화적, 지리적 환경이 작용하였다. 그러나 이러한 유사점은 지역통합의 필요조건은 될 수 있으나 충분조건에 해당된다고 할 수는 없을 것이다. 왜냐하면 EU통합의 발전 양상이 다른 지역통합체들과 비교해 볼 때 매우 광범위하고도 심도 있게 진행되어 왔기 때문이다. 특별히 지역통합의 기능적 측면의 중요성을 부여받아 시도된 '경제통합'에 있어서, EU는 현재 유로(Euro)화를 통하여 화폐통합을 이루고 '정치통합'을 기대하게끔 하고 있다. 그러므로 EU는 21세기 현 국제질서에서 주요 변수로 작용하고 있으며, 이는 UN을 중심으로 하여 미·소 강대국에 의해 진행되었던 20세기 냉전의 국제사회와 비교하여 볼 때 21세기의 규모 있는 독특한 국제법 주체의 탄생을 의미한다고 할 수 있다.

그런데 이러한 EU통합의 발전에 있어서 가장 극복하기 어려운 것은 회원국들의 주권의 이전 문제로, EU는 이를 극복하고자 지속적으로 노력하였다. 무엇보다 이 과정에서 보여준 '법률의 조화'(approximation[1] of laws)는 높이 평가할 만하다. EU법에는 연방적 성격을 갖는 법적 요소들이 있는데, 이러한 요소들은 회원국들의 주

권을 존중하며 EU통합의 발전에 기여하였다. 이러한 연방적 성격을 갖는 법적 요
소에는 법의 연원으로서의 규칙(regulations)과 지침[2](directives), 유럽사법법원(European
Court of Justice: ECJ)의 선결적 판결(preliminary rulings), 집행위원회의 합리적 의견
(reasoned opinions), 의결절차에 있어서의 가중치다수결(qualified majority), 보충성의
원칙(principle of subsidiarity) 등이 있으며, 이러한 요소들은 EU의 초국가적인 발전을
이루면서도 회원국들의 주권을 존중하여 왔다. 이러한 요소들을 통해 EU통합에 있
어서 EU법의 필요성과 그 법적 성질을 인지할 수 있다. 또한 나아가 EU가 다른 지
역통합체와 다른 점은 바로 이러한 EU법에 대한 회원국들의 적극적인 이해와 적용
을 통한 법률의 조화가 가능하다는 점이다. 이로써 다른 지역통합체들에 비해 내부
의 여러 갈등과 마찰이 비교적 잘 극복될 수 있는 것이다.

　　이 글에서의 '법률의 조화'란 '공동시장의 확립과 기능을 위해 회원국들의 각기
상이한 법질서를 조화시키는 것'을 의미한다. 그런데 달성해야 할 결과와 그 이행
방법까지 전부를 구속하는 규칙에 의해 EU의 법질서를 형성하는 것이 바람직하나,
개별 회원국의 국내법질서가 매우 상이하기 때문에 조화의 주된 방법은 주로 '지침'
에 의해 이루어진다. 이러한 지침은 '달성해야 할 결과에 대한 방법의 선택에 대하
여는 재량이 있는 연방적 요소'로서 회원국의 주권을 존중하여 역내질서를 원활하
게 할 수 있다. 그런데 EU법에는 연방적 요소들이 존재하지만, 아직 EU는 국제법
상 단일국가와 같은 완전한 국제적 법인격을 가진 연방체는 아니다. 2004년 10월

---

1) 이 글에서 '조화'에 대한 용어를 영자 'approximation'으로 사용하는 이유는 관련 TFEU 제115
　조(EC조약 제94조, 구제100조)에서 제117조(EC조약 제97조, 구제102조)에서 본 용어를 사용
　하기 때문이며, 여타의 자료에서는 'harmonization'으로 사용되기도 한다.
2) EU법의 법원으로서 설립조약 이외에 EU통합에 가장 큰 비중을 차지하는 것은, 회원국들에게
　이행되어야 하는 결과에 대해서는 구속력을 가지나 그 이행을 위한 방법의 선택에 대해서는
　회원국들의 재량을 인정하는 지침(directives)이다. 물론 이행되어야 하는 결과와 그 방법에
　있어 모두 구속력을 갖는 규칙(regulations)은 완전한 연방적 성격을 가진다. 그런데 이러한
　규칙에 비하여 지침은 이행되어야 하는 결과는 강제적이지만 그 방법의 선택은 회원국들에
　게 위임하고 있기 때문에, 회원국들의 주권을 존중해 주는 동시에 연방적 성질을 갖는다. 회
　원국들은 일반적으로 이런 지침을 통해 EU법과의 조화를 시도하고 있다. 그밖에 EU법의 법
　원에는 2차적 법원으로서 결정(decisions), 권고(recommendations) 및 의견(opinions)이 있으
　며, 국제협정, 법의 일반원칙, 사법적 해석과 판결, 결의(resolutions) 및 방침(programmes)도
　법원으로 다루어지고 있다. Josephine Steiner and Lorna Woods, *EC Law* (Oxford: Oxford
　Univ. Press, 2003), pp.53－55 참조.

29일 EU헌법조약이 채택되었으나 발효되지 못하고 만 이유는 아직까지도 EU가 완전한 지역통합체를 향한 과도기상의 실체이기 때문이다. 따라서 여전히 회원국의 주권을 존중할 필요가 있다. 그러나 후일에 연방체가 형성될 때, 이러한 과도기적 장치들은 연방법질서내로 완전히 흡수될 것이다. 그렇기 때문에 현재 EU법의 준수를 위한 회원국들의 적극적, 발전적인 노력이 요구된다. 아래에서는 EU법상의 법률의 조화의 필요성, 방법 및 효과에 관하여 검토하고자 한다.

Ⅱ. EU법 및 조화의 필요성

EU법은 설립조약들 이외에 2차 입법을 통한 법규, 국제법, 법의 일반원칙, 사법적 해석과 판결, 결의 및 방침 등으로 구성된다. 이러한 EU법의 법원은 역내에서 일면 '직접효력'과 '우위의 원칙'이 적용되는 초국가적 성질을 갖기 때문에 법적 통일을 필요로 한다.[3] 이러한 EU법의 법원의 성질을 원활하게 적용하기 위하여, 즉 EU의 역내질서를 규율하기 위하여 EU법에 대한 회원국들의 법률의 조화가 필요하다.

공동시장의 확립과 기능을 위해 필요한 경우 회원국들은 상이한 국내법규들의 통일된 해석과 적용을 위해 공동체규정을 통한 조화가 필요하다.[4] 그러나 이는 생활방식의 변화나 국가전통의 포기에 비유될 수 있을 정도로 생각보다 매우 어려운 문제이다.[5] 강력한 법적 체제는 모든 민주국가에서 의사결정 및 적용의 중요한 기초가 되는데, EU가 비록 단일국가는 아니지만 이러한 원칙은 EU에도 동일하게 적용되어야 할 것이다. EU는 회원국 간 상호이익을 위해 자발적으로 협력하므로 다른 국제기구 그 이상의 존재의미를 가진다. 비록 EU가 공공정책(public policy)의 결정 및 적용에 있어서 회원국의 독립성이 유지되고 있지만, 중요한 분야를 제외하

---

3) EU법의 법적 성질에 관한 상세한 내용은, 김두수, 「EU소송법상 선결적 부탁절차」(한국학술정보, 2005), pp.211-228 참조.

4) Steiner and Woods, supra note 2, p. 258; P.S.R.F. Mathijsen, *A Guide to European Union Law (London: Sweet & Maxwell, 1999)*, p.352; Clive H. Church and David Phinnemore, *European Union and European Community* (London: Harvester Wheatsheaf, 1994), p.147.

5) D. Lasok, *Law and Institutions of the European Communities* (London: Butterworths, 1994), p.760.

고는 자발적으로 자신들의 권리를 EU에 이전하는 국가들로 이루어진 지역기구이다.[6]

만약 EU의 기관들과 회원국들에게 권한 및 책임을 지울 수 있는 입법기관이 없고, 또한 무엇이 법이고 어떻게 해석해야 할 것인가를 판단할 독립적인 재판을 할 권위가 ECJ에 주어지지 않았다면, 효과적인 EU의 의사결정은 불가능하다. 물론 EU의 의사결정의 근거로 법(law)만을 제시할 수는 없으며,[7] EU는 당해 기구내의 관행을 통해 무엇이 가능하고 무엇이 최상인지 경험을 통해 발전되어 왔다.[8] 이사회 내에서는 심지어 법적으로 허용가능한 것도 의결을 위한 투표가 이루어지지 않을 수도 있다. 그러나 '법'은 언제나 어떤 결정이 내려져야 하는 그 근거를 제공하는 역할을 한다. '법'은 어떤 것이 이행되어야 하고 이행되지 말아야 하는지, 또한 어떤 것이 가능하고 불가능한지를 규정한다.[9] 그렇기 때문에 EU의 연방체로의 성장을 위해서는 '법'의 범위 내에서 EU통합이 조화롭게 이루어져야 한다.[10]

또한 EU법은 공동정책의 이행과 관련하여 중요한 의미를 가진다. 만약 결정들이 단지 '정부간협정'에 의해 이루어지고 그러한 협정들이 회원국에 의해 해석될 때, EU의 공동정책은 위협을 받을 수 있고 또한 EU법의 이론적 해석 또는 원리가 사장될 우려가 있다. 이러한 공공정책에는 공동농업정책, 공동경쟁정책, 공동상업정책, 기타 다양한 조화를 요하는 공동정책이 있다. 이들은 오직 모든 회원국에서 통일된 해석이 가능한 공동 법률에 근거할 때 완전한 효과를 달성할 수 있다.[11] 따라서 ECJ의 권위와 역할이 중요하다. 물론 여기서의 공동 법률이란 가장 전형적인 방법으로는 '지침'을 말한다. 각 회원국들은 이 지침에 의해 이행을 위한 '방법을 선택'하게 되며, 모든 회원국들이 이를 수용할 경우에 EU법과 회원국국내법의 법질서는 '조화'를 이루게 되는 것이다. 이로써 회원국들의 상이한 법 규정들의 충돌 문제

6) Neill Nugent, *The Government and Politics of the European Union* (London: Macmillan Press, 1994), p.207.
7) *Ibid.*
8) Andrew Duff, John Pinder and Roy Pryce, *Maastricht and Beyond: Building the European Union* (London: Routledge, 1995), pp.240−241.
9) *Ibid.*, p.229.
10) Nugent, *supra* note 6, p.207.
11) *Ibid.*, p.208.

가 해결되고, 역내 단일시장의 확립과 기능이 온전히 가능하게 되고,[12] 결국 EU의 연방적 통합을 촉진시키게 된다.

Ⅲ. 조화의 방법

이사회[13]는 집행위원회의 제안에 대해, 유럽의회(EP) 및 경제사회위원회와 협의 후, '공동시장의 확립과 기능화'에 직접적인 영향을 미치는 회원국들의 국내법, 규칙, 행정관행들의 조화를 위해 '지침'을 공포해야 한다.[14] 처음에는 지침의 채택을 위해 이사회의 '만장일치'를 요하였으나, 후에는 절차의 간소화를 위해 '상호인준'(mutual recognition)의 형식을 취하기도 하였다. EU는 단일시장과 관련하여 공동체의 광범위한 지침을 통하여 '국내법의 변경 또는 변형'을 회원국에게 요구할 수 있고, 이는 현재 다소 예외를 인정하고 있지만 앞으로 모든 회원국들에게 이 예외에서 탈피할 것을 요구할 수 있다.[15] TFEU 제115조(EC조약 제94조, 구제100조)에서 제117조(EC조약 제97조, 구제102조)는 조화의 범위가 협소하게 보이나, 공동시장 자체의 개념을 고려할 때 '공동시장의 확립과 기능을 위해서'라는 개념은 확대된다.[16]

1. 지침

지침은 현존하는 회원국국내법, 규칙, 행정관행을 조화시키는데 가장 이상적, 보편적인 방법이다.[17] 이러한 조화의 대부분은 기업인들 활동의 보호를 위한 것이

---

12) Duff, Pinder and Pryce, *supra* note 8, pp.243-244.
13) 이사회는 EU기관이지만 회원국대표자들로 구성되므로 정부간기관인 동시에 초국가적 기관의 성질을 갖는다. 이러한 이분(dichotomy)으로 인해 연합과 회원국 간의 이해관계상 갈등의 문제가 발생한다. 그러나 현재 이사회는 연합의 최고의 입법기관이라고 할 수 있다. Mathijsen, *supra* note 4, p.86.
14) TFEU 제115조(EC조약 제94조, 구제100조).
15) Church and Phinnemore, *supra* note 4, p.147.
16) Lasok, *supra* note 5, p.761.
17) Steiner and Woods, *supra* note 2, pp.259,261,380-381; Stephen Weatherill and Paul Beaumont, *EC Law* (London: Penguin Books, 1995), p.138.

며,[18] 특히 '기술훈련과 내국으로의 접근권, 그리고 관련 기업인들의 관리'를 위한 것이다.[19]

혹자는 이러한 지침이 규칙화되는 것이 아닌가 하는 의문을 제기할 수 있는데, 이는 지침이 규칙과 관련된 '세부사항'을 규정하는 경우가 많기 때문이다. 또한 지침과 규칙은 회원국들에게 '일정한 조치'를 취할 것을 규정하기 때문이다. 이로 인해 지침과 규칙을 구별하는 것이 무의미하다고 할 수 있지만, 양자는 분명하게도 입법상의 상이한 형태를 취하고 있다. 즉, 공동체는 규칙에 대해 그 이행을 회원국에게 '강요'할 수 있다. 그러나 지침에 대하여는 그 이행에 대한 '재량'이 회원국에게 상당히 부여되어 있다. 그러나 회원국들이 지침의 국내적 변형에 대하여 '방법과 형태'를 자유롭게 선택할 수 있으나, ECJ는 회원국이 지침의 이행을 위해 국내에서 적절한 변형을 취하지 않는 경우, 이를 정당한 행위로 인정하지 않으며(불이행 또는 불완전 이행), 그 예외 또한 거의 인정하고 있지 않다. 결국 관련 회원국은 이에 대한 책임(국가배상책임을 포함)을 회피할 수 없다.[20] 또한 지침은 직접효력과 관련된 회원국국내법의 통일된 해석과 관련된 풍부한 판례법을 형성하는데, 지침의 통일된 해석이 이루어지는 것과 지침의 직접효력과는 별개이다.[21]

지침은 대개 그 회원국의 국내적 변형을 위해 일정한 기간을 정한다. 변형을 위한 기간은 단순한 지침(simple directives)의 경우에는 6개월이고, 복잡한 지침(complicated directives)의 경우에는 6년을 요하는 경우도 있다. 이렇게 오랜 시간을 요하는 것은 정치적으로 민감한 영역의 경우에 해당된다. 이러한 것을 고려하면 평균적 변형기간은 18개월에서 2년이다.[22] 그런데 지침의 국내적 변형을 위한 기간이 길어 보일 수 있으나, 종종 회원국들은 기한 내에 국내법으로 변형하지 못하는 경우가 많다. 그래서 회원국들은 자주 국내입법을 위해 필요한 기한을 추가적으로 더 요구한다. 지침은 국내적 변형 이전에는 국내헌법을 구속하지 못하며, 회원국들

---

18) Elies Steyger, *Europe and its Members: A Constitutional Approach* (Aldershot: Dartmouth, 1995), p.89.
19) TFEU 제53조의 (2)(EC조약 제47조의 (2), 구제57조의 (2)).
20) Steyger, *supra* note 18, p.90.
21) *Ibid.*, p.93.
22) *Ibid.*, p.104.

이 헌법절차에 따라 법안을 채택해야 직접효력이 발생한다.

지침의 채택시 단일유럽의정서(Single European Act: SEA) 이전에는 집행위원회의 제안에 의해, 유럽의회(EP)와 경제사회위원회(Economic and Social Committee)의 협의 하에 이사회의 만장일치를 통해 이루어졌다. 그러나 공동체설립조약에 구체적으로 규정되어 채택되는 지침들과는 달리 그렇지 않은 여타 사안들의 채택에 대해서는 논쟁이 많았다.[23]

1985년 백서는 282개의 입법 제안을 담고 있는데, 이 중의 대부분은 1992년 말까지 국내법으로 채택되고 변형되어야 할 지침이었다. 실제로 집행위원회의 보고에 의하면 1992년 말까지 이사회는 제안의 95%를 채택하였고, 채택된 조치들의 77%는 발효되었다. 이러한 결과는 이전의 일련의 규정들에 의해서는 그 효력의 확보에 있어서 많은 한계가 있었던 내용이었다.[24]

2. 상호인준

1985년 집행위원회의 '역내시장의 완성'에 대한 백서[25] 발표시, 집행위원회는 조화의 '절차를 간소화'하기 위하여 가능한 한 만장일치(unanimity) 대신 '상호인준'(Mutual Recognition)으로 그 절차를 대체하는 새로운 접근방법을 제안했다. 이로 써 법률의 조화에 있어서의 절차의 간소화는 회원국 간의 상호인준의 형식으로 이루어지게 되었으며, 이러한 상호인준은 ECJ의 판결에 의하면 "회원국이 '자유이동의 원리'의 핵심을 국내법에 제정하는 것"[26]을 의미한다. *Cassis de Dijon* 사건은 이를 잘 보여준다.

Cassis de Dijon[27]의 사건개요는 다음과 같다. 독일 국내법률은 알코올음료 (alcoholic beverages)의 판매와 관련하여 다양한 범주로써 최소알코올도수를 규정하

---

23) Mathijsen, *supra* note 4, p.352.
24) *Ibid*., pp.353−354.
25) The White Paper Completing the Internal Market, Com (85) 310 (June 1985), indents. 3, 13.
26) Mathijsen, *supra* note 4, p.352.
27) Case 120/78, *Rewe v. Bundesmonopolverwaltung für Branntwein* (Cassis de Dijon), [1979] ECR 649.

고 있다. 그런데 독일 법률은 Cassis de Dijon과 같은 과주의 판매에 관하여 알코올 함량 최소 25%를 요구하였다. 반면 문제가 된 상품의 알코올 함량은 프랑스에서 자유롭게 판매되고 있는 알코올 함량 15－20%에 해당한다. 이에 대해 프랑스산 Cassis de Dijon의 위탁판매를 맡고 있는 원고는 독일 내에서 본 상품의 판매가 허가되도록 독일연방전매관청(Bundesmonopolverwaltung)에 신청하였다. 이처럼 독일이 최소알코올함량을 국내상품과 수입상품에 대하여 국내법에 따라 동일하게 적용한 것에 대해, 이는 회원국 간 수입품의 '수량제한을 금지'하는 TFEU 제34조(EC조약 제28조, 구제30조)와 이의 이행을 위한 위원회 지침 70/50[28](Commission Directive 70/50)을 위반하였다는 것이다. 이에 독일법원(The Tax Court of Hesse)은 TFEU 제34조(EC조약 제28조, 구제30조)와 제37조(EC조약 제31조, 구제37조)와 관련하여 ECJ에 선결적 판결을 부탁하였다.

이에 대해 ECJ는 "어떤 회원국에서 합법적으로 생산되고 상품화된 어떤 물건은 다른 모든 회원국에서 자유롭게 수용되어야 한다"[29]고 하였다. 이는 어떤 한 회원국에서 합법적인 것은 다른 모든 회원국에서도 합법적인 것으로 수용되어야 함을 의미한다. 즉, 각각의 회원국들은 다른 회원국의 법을 인정해야 함을 의미한다.

3. 유럽의회(EP)의 역할

법률의 조화에 있어 '지침'과 '상호인준' 이외에 또 다른 혁신적인 내용은 '유럽의회의 역할'에 관한 것이다.[30] 유럽의회[31]는 SEA에 의해 개정된 공동협력절차[32]

---

28) Commission Directive of 22 December 1969 based on the provisions of Article 33(7), on the abolition of measures which have an effect equivalent to quantitative restrictions on imports and are not covered by other provisions adopted in pursuance of the EEC Treaty (70/50/EEC), OJ Sp. Ed. 1970, 1 No. L13/29, p.17; Nigel Foster, *EC Legislation* (Oxford: Oxford Univ. Press, 2004), p.222.
29) Case 120/78, *Rewe v. Bundesmonopolverwaltung für Branntwein (Cassis de Dijon)*, [1979] ECR 649.
30) Renaud Dehousse(ed.), *Europe After Maastricht* (München: Law Books in Europe, 1994), p.105.
31) 유럽의회(EP)는 1987년 SEA에 의해 정식으로 'European Parliament'라는 용어로 채택되었다. 유럽의회는 처음에는 'Assembly'라는 용어를 사용하였다.

(common co-operation procedure)를 통해 입법 활동에 참여할 수 있다. '공동협력절차'란 집행위원회가 제출한 법안에 대해 이사회가 유럽의회와 협의한 후, 어떤 결정을 내리는 대신 공동입장(common position)을 채택하는 것을 말한다. 이는 역내시장의 완성과 관련된 대부분의 경우에 적용된다.[33) 이때 유럽의회는 집행위원회의 제출 법안을 승인하거나 거부할 수 있으며, 재적의원 절대다수에 의해 개정을 제안(유럽의회의 수정안 제시)할 수 있고, 이때 집행위원회는 이러한 유럽의회의 수정안을 재검토해야 한다. 만약 공동입장이 거부되었음에도 불구하고 이를 채택하기 위해서는 이사회의 만장일치를 요한다.[34) 또한 유럽의회는 '공동결정'(co-decision)을 위한 '조정절차'(conciliation procedure)에 참여함으로써 그 권한이 격상되었다.[35) 즉 집행위원회의 제안에 대해, 이사회는 TFEU 제294조(EC조약 제251조, 구제189b조, 보통입법절차)에 의해 유럽의회와의 조정위원회[36)(Conciliation Committee)를 통한 조정절차를 통해서 지침을 공표한다.[37) 입법 활동에서의 유럽의회의 역할이 증대함으로써 조화규정들에 관한 제소, 이사회의 만장일치와 유럽의회의 단순협의(simple consultation)에 대한 제소의 근거가 마련되었고, ECJ도 이러한 경우 유럽의회가 자신의 역할을 충분히 수행할 수 있도록 하기 위하여 유럽의회와 관련된 조화규정인 경우에는 유럽의회의 권한이 있다고 하였다.[38)

---

32) 이러한 'co-operation procedure'는 유럽연합조약(TEU)에 의해 'co-decision'으로 승격되었다. 그런데 역내시장이 1992년 말까지 완성되도록 예정되었지만, '그 목적이 역내시장의 설립과 기능과 관계있는' 법안들은 지금도 여전히 채택되어 적용된다. '설립'을 위해 필요한 모든 법안들이 적용된 이후에도 역내시장의 '기능'을 위해 필요한 법안들을 채택하는 것은 여전히 필요한 것이다.
33) Mathijsen, *supra* note 4, pp.67-68.
34) TFEU 제293조(EC조약 제250조, 구제189a조).
35) Mathijsen, *supra* note 4, p.68.
36) TFEU 제294조의 (3)(EC조약 제251조의 (3), 구제189b의 (3)).
37) TFEU 제114조의 (1)(EC조약 제95조의 (1), 구제100a조의 (1)), TFEU 제294조(EC조약 제251조, 구제189b).
38) Case 70/88, *Parliament* v. *Council*, [1990] ECR I-2042.

Ⅳ. 조화의 효과와 예외

1. 조화의 효과

'조화규정'은 EU시민들의 권리에 직접적으로 영향을 미친다. 이와 관련하여 조화가 공동체조약이 시민들에게 부여한 권리의 보호를 위한 조건이 되는가의 문제가 발생한다. 이에 대한 ECJ의 태도는 매우 명확하다. ECJ는 "공동시장의 기본원칙과 그 결과인 상품의 자유이동은 어떠한 경우에도 국내법들의 조화(approximation of national laws)가 선행되어야 한다는 조건에 종속되서는 아니 된다. 만약 그러한 조건이 '절대적 필요'로 충족되어야 했다면, 역내시장의 기본원칙들은 전락되었을 것이다"[39]라고 하였다. 즉, 한 회원국이 자국의 시민들의 이익을 위해서(조약상의 이익의 향유를 공유하기 위해) 아직 지침을 국내적으로 변형하지 못했다는 이유로 항변할 수 없다.[40] EU시민은 국내입법의 불비에도 불구하고 EU의 시민으로서의 법적 지위를 향유하기 때문이다.

또한 '조화지침'들을 국내법으로 변형하지 않았다는 사실은, 설립조약에 규정된 권리들을 승인하지 않은 것이라는 항변사유로 타당하지 않을 뿐 아니라,[41] 관련 회원국에게 수권자에 대한 책임을 물어 수권자가 손해배상청구로서 국내법원에 제소(국가배상책임 소송의 제기)할 수 있음을 의미한다.[42] 아래에서는 전자에 해당하는 판결인 *Royer* 사건과 후자에 해당하는 판결인 *Francovich v. Italy* 사건에 관하여 살펴보고자 한다.

Royer[43]의 사건개요는 다음과 같다. 원고는 회원국내에서의 자유로운 출입과 거주의 권리와 관련하여, 영국이 이에 제한을 가하는 것은 공동체내에서 회원국들의 노동자들이 신분증이나 여권의 소지로 자유롭게 이동(movement)하여 거주(residence)할 수 있는 권리에 관한 이사회 지침 68/360[44](Council Directive 68/360)의

---

39) Case 193/80, *Commission* v. *Republic of Italy*, [1980] ECR 3019.

40) Case 2/74, *Reyners* v. *Belgium*, [1964] ECR 585, [1974] 2 CMLR 305.

41) Case 48/75, *Royer*, [1976] ECR 497, [1976] 2 CMLR 619.

42) Joined Cases C−6/90 and C−9/90, *Francovich and others*, [1991] ECR Ⅰ−5370.

43) Case 48/75, *Royer*, [1976] ECR 497.

44) Council Directive of 15 October 1968 on the abolition of restrictions on movement and residence within the Community for workers of Member States and their families (68/360/EEC), OJ

위반이라고 주장하였다. 나아가 이를 내용으로 하고 있는 관련 내용(O.J. English Spec. Ed. 1968, 485)을 분명하게 제시하였다. 그러나 ECJ는 "이사회 지침 68/360이 노동자의 거주권과 관련된 중요한 내용을 규정하고 있지만, 이민 노동자에 관련된 TFEU 제45조(EC조약 제39조, 구제48조)에 근거하여"[45]라고 하며 이는 지침과는 무관하다고 판결하였다. 또한 ECJ는 "접수국이 거주권을 획득하지 못한 노동자를 추방하는 것은 너무나 가혹하다"[46]라고 하였다. 이와 유사한 대부분의 사건은 거주권불비의 이민노동자에게 부과되는 행정벌(administrative penalties)로써 다루어졌다. 결국 실제 본 사건의 중요 관심사는 접수국에서 노동자가 직업을 얻기 위해 거주하는 기간(temporary right of residence)이었고, 회원국들은 관습적으로 3개월을 기한으로 하고 있었다.[47]

Francovich v. Italy [48]의 사건개요는 다음과 같다. 두 명의 이탈리아 노동자는 그들의 파산된 고용주로부터 봉급을 받을 수 없게 되었다. 결국 두 사람은 파산기업으로부터 노동자를 보호하도록 하는 이사회의 지침 80/987[49](Council Directive 80/987)의 이행을 위한 입법불비에 대한 과실이 이탈리아 정부에게 있다고 주장하였고, 곧 이탈리아 국내법원을 경유하여 ECJ에 선결적 판결이 부탁되었다. 이에 ECJ는 "미이행된 지침으로 인하여 이탈리아 정부는 직접효력을 주장하는 원고에 대하여 항변할 수 없으며, 이탈리아 정부는 지침 80/987의 이행에 대한 과실을 이유로 손해배상책임이 있음에 충분하다"[50]고 판결하였다.

Sp. Ed. 1968, No. L257/13, p.485; Foster, *supra* note 28, p.233.
45) Case 48/75, *Royer*, [1976] ECR 497.
46) *Ibid*.
47) *Ibid*.
48) Joined Cases C−6/90, 9/90, *Francovich* v. *Italy*, [1991] ECR Nov. 19, 1991; Steiner and Woods, *supra* note 2, p.264.
49) Council Directive of 20 October 1980 on the approximation of the laws of the Member States relating to the protection of employees in the event of the insolvency of their employer (80/987/EEC), OJ 1980, L283/23; Foster, *supra* note 28, p.384.
50) Joined Cases C−6/90, 9/90, *Francovich* v. *Italy*, [1991] ECR Nov. 19, 1991.

2. 조화의 예외

역내시장의 완성과 관련하여 조화는 회계규정(fiscal provisions), 사람의 자유이동(free movement of persons), 노동자의 권익(rights and interests of employed persons)에 관한 규정에는 적용되지 아니한다.[51] 그런데 사람의 자유이동에 관하여는, 제3국으로부터 오는 자와 자국민 사이에 적용되는 내용이 규정되어 있어야 한다. 노동자의 권익에 관하여는, 회원국들이 유럽사회헌장[52](European Social Charter)에 규정되어 있는 사회적 규정들이 가중치다수결로 조화를 통해 적용될 것을 회피하였다.[53]

역내시장 조화의 예외에 있어서 중요한 것은, "만약 어떤 회원국이 TFEU 제36조(EC조약 제30조, 구제36조)에 규정된 절대적 필요에 근거하거나 또는 환경보호에 근거하여 국내규정의 적용이 필요한 경우, 당해 회원국은 집행위원회에 관련 국내규정을 통지해야 한다"[54]는 사실이다. 이때 집행위원회가 제한을 하기 위해서는 '회원국들 간의 거래가 위장되었거나 또는 독단적인 차별의 수단이라는 사실'을 증명해야 한다.[55]

여기에서 혹자는 공동체조약 입안자들이 유명한 *Cassis de Dijon* 사건에서 ECJ가 판결에 사용했던 용어를 사용하리라고 기대할 수도 있다. 이 판결에서 ECJ는 소위 "절대적 필요[56](mandatory requirements) 또는 공공이익의 불가피한 필요[57] (imperative requirements of public interest)에 근거하여 예외적인 특권을 인정할 수 있다"고 하였다. 어떻든 간에 회원국이 비경제적 이유(non-economic reasons)로 상품

---

51) TFEU 제114조의 (2)(EC조약 제95조의 (2), 구제100a조의 (2)).
52) 유럽사회헌장(European Social Charter, 1961년 10월 18일 Turin에서 체결, 1965년 2월 26일 발효)은 인권과 기본적 자유의 보호를 위한 유럽협약(European Convention for the Protection of Human Rights and Fundamental Freedoms, 1950년 11월 4일 Rome에서 체결, 1953년 9월 3일 발효)을 보충하기 위해 고안되었다.
53) Mathijsen, *supra* note 4, p.355.
54) TFEU 제36조(EC조약 제30조, 구제36조), TFEU 제114조의 (4)(EC조약 제95조의 (4), 구제 100a조의 (4)).
55) Mathijsen, *supra* note 4, p.355.
56) Case 120/78, *Rewe v. Bundesmonopolverwaltung für Branntwein*, [1979] ECR 649, [1979] 3 CMLR 494.
57) Case C-19/92, *Kraus v. Land Baden-Uürttemberg*, [1993] ECR I-1663.

의 자유이동상 보호조항을 규정하여 문제가 된 경우, 원고는 이를 근거로 제소할 수 있다.[58]

결론적으로, 회원국의 법률, 규칙, 행정관행들의 조화를 위한 '지침'의 공포 및 발효의 이유는 다음과 같다. 첫째는 공동시장의 설립과 기능에 대한 지침의 효과 때문에, 둘째는 회원국들의 목적인 공동시장의 설립과 기능을 위한 조치들의 채택을 위해, 셋째는 공동시장에서의 경쟁을 왜곡하는 회원국들의 상이한 규정의 제거를 위해서다.[59] 그러나 이 경우에 집행위원회가 먼저 관련 회원국과 상의한 후, 그래도 회원국이 문제의 왜곡상태를 제거하지 못하였을 때에는, 이사회가 가중치다수결에 의해 필요한 조화지침을 채택한다.[60] 여기서 흥미로운 것은 1964년 이후에는 이사회가 의결절차시에 만장일치가 아닌 가중치다수결에 의해 채택하고 있었다는 것이다. 즉 1986년 SEA에 의해 도입된 조건들이 그동안 실제적으로는 이미 널리 행해지고 있었던 것이다. 이러한 입법상의 조화가 EU통합을 발전하게 하는데 탁월한 방법이라는 데에는 의심의 여지가 없다고 할 수 있다.

3. 조화의 예외의 이면적 의미

모든 법칙에는 예외가 있듯이 EU법과 회원국국내법 법률의 조화에 있어서도 예외가 존재한다. '상품'과 관련해서는 TFEU 제36조(EC조약 제30조, 구제36조)와 절대적 필요가, '활동'과 관련해서는 공공보건, 소비자보호가 예외로 인정된다. 따라서 그 예외의 영역이 상호승인으로 공유된다고 하더라도, 법에 의해 규율되고 있기 때문에 여전히 조화 규정은 조화를 위한 법적 기능을 하고 있음을 의미한다. 즉 TFEU 제114조(EC조약 제95조, 구제100a조)에 따라 입법하는 법령에 대해, 이사회는 한 회원국에서 효력을 갖는 규정들이 다른 회원국에서 적용되는 규정들과 동등하게 인정되어야 한다고 결의할 수 있다. 이는 1992년 말까지 회원국내에서 적절한 국내법의 조화가 이루어지지 않을 경우 그 이후를 계속 규율할 수 있음을 의미하고

---

58) TFEU 제114조의 (5)(EC조약 제95조의 (5), 구제100a조의 (5)).
59) TFEU 제116조의 (1)(EC조약 제96조의 (1), 구제101조의 (1)).
60) TFEU 제116조의 (2)(EC조약 제96조의 (2), 구제101조의 (2)).

있는데, 이는 조화규정이 아직도 법적으로 필요한 규정이라는 것을 의미하며, 이를 통해 조약 입안자들의 치밀함을 짐작할 수 있다.

단일유럽의정서(SEA)에 의해 새로운 규정들이 채택됨으로서, 법률의 조화는 1992년 말까지 역내시장의 완성에 중요한 역할을 하였다. 그러나 과도적 장치인 보호조항은 향후 점차 철폐되어야 한다. 즉 TFEU 제115조(EC조약 제94조, 구제100조)의 퇴색에도 불구하고 본 조약규정의 유지를 위하여 이후의 규정들은 TFEU 제26조(EC조약 제14조, 구제7a조)(역내시장의 설립 규정)상의 목적의 달성이 보장된다. 이사회는 TFEU 제294조(EC조약 제251조, 구제189b조)의 절차에 따라 경제사회위원회와 협의 후 입법하여 회원국국내법, 규칙, 행정관행의 조화를 위해 지침을 채택하여야 한다.[61] 역내시장에 관한 TFEU 제26조(EC조약 제14조, 구제7a조)는 법률의 조화를 규정한 TFEU 제115조(EC조약 제94조, 구제100조)에서 제117조(EC조약 제97조, 구제102조)를 포괄하는 조항이다.

Ⅳ. 결언

EU 공동시장의 확립과 기능을 위하여 필요한 경우 회원국들의 상이한 국내법 규들은 일관된 해석과 적용을 위하여 EU법을 통한 '조화'를 요한다. 이러한 EU 공동시장의 확립과 기능을 위한 공동 법률로서 가장 전형적인 방법은 일반적으로 '지침'이다. 각 회원국들은 이 지침에 의해 국내이행을 위한 구체적인 방법을 선택하게 되며, 모든 회원국들이 이를 수용할 경우에 EU법과 회원국국내법의 법질서는 조화를 이루게 된다. 이로써 회원국들의 상이한 국내규정들의 충돌문제가 해결되고, 공동시장 즉 단일시장의 확립과 기능이 가능하게 되어, 결국 EU의 연방적 통합을 촉진시키게 된다.

그런데 이러한 지침의 채택에 대하여 이러한 지침이 규칙화되는 것이 아닌가 하는 의문이 제기되었으며, 이는 지침이 규칙과 관련된 세부사항을 규정하는 경우

---

61) TFEU 제114조의 (1)(EC조약 제95조의 (1), 구제100a조의 (1)).

가 많기 때문이다. 또한 지침과 규칙은 회원국들에게 일정한 조치를 취할 것을 규정하기 때문이다. 이로 인해 지침과 규칙을 구별하는 것이 무의미하다고 할 수 있지만, 양자는 분명하게 입법상의 상이한 형태를 취하고 있다. 즉 EU는 규칙에 대해 그 이행을 회원국에게 강요할 수 있으나, 지침에 대하여는 그 이행에 대한 재량이 회원국에게 상당히 부여되어 있다. 이로 인해 지침의 직접효력에 의문을 가지는 소수가 존재한다. 그런데 회원국들이 지침의 국내적 변형에 대하여 방법과 형태를 자유롭게 선택할 수 있으나, ECJ는 회원국이 지침의 이행을 위해 국내에서 적절한 변형을 취하지 않는 경우 이를 정당한 행위로 인정하지 않으며 그 예외 또한 거의 인정하고 있지 않다. 결국 관련 회원국은 지침의 불이행에 대한 책임을 회피할 수 없다. 또한 지침은 직접효력과 관련하여 회원국국내법의 통일된 해석과 관련된 풍부한 판례법을 형성하고 있다. 그러나 지침의 일관된 해석이 이루어지는 것과 지침의 직접효력과는 별개이다.

한편 1985년 '역내시장의 완성'에 대한 백서에서, 집행위원회는 조화의 절차를 간소화하기 위해 가능한 만장일치 대신 '상호인준'으로 그 절차를 대체하는 새로운 접근방법을 제안하였다. 이로써 EU법과 회원국국내법간의 법률의 조화에 있어서의 절차의 간소화는 회원국들 간의 상호인준의 형식으로 이루어지게 되었으며, 이러한 상호인준은 *Cassis de Dijon* 사건에서 ECJ의 판결에 의하면 회원국이 '자유이동의 원리'의 핵심을 국내법에 제정하는 것을 의미하는 것이었다.

그리고 EU법상 조화를 필요로 하는 '조화규정'은 EU시민들의 권리에 직접적으로 영향을 미친다. 이와 관련하여 이러한 조화가 공동체조약이 시민들에게 부여한 권리의 보호를 위한 조건이 되는가의 문제가 발생하였다. 이에 대한 ECJ의 태도는 매우 명확한데, ECJ는 공동시장의 기본원칙과 그 결과인 상품의 자유이동은 어떠한 경우에도 국내법들의 조화가 선행되어야 한다는 조건에 종속되어서는 아니 된다. 만약 그러한 조건이 '절대적 필요'로 충족되어야 했다면, 역내시장의 기본원칙들은 그 법적 지위가 전락되었을 것이라고 하였다. 즉 한 회원국이 자기 국적의 EU시민들의 이익을 위하여 아직 지침을 국내적으로 변형하지 못했다는 이유로 항변할 수 없다. EU시민은 국내입법의 불비에도 불구하고 EU의 시민으로서의 법적 지위를 향유하기 때문이다. 또한 '조화지침'들을 국내법으로 변형하지 않았다는 사실은 *Royer*

사건에서 살펴 본 바와 같이 조약에 규정된 권리들을 승인하지 않은 것이라는 항변사유로 타당하지 않을 뿐 아니라, *Francovich v. Italy* 사건에서 살펴 본 바와 같이 관련 회원국에게 수권자에 대한 책임(국가배상책임)을 물어 수권자가 손해배상청구로서 국내법원에 제소할 수 있음을 의미한다.

　EU는 지난 반세기를 넘는 동안 많은 갈등과 한계의 순간을 극복하며 성장·발전하여 왔다. 무엇보다도 공동체조약의 설립자들의 궁극적인 목표는 경제적·정치적 통합에 있었다. 이러한 반세기를 넘는 동안 유럽인들의 EU통합에 대한 특별한 의지와 열정은 EU가 주권의 문제 등 어떠한 문제에 직면할지라도 EU의 완전한 통합의 달성을 무모하게 하지는 않을 것으로 보인다. 이는 EU 회원국들이 그동안 보여준 EU통합에 대한 회원국들의 '법률의 조화'에 대한 노력에서 예측할 수 있다. 각 회원국들은 설립조약들에 근거하여 '보다 나은 유럽'을 향하여 그들의 준법의식과 합리성을 실천해 오고 있기 때문이다.

제6장
___
이행강제소송

Ⅰ. 서언

처음에 유럽연합조약(TEU) 제L조는 유럽사법법원(European Court of Justice: ECJ)[1]의 권한의 행사를 유럽공동체(European Community: EC)조약, 유럽석탄철강공동체(European Coal and Steel Community: ECSC)조약, 유럽원자력공동체(European Atomic Energy Community: EAEC)조약, TEU 제K.3조(2)(c) 및 제L조(구 TEU 제46조)~제S조(구 TEU 제53조, 현 TEU 제55조)로 한정하였다. 따라서 ECJ의 관할권은 EU법, EU법 외에 회원국들이 체결한 일정한 협정, TEU 최종규정이었다. 그런데 암스테르담조약(Treaty of Amsterdam)의 새로운 제L조는 ECJ의 관할권을 '형사문제' 상의 사법경찰협력(police and judicial co-operation)에 까지 상당히 확대하였으며, EU내에서 보호되는 '기본권'에 관한 기관 법령에 대한 검토권을 ECJ에 명백하게(TFEU 제6조(구 제F조)의 (2)) 부여하고 있다.

이전의 TEU 제46조는 ECJ가 자체적으로 그들의 관할권범위의 한계를 정하는 것을 방해하지 아니한다. 예를 들면, EU의 공동체기둥(Community pillar)외에 공동체

---

1) EU사법기관은 일반적으로 유럽사법법원(European Court of Justice: ECJ)과 일반재판소(General Court: GC, 구 제1심법원(Court of First Instance: CFI)) 두 법원을 의미한다. ECJ의 관할권에 관하여는, Thomas Oppermann, *Europarecht* (München: C.H.Beck, 1999), pp.147-153 참조.

기둥과의 관계에서 적절하게 채택된 조치(공동외교안보정책상 부과된 제재)는 실제 공동체권한으로 귀속시킬 수 있게 된다(예를 들면 TFEU 제207조(구 EC조약 제133조)상의 공동통상정책). 이는 ECJ가 EU설립조약과의 양립성에 관하여 관련 법령을 검토할 권한을 가진다는 것을 의미한다. 분쟁발생시 EU의 기둥들 간의 상호간의 관계를 명확하게 결정해 주는 것이 ECJ 또는 제1심법원(Court of First Instance: CFI, 현재의 일반재판소(General Court))의 임무였다. 이러한 임무는 ECJ 외에 다른 기관에 부여될 수 없다. 왜냐하면 이는 EU설립조약의 '해석'과 '적용'에 관한 문제로서 EU사법질서에 있어서 ECJ와 일반재판소(구 CFI)의 관할권에 속하기 때문이다. 이는 TEU 제40조(구 TEU 제47조)의 사법강제적 성격에 의한 것이며 본 조약의 기타 다른 규정에 의하여 영향을 받지 아니한다.

EU는 EU기관 또는 회원국내의 입법, 기관법령의 집행 또는 이행에 있어서 법의 지배(rule of law)에 기초를 두고 있으며, 따라서 EU '기관'이나 '회원국'의 행위는 EU가 기초를 두고 있는 헌장에 적합해야 한다. EU조약은 완전한 '사법구제제도'(judicial remedy)의 설립을 선언하고 있으므로 어떠한 EU '기관'의 작위 또는 부작위에 있어서, 어떤 '회원국'의 작위 또는 부작위에 있어서, 이는 EU사법기관의 검토의 대상이 되어야 한다. 이로서 EU설립조약의 해석과 적용에 있어 법의 준수[2]를 보장할 수 있다.

EU 사법부는 공동체의 사법구제제도와 관련하여 2중의 직무를 수행한다. 첫째, EU 사법부는 공동체의 모든 법률을 '집행'해야 할 책임이 있다. 그 결과 법률을 위반한 회원국과 개인의 작위 또는 부작위에 대하여 보호해야 한다. 이러한 점에서 EU법은 EU법에 기초한 권리를 보호하는 '칼'로서 기능한다. 둘째, EU 사법부는 EU법의 우위를 보호하고 EU 기관이나 기타 기구들이 그러한 법을 위반하는 경우 그 작위 또는 부작위를 보호해야 할 책임이 있다. 이러한 점에서 EU법은 '방패'로서 기능한다. 따라서 여기에서는 이러한 EU 사법질서의 측면에서 '법의 지배'에 기초한 완전한 '사법구제'의 실현을 위한 회원국의 공동체법위반에 대한 이행강제소송을 중심으로 살펴보고자 한다.

---

2) 구 EC조약 제220조, ECSC조약 제31조, EAEC조약 제136조.

Ⅱ. 이행강제소송의 제기와 관련 규정상의 문제

EU법상의 의무를 위반하는 경우에는 '위반 회원국'을 상대로 한 이행강제소송이 제기될 수 있다. 아래에서는 이러한 불이행의 '대상이 되는 법'과 '불이행'의 의미를 중심으로 살펴보고자 한다.

1. 일반적 내용

이행강제소송[3](action for failure to fulfil obligations 또는 infringement proceedings)은 회원국의 행위가 EU법을 위반하였고, 위반행위의 종결을 구할 목적으로 하는 소송이다. 본소송은 본질상 '객관적 소송'으로 오직 피고인 '회원국이 EU법을 위반하였는지'에 관하여 제기된 사안에만 한정된다. 주장된 '위반행위가 발생'하였는지를 결정함에 있어서 ECJ는 회원국의 행위와 태만을 정당화하기 위한 '주관적 요소들'은 고려의 대상에서 제외하며(변명의 여지를 두지 않는 매우 엄격한 태도를 취하고 있음) 또한 EU법위반의 '고의성'에 대한 증거가 없다[4]는 사실을 고려할 필요도 없다. '위반의 정당성'도 고려의 대상이 되지 아니한다. 그러나 이행강제소송이 객관적 소송이라고 함에 있어서 ECJ가 법적 관점과 사실관계의 관점에서 회원국의 관련행위를 철저하게 심의하지 않아도 된다는 것을 의미하는 것은 아니다. '취소소송'(action for annulment)에 비하여 ECJ는 그 심사에 적용되어야 할 많은 근거들을 제한하지 아니하며, 어떠한 EU법위반도 TFEU 제258조~제260조(구 EC조약 제226조~제228조, 구 제169조~제171조)에 따라 평결할 수 있다.

ECJ의 '평결(판정)'은 원칙적으로 위반시 위반회원국에 대해 EU법의 실제적인 적용을 '강제'할 수 있도록 한다. 먼저 *Francovich* 사건[5] 이래로, 회원국은 공동체

---

3) TFEU 제258조(EC조약 제226조, 구 제169조); EAEC조약 제141조; EU조약 제35조(구 제K.7조)의 (7).
4) 따라서 국내의결절차가 어려운 상황이었다는 사실은 고의성이 없음에도 불구하고 위법행위의 기초가 된다.
5) Joined Cases C-6 and C-9/90 *Francovich and Others* [1991] ECR I-5357; Anthony Arnull, *The European Union and its Court of Justice* (Oxford: Oxford Univ. Press, 1999), p.29; Mark Brealey and Mark Hoskins, *Remedies in EC Law* (London: Sweet & Maxwell, 1998), p.128.

규정의 위반을 이유로 EU법상의 책임을 추궁할 수 있게 되었다. 위반을 평결하는 '판결'은 '국가(배상)책임'의 이유가 될 수 있다. 게다가 TFEU 제260조(구 EC조약 제 228조, 구 제171조)는 그러한 판결의 강제를 위하여 다양한 방법을 구비하고 있다.

이행강제소송은 EU법의 '상이한 해석'이 발생하는 경우에 '회원국 의무의 정확 성'을 결정하는 수단으로서 또한 사용된다. ECJ가 판결한 후에 관련 회원국은 그의 공동체 의무의 범위에 대한 '더 이상'의 논쟁을 할 수 없다. 만약 회원국의 '의무위 반이 계속'된다면 이는 EU법에 대한 '충분히 심각한 위반'이 성립될 것이고, 손해 입은 개인에 대한 '국가(배상)책임'을 추궁할 이유를 제공하게 된다.

이행강제소송의 '절차'는 TFEU 제258조~제260조에 규정되어 있다(EAEC조약 제 141조, 제142조, 제143조와 동일함).[6] 이행강제소송은 ECJ가 EU법에 대하여 직접적으 로[7] 회원국의 행위를 평가할 수 있는 절차이다.

소멸된 ECSC조약 제88조의 절차는 같은 목적을 추구하지만 완전히 다르게 구 성되었다. 집행위원회는 '자체적으로' ECSC조약상의 의무불이행의 회원국에 대하여 합리적인 결정을 내릴 수 있는 권한을 부여받았다. 그리고 이사회 2/3의 다수결에 의해 일정한 재정적 제재를 부과할 권한을 부여받았다. 회원국들은 어떠한 내용의 법령에 대한 위반에 대하여도 ECJ에 무한정한 범위로 제소할 수 있다.[8] 게다가 어 떠한 개인도 의무불이행을 이유로 했었던 집행위원회에서의 기각에 대하여 취소소 송을 제기할 수 있다.[9] 다만, 아래에서는 TFEU 제258조~제260조상의 절차에 관하 여 살펴보고자 한다.

---

6) ECB에 관하여는 TFEU 제271조(EC조약 제237조, 구 제180조)(d)를 참조; TFEU 제126조(EC조 약 제104조, 구 제104c조)(10) 참조.
7) 그러나 ECJ는 공동체법에 대한 회원국행위를 '간접적으로' 평가하기 위하여 해석에 관한 선 결적 부탁절차를 이용할 수 있다.
8) Case 20/59 *Italy* v. *High Authority* [1960] ECR 325 at 339.
9) Case 30/59 *De Gezamenlijke Steenkolenmijnen in Limburg* v. *High Authority* [1961] ECR 1, at 15~17.

2. 회원국의 조약상 의무불이행

1) '조약상 의무'에 해당하는 법률

'조약상 의무'라는 표현은 회원국들을 구속하는 '총체적인 EU법상의 의무'를 의미한다. 이에는 모든 설립조약들, 공동체기관들의 법령, 공동체가 체결한 국제협정[10], ECJ가 인정한 법의 일반원칙이 있다. 이러한 규정들이 위반된 경우에 이는 TFEU 제258조와 제259조에 의하여 제소될 수 있다.

그런데 회원국이 기본권을 포함한 '법의 일반원칙'을 위반했다는 사실의 발견은 오직 국가행위가 'EU법의 범위 내'에서 행해졌어야 한다. 이는 회원국이 본 공동체조약의 규정에 근거하여 그들의 행위를 정당화할 수 있다는 점에서 특별하다.

2) '불이행'의 의미

이행강제소송은 객관적 소송으로서의 성질을 갖기 때문에, EU법상 회원국의무의 '어떠한 흠'도 위법 판결 소송의 '근거'가 된다. 흠의 빈도나 정도는 아무런 상관이 없다. 최소한 EU법과의 괴리와 EU법의 부주의(태만)의 존재는 제소 요건으로 충분하다. 제소의 적절성에 대한 평가는 잽행위원회 또는 신청자인 회원국이 행사한다. 일단 소송이 계류 중이라면 ECJ는 주장된 '위반이 존재'했는지에 대하여 고려하여야 한다.[11]

회원국 행위가 EU설립조약상의 의무불이행의 범주에 속하느냐의 여부는 논쟁된 행위의 성격과 주장된 위반 EU법규의 내용에 달려있다. 따라서 '의무불이행이 존재'했었다는 것을 '평결'하는 것은 수월한 일이며, 소위 회원국의 '행정적 실재'로부터 이끌어내기 보다는 'EU법을 위반한 국내법규의 존재'로부터[12] 의무불이행이 존재한다고 간주하는 것이 수월한 일이다.

---

10) TFEU 제218조(EC조약 제300조, 구 제228조)의 (7).
11) 일단 제소되면 ECJ는 의무불이행의 존재여부를 확인해야 한다; Josephine Steiner and Lorna Woods, *EC Law* (Oxford: Oxford Univ. Press, 2003), p.580 참조; Brealey and Hoskins, *supra* note 5, pp.129−130 참조.
12) 그러나 국내법률의 범위, 규칙 또는 행정적 규정은 국내법원의 해석에 의해 평가되어야 한다.

의무불이행은 회원국의 '작위' 그리고 '부작위' 두 가지 모두의 경우에 발생한다. 부작위의 고전적인 예는 회원국이 국내사법질서에 지침을 이행하지 아니한 경우이다.[13) EU법에 위반(작위)한 행동의 예는 '수입품을 제한하는 행정적 수속'의 부여로서 이는 TFEU 제41조(구 EC조약 제28조, 구 제30조)를 위반하는 것이다.

EU설립조약에 저촉하는 일정한 법규정의 국내적 '존재 자체'도 또한 불이행의 범주에 해당될 수 있다. 비록 그 규정이 국가당국에 의해 적용되고 있지 않거나, 더 이상 적용되지 않는 것이라 할지라도 불이행의 범주에 해당된다. 그러한 규정이 존재한다는 사실은 EU법에 의존하는 가능성에 관하여 불확실성을 야기할 가능성이 있다. 이러한 불확실성은 EU법의 적용을 방해하게 되고, 따라서 의무에 대한 불이행으로 간주된다. 그러나 오직 그러한 규정이 EU법과 저촉에 있어 어떠한 효력도 발생케 하지 않을 수 있는 한, 단지 그러한 규정의 존재는 EU법의 위반을 성립시키기에는 불충분할 것이다.

심지어 어떤 회원국의 행위가 국내법제도상 구속력을 갖지 않음에도, 그러한 행위의 '잠재적인 효과'가 구속력을 갖는 법령으로부터 발생하는 효과와 '비견될 만한 것'에 해당되는 한 EU법상의 의무불이행이 될 수 있다. Home market에서의 아일랜드상품의 판매를 증진시키기 위한 Irish정부의 대규모캠페인행진은 TFEU 제41조에 반하는 동일한 효과를 가져오는 조치가 된다고 판결된 바 있다.[14)

마지막으로 ECJ의 관할권에 영향을 주는 회원국의 행위는 항상 EU법을 위반하게 된다. 예를 들면, 어떤 회원국이 국내법상 직접효력을 갖는 '규칙을 금지'한다면, 이로서 공동체의 기초가 방해받게 되고, 규칙의 해석과 유효성에 대한 '선결적 부탁[15)의 성립을 위협'하게 되어 회원국은 이에 대한 책임을 지게 된다.

---

13) 지침을 국내법내로 변형해야 할 의무는 변형을 위한 적극적인 행위를 요구한다.
14) Case 249/81 *Commission* v. *Ireland* [1982] ECR 4005 at 4023, para.27; Steiner and Woods, *supra* note 11, p.580 참조.
15) T.C. Hartley, *The Foundations of European Community Law* (Oxford: Oxford Univ. Press, 2003), pp.278−297 참조.

3. 회원국 의무불이행 판결 선언을 얻기 위한 '특별절차'와의 관계

1) TFEU 제258조와 제259조와 TFEU 제108조(2)의 관계

EU 집행위원회는 TFEU 제108조(구 EC조약 제88조, 구 제93조)에 의하여 공동시장에서 '경쟁'을 위한 '국가보조의 적합성'을 평결할 권한을 부여받았다. 국가보조의 존재와 국가보조의 도입 또는 수정 두 가지 모두는 집행위원회의 감독 대상이다. '국가보조'의 부여 또는 수정을 위한 어떠한 계획도 TFEU 제108조(3)에 따라 집행위원회에 통지해야 한다. 그리고 집행위원회는 TFEU 제107조(구 EC조약 제87조, 구 제92조)에 근거하여 제108조(2)의 절차에 따라 공동시장에 '부적합한 국가보조'에 대하여 일정한 조치를 취할 수 있다. 집행위원회는 그러한 '국가보조가 부적합하다'고 평결되면 관련회원국에게 특정기간 내에 국가보조를 폐지하거나 수정할 것을 '명령'하게 된다. 관련회원국이 지정된 특정기간 내에 평결에 응하지 아니하는 경우에 집행위원회 또는 기타 이해관계에 있는 회원국은 제258조와 제259조에 의하여 ECJ에 문제를 직접 제기할 수 있다.[16]

TFEU 제108조(2)는 모든 이해 당사자들이 '의견서'를 제출할 권리를 보장하고 있다. 게다가 회원국의 신청에 관하여, 이사회는 만장일치로 그리고 TFEU 제107조에 의하여 당해 국가보조가 예외적 상황[17]에 의해 정당화될 수 있는지의 적합성에 대하여 판결할 수 있다.

그런데 TFEU 제108조(2)에 의한 '특별절차가 존재'함에도 불구하고, 제258조의 '일반절차'가 여전히 집행위원회에 의해서 제기되어 제107조 위반을 평결하는지에 관한 문제가 제기된다. 먼저, 제108조(2)에 규정된 절차는 모든 이해 당사자들이 공동시장에서의 '경쟁'을 위한 '국가보조'에 의해 제기된 특별한 문제들을 보장하도록 조력하고 있다. 이러한 보장은 단지 집행위원회와 관련 회원국만이 참여하는 제258조상의 예비소송절차(pre-litigation procedure)보다 훨씬 광범위하다. 따라서 만일 집행위원회가 공동시장에 '부적합한 국가보조'라는 평결을 내리기 원한다면 제108조

---

16) TFEU 제108조(구 EC조약 제88조)(2), subpara.2.
17) TFEU 제108조(구 EC조약 제88조)(2), subpara.3.

(2)의 절차에 따라야 할 의무가 있다. 그러나 제108조(2)상의 특별절차의 존재는 제258조 절차에 의해 '제107조 외'에 'EU법에 부적합하다고 평결하는 어떠한 국가 보조조치'를 방해하지 아니한다.[18)

끝으로 제108조(2)의 제1단에 따른 '판결에 대한 위반'이 발생하는 경우, 집행 위원회는 제108조(2)의 제2단에 의해 ECJ에 직접제소하든 또는 제258조의 일반절 차를 개시하든 두 가지 중 하나를 선택할 수 있다.

집행위원회는 회원국이 제108조(3)에 반하여 기한 내에 국가보조의 신설이나 수정에 대한 계획을 집행위원회에 '통지'하지 않을 경우에 제108조(2)의 절차와 제 258조에 규정된 절차 사이의 선택적 상황에 자주 처한다. 그러나 집행위원회에 대 한 '통지의무의 위반' 사실이 곧바로 당해 국가보조가 공동시장에 부적합하다는 결 론을 의미하지는 아니한다. 따라서 집행위원회는 공동시장에 '통지되지 않은 국가 보조'에 대한 적합성 심사를 개시해야 한다. 이 경우 심사결과가 나오는 동안 '통지 되지 않았던 당해 국가보조'는 일시적으로 중지되어야 하며, 회원국은 제108조(2) 의 절차에 따라 국가보조에 관한 정보를 위원회에 제공해야 한다. 국가보조 적합성 심사과정에서 회원국이 국가보조의 일시적 중지를 거절하는 경우, 위원회는 제108 조(2)의 제2단에 따라 본 사안을 ECJ에 직접 제소할 수 있다. 또는 집행위원회는 제258조에 따라 제소할 수 있다.

'비통지된 국가보조' 조치가 공동시장에 적합하다는 집행위원회의 심사결과에 의한 평결은 통지하지 않음으로 인해 발생한 공동체법위반을 '소급적'으로 구제하 지 아니 한다. 왜냐하면 TFEU 제108조(3)은 직접효력을 갖기 때문에, 당해 국가보 조는 공동시장에 적합하다는 집행위원회의 평결이 있기 전에는 국내법원은 '비통지 된 국가보조'의 이행으로 시행된 일체의 행위를 불법한 것으로 간주해야 할 의무가 있기 때문이며, 이에 대해서는 적절한 제재를 부과해야 한다.

---

18) 즉 제108조(2)의 절차는 제107조의 적용에 있어서만 특별절차에 해당한다; James Hanlon, *European Community Law* (London: Sweet & Maxwell, 2000), p.114; L. Neville Brown and Tom Kennedy, *The Court of Justice of the European Communities* (London: Sweet & Maxwell, 2000), p.126－128 참조.

2) TFEU 제258조와 제259조와 TFEU 제106조(3)의 관계

TFEU 제106조(구 EC조약 제86조, 구 제90조)(3)은 '공기업'과 '일반기업'에 관한 '회원국의 의무'에 대하여 회원국들이 순응하고 있는지를 감독할 의무를 집행위원회에 부여하고 있다. 보통 회원국들은 이들 기업에게 '특별한 권리' 또는 '배타적인 권리'를 부여하고 있다. 또한 제106조(3)은 명백하게 '지침과 결정'이라는 두 가지 법원을 사용할 권한을 집행위원회에 부여하고 있다. 이로서 집행위원회는 제106조(1)의 의무를 특정하기 위해 '지침'을 사용할 권한을 부여받고 있다. 여러 회원국내에 존재하는 특별한 상황에 대한 고려 없이 이러한 권한은 행사될 수 있다. 그리고 집행위원회는 구체적인 방법으로 공동체규정에 의해 회원국들에게 의무를 부여한다. 그런데 집행위원회의 그러한 권한은 실제로는 회원국이 EU설립조약상의 특정 의무를 이행하지 않았다는 판결을 내리는데 사용할 수 없다.

제106조(3)상의 법원으로서의 '결정'에 의해 행사되는 위원회의 권한은 지침에 의해 행사되는 권한과는 다르다. 결정은 하나 또는 그 이상의 회원국들의 특별상황과 관련하여 채택된다. 필요한 경우에는 공동체법적 측면에서 상황이 감안된 '결정'의 내용이 채택된다. '결정'은 지정된 특정한 직무의 이행을 요청하기 위해 관련회원국에게 발생하는 결과를 특정한다. 만일 제106조(3)에 의해 집행위원회에 부여된 '결정'의 채택권한이 실제적인 효과를 갖지 못한다면, 집행위원회는 국가조치가 EU 설립조약에 부적합하다고 판결할 수 있는 권한을 부여받아야 하고, EU법상의 의무를 이행하기 위해 국가에게 제출된 '결정'이 무엇인지를 지적할 수 있는 권한을 부여받아야 한다.[19] 비록 제106조(3)에 이러한 효력에 대한 명백한 규정이 없다할지라도, '변호권을 위한 일반원칙'에 의해, 집행위원회가 회원국에 대하여 제기할 것으로 여겨지는 내용에 관해 '관련회원국은 집행위원회의 정확하고 완전한 진술을 접수받아야' 한다. 또한 이해관계에 있는 제3당사자가 제출한 '의견서'에 관한 '집행위원회의 견해'도 효과적으로 알 수 있어야 한다.[20]

---

19) Joined Cases C−48 and C−66/90 *Netherlands and Others* v. *Commission* [1992] ECR I−565 at I−635, para.28.
20) *Ibid.*, paras.45−46.

제106조(3)에 의해 채택된 법원으로서의 '결정'에 있어서, 제106조(1)에 언급된 '기업'에 관하여 회원국들이 채택하고 적용하는 법령이 EU설립조약에 적합하는지를 평가하는 집행위원회의 권한은 제258조에 의해 ECJ에 부여한 권한에 반하지 아니한다. 만일 회원국이 채택된 당해 '결정'에 따르지 않는다면[21] 이는 제258조가 규정한 절차위반의 근거가 되어 제소될 수 있다.

제106조(3)에 따라 '결정'이 채택되기 전에 집행위원회가 의무불이행을 이유로 제소를 할 수 있는지의 여부는 변호권의 요건에 달려 있다. 관련회원국을 위한 최상의 보증을 제공하는 절차는 아마도 제108조(2)에 관해 앞서 언급된 판례를 유추함으로서 국내법령의 제106조(1)과 (2)에 대한 최초의 적합성심사단계에서 있었던 선례에 따라야 할 것이다.[22] 어떤 경우이든 확실한 것은 제106조(1)과 (2)의 의무불이행을 이유로 하여 회원국은 제259조에 의해 위반회원국을 항상 제소할 수 있다는 것이다. 비록 집행위원회가 아직 제106조(3)에 의해 관련회원국에게 '결정'을 제출할 권한을 실행하지 않고 있다하더라도 회원국은 항상 ECJ에 대한 제소권을 행사할 수 있다.

3) TFEU 제258조~제259조와 손해규정의 부적절한 사용에 관한 특별절차의 관계

EU설립조약상 규정된 손해규정들이 잘못 사용되어 남용된 경우 ECJ에 직접 제소할 수 있다(공동시장과 관련된 TFEU 제114조(구 EC조약 제95조, 구 제100a조)(4)와 TFEU 제346조(구 EC조약 제296조, 구 제223조)~제348조(구 EC조약 제298조, 구 제225조)). '예비소송절차로 인한 지연 없이' ECJ에 직접 문제를 가져가기 위해 TFEU 제114조(9)에 의하여 집행위원회는 기회를 부여받은 것이다. 이러한 집행위원회의 기회는 '역내시장의 완전한 성립을 보호'하는 공동체이익을 위한 입법적 의도이다. 그러나 이는

---

21) 관련회원국이 결정에 응하지 않는 경우에는 그 의무불이행을 이유로 제258조의 절차가 적용되지만, 결정의 합법성이 문제가 된 경우에는 제263조(EC조약 제230조, 구 제173조)의 취소소송절차가 적용된다.
22) Joined Cases C-48 and C-66/90 *Netherlands and Others* v. *Commission* [1992] ECR I-565 at I-636, paras.31-33: 게다가 ECJ는 제106조(3)과 제108조는 같은 목적을 지닌 유사조항이라고 강하게 강조하였다.

집행위원회가 피고인 위반회원국에 대한 제258조의 절차를 선택하는 것을 방해하지 아니한다.

이러한 집행위원회 또는 회원국의 다른 회원국에 대한 제소는 TFEU 제348조(구 EC조약 제298조) 제2단에 의하는 것이며, 제346조(구 EC조약 제296조)와 제347조(구 EC조약 제297조)에 규정된 권한이 부적절한 사용이라고 판단되는 경우에는 이러한 제소는 예비소송단계(이는 TFEU 제258조와 제259조의 절차와는 매우 다르다)를 포함하는 것이 아니라, ECJ가 재판관의 비공개 판결[23]을 보증하기 위해 노력하는 것이다. 이는 정치적으로 고소된 분쟁의 경우에는 중요한 의미가 있다.

Ⅲ. 이행강제소송상 당사자 적격의 인정범위의 문제

앞에서는 이행강제소송의 '대상이 되는 법'과 '불이행의 의미'에 대하여 살펴보았다. 여기에서는 이러한 이행강제소송의 주체에 대하여 '신청자 적격'과 '피고 적격'을 중심으로 살펴보고자 한다.

1. 신청자 적격

TFEU 제258조에 의하면 오직 집행위원회만이 위반회원국을 상대로 소송을 제기할 수 있다.[24] 이러한 권한은 'EU법의 적용을 보장'하는 집행위원회의 직무와 일치된 권한이다.[25] 집행위원회는 공동체의 일반적 이익을 위해 '자체적으로' 자신의 감독 직무를 수행한다. 그리고 제소절차에 있어 '특별한 이익'이 존재함을 보여서는 아니 된다.[26] 집행위원회는 자체적으로 제258조에 의해 '제소가 적합한지'를 평가하며, EU설립조약을 위반했다고 주장된 경우에 반드시 그렇게 해야 할 의무가 있

---

23) ECJ규정 제28조: 제258조와 제259조에 의해 제소된 사건은 원칙상 공개재판이어야 한다.
24) Hartley, *supra* note 15, p.312; Arnull, *supra* note 5, p.23; Margot Horspool, *European Union Law* (London: Butterworths, 2004), p.215.
25) EC조약 제211조(구 제155조), 1st indent.
26) Case C－422/92 *Commission* v. *Germany* [1995] ECR Ⅰ－1097 at Ⅰ－1130~1131, para.16.

는 것은 아니다. 회원국 의무불이행선언을 위해 ECJ에 '신청'하는 결정은 '위임'될 수 없다. 제소여부의 결정은 모든 집행위원회 위원들(Commissioners)에 의해 결정되며, 집행위원회 위원들은 제소여부 결정에 대하여 '집단적 책임'을 져야 한다.[27] '집단적 책임'의 원칙을 효과적으로 적용하기 위한 형식적 요건은 집행위원회 위원 개인의 법적 지위에 영향을 주는 결정을 채택하는 경우보다 제소를 결정하는 경우에 그 형식적 요건을 '덜 엄격'하게 하는 것이다. ECJ에 의무불이행을 이유로 소송을 개시하기로 하는 결정은, 의무불이행의 주장을 구속하는 결정에 의해 ECJ의 판결이 가능하도록 하기 위한 절대적인 단계를 형성하지만, 그러나 이런 이유로서 문제 '회원국의 법적 지위'를 본질적으로 '변경'하지는 아니한다. 따라서 '제소 결정'은 집행위원회 위원의 '집단적 심의의 산물'로서 충분하며, 관련 결정에 대한 정보는 위원단(college of Commissioners)이 이용할 수 있는 근거가 되기에 충분하다. 위원단이 공식적으로 결정에 영향을 미치는 법령의 문구를 결정해야 할 필요는 없으며, 그러한 내용은 마지막에 첨가한다.[28]

ECJ의 관여는 회원국들이 EU법을 효과적으로 적용하는 것을 보장하기 위해 항상 '절대적'으로 필요하거나 또는 항상 '적절한 수단'인 것은 아니다. 따라서 집행위원회는 어떤 소송을 제기할 때 그 기간을 자유롭게 결정할 수 있다.[29] 반면 집행위원회는 회원국의 행위가 EU설립조약과 양립할 수 있는지의 여부를 최종적으로 결정할 권한은 부여받지 못하였기 때문에, 회원국의 '권리와 의무의 내용'은 결정할 수 있으나 회원국의 행위에 대한 '최종적인 법적 평가'는 오직 ECJ에 의해 결정된다. 따라서 회원국을 상대로 제소하지 않겠다는 집행위원회의 결정은 회원국이 EU법을 위반하지 않았다는 것을 의미하는 것은 아니다.[30]

'개인'은 의무불이행을 이유로 'ECJ'(또는 일반재판소(구 제1심법원))에 제소할 수

---

27) *Ibid.*, paras.35−37.
28) *Ibid.*, paras.47−48.
29) *Ibid.*, paras.17−18: ECJ는 효력을 발생케 한 국내입법조치가 있은 지 6년이 경과한 후에 취한 집행위원회의 제소에 놀랐음에도 불구하고 ECJ는 집행위원회가 특정기간 내에 제소해야 할 의무는 없다고 판결하였다.
30) 이는 공동체법위반이 회원국의 책임을 발생케 할 만큼 충분히 심각한지의 평가와 관련된 문제로, 회원국이 실제 공동체법을 위반하였음에도 불구하고 이러한 상황에서 집행위원회는 의무불이행을 이유로 회원국을 제소하지 않을 수 있다.

없다. 만약 필요한 경우에 개인은 회원국의 행위를 '국내법원'에서 다투어야 한다.[31] 국내법원은 EU법의 요건에 있어서 고소된 행위를 '간접적으로 검토'하기 위해 ECJ에 '선결적 판결'[32]을 요구할 수 있다(또는 요구해야 한다). 나아가 회원국이 EU법을 위반하였다고 생각하는 '개인'은 집행위원회에 고소할 수 있다. 그러나 집행위원회는 당해 개인의 고소에 대해 반드시 행동할 의무는 없다.

'개인'의 집행위원회로의 '고소를 거부하는 집행위원회 결정'은 취소소송으로 제기될 수 없다. 왜냐하면 이러한 경우에 집행위원회는 고소를 수용하지 않았기 때문에 당연히 예비소송단계에서 어떠한 구속력 있는 법적 행위를 취하지 않을 것이기 때문이다.[33] 예비소송단계에서 집행위원회는 회원국의 '권리와 의무'를 결정하지도 않을 않으며, 또한 문제 행위가 EU설립조약에 적합할 것을 보장하도록 조력하지도 아니한다.

만일 집행위원회가 당해 '개인'의 고소를 '미답변의 상태'로 내버려 둔다 해도 집행위원회를 상대로 한 '부작위소송'은 존재하지 않을 것이다. 왜냐하면 집행위원회는 어떠한 '작위의무'도 위반하지 않았기 때문이다.[34] 이는 TFEU 제108조(구 EC조약 제88조, 구 제93조)(2)에 따라 채택된 결정(decisions)을 회원국이 위반하는 경우에 ECJ에 제소하지 아니하는 '특별절차'의 경우와 같다.[35] 게다가 자연인이나 법인은 집행위원회가 자연인이나 법인에게 향하여 예정된 권고나 의견 이상의 법령을 채택하지 아니한 경우에만 집행위원회를 제소할 수 있다. 왜냐하면 제258조의 절차에 있어서 집행위원회는 관련 회원국에게 단지 '합리적 의견'(reasoned opinion)만을 전달할 뿐이며, 자연인이나 법인은 그러한 '합리적 의견'이 전달되지 않음을 이유로 제소할 수 있는 자격이 배제되었기 때문이다.

의무불이행을 이유로 제소하는 데 있어서의 '집행위원회의 태만'은 어느 쪽이든지 손해배상소송의 근거가 되지 아니한다. 이러한 이유로서 위원회의 태만은 제

---

31) Brealey and Hoskins, *supra* note 5, p.142.
32) Koen Lenaerts, Dirk Arts and Robert Bray, *Procedural Law of the European Union* (London: Sweet & Maxwell, 1999), pp.20,37; Hartley, *supra* note 15, pp.278-283 참조.
33) Case 48/65 *Lütticke* v. *Commission* [1966] ECR 19 at 27.
34) Case T-117/96 *intertronic* v. *Commission* [1997] ECR Ⅱ-141 at Ⅱ-152, para.32,
35) Case T-277/94 *ALTEC* v. *Commission* [1996] ECR Ⅱ-351 at Ⅱ-377~379, paras.65-72.

258조를 위반하는 것도 아니고, 따라서 과실을 성립시키는 것으로서 간주될 수도 없다.[36] 그러한 경우에 '손해의 원인'은 회원국의 EU설립조약위반에 있는 것이지 집행위원회의 과실에 있는 것은 아니다.

TFEU 제259조에 의해 '회원국'은 다른 회원국이 EU설립조약상의 의무를 이행하지 않았다고 판단되는 때에는 ECJ에 사안을 제소할 수 있다.[37] 회원국은 먼저 '집행위원회에 고소장'을 제출한다. 집행위원회는 각각의 관련 국가들에게 구두와 서면으로 타방당사자의 사정에 대한 자신의 '사정'과 '의견서'를 제출할 기회를 제공한 후에 '합리적 의견'을 전달한다. 이러한 합리적 의견에는 EU설립조약상 공동체 의무 '위반'의 주장이 실제 '발생'하였는지의 여부에 대한 집행위원회의 견해를 기재한다. 만일 집행위원회가 고소장 수령일로부터 3개월 내에 '의견서'를 전달하지 아니하여도, 본 사안은 ECJ에 제소될 수 있다.

'집행위원회'는 또한 제258조에 따라 자체적으로 ECJ에 본 사안을 제소할 수 있다. 집행위원회가 그렇게 하지 않아도 집행위원회는 '이해관계 있는 회원국'이 또한 제소하는 것을 방해하지 아니한다. 집행위원회의 '합리적 의견'이 '이해관계 있는 회원국'의 기대에 미치지 못하였을 경우에, 회원국은 그것에 더하여 신청할 수 있다.[38] 현재까지, 단지 몇 건의 소송만이 제259조(회원국에 의한 위반회원국의 제소)에 의해 제소되었을 뿐이며,[39] 그 중 하나의 사건만이 판결이 내려졌을 뿐이다.[40] 그만큼 회원국 다른 회원국을 상대로 의무불이행을 이유로 제소하는 것은 자제하고 있다고 볼 수 있다. 이는 경제 외적으로 정치적으로 민감한 사안으로 확대될 수

---

36) 그러나 이런 집행위원회의 행위는 기타 다른 조약규정을 위반할 가능성이 있으며, 따라서 책임성립의 모든 필요요건이 충족되는 경우에는 책임을 져야 할 잠재적 성격을 띤다. EC조약 제97조(현재는 폐지된 조항)(2)과 제88조(구 제93조, TFEU 제108조)(2), 제211조(구 제155조), 제226조(구 제169조, TFEU 제258조) 참조.
37) ECSC조약 제89조도 유사한 구제방법을 규정하고 있다. 그러나 집행위원회의 연루를 요구하는 예비소송단계는 없다; Hartley, *supra* note 15, pp.317,319 참조.
38) 집행위원회가 관련회원국을 ECJ에 제소할 때보다 회원국이 타방 회원국을 ECJ에 제소할 때에 보다 더 큰 신중을 기하고 있다.
39) 즉 대부분의 사건은 집행위원회가 TFEU 제258조에 의해 회원국을 제소하고 있으며, 회원국이 타방 회원국을 상대로 제소하는 경우는 극히 드물다. 이점에서 집행위원회는 EU법의 집행여부에 대한 실질적인 감독기관이며, ECJ는 이러한 집행을 보장하는 강제기관이다.
40) Case 141/78 *France* v. *United Kingdom* [1979] ECR 2923.

있으며, 세계무역기구(WTO)체제 내에서 간혹 국가들의 무역분쟁이 '정치적인 이슈'로 부각되는 것과 같다.

2. 피고 적격

TFEU 제258조~제259조상의 소송은 오직 '위반회원국에 대해서' ECJ에 제소할 수 있다. 여기서 '회원국'이란 EU설립조약에 가입한 국제법상의 주체를 의미한다. 회원국의 정부기관, 헌법기관, 기타 공공기관으로 간주되는 기관의 '작위' 또는 '부작위'는 '잠정적으로' 회원국의 EU법상의 책임을 성립시킬 수 있다. 회원국의 국내기관은 EU법의 완전효로부터 분리될 수 없다. 따라서 EU법위반의 혐의 회원국은 ECJ에서 회원국을 대표하는 국가정부와 부속기관이 행한 위법임에도 불구하고 국내법상 변호권이 존재하지 아니한다. 나아가 회원국 '입법기관'의 작위 또는 부작위를 이유로 물론 의무불이행소송을 제기할 수 있다. 한편 EU법을 적용하는 '국내법원'의 과실은 회원국들에게 위법의 책임을 지울 수 있다.[41] 그런데 이는 대부분 일반적인 사법적 과실로는 불충분하다. 물론 국내법원이 상당하게 EU법을 무시하였거나 또는 경시하였다면, 이는 관련회원국에게 공동체적 책임을 부과할 수 있을 것이다(이 점에 있어서는 회원국의 사법기관 보다는 '입법기관'에게 보다 엄격한 책임을 부과하고 있다고 할 수 있다). 끝으로 '공공기관의 통제를 받는' 사법에 의해 통제를 받는 '법인의 행위'는 관련회원국에 있어서는 EU법위반의 결과를 초래할 수 있다. 예를 들면, 아일랜드상품이사회(Irish Goods Council)는 아일랜드에서 'Buy Irish' 캠페인을 조직하였다. 아일랜드상품이사회의 행위는 아일랜드의 위법책임을 물어야 했다. 왜냐하면 이 기관은 아일랜드소속이었고, 이는 아일랜드정부에 의해 기금이 조성되었고 그 목적이 성립되었기 때문이다.

---

41) Hartley, supra note 15, p.309.

Ⅳ. 이행강제소송의 특별한 법적 성질

이행강제소송은 일종의 '행정적 단계'와 '사법적 단계'로 이루어진다. 먼저 '소송전의 서신'과 '합리적 의견'을 포함하는 예비소송단계를 살펴 본 후에 ECJ에서 진행되는 소송의 구체적 내용에 관하여 살펴보고자 한다.

1. 예비소송단계

예비소송단계의 '목적'은 회원국들에게 ① ECJ에 사안이 제소되기 전에 위반에 대한 '구제의 기회'를 부여하기 위해서, 그리고 ② 집행위원회의 고소장에 대한 회원국의 '변호의 기회'를 주기 위함이다. 더욱이 예비소송단계 기간 동안 집행위원회와 당해 회원국은 '조정'의 편의를 도모할 수 있고, 따라서 추후 발생하게 될 '수많은 국내법원의 심리'는 불필요하게 된다. 마지막으로 예비소송절차의 적절한 행위는 '관련회원국의 권리를 보호'하는 데 중요한 보증이 될 뿐 아니라, 예비소송절차에서 분쟁의 내용 범위가 정해져 변론절차에 있어서 '분쟁의 주요문제를 한정'하는 것에 기여하게 된다. 따라서 변론절차에서 ECJ는 단지 예비소송절차에서 집행위원회가 제시한 '기소 내용만'을 심의할 수 있다.

1) 소송전의 서신

TFEU 제258조의 절차는 집행위원회가 혐의 회원국에 '공식적인 주의를 주기 전'에 '소송전의 서신'(letter before action)의 수령을 공식적으로 시작하도록 하고 있다. 일반적으로 이러한 서신은 집행위원회와 회원국 간의 '비공식적 접촉'에 의해 진행되며, 집행위원회는 혐의 회원국의 EU법위반의 가능성에 대한 조사를 시작한다.

소송 또는 공식적인 주의 이전에 행해지는 '소송전 서신'의 목적은 분쟁의 '주요문제를 한정'하고, '의견서'를 제출해야하는 회원국이 자신의 변호를 준비하는 데 필요한 정보를 제공하기 위함이다. 따라서 '소송전의 서신'은 회원국의 불이행에 대해 집행위원회가 주장하는 회원국의 의무내용과 집행위원회가 취하는 견해에 대한

'근거가 상세하게 특정'되어야 한다. 소송전 서신의 모호성은 의견서를 제출할 회원 국의 기회를 박탈하는 것이고, 따라서 집행위원회는 기한 내에 '새로운' 소송전 서 신으로서 '추가된' 특정내용과 정보를 전달해야 한다.[42] 그런데 예비소송단계에서 기소 내용이 요약된 서신을 회원국이 수령했다면 이것으로서 충분하다고 본다.[43] 그 충분성에 있어서는 회원국이 자신의 변호를 위해 필요한 모든 관련 정보를 소유 할 수 있었는지가 그 기준이 된다.

'소송전의 서신'은 관련회원국에게 미리 의견서를 제출할 기회를 부여하기 때 문에, 회원국이 의무를 이행하지 않았다고 판결하는 데 있어서 '적법절차'를 위해 요구되는 '중요한 절차'이다. 비록 회원국이 어떠한 의견서도 내 놓는 것을 원하지 않는다 해도 집행위원회는 이 요건('소송전 서신'의 전달)에 따라야 한다.[44]

게다가 회원국은 주장된 EU법위반에 대해 전반적으로 주의되어야 한다. 그 이 후의 다른 고소내용은 '합리적 의견'의 제시에서 더 이상 확대될 수 없다. 왜냐하면 이러한 확대는 관련회원국의 '공정한 청취의 기회'를 부여하는 집행위원회의 '의무 위반'이 될 수 있기 때문이다.[45] 이러한 '불법행위'는 심지어 분쟁의 범위를 확장한 새로운 고소내용에 대한 '합리적 의견'에 대해 당해 회원국이 그들의 '의견서'에 변 호의 내용이 기록되었다는 사실에 의해서도 치유될 수 없다.[46]

회원국은 그의 '의견서'를 작성하기 위해 적절한 기간을 가져야 한다. 기간의 적절성은 집행위원회가 특별한 정황을 살펴 정해야 한다. 따라서 '사건의 긴급성' 또는 소송전의 서신에 앞서 회원국이 위원회의 입장을 '온전히 통지받았다는 사실' 은 짧은 기간을 정함에 정당성을 부여할 수 있다.[47] 그러나 '사건의 긴급성'은 집행 위원회가 자체적으로 결정할 수 없다. 예를 들면, 의무불이행을 이유로 한 소송의

---

42) Case 211/81 *Commission* v. *Denmark* [1982] ECR 4547 at 4558, paras.10−11.
43) Case C−279/94 *Commission* v. *Italy* [1997] ECR I−4743 at I−4766, para.15: 만일 소송전 서신에서 집행위원회가 EAEC조약 제141조 대신 EC조약 제266조(TFEU 제308조)를 잘못 언 급하였어도(소송전 서신의 모호함), 이러한 불법행위로 인해 수용불가능한 결과가 발행할 수 없고, 관련회원국의 변호권은 아무런 영향을 받지 아니한다.
44) Case 31/69 *Commission* v. *Italy* [1970] ECR 25 at 33, paras.13−14.
45) Case 51/83 *Commission* v. *Italy* [1984] ECR 2793 at 2804, para.6.
46) *Ibid*., para.7.
47) Case C−473/93 *Commission* v. *Luxembourg* [1996] ECR I−3207 at I−3254, para.22.

제기는 느리게 진행되는 면이 있기 때문이다. 게다가 '소송전의 서신'이 있기 전에는 회원국이 집행위원회의 입장을 '완전하게' 통지받았다고 간주될 수가 없다. 왜냐하면 집행위원회는 '소송전의 서신'에서 집행위원회의 견해를 매우 명백하게 밝히지는 않기 때문이다.

2) 합리적 의견

회원국이 위반회원국을 상대로 EU법상의 의무불이행을 구제하는 데 실패한다면, 집행위원회는 위반회원국에 '합리적 의견'을 제시할 수 있다. 그 자료에는 EU법 위반에 대한 '내용'이 상세하게 기록되며, 혐의 회원국이 정해진 기한 내에 의무이행을 완료할 수 있는 '방법'을 열거한다. '소송전의 서신'의 경우와 같이 '합리적 의견'의 전달은 '적법절차'의 중요한 요건이다.[48] 그리고 '합리적 의견'의 전달은 ECJ에로의 회원국 제소 가능성의 중요한 요건이다.

'합리적 의견'의 제시는 예비소송절차를 형성하며, 이러한 예비소송절차는 수신자에게 '법적 구속력'을 갖지 아니한다. 단지 ECJ에 제소되는 절차상의 예비소송단계일 뿐이다. TFEU 제258조에 규정된 예비소송절차의 목적은 혐의 회원국들이 '자발적으로' EU설립조약상의 요건(의무이행)에 응할 수 있도록 하는 것이다. 적절한 경우에는 관련회원국의 입장을 정당화시킬 수 있도록 하는 것이다. 이러한 행정적 단계에서 분쟁해결을 위한 노력이 성공을 거두지 못한다 해도, 이런 '합리적 의견'이 갖는 기능은 당해 분쟁의 '주요문제를 한정'하는 것이다. 그러나 집행위원회는 TFEU 제258조에 의해 형성된 합리적 의견을 통해 회원국의 권리와 의무를 '최종적으로 판정'할 수 있는 권한을 부여받고 있는 것은 아니다. 또한 EU설립조약상의 방법과 일치하는 적합성에 관해 관련국가에게 담보를 제공할 권한을 부여받고 있는 것은 아니다. TFEU 제258조~제260조까지의 구체화된 제도에 따라, 회원국의 '권리와 의무'는 오직 'ECJ의 재판에 의해 평가'되어 판결된다. 따라서 합리적 의견은 ECJ에서의 소송개시와 관계될 때에만 법적 효력을 갖는다. 허용된 기간에 회원국이 그러한 합리적 의견에 응하지 않는 경우에는 소송이 개시된다. 이 경우 집행위원회

---

48) Steiner and Woods, *supra* note 11, p.581 참조.

는 ECJ에 소송을 개시할 권리는 있으나 의무가 있는 것은 아니다.[49]

합리적 의견 '제시의 결정'은 집행위원회 위원들의 '집단책임의 원칙'(principle of collegiate responsibility)에 따른 것이다. 이러한 '집단책임의 원칙'의 적용은 합리적 의견에 부합한 법적 결과와 관련해서는 '효과적인 순응'을 이끌어 내기엔 다소 '덜 엄격한 접근방법'이다. 합리적 의견 제시의 결정은 형식적으로 결정될 필요는 없다. 따라서 합리적 의견의 결정은 집행위원회 위원단(college of Commissioners)에 의한 '집단적 심의'(collective deliberation)의 산물이고, 집행위원회 위원단의 구성원에게 합리적 의견 제시 결정의 기초가 되는 정보가 이용 가능하였다면 충분하다.[50]

합리적 의견은 조리 있고 '상세'하게 그 '이유'를 진술했다면, 본 사안에 있어 회원국이 EU설립조약상의 의무를 이행하지 않았다는 것을 믿게 하기에 충분하다. 이미 언급하였듯 '합리적 의견'은 '소송전의 서신'에 언급되었던 관련회원국의 흠에 관한 것이어야만 한다. 그러나 '합리적 의견'에 포함된 고소내용들은 '소송전 서신'보다 상세하게 세련된 정교한 내용을 선언할 수 있다. 집행위원회는 '소송전의 서신'에 대한 답변으로 회원국이 제출한 '의견서'를 '합리적 의견'을 작성할 때 고려하여 반영해야 한다.[51] 그렇지 아니한 경우 ECJ는 이어지는 사법소송절차에서 소송전의 서신과 합리적 의견에 포함된 고소내용들만 존중할 것이기 때문에 소송전 서신과 합리적 의견의 중간에 '의견서'를 고려하는 일이 필요하다. 집행위원회가 그의 합리적 의견을 전달하기 전에 관련회원국은 TFEU 제258조 제1단에 따라 관련고소내용(소송전 서신)에 대한 '의견서'를 제출할 수 있는 지위에 있기 때문에 이 의견서가 어떻게 반영되느냐에 따라 합리적 의견에서는 새로운 기소내용을 포함할 수도 있다.

또한 집행위원회는 예비소송단계에서 위반행위를 종결하기 위하여 필요하다면

---

49) Case C–191–95 *Commission* v. *Germany*, [1998] ECR I–5449 at I–5498, paras.44–46.
50) *Ibid.*, paras.34~36 and 48.
51) Case C–266/94 *Commission* v. *Spain* [1995] ECR I–1975 at I–1981~1983, paras.16–26: 만일 소송전 서신에 대한 답변으로 관련회원국이 제출한 의견서를 합리적 의견에 고려하여 반영하지 않는다면, 이는 본 사건의 ECJ에로의 제소시 분쟁의 성질 및 범위를 명확하게 한정하지 않았음을 의미한다 할 수 있다. 따라서 만일 그러하다면 ECJ는 본 예비소송절차가 적절하게 행해지지 않았다고 판결할 수 있고, 본 신청은 명백히 수용불가 하다고 선언될 것이다.

일정한 조치를 취할 수 있고 또는 취해야 한다. ECJ가 의무불이행이 있었음을 평결하는데 관할권의 제한을 받는다는 사실은 집행위원회의 이러한 권한에 영향을 주지 아니한다. 왜냐하면 TFEU 제258조의 목적은 '소송 그 자체'가 목적이 아니라 '위반의 실제적인 제거'를 성취하는 것이기 때문이다. 그러나 집행위원회가 자신의 합리적 의견에서 이러한 목적(위반의 실제적 제거)에 필요한 조치를 지적했음에도 혐의 회원국이 이에 따른 조치를 취하지 아니하면, ECJ는 공동체법을 실제 '위반'하였음과 위반행위를 종결하기 위해 '채택될 조치' 양자 모두를 언급하여 판결한다. 이때 회원국은 ECJ의 위법행위판결에 대한 이유를 통해 의무불이행을 종결지을 수 있었던(합리적 의견에서 제시되었던) 방법들이 무엇인지 인정할 수밖에 없게 된다.

집행위원회는 합리적 의견서에 혐의 회원국이 응해야 할 '기한'을 기술해야 한다. 그 기한은 사건의 정황에 비추어 합리적이어야 한다. ECJ는 집행위원회가 기술한 기한을 '변경'할 권한이 없다. 다만 그 기한이 너무 짧아서 회원국이 필요한 조치를 취할 수 없거나 또는 회원국이 변호를 준비할 수 없는 때에는(이러한 사건이 발생하게 된다면), 기한의 만료 후 제소된 의무불이행소송은 인정할 수 없다고 선언될 것이다.[52] 그러나 회원국에게 허락된 시간이 비합리적 단기시한일지라도 실제사건에서 예비소송단계의 목적이 성취된다면, 기한 만료 후 제소된 이행강제소송일지라도 그 소송의 신청은 허용될 수 있다고 선언될 것이다.[53]

2. ECJ에서의 소송단계

1) 소송적격의 요건

(1) 예비소송단계에서 적절히 수행되어야 할 요건

예비소송단계에서의 적절한 행위란, 앞에서도 언급하였듯 '혐의 회원국의 권리를 보호'하기 위해서 뿐 아니라, 변론절차가 '주요문제로서 명백하게 한정된 분쟁'

---

52) Case 293/85 *Commission* v. *Belgium* [1988] ECR 305 at 353, para.20.
53) Case 74/82 *Commission* v. *Ireland* [1984] ECR 317 at 338-339, para.13.

이 될 것을 보장하기 위하여 EU설립조약상 요구되는 중요한 보장을 말한다. 이러한 이유로 인해 집행위원회는 '소송전의 서신'에 대한 답변으로 제출한 혐의 회원국의 '의견서'를 집행위원회의 '합리적 의견'에 고려하여 반영해야 한다. 이로서 소송제기시 ECJ는 집행위원회가 주장하는 혐의 회원국의 특정한 의무위반에 대해 재판을 할 수 있다. 집행위원회가 회원국의 '의견서'를 고려하지 아니하였다면 이는 분쟁의 주요문제가 상세하게 반영되지 않았다는 것을 의미한다. 예비소송단계의 수행에 있어서 이러한 불법성은 그러한 신청의 명백한 '접수 불가'를 선언하는 결과를 초래할 수 있다.[54]

(2) ECJ제소의 신청과 조화되어야 할 '합리적 의견'의 요건

'소송의 주요문제'는 예비소송단계에서 정해지기 때문에, ECJ에의 '이행강제소송의 신청서'는 '합리적 의견'과 일치되어야 한다.[55] 이는 EU법위반의 주장이 '신청서'(application)와 '합리적 의견'(reasoned opinion)서 양자에 있어서 한정되어 충분히 정밀한 언어로 일치되어야 함을 의미한다. 본 사법소송의 신청은 합리적 의견에서와 '동일한 항변과 주장'에 근거해야 한다. 그러나 합리적 의견에 있어서 소송의 주요문제의 진술은 신청서상에 기재된 형태와 항상 정확하게 일치해야 할 필요는 없다. 왜냐하면 소송의 주요문제가 확대되었거나 변경되지 않았고 '단지 약간의 제한'이 가해졌을 수 있기 때문이다. 예를 들면, 국내법에 지침을 이행하지 않았음을 이유로 아직 예비소송단계동안 제기되지 않았던 고소내용에 해당하는 당해 지침규정을 실제 위반이 있었던 것처럼 해서 당해 회원국을 상대로 한 소송에 있어서 소송내용을 집행위원회가 '확대'할 수 없다.[56] 반대로 ECJ에 제출된 신청서에서 불명확

---

54) Case C-266/94 *Commission* v. *Spain* [1995] ECR I-1975. 집행위원회의 이러한 미흡한 내용에 의한 소송의 신청은 ECJ에 의해 기각될 수 있기 때문이다.

55) 물론 말할 것도 없이 이러한 신청은 ECJ규정 제19조와 ECJ규칙 제38(1)(c)의 일반적인 요건과 일치되어야 한다; Brealey and Hoskins, *supra* note 5, pp.134-135 참조.

56) 집행위원회가 지침의 변형을 위해 회원국에게 위반에 대한 공식적인 주의를 했음에도 불구하고, 관련회원국이 예비소송단계 후 몇몇의 이행조치를 채택하여 지침의 이행을 위해 필요한 모든 이행조치를 채택하지 않았다면, 집행위원회는 당시까지 아직 이행되지 않은 관련지침규정을 제소 신청서에 기재하는 방법(일종의 위회원의 명령의 형태(form of order))으로 제약할 수 있다.

한 내용에 대해 소송의 주요문제를 집행위원회가 '명확'하게 하는 것은 법에 어긋나는 것이 아니다.[57] 많은 수의 의견서가 이러한 과정을 거치고 있다고 할 수 있다.

집행위원회가 고소한 위반을 '제거하기 위해' 회원국이 취한 조치에서 제기되는 위반행위는 오직 '새로운 예비소송절차'의 개시 시 이행강제소송의 주제가 될 수 있다. 왜냐하면 위반행위의 '제거를 위한' 조치에서 발생하는 '또 다른 위반행위'는 처음에 고소된 위반행위와는 다른 것이기 때문이다.

소송 신청서의 내용이 합리적 의견의 내용과 일치하지 않는다는 이유로 ECJ가 그 신청서를 수락할 수 없다고 선언한다면, 집행위원회는 이를 수정하여 합리적 의견과 동일한 고소내용, 법적 항변, 주장에 근거한 '새로운 사법소송신청서'를 제출하여 그 '결함을 구제'할 수 있다. 이렇게 하면 집행위원회는 새로운 예비소송단계를 시작할 의무를 지지 아니하며, 또한 보충적으로 합리적 의견을 제시할 의무를 지지도 아니한다.[58]

(3) 의무불이행의 존재

실제로 만일 합리적 의견에 기술된 기간의 만료 시에 고소된 '위반행위가 존재'한다면 이행강제소송은 수락된다. 회원국이 논쟁 중에 위반을 '제거하기 위해' 적시에 조치를 취하는 경우에는 소송의 목적은 소멸된다. 반면 회원국이 적시에 조치를 취하지 않으면 소송 신청서는 수락될 것이다. 비록 회원국이 주어진 '기간의 만료 후 소송이 제기되기 전'에 위반행위에 대해 구제를 하였을지라도, 본 소송 신청서는 여전히 수락될 수 있다. 회원국의 '잠재적 책임'(potential liability)의 측면에서 볼 때 공동체, 기타 회원국들, 개인은 ECJ에서 '위반행위가 존재한다는 판결에 관한 이해관계가 여전히 유지'되고 있는 것이다. 그때 이러한 위반행위존재의 판결은 손해배상청구소송의 근거로서 작용할 수 있다.[59]

---

57) Case 205/84 *Commission* v. *Germany* [1986] ECR 3755 at 3798－3799, paras.11－13.
58) Case C－57/94 *Commission* v. *Italy* [1995] ECR Ⅰ－1249 at Ⅰ－1268, para.14.
59) Case C－289/94 *Commission* v. *Italy* [1996] ECR Ⅰ－4405 at Ⅰ－4424－4425, para.20.

(4) 시한

이행강제소송에 관한 권한의 실행에 있어서 집행위원회는 '시한'에 대한 제약이 없다.[60] 예비소송단계를 '언제' 시작할지 그리고 합리적 의견에 기술된 기간의 만료 후에 '언제' ECJ에 제소할지를 판단하는 것은 집행위원회의 '재량'이다.[61] 그러나 집행위원회는 이러한 관할권을 남용해서는 아니 된다. 예를 들면, 예비소송절차가 '지나치게 장기간' 지속된다면 관련회원국은 위원회의 주장에 대해 논박하는데 더욱 어려움을 겪게 될 것이고, 이는 '변호권 보장의 위반'을 초래할 수 있다. 이 경우 관련회원국은 비정상적인 예비소송의 장시간이 그의 변호의 효과에 영향을 주었다는 것을 증명해야 한다.[62] 관련회원국이 이를 성공적으로 증명할 경우에 당해 기소 신청은 기각된다. 그러나 회원국의 입증책임은 실제로는 상당히 어려운데, 왜냐하면 위반행위와 소송개시 사이의 비정상적인 시간의 긴 공백, 또는 예비소송단계의 비정상적인 장기간을 정당화할 수 있는 요인들이 보통 존재하기 때문이다. 그리고 그것이 지나치게 긴 시간이라고 간주되기란 일반적으로 쉽지 않기 때문이다.

2) 의무불이행에 대한 손해배상청구에서 취급되어야 할 실질적 내용

(1) 입증책임

입증책임은 '집행위원회'에 의해 이행되어야 한다.[63] 합리적 의견서에 기술된 기간이 만료될 때 회원국의 '위반행위가 존재'한다는 사실을 집행위원회는 ECJ에서 증거를 인용하여 입증해야 한다. 집행위원회는 이점에 있어서 일체 가정(presumptions)에 의존할 수 없다.[64] 이는 집행위원회의 '기소 신청의 근거'가 EU법을 위반한 '회원국 국내규정의 존재'에 기초한다면, 집행위원회는 계쟁 중에 그러한 '국내규정을

---

60) Hartley, *supra* note 15, p.314 참조.
61) *Ibid.*, pp.312, 314 참조.
62) Case C-96/89 *Commission* v. *Ntherlands* [1991] ECR I-2461 at I-2491~2492, paras.14-16.
63) Case 96/81 *Commission* v. *Netherlands* [1982] ECR 1791 at 1803, para.6.
64) Lenaerts, Arts and Bray, *supra* note 32, p.108.

EU법에 모순되게 해석한 국내사법결정이 존재'한다는 것을 증명해야 한다. 따라서 단지 '전문가의 보고서'를 기초로 작성한 위원회의 기소 신청은 기각될 것이다. 왜냐하면 집행위원회 스스로가 의무불이행을 주장하는 증거를 증명할 수는 없을 것이라고 보기 때문이다.[65]

피고인 회원국이 자신의 반론을 펴는 것은 단지 집행위원회가 의무불이행에 대한 충분한 증거를 제시했을 때에 행해진다.

EU 회원국은 집행위원회의 업무달성을 촉진하는 데 협력해야 한다. 따라서 회원국들은 각 회원국들이 공동체법을 적용하는 방법에 관한 정보를 집행위원회에 제공해야 할 의무가 있다. 많은 지침들이 지침 내 특별규정에서 집행위원회에 관련 법령의 이행에 관한 '이행 보고서'를 제출하도록 하여 '정보제공의무'를 부과하고 있다. 그러한 특별규정은 지침을 이행하기 위해 채택한 '법적·행정적 규정들'에 관한 명백하고도 정확한 정보를 제공하도록 회원국들에게 요구하고 있다. 회원국들이 취한 이러한 법적·행정적 규정들은 집행위원회로 하여금 관련회원국이 지침을 효과적으로 완전하게 이행했는지에 대한 확신을 줄 수 있다.[66]

(2) 회원국들의 실제적인 변호

성공적 변호의 가능성은 첫째, 이행강제소송의 '객관적 소송'으로서의 성질에 의해 결정된다. ECJ는 위반의 중요한 '이유'를 고려하지도 않으며 또는 실제 효과를 제한하거나 위반을 설명하는 '정황'을 고려하지도 않는다. 따라서 회원국은 공동체 의무의 불이행을 '정당화'하기 위해 국내법제도에 존재하는 정황이나 관례, 규정들을 통해 항변할 수 없다. 비록 어떤 지침이 요구하는 내용이 '다른 요인에 의하여 실제 동일한 결과가 발생한다'는 사실로 의무불이행을 정당화할 수 없다.

둘째, EU법의 특성[67]은 회원국이 국제법상의 많은 일반적 변호에 의존하는 것을 금지한다. 예를 들면, 회원국은 다른 회원국의 결함을 이유로 자신의 의무불이행을 정당화할 수 없다.

---

65) 의무불이행을 집행위원회 스스로 증명하려 하기 보다는 공동체법에 저촉되게 해석한 국내 사법결정을 증명하는 것이 수월하다고 할 수 있다.

66) Case 274/83 *Commission* v. *Italy* [1985] ECR 1077 at 1095, para.42.

67) Matthias Herdegen, *Völkerrecht* (München: C.H.Beck, 2004), pp.4−5 참조.

끝으로 회원국은 회원국에게 해당하는 '지침이나 결정이 불법적'이라는 이유로 소송을 제기할 수 없다. ECJ는 이러한 경우에 그 변호를 허락한다면 EU설립조약상의 법적 구제제도의 안정성 및 법적 확신의 원칙을 해할 우려가 있다고 하였다.[68]

회원국은 위반행위를 제거할 수 있는 조치를 채택하는 것이 '절대적으로 불가능하다'고 주장할 수 있다. 또는 이는 관련 결정을 적절하게 이행하도록 하는 TFEU 제108조(2)에 의한 소송에서 주장할 수 있다. 이 경우에 회원국은 그러한 불가항력[69](force majeure)의 상황의 존재를 증명해야 한다. 회원국의 EU 운영에 대한 협력의 의무와 관련하여, 관련회원국은 해결책을 함께 모색하기 위해 공동체규정을 적용하는 데 있어서의 난점을 집행위원회에 통지해야 한다.[70] 만일 관련 회원국이 공동체규정의 적용상의 난점을 집행위원회에 통지하지 아니하면 협력의 의무를 위반하게 되므로 회원국의 변호권은 성립되지 않을 것이다.

V. 결언

ECJ는 회원국의 의무불이행행위의 판결하든지 아니면 기소 신청을 기각하든지 한다.[71] 그런데 의무불이행의 판결은 단순히 '선언적'인 것에 불과하다. ECJ가 판결하기 전에 이미 '위반행위는 존재'하는 것이다. ECJ는 판결에 효력을 부여하기 위해 취해져야 하는 특별한 조치를 요구할 권한이 없다. 기껏해야 ECJ는 명확하게 제시하지는 못하지만 그러한 특별조치가 위반행위를 제거하기 위해 필요하다고 단지 지적할 수는 있다.[72] 게다가 ECJ는 '판결에 응해야할 기간'을 정하지 않는다. 왜냐

---

68) Case C−183/91 *Commission* v. *Greece* [1993] ECR Ⅰ−3131 at Ⅰ−3149, para.10.

69) Case 52/84 *Commission* v. *Belgium* [1986] ECR 89 at 104, para.14.

70) *Ibid.*, para.16.

71) Case 170/78 *Commission* v. *United Kingdom* [1980] ECR 417 at 438, para.24: 만일 ECJ가 의무불이행을 성립시키는 회원국의 법령을 발견하기에 충분하지 못한 정보를 제공받았다면, ECJ는 당사자에게 사안을 재검토하여 ECJ에 보고할 것을 요구할 수 있다. 이후에 ECJ는 최종판결을 행하게 된다.

72) Case 70/72 *Commission* v. *Germany* [1973] ECR 813 at 829, para.13: 합리적 의견에서 집행위원회는 위반을 제거하기 위해 필요하다고 판단되는 조치를 기술할 수 있다. 게다가 TFEU 제108조(2) 절차에서 집행위원회는 공동시장과 양립할 수 없는 국가보조를 위한 조치에 대

하면 TFEU 제260조가 ECJ에게 기간을 정하는 권한을 부여하고 있지 않기 때문이다.[73] 마찬가지로 ECJ는 회원국의 관련 법령(또는 부작위-입법 불비)이 '불법적'(unlawful), '무효'(void), 또는 '적용불가능'(not applicable)하다고 판결하지 아니한다. 이러한 적극적인 표현의 판결은 오직 국내법원만이 국내법에 의해 그렇게 판결할 권한을 갖는다. ECJ는 오직 관련 법령(또는 부작위-입법 불비)의 '존재' 사실 또는 공동체법에 '위반'한다는 사실만을 언급하며 판결할 뿐이다.[74]

TFEU 제260조(1)에 의하여 EU설립조약상의 의무를 이행하지 않았다는 ECJ의 판결을 받은 회원국은 ECJ의 판결에 따라 적절한 조치를 취해야 할 의무가 있다.[75] 판결이란 기판력(res judicata)을 강제하는 것이기 때문에, 적절한 조치를 취해야 할 의무란 '공동체법에 부적합하다고 판정된 국내법률의 적용'에 대해 법의 강제를 완전히 '금지'시키는 것을 포함한다. 그리고 이에서 더 나아가 공동체법이 완전히 적용될 수 있도록 '적극적'으로 모든 조치를 취할 의무를 포함한다.[76] ECJ의 판결에 효력을 부여하는 이러한 의무는 관련회원국의 '모든 기관들'의 각각의 권한에 속하는 영역에서 당해 기관들이 부담한다. '입법기관'과 '행정기관'은 국내법의 위반규정을 공동체법의 요건에 일치시켜야 한다. 관련회원국 국내법원은 판결에서 그러한 국내위반규정을 무시해야 한다.[77]

그런데 이로서 공동체법위반의 판결이 '개인'에게 어떠한 권리를 부여하는 것은 아니다. 개인은 국내법원의 그러한 '판결을 직접적으로 의지하는 것'이 아니고, 오직 관련 회원국위반에 대한 판결에 직접효력을 부여하는 '공동체법상의 관련 규정에 의지하는 것'이다.[78] 개인이 그의 변호시에 직접효력을 갖지 못하는 공동체법규정에 대해 탄원하였지만 분명 관련 회원국이 위반하였다는 ECJ의 판결이 있는

한 결정을 채택하여 불법적으로 부여된 국가보조를 상환할 것을 요구할 수 있다. 만일 관련 회원국이 이러한 결정에 응하지 않는 경우에 집행위원회는 국가보조의 상환이라는 특정의무의 불이행을 이유로 ECJ에 제소할 수 있다.

73) Case C-473/93 *Commission* v. *Luxembourg* [1996] ECR I-3207 at I-3262, para.52.
74) Opinion of Advocate General G. Reischl in Case 141/78 *France* v. *United Kingdom* [1979] ECR 2923 at 2946.
75) Steiner and Woods, *supra* note 11, pp.588-589 참조.
76) Case 48/71 *Commission* v. *Italy* [1972] ECR 527 at 532, para.7.
77) Joined Cases 314-316/81 and 83/82 *Waterkeyn* [1982] ECR 4337 at 4360-4361, para.14.
78) *Ibid.*, paras.15-16.

경우에, 국내법원은 관련국 기관으로서 국내법을 적용하여 그 역할을 수행하는 것이 ECJ의 판결에 따라 공동체법상의 의무를 이행하는 것에 해당한다는 것을 보장해야 한다.

의무불이행의 판결은 '잠정적'으로 관련 회원국의 '책임'의 기초를 이룬다. 그러나 판례법에 의해 회원국의 책임이 발생하는 것은 오직 공동체법의 위반이 '충분한 심각성'을 띤 경우이어야 한다. 의무불이행판결 자체는 판결이 내려지기 전에 제기된 손실 또는 손해(for loss or damage)의 산정에 충분하지 못하다. 공동체법의 '충분히 심각한' 위반을 위한 요건은 이행강제소송의 엄격성과 객관성이 완전하게 단호히 적용되는 것이 아니다. 왜냐하면 관련 회원국이 공동체법을 적용하는 관할권을 행사할 때 여러 다른 요인들을 고려하기 때문이다. 예를 들면, 당해 위반행위가 '고의적'인지의 여부, 어떤 법적 오류로 인해 '항변'할 수 있는지 여부가 존재하기 때문이다. 의무위반 관련국에 대한 판결이 전달된 후에도 의무불이행이 계속된다는 것이 자명한 사실이라면, 이로서 공동체법의 충분히 심각한 위반이 성립되고, 그 기간 동안 발생한 어떠한 손실과 손해를 보상해야할 책임이 관련 회원국에게 발생하게 된다.

게다가 위반된 공동체규정상의 '국가(배상)책임'을 발생케 하기 위해서는 그것이 '개인'에게 '권리'를 부여하는 내용의 공동체규정이어야 한다는 점이 중요하다. 이는 TFEU 제258조~제260조의 소송에 있어서 위법판결은 '자동적으로' 관련 회원국에게 공동체법상의 책임을 발생케 하지 않는다는 데서 기인한다. 그러나 비록 관련규정이 직접적으로 개인에게 '권리'를 부여하지 않는다 할지라도, 공동체규정의 위반으로 인해 발생한 손실이나 손해에 대해 관련회원국에게 국내법상의 배상책임이 발생하는 것은 당연하다.

EU설립조약은 자체적으로 판결에 응해야할 기간을 특별히 정하고 있지 않으며, ECJ는 판결의 집행을 즉시 시작하여 가능한 한 조속히 완결되도록 판결한다.[79]

판결은 기판력(res judicata)의 강제력을 갖기 때문에, 이미 ECJ가 판결한 공동체법위반을 관련회원국이 중단 할 것을 요구하기 위하여 TFEU 제279조(구 EC조약 제

---

79) Case C-334/94 *Commission* v. *France* [1996] ECR I-1307 at I-1343, para.31.

243조, 구 제186조)에 따른 '임시조치'(interim measures)의 신청을 집행위원회는 취하지 아니한다. 왜냐하면 TFEU 제260조(1)에 의해 해당 회원국이 필요한 조치를 취해야 하기 때문이다.

집행위원회는 공동체법위반판결의 추궁에 대한 보장책임을 진다. 만일 관련회원국이 '필요한 조치'를 취하지 않는다면, TFEU 제260조(2)에 따라 위원회는 우선 관련회원국에 '서면경고'를 해야 한다. 이 서면경고는 관련회원국에게 의견서를 제출할 기회를 부여하는 것이다. 이때 관련회원국은 ECJ의 판결에 응하지 않은 것에 대해 상세하기 기록한 합리적 의견을 제시한다. 이때 관련회원국이 집행위원회가 제시한 기한 내에 필요한 조치를 취하지 않으면, '최초의 판결에 응하지 않았다'(또는 적시에 효력을 발생시키지 않았다)는 판결을 위해 또다시 ECJ에 제소된다. 본 사건이 ECJ에 제소되면, 집행위원회는 관련회원국이 지불해야 할 총액 및 위약금을 상세히 기재한다. 이는 ECJ가 최초의 판결이 이행되지 않았음을 발견하는 경우 TFEU 제260조(2)의 제3절에 따라 총액과 위약금의 지불을 부과할 수 있음을 의미한다. 이러한 절차에 있어서 ECJ는 회원국이 최초의 판결을 이행하기 위해 채택한 조치의 적합성(suitability) 및 유효성(effectiveness)을 평가할 관할권을 갖는다. 이러한 판결이 기판력(res judicata)으로서의 효력을 가질 때 비로소 최초의 의무불이행에 대한 본 분쟁은 TFEU 제260조(2)의 절차에 의해 재개되지 아니한다.

제7장
___
선결적 판결 소송

I. 서언

EU의 사법적 분쟁해결제도는 EU[1]통합의 핵심적인 내용으로, EU통합과 유럽
사법법원(European Court of Justice: ECJ)은 불가분의 관계에 있다.[2] 이러한 EU의 사
법적 분쟁해결제도 중에 EU의 지역통합의 형성과 발전에 가장 큰 기여를 한 것은
EU의 사법기관인 ECJ의 다양한 재판관할권중에서 직접소송과 비견되는 TFEU 제
267조(EC조약 제234조, 구 제177조)의 선결적 부탁절차(preliminary reference procedure)
이다. 선결적 부탁절차란, EU법상의 법률문제, 즉 EU법의 해석(interpretation)과 EU

---

1) EU를 연방국가로 볼 것인가, 아니면 국가연합으로 볼 것인가에 대하여는 이견이 있으나, EU
   가 명실상부한 국제법 주체임에는 틀림이 없으며, 분명한 것은 영토, 정부, 시민의 결속측면
   에서 국가연합의 단계를 넘어 연방국가를 추구하는 과도기적 실체라는 점이다. 본래 국가연
   합이란 둘 이상의 국가가 동등한 자격으로 조약을 체결하여 일정한 외교적 권한을 공동으로
   행사하는 국가결합형태이다. 반면, 연방국가는 연방헌법에 기초하여 완전한 외교적 권한을
   행사하여 개별구성원은 대외적으로 국제법 주체로서의 권한을 행사하지 못하는 실체이다.
   Peter Malanczuk, *Akerhurst's Modern Introduction to International Law* (London: Routledge,
   1997), p.81; D. Lasok, *Law and Institutions of the European Communities* (London: Butterworths,
   1994), p.27; Malcolm N. Shaw, *International Law* (Cambridge: Cambridge Univ. Press, 1997),
   p.155.
2) 과거의 EC(European Communities)는 1992년 2월 7일의 마스트리히트 조약(Maastricht Treaty)
   에 의하여 EU(European Union)으로 개명되었기 때문에 반드시 필요한 경우를 제외하고는
   EU라는 용어를 사용하고자 한다.

기관 행위(주로 입법)의 유효성(validity)의 여부를 회원국 '국내법원'3)이 ECJ에 부탁하는 EU법상의 소송제도를 말한다.4) 이러한 선결적 부탁절차는 EU의 사법질서와 회원국의 사법질서를 '통일적'으로 규율함으로서 EU의 지역통합의 발전에 기여해 왔다. ECJ는 EU법과 회원국 국내법의 충돌시 EU의 사법기관으로서 유권적 판결을 행사하여 회원국들의 궁극적인 목표인 역내복지를 추구하며 역내분쟁을 해결하여 왔다.

그러나 이러한 선결적 부탁절차는 EU의 사법적 통합에 중요한 기능을 해 왔으나, 이러한 선결적 부탁절차를 통한 EU의 사법적 통합에는 몇 가지 한계가 있다. 첫째, TFEU 제267조(EC조약 제234조)는 사실상 국내법원의 선결적 부탁의 의무를 강제한다고 간주됨에도 불구하고, 국내법원의 선결적 부탁의 의무가 면제되는 경우가 존재할 수 있었다. CILFIT 사건에서 도출된 '명확한 규정의 이론'(acte clair doctrine)을 통하여 판례에 의한 선결적 부탁의무가 면제될 수 있다.5) 둘째, 국내법원은 선결적 부탁을 위한 선결적 사안의 제기에 대한 관련성(relevance)을 판단하는 최상의 지위에 있음에도 불구하고 명백히 부적절한 사안에 대하여 선결적 부탁을 요청하는 경우가 있으며, 어떤 경우에는 허위분쟁이 선결적 부탁으로 요청되는 경우가 있기 때문에 선결적 부탁의 남용의 문제가 발생한다. 셋째, 국내법원은 선결적 부탁명령서(order for reference)의 제출에 있어서 그 사유를 성실하게 제시해야 하지만 실제 국내법원은 이를 충실하게 이행하지 않는 경우가 있다.

---

3) EU 회원국의 국내법원은 EU의 법원으로서 ECJ나 CFI(현재의 GC(일반재판소))의 관할 외의 모든 사건을 심리하고 판결하며, EU사법질서의 교두보로서 ECJ와의 협력을 통하여 EU법의 집행을 보장한다.

4) EU소송절차에 관하여는 ECJ규정(EC Statute of the Court of Justice), ECJ규칙(Rules of Procedure of the Court of Justice of the European Communities), CFI규칙(Rules of the Court of First Instance of the European Communities: CFI는 리스본조약에 의해 일반재판소 (General Court)로 개명되었다)에 상세하게 규정하여 직접소송절차, 선결적 판결 소송절차, 상소소송절차에 관하여 자세히 규율하고 있다. EU소송절차에는 ECJ와 일반재판소의 관할권 배분을 통한 세 가지 형태의 소송절차가 있다. 첫째, 직접소송절차로 이는 신청자가 피고를 상대로 ECJ 또는 일반재판소에 제소하는 소송을 말한다. 둘째, 선결적 판결 소송절차로 이는 국내법원이 EU법의 해석, EU기관행위의 유효성판단에 관하여 ECJ에 선결적 판결을 부탁하는 소송을 말한다. 셋째, 상소소송절차로서 이는 일반재판소의 결정(종국판결)에 관하여 ECJ에 상소하는 소송을 말한다.

5) TFEU 제267조에 의하여 '국내법상의 사법구제가 존재'하는 경우에는 원칙상 국내법원의 선결적 부탁의무의 예외가 인정된다.

Ⅱ. EU법상 선결적 부탁절차의 기능

1. 선결적 부탁절차의 실체법적 기능

선결적 부탁절차의 실체법적 기능과 관련하여, ECJ는 EU법의 '해석'[6]과 '유효성'의 심사에 대한 선결적 판결의 관할권을 행사하며, 이러한 경우에 ECJ는 '사실관계'나 '국내법적 관점'에 대하여는 평결하지 않으며, 이러한 사실관계와 국내법적 관점이 선결적 판결의 정당성을 증명하지는 않는다. 다만 ECJ는 사실관계나 국내법적 관점에 대한 내용을 국내법원에게 '설명'할 것을 요청할 수는 있다. 주목할 만한 점은 해석에 대한 회답에 있어, ECJ는 실제 EU법과 비교하여 '국내법의 불일치'에 관심을 갖는다는 것이다.[7] 게다가 국내법원은 이러한 ECJ의 해석의 판결에 '실제적으로 구속'된다는 점이다. 이러한 ECJ의 선결적 판결은 다른 모든 회원국의 국내법원에도 동일한 법률효과가 적용된다. 그리고 당해 선결적 판결에 대한 재요청은 일반적으로 국내법원이 자제한다. 국내법원은 해석에 있어서나 유효성의 심사에 있어서나 선결적 판결을 재요청할 수 있는데, 이는 일반적으로 국내법원이 본안소송에서 본 사건을 판결하기 위해 ECJ의 선결적 판결에 대한 보다 '상세한 이유, 지적 또는 지시'를 얻기 위함이다. 한편 EU기관행위의 유효성 판단의 주요 객체와 관련하여, 유효성 판단의 척도가 되는 설립조약 자체와 헌장급 법령들은 EU의 존립과 관계되므로 당연히 유효성에 관한 사법심사의 범위에서 제외된다.

이러한 ECJ는 EU법의 '유용한 해석'을 내려 국내법원의 판결을 보조할 필요가 있으며, 이러한 해석을 함에 있어 ECJ로의 자료의 제출시 필요한 경우에 ECJ는 국내법원이 제출한 국내소송에 있어서의 사실관계와 국내법적 관점을 특별히 제한할 수 있다.[8] 왜냐하면 EU법의 해석과 무관한 자료제출은 ECJ의 평결에 영향을 미치

---

6) EU법의 해석을 위한 ECJ의 선결적 판결은 간접적으로나마 회원국의 국내법에 대한 연방적 규범통제의 기능을 수행하게 된다. 결국 회원국의 국내법은 TFEU 제258조~제259조(EC조약 제226조~제227조, 구 제169~170조)에 의하여 직접적인 사법심사의 대상이 될 뿐만 아니라, 동시에 TFEU 제267조(EC조약 제234조, 구 제177조)에 의하여 우회적인 심사의 대상이 될 수 있다.

7) Koen Lenaerts, Dirk Arts and Robert Bray, *Procedural Law of the European Union* (London: Sweet & Maxwell, 1999), p.127.

8) *Ibid.*

지 않기 때문이다. 그런데 ECJ는 관련 국가에게 일정한 사실관계와 국내법적 관점에 대해 설명할 것을 요청은 할 수 있다. 만일 그러한 사실관계와 국내법적 관점에 대한 설명이 민감한 내용으로서 자유롭게 토의할 수 없는 경우 ECJ는 이를 비공식적으로 요청할 수 있고, ECJ는 선결적 판결시 이러한 설명의 내용을 고려할 수 있다. 중요한 점은 선결적 부탁절차에 의한 모든 사건의 소송은 국내법원이 제기한다는 점이다. 이런 의미에서 해석에 관한 ECJ의 선결적 판결은 본안소송의 결과를 결정하는 내용이 무엇이든 간에 항상 '선결적'인 것이다.[9]

2. 선결적 부탁절차의 소송법적 기능

선결적 부탁절차의 소송법적 기능과 관련하여, 선결적 부탁은 '국내법원'에 의하여 ECJ에 제기되며, 이는 회원국 국내법원이 '자체적'으로든지 아니면 소송상의 '당사자 일방의 요구'에 의한 국내법원의 재량행위에 의해 이루어진다. 이때 회원국의 국내소송법은 선결적 판결을 요청하는 일체의 권리행사에 있어 어떠한 방해도 할 수 없다. 국내사법질서상의 상급법원 또는 하급법원의 구별에 관계없이, 모든 국내법원은 EU법상의 선결적 판결을 요구할 권리를 가지며, 이는 TFEU 제267조가 보장하는 권리이다. 비록 회원국에 의해 국내법상 법원으로 인정되지 않는 공공기관일지라도 당해 공공기관이 일정한 기관의 형태로 존재하고, 법에 근거하여 설립되었으며, 상설적이고 독립적으로 운영되는 기관이며,[10] 분쟁해결에 책임을 지는 기관이며, 보통의 법원규칙과 같은 절차법규에 의해 운영되며, 분쟁해결에 있어서 당사자를 구속할 수 있는 경우[11]에는 ECJ에 의하여 국내법상의 법원으로 인정된다.[12] 한편 ECJ가 일정한 범위 내에서 선결적 판결의 부탁에 대해 회답할 능력을 행사할 수 있을지라도, 그러한 선결적 판결의 '관련성'의 판단은 전적으로 국내법원의 재량에 의한다. 국내법원이 선결적 판결을 부탁하는 유일한 기관이라는 것은 국

---

9) *Ibid.*, pp.129−130.
10) Case C−54/96, *Dorsch Consult*, [1997] ECR I−4961, at I−4992−4993, para.23.
11) *Ibid.*, paras.27−29.
12) Case 61/65, *Vaassen* (née Göbbels) v. *Beambtenfonds Mijnbedrijf*, [1966] ECR 261, at 273.

내법원이 선결적 부탁의 내용을 결정하는 실질적인 기관임을 의미한다. 따라서 국내법원은 선결적 판결의 부탁시 '부탁명령서'에 충실을 기할 필요가 있으며 진실된 정보를 상세하게 설명할 의무가 있다. 이렇게 할 때 ECJ는 국내법원의 본안소송상의 판결을 보조할 수 있다. 주목할 만한 점은 TFEU 제267조의 '국내법상 사법구제가 불가능할 경우에 회원국의 국내법원'이란 표현은 국내법원에 계류중인 사건은 선결적 판결의 대상에 해당되는 한 선결적 판결을 위하여 ECJ로의 선결적 부탁의 제기가 원칙적으로 가능함을 의미한다는 것이다. 또한 EU기관행위의 '유효성'의 사법심사에 대한 선결적 판결의 경우에는 국내사법구제가 가능할지라도 당해 법령의 무효선언은 ECJ의 '배타적 권한'에 해당된다는 것이다.[13]

그런데 설립조약들은 EU법에 대한 사법적 보호의 확보를 위하여 회원국들내에 개별적인 EU법에 대한 전문적 관할법원을 창설할 것을 규정하고 있지 않다. 이는 곧 개인이 국가기관의 작위 또는 부작위, 또는 다른 개인에 의해 EU법이 부여한 권리를 침해받았을 경우, 그 개인이 의지할 수 있는 기관은 오직 '국내법원'뿐임을 의미하는 것이다. 이러한 국내법원은 당해 개인의 회원국의 사법제도에서 EU사법질서로의 교두보로서 ECJ와의 협력을 통해 EU법의 시행을 보장한다. 이러한 경우에 ECJ는 선결적 부탁절차의 개시와 관련하여 국내법원의 직무의 내용을 결정함과 동시에, 회원국 국내법원의 협력의 원칙에 따라 국내법원의 협조를 실질적으로 요청할 수 있다. 따라서 선결적 부탁절차에 있어서 국내법원은 EU의 사법질서와 회원국의 사법질서에 있어서 양자의 조화를 추구하여 EU의 '사법적 통합'을 달성함에 있어서 중요한 역할을 하고 있다. 이것이 EU통합에 있어서 ECJ와 국내법원 간의 관계가 주목받는 이유이다.

3. 선결적 부탁절차를 통한 EU의 사법적 통합

이처럼 EU의 사법기관인 ECJ의 소송제도의 하나인 선결적 부탁절차는 EU의 사법적 통합의 형성과 발전에 크게 기여하였다. EU법과 회원국국내법의 충돌시 EU

---

13) Lenaerts, Arts and Bray, *supra* note 7, p.47.

의 사법기관으로서 '유권해석' 또는 '유효성' 판결을 내려 회원국들이 추구하는 목
표인 지역통합을 이루는데 공헌하였으며, 여러 회원국들의 다양한 사법질서로 인한
충돌문제를 극복하여 지역통합의 사법제도화를 확립하였다. ECJ는 이러한 선결적
부탁절차를 통하여 국내법원과의 협력을 조화롭게 확립하여 왔고, 선결적 판결의
국내적 효력 보장을 확립하여 왔다. 여기에서 ECJ와 국내법원 간의 관계가 중요한
이유는 ECJ와 국내법원 사이에 이루어진 선결적 부탁절차가 'EU의 통합'에 있어서
중요한 역할을 했기 때문이며, 이는 지역통합의 사법제도화를 모색함에 있어서 중
요한 의미를 부여한다.

Ⅲ. EU법상 선결적 부탁절차의 한계와 극복방안

1. 선결적 부탁의무의 면제문제

1) 과거 EC조약 제68조상의 선결적 부탁의무의 예외 문제

ECJ에 선결적 판결을 부탁하기 위한 국내법원의 일련의 조치들은 복잡해지고
다양해지는 특성이 있다. 가장 중요한 것은, 과연 국내법원이 어떠한 경우에 선결
적 부탁을 이행해야 할 '의무'가 있으며 또한 어떠한 경우에 그러한 의무의 '예외'가
인정되는가 하는 문제이다. 왜냐하면 후자의 경우에는 TFEU 제267조(EC조약 제234
조)에 대한 도전이자 위협으로 간주될 수 있기 때문이다. 이에 과거 EC조약 제68조
(구 제73p조)는 제234조의 권위와 가치를 실추시킬 수 있다는 논란이 되었다. 이로
써 사법적 일치를 이루지 못한 쟁점들의 해석과 유효성의 문제에 관하여는, 암스테
르담조약의 New Title Ⅳ(사람의 자유이동과 관련된 비자, 망명, 이민과 기타의 정책: Title
Ⅳ － Visa, asylum, immigration and other policies related to free movement of persons)가
명시한 바에 따라 ECJ는 선결적 판결의 관할권의 제한을 받게 되었다.[14] 더욱이 어

---

14) Giorgio Gaja, "The Growing Variety of Procedures concerning Preliminary Rulings," in David
O'Keeffe, *Judicial Review in European Union Law* (London: Kluwer Law International,
2000), p.164.

떠한 국내법원도 과거 EC조약 제68조의 2항에 의하여 '법과 질서의 유지 그리고 국가의 안전보장과 관련하여' 중요한 경우에는 EC조약 제62조(TFEU 제77조)의 (1)이 추구하는 어떠한 조치나 결정에 관하여 ECJ에 문제를 제기하지 아니한다고 규정하고 있다.

그런데 과거 EC조약 제68조는 공동체법의 적용의 대상과 관련하여 제234조(TFEU 제267조)상의 관할권의 행사에 대한 '중대한 훼손'을 가져왔다. 따라서 선결적 판결에 관한 EC조약의 기본적인 체계는 제68조가 명확하게 규정하고 있는 내용에 한해 제한되어 적용되어야 했다. 이는 제68조에서 "제234조(TFEU 제267조)는 다음의 상황과 조건하에서 적용되어야 할 것이다"라는 표현을 보면 명확히 알 수 있다. 따라서 관련된 사안이 국내법원에 제시되면 당해 사안에 관한 결정을 함에 있어서 필요하다고 판단되는 경우에 한하여 국내법원은 ECJ에 선결적 판결을 부탁하게 된다. 이처럼 '국내 질서와 법의 유지 그리고 국가의 안전보장'을 위해 필요한 경우 이러한 사안에 대하여 ECJ의 선결적 판결을 제한하는 것은 관련 사안의 부적합성이 인정되는 범위 내에서 타당하다고 보아야 하며, 다만 이를 인정하는 경우에도 명백히 불가피한 경우로 제한해야 한다. 따라서 이러한 선결적 부탁의 의무에 대한 '예외'는 인정하되 국내법원은 '국내질서와 법의 유지 그리고 국가안전보장'을 위해 필요한 경우에만 제한적으로 관련 법률의 유효성에 관한 선결적 판결의 부탁의 의무에서 제외된다. 이러한 과거 EC조약 제68조에 의한 국내법원의 선결적 부탁의무의 예외는 본질적으로 선결적 부탁에 관한 관련성의 판단이 국내법원의 재량행위라는 데에서 기인하는 것이지만, ECJ의 측면에서 볼 때 EU법과 국내법의 충돌시의 유효성에 관한 판결은 ECJ의 배타적 권한이라는 점에서 중요한 의미를 가진다. 그러므로 제68조에 의한 ECJ의 선결적 판결의 부탁의무의 예외는 조약이 인정하는 특별한 예외적 규정에 해당한다고 보아야 한다.

2) 판례에 의한 선결적 부탁의무의 면제: *CILFIT* 사건

선결적 부탁은 TFEU 제267조 1단에 열거되어 있는 문제들이 국내법원의 본안판결을 위하여 필요한 경우에 국내법원에 의하여 ECJ에 제기됨을 말한다. 또한 TFEU 제267조 2단은 선결적 판결의 부탁의 권한에 관하여, 동조 3단은 선결적 판결의 부탁의 '의무'에 관하여 규정하고 있다. 이러한 일련의 규정에 의한 선결적 부탁의 발생은 두 가지 요건을 필요로 한다. 첫째, 국내법원으로의 문제의 제기, 둘째, 국내법원의 본안판결을 위한 부탁의 필수적 상황(즉 해석 또는 유효성에 관한 사법심사의 필요성)으로 요약될 수 있다.

특히 첫째 요건은 소송당사자 중의 어느 일방이 EU법의 문제를 제기하지 않는 한 선결적 부탁이 성립될 수 없다는 것을 의미하는데, 이는 TFEU 제267조 3단의 '그와 같은 문제가 회원국의 법원에서 제기되는 경우'라는 표현은 국내법원이 자체적으로 문제를 제기하는 것을 면제하는 의미로 이해할 수 있기 때문이다. 그러나 이는 지나친 '협의의 해석'으로서 부당한 논리이다. 따라서 소송당자자 중의 어느 일방 또는 국내법원 어느 쪽이든 EU법의 문제를 제기할 수 있다고 본다. 이러한 판단의 주체와 관련하여 국내법원은 EU법적 문제에 관한 결정이 본안판결의 행사에 있어 필수적인 요건이라고 판단되는 경우에 선결적 부탁을 제기한다. 따라서 이러한 선결적 부탁여부의 결정이 필수적인지의 여부는 회원국의 국내법원이 판단할 문제이다. 물론 이것은 소송의 '모든 부분'이 EU법적 문제에 의존해야 한다는 것을 의미하지는 않는다. ECJ의 선결적 판결에 의해 국내법원의 최종판결만 '변경'될 수 있는 성질의 문제라면 부탁의 '필수적인 요소'를 갖는다고 볼 수 있다.[15]

그런데 이러한 선결적 사안의 '필수적 성질'에 대한 판단은 쉬운 일이 아니다. 소송의 진행에 있어 EU법의 문제는 다른 문제와 직접적으로 밀접한 관계를 맺고 있고, 또한 다른 문제가 결정되기 전에는 EU법적 사안인가의 여부의 결정이 필수적인가에 대한 판단이 사실상 어렵다. 국내법원이 이러한 '다른 문제'를 결정하지 않는 한 'EU법적 사안'의 문제에 관한 결정이 실제로 필수적인지 확신할 수 없기 때문이다. 그러나 소송의 실제운용상의 관점에서 보면, 사건에 따라서는 'EU법의 문제'를 먼저 결정하는 것이 문제의 해결을 위해서는 훨씬 편리하다. 즉 EU법의 문제가 매우 단순한 반면 그 다른 문제들은 매우 복잡하다면, ECJ에 즉시 선결적 부탁을 하는 것이 소송에 있어서 '경제적'이고 소송진행에 있어서도 '신속'을 기할 수

---

15) T.C. Hartley, *The Foundations of European Community Law* (Oxford: Clarendon Press, 1998), pp.280−281; Case 126/80, *Salonia* v. *Poidomani and Giglio*, [1981] ECR 1563, at 1577, para.7.

있기 때문이다. 그러므로 'EU법적 사안'의 결정이 '잠재적'인 의미에서 결정적이라 하더라도 그 선결적 사안의 '필수적 성질'은 인정되는 것으로 보아야 한다.[16) 이러한 의미로 이해될 때, 국내법원은 선결적 부탁의 시기를 자유롭게 자체적으로 결정할 수 있다. ECJ도 "소송의 어느 단계에서 선결적 판결을 부탁하는 것이 적절한가의 여부는 오직 국내법원이 결정할 문제"[17)라고 설명하였다.

이와 같이 TFEU 제267조(EC조약 제234조, 구 제177조) 3단의 국내법원은 선결적 부탁에 관한 '관련성'의 판단에 대한 재량권을 가지며, ECJ는 1982년 *CILFIT* 사건[18)에 대한 판결을 통해 이 점을 확정하였다. 원칙적으로, 본 분쟁이 EU법의 해석과 관련된 사안 또는 EU기관행위의 유효성과 관련된 사안이라는 당사자의 주장이 존재하는 단순한 사실만으로 당해 국내법원의 선결적 판결의 부탁의 의무가 존재함을 의미하지는 않는다. 이와 관련하여 ECJ는 다음과 같은 견해를 취하였다.

"제177조(TFEU 제267조)의 2단과 3단의 관계로부터, 3단에 언급된 국내법원은 2단과 동일한 재량을 갖는바, 3단의 국내법원도 EU법상의 사안에 관한 ECJ의 판결이 본안소송의 판결을 위해 필요한지에 대하여 확인할 수 있다. 따라서 그러한 국내법원은 EU법의 해석과 관련된 문제(또는 EU기관행위의 유효성과 관련된 사안)가 관련성이 없음이 판명되었을 경우에는 이를 ECJ에 부탁할 의무가 없다."[19)

이처럼 본 사안이 판결의 목적상 선결적 절차가 아니라 명백하게 본안소송에서 다루어져야 하는 경우가 있다. 이를 통해 ECJ는 제267조 3단의 목적을 보다 효과적으로 달성하기 위하여 선결적 부탁의 의무를 조절하고 있다. 이로써 '선례구속의 원

---

16) Hartley, *supra* note 15, p. 282.
17) Case 36&71/80, *Irish Creamery Milk Suppliers Association* v. *Ireland*, [1981] ECR 735, at 748, para.9.
18) 1982년 10월 6일 판결된 CILFIT 사건의 내용은 다음과 같다. 이탈리아의 몇몇 섬유업자들은 공동체 외부에서 수입된 모직물(wool)에 대하여 부과되는 보건검역세의 징수에 반대하였다. 이들은 '농산품'의 공동시장을 규율하는 규칙 827/68은 수입된 '축산품'에 관하여 회원국들의 관세부과를 금지한다고 주장하였다. 이에 대하여 보건당국(Ministry of Health)은 모직물은 본 규칙의 부속서 II 에 언급된 '축산품'에 해당하지 않고 따라서 '농산품'의 공동시장에 포함되지 않는다고 지적하였다. 결국 본 사건은 파기원(Cour de Cassation)에 의해 ECJ에 그 해석을 위하여 선결적 판결 소송이 제기되었다. Case 283/81, *CILFIT* v. *Ministry of Health*, [1982] ECR 3415.
19) *Ibid.*, at 3428-3429. para.10.

칙'이 적용되듯 EU법적 사안에 관한 국내법원과 ECJ간의 사법적 판단에 대한 충돌
을 예방한다. 먼저 EU법적 사안이 '유사 사례'로서 이미 선결적 판결의 목적이 되었
던 사안과 동일한 목적인 경우가 있다.[20] 어떤 EU법적 사안에 관한 결정이 국내법
원의 본안판결에 필수적이라 하더라도 당해 EU법과 관련된 ECJ의 판례가 이미 존
재하는 경우에는 선결적 부탁의무가 면제된다. 한편 ECJ는 선결적 판결의 부탁의무
에 관하여 법적인 의미에서 선례의 구속을 받지 않는다. 따라서 과거의 ECJ의 선결
적 판결이 올바르지 않다고 판단되는 '국내법원'은 이러한 과거에 판결된 선결적 사
안의 문제를 재고하기 위하여 선결적 부탁을 다시 요청할 수 있다. 그러므로 이미
당해 선결적 사안에 관한 ECJ의 판례가 존재하는 경우에 국내법원은 선결적 부탁
의무는 면제되지만 선결적 부탁에 대한 '재량적 권한'은 영향을 받지 아니 한다.
ECJ와 국내법원 간의 관계는 종속관계가 아니라 협력관계이다.

　　"제177조(현 제234조)의 3단의 부탁의 의무의 한계와 관련하여, ECJ의 기존 판결
들이 이미 사안의 법적 관점을 다루었다면, 그와 동일한 효력은 본 사건에도 발생
할 것이다. 이는 소송의 성질과는 무관하며, 논쟁의 사안이 기존의 사안과 엄격하
게 동일한 내용이 아닐지라도 그러하다."[21]

　　EU법에 관한 ECJ의 해석은 명확하기 때문에, 본 사안의 해결방법에 관한 어떠
한 '합리적 의심의 여지'를 남겨두지 않을 것이다. 어떤 내용이 이전의 사례와 동일
하다는 결론이 내려지기 전에, 국내법원은 본 사안이 다른 회원국의 국내법원과
ECJ에서 명백하게 적용되었던 사안인지를 확인하여 본안소송의 판결에 대한 확신
을 가질 수 있다. 이로써 국내법원은 ECJ에 본 사안을 제출하는 것을 자제할 수 있
고, 자체적으로 문제를 해결하기 위한 책임을 지게 된다.[22] 이러한 명백히 본안소
송에서 다루어야 할 사건은 '명확한 규정의 이론'으로 알려져 있다. '명확한 규정의
이론'은 국내법원이 선결적 판결의 부탁의 의무를 '회피'하는 것을 외견상 허용하면
서 동시에 동 부탁의무의 회피를 남용하는 것을 방지하기 위한 것이다.[23] 이 이론

---

20) *Ibid.*, at 3429, para.13.
21) *Ibid.*, at 3429, para.14.
22) *Ibid.*, at 3430, para.16.
23) Lenaerts, Arts and Bray, *supra* note 7, p.50.

에 의하면 ECJ의 판례가 존재하는 경우에 국내법원의 선결적 부탁의무가 원칙적으로 면제되고, 국내법원은 EU법적 사안에 관한 결정이 본안판결을 행사함에 있어서 필수적이라고 인정되어도 당해 EU법규의 의미가 명확하다는 이유만으로 ECJ의 해석을 요청하지 않고 당해 EC법규를 그대로 적용할 수 있다.[24)]

이러한 '명확한 규정의 이론'은 ECJ의 과중한 업무를 경감시켜 주고 또한 국내 소송의 지연을 방지한다는 기능적 측면을 지니고 있다. 그런데 '명확성에 대한 판단'은 일면 상대적이기 때문에 어떤 법률가에게는 명확하게 보여도 다른 법률가에게는 의문인 경우가 있을 수 있다. 특히 법적 전통을 달리하는 국내법원 또는 법학자들에게 이러한 현상은 적지 않을 것이다. 그 외에 이 이론은 본질적인 위험성을 내포하고 있다고 볼 수 있는데, 왜냐하면 어떤 EU법적 사안의 의미가 ECJ의 해석이 필요 없을 정도로 명확한지의 여부도 그 자체가 이론적으로는 '해석'의 문제에 해당되어 ECJ의 해석에 관한 선결적 판결의 배타적 관할권에 속할 수 있기 때문이다.[25)]

CILFIT 사건의 '명확한 규정의 이론'에 관한 공식선언은 절충의 표현으로, ECJ는 자발적인 협력을 강화하여 국내법원이 EU법에 관한 선결적 부탁의 사안을 결정하는 데 대하여 책임을 부여하고 있다. 국내재판관에 따라 다양한 견해가 제기되는 EU법 사안의 결정에 대한 책임을 강화하여 ECJ와의 실제적인 협력을 강화하고자 한 것이다. 그러나 이러한 EU법상의 '명확한 규정의 이론'은 매우 '제한적'으로 인정되어야 할 것이다. 이러한 취지에 의해 ECJ는 *CILFIT* 사건에서 "그 해답이 너무도 명백"하여 어떤 합리적인 의심의 여지가 존재하지 않는 경우에는 TFEU 제267조(EC조약 제234조) 3단에 포함되는 국내법원일지라도 선결적 부탁의 의무가 면제된다고 판결함으로서 명확한 규정의 이론을 인정하였다. 이와 관련하여, ECJ는 "회원국의 국내법원은 다른 회원국의 국내법원과 ECJ에서도 동일하게 명백하다는 확신을 가져야 한다"[26)]라고 하였다.[27)]

---

24) '명확한 규정의 이론'은 Cases 28-30/62, *Da Costa* v. *Nederlandse Belastingadministratie*, [1963] ECR 31 at 40-46에서 법률고문관 Lagrange에 의해 제시된 바 있다. 이러한 '명확한 규정의 이론'은 본래 프랑스의 사법절차상의 선결문제 제도에 기반한 것으로, 이러한 프랑스 국내이론을 국참사원(Conseil d'Etat)이 EU법적 분쟁에도 적용하면서부터 타 회원국의 국내법원들도 도입하여 적용하였다.

25) Hartley, *supra* note 15, p.283.

26) Case 283/81, *CILFIT* v. *Ministry of Health*, [1982] ECR 3415, at 3428-3429. para.16.

2. 선결적 부탁의 남용의 방지

1) 명백히 부적절한 사안에 대한 제한

ECJ는 "국내법원에 의한 EU법의 해석 또는 EU기관행위의 유효성에 대한 검토의 결과, 본 사건의 사실과 아무런 관련이 없거나, 또는 본안소송의 객체와 아무런 관련이 없음이 명백한 경우, 국내법원의 관련성에 관한 평가의 내용에 따르지 아니한다"[28]라고 판결하였다. 이 경우 선결적 판결의 요청은 허락할 수 없으며, 따라서 이러한 국내법원의 선결적 부탁의 소는 기각된다.[29]

ECJ에 의하면 국내법원이 제출한 선결적 사안의 '무관련성'의 여부는 명백하게 알 수 있다고 한다.[30] 그러나 문제는 ECJ가 본안소송의 '사실관계'와 '국내법적 측면'의 인정을 위하여 광범위하게 검토할 수 있는가 하는 문제이다. 왜냐하면 이에 대하여 확실하게 검토가 되어야만 선결적 판결의 요청을 수용할 수도 거절할 수도 있기 때문이다. 이에 대하여 ECJ는 재검토한 사안을 통해 부적합한 선결적 부탁의 소를 기각하며, 다만 ECJ는 선결적 부탁으로 성립되지 않은 당사자 간 분쟁의 사실관계와 국내법적 측면에 관하여 그 검토결과를 공개적으로 발표하지 아니 하여야 하며, 국내법원은 ECJ의 이러한 접수거부의 판단에 대해 어떠한 결정도 취하지 아니 하여야 할 것이다.[31] 이를 통해 부적절한 선결적 사안은 자연스럽게 치유된다. 반대로, ECJ의 검토 중 본 사건의 사실관계와 국내법적 측면이 인정되거나 또는 ECJ에 제출된 사건기록상 사실관계나 국내법적 측면이 명백한 것으로 판명된 경우, 본 선결적 사안의 '관련성'의 평가는 TFEU 제267조상의 ECJ에 의해 방해받지 아니

---

27) 따라서 ECJ가 선결적 부탁의무로부터 면제되기란 사실상 불가능할 것이다. 만일 선결적 부탁의무를 지는 회원국의 국내법원이 부탁의무를 위반하는 경우, 당해 국내법원이 속하는 회원국을 피고로 하여 TFEU 제258조(EC조약 제226조, 구 제169조)와 제259조(EC조약 제227조, 구 제170조)에 의해 강제소송이 제기될 수 있으나, 이는 현실적으로 기대하기 어렵다고 보아야 할 것이다.

28) Case 126/80, *Salonia v. Poidomani and Giglio*, [1981] ECR 1563, at 1576 – 1577, para.6.

29) Case C – 428/93, *Monin Automobiles*, [1994] ECR I – 1707, at I – 1714, paras.13 – 14.

30) Hartley, *supra* note 15, p.280; Lenaerts, Arts and Bray, *supra* note 7, p.40.

31) *Ibid*.

하며 선결적 부탁의 사안으로 인정된다. 아래에서는 ECJ의 선결적 부탁에 대한 관할권의 존재여부를 결정함에 있어서 선결적 부탁의 대상으로서 부적절한 경우에 대하여 몇 가지 사례를 살펴본다.

(1) 국내법으로도 해결이 가능한 경우: *Vlaeminck* 사건

1982년 *Vlaeminck* 사건[32])에서 ECJ는 한 노동법원(Arbeitshof, Labour Court)의 선결적 부탁명령서에 제시된 사안에 관하여 다음과 같은 결론을 내려 사건을 기각하였다.

"사실적 상황과 관련하여 본 선결적 사안은 '목적'을 결한 것으로 보인다. 본 사안에 대한 진술은 공동체법의 해석을 통해 공동체법적인 문제의 해결에 유용하게 적용될 수 있는 내용이 아니다. 본안소송의 사실적·법적 정황에 비추어 볼 때, 본 사건에는 공동체법적 쟁점이 존재하지 아니 한다. 따라서 ECJ는 제177조(제234조, TFEU 제267조)에 의하여 노동법원이 부탁한 선결적 사안에 관하여 판결하지 아니 한다."[33])

(2) 사적 목적으로 부탁된 경우: *Falciola* 사건

선결적 사안의 기각에 관한 문제는 1990년 *Falciola* 사건[34])에서 더욱 명백해졌다. ECJ는 한 이탈리아 국내법원이 부탁한 일련의 사안들에 대해 답변할 선결적 부탁에 관한 관할권을 거부하였다. 본 사안들은 도로공사계약의 재정과 관련된 내용이었다. 이탈리아 국내법원의 '부탁명령서'에 의하면, 당해 계약은 '2개의 이사회 지침'과 관련되었다는 것이다. 그런데 부탁된 사안들은 이러한 이사회의 지침이 민사책임상 발생한 손해배상에 관한 1988년 4월 13일의 이탈리아 법률 'No. 117/88'의 몇 가지 측면에서 본질상 EU법과 양립할 수 있는 것[35])으로서 선결적 부탁의 대상

32) 이 판결은 프랑스(남편)와 벨기에(아내)에서 근무한 경력이 있는 결혼한 한 부부의 연금제도와 관련된 사실관계와 국내법적 측면들이 복잡한 내용을 이루었다는 점에서 의미가 있다. 그러나 이러한 복잡성에도 불구하고, 본 사건은 EU법적 쟁점과는 무관하여 국내법원의 본안판결 자체에 의해서도 해결될 수 있는 것이었다. Case 132/81, *Rijksdienst voor Werknemerspensioenen* v. *Vlaeminck*, [1982] ECR 2953.
33) *Ibid.*, at 2963-2964, paras.13-14.
34) Case C-286/88, *Falciola*, [1990] ECR I-191.

으로서는 부적합한 내용이었다. ECJ는 본 사안들이 본안소송의 객체인 이사회의 지침과 아무런 관련이 없다는 것을 발견하는데 어려움이 없었다. 왜냐하면 선결적 판결의 요청이 2개의 이사회지침의 해석과 관련된 사안이 아니었기 때문이다. 반면 ECJ는 1988년 4월 13일의 이탈리아 법률의 제정결과로부터 일어날 수 있는 일단의 이탈리아 재판관들의 심리적 반응들에 관하여 의심을 가졌다. 따라서 ECJ는 "이러한 ECJ에 제출된 선결적 사안은 본안소송의 판결을 목적으로 하는 공동체법의 해석의 대상과는 무관한 것"[36]이라고 주장하며, 사적인 요청에 의한 선결적 부탁에 의해서는 EU법의 해석을 기대할 수 없다고 판결하였다. 따라서 선결적 판결은 특별한 '사적인 필요'를 목적으로 요청되어서는 아니 되며, 국내법원의 본안소송상의 분쟁의 해결을 위한 '진실된 필요'에 의해 요구되어야 한다.

(3) 선결적 사안의 이유를 진술하지 않은 경우: *Lourenqo Dias* 사건

선결적 부탁명령서에 국내법원이 선결적 판결의 요청에 대한 '이유'를 진술하지 아니할 경우, 부탁된 선결적 사안들에 대한 선결적 부탁에 관한 '관련성'의 존부에 관한 판단에 대하여 ECJ의 광범위한 재량을 부여하는 결과를 초래한다. 따라서 국내법원은 선결적 판결의 요청시에 부탁명령서를 통하여 선결적 사안의 이유를 성실하게 상세히 설명해 주는 것이 필요하다.

이와 관련된 상황이 1992년 *Lourenqo Dias* 사건[37]에서 발생하였다. 포르투갈의 한 국내법원은 EC조약 제25조(구 제12조, TFEU 제30조)와 제90조(구 제95조, TFEU 제110조)의 해석에 관한 8개 선결적 사안을 ECJ에 부탁하였다. 본 선결적 사안들은 자동차의 세금에 관한 포르투갈의 신법률의 몇 가지 문제에 있어서 EU법에 대한 적합성(compatibility)에 관한 확인을 요청하는 것이었다. 그런데 본안소송의 한 당사자인 검사, 포르투갈과 영국정부, 그리고 위원회는 본 사안에 대한 ECJ의 관할권을 부정하였다. 왜냐하면, 본 선결적 사안들이 선결적 부탁상의 사실관계 또는 본안소송의 객체와 관련이 없다고 판단하였기 때문이다. 차량과 관련된 본 사건은 영국으

---

35) Lenaerts, Arts and Bray, *supra* note 7, p.41.
36) Case C-286/88, *Falciola*, [1990] ECR I-191, at I-195, para.9.
37) Case C-343/90, *Lourenqo Dias,* [1992] ECR I-4673.

로부터의 포르투갈의 '수입'이 '물품수송'으로 변경되었고, 따라서 '세금면제'의 혜택을 향유하고 있었다. 그러나 몇 개월 후 조사에서 그런 변경은 '물품'뿐만 아니라 '승객'도 운반할 수 있도록 바뀌어 있었다. 이와 같은 상황에 대하여 관세당국은 관세의 납입을 주장하였고, 본 차량의 소유주인 Lourenço Dias는 이에 대한 불응으로 국내법원에서 분쟁이 발생하게 되었다.

이에 대하여 ECJ는 국내법원이 제출한 포르투갈 법률의 일련의 규정들과 EU법의 적합성에 관한 의문점들에 관한 부탁명령서를 검토하기 시작하였다. 그러나 국내법원은 신법률의 일련의 관련규정들이 본안소송의 사실관계와 어떤 관련이 있는지의 이유를 ECJ에 설명해야 했는데, 포르투갈 국내법원은 이러한 '이유'의 진술을 소홀히 하였다. 이에 ECJ는 부탁된 8개 개개의 선결적 사안들과 포르투갈 신법률의 관련 규정을 분석하여 '사안들을 확정'하는 작업을 '자체적'으로 진행하였고, 그 선결적 사안들을 차량의 특성과 새롭게 밝혀진 기타의 사건정황과 관련을 짓게 되었다. 이러한 ECJ의 선결적 부탁에 대한 사안의 관련성에 대한 확정작업은 국내법원이 제출한 사건기록과 부탁명령서뿐만 아니라, ECJ규정 제20조에 따라 관련 당사자들로부터 제출된 서면의견서들까지 적극적으로 검토하여 진행되었다. 이로써 그동안 본 사건에 대하여 방관자였던 영국 정부도 참가하게 되었다. 이런 선결적 부탁의 관련성에 대한 확정작업의 진행의 결과, ECJ는 "부탁된 8개의 선결적 사안 중 6개의 포르투갈 법률규정은 직접적으로든 또는 암시적으로든 명백하게 본안소송의 사실들에 적용될 수 없다는 이유로 인하여 선결적 부탁을 위한 관련성을 부인하였으며, 따라서 이러한 선결적 사안들에 대하여 회신할 필요가 없다"[38]라고 판결하였다. 왜냐하면 이는 선결적 부탁의 대상과는 무관한 내용으로써 이러한 선결적 사안에 대한 ECJ의 회신이 무엇이든 간에 본질적으로 본안소송상 어떠한 결과를 도출해 낼 수 없기 때문이다.

그런데 문제는 위와 같은 선결적 사안의 확정작업을 통한 ECJ의 선결적 판결의 시도는 ECJ가 EU법과 국내법 사이의 해석의 '한계선'을 침해하였다고 여겨질 수도 있다. 그러나 이러한 선결적 사안의 확정작업은 매우 적절한 것이었다. 그 이유는

---

38) Case C-343/90, *Lourenço Dias*, [1992] ECR I-4673.

ECJ가 선결적 판결을 행사함에 있어서, 선결적 판결을 부탁한 국내법원이 당사자들 간의 분쟁인 본안소송의 사실적 또는 국내법적 측면에 관하여 일체 어떠한 설명도 하지 않았기 때문에 초래되는 불가피한 상황이기 때문이다. 이러한 선결적 사안의 확정작업은 ECJ가 국내법원이 미해결로 남겨둔 선결적 사안을 조사하여 불충분한 내용을 '단순히' 충족시킬 뿐 국내법의 적법성을 논하기 위한 것은 아니며, 이는 EU 의 사법질서 유지를 위한 ECJ의 당연한 의무이다. 이는 국내법원의 입장에서 보면, 선결적 사안에 대해 그 이유의 설명을 생략한 것은 그러한 이유의 설명이 자칫 국 내법원 자신의 관할권을 넘어 ECJ의 관할권을 침해하지 않기 위함이라고 볼 수 있 다.[39] 그런데 만일 ECJ가 8개 모든 선결적 사안들에 대한 이러한 검토 작업 없이 답변을 하였다면, 이는 철저한 사법적 검토 없이 행해진 결과에 불과한 것이 될 것 이다.

2) 허위분쟁에 대한 제한

선결적 부탁절차는 본질상 본안소송의 분쟁해결을 '보조'하기 위한 소송이므로, ECJ는 허위의 본안소송에 근거한 선결적 사안을 기각할 수 있다. "EC조약 제177조 (TFEU 제267조)의 절차의 남용으로 ECJ의 선결적 판결을 '유인'할 목적으로 한 허위 분쟁이 실제로 밝혀질 경우, ECJ는 그러한 사건에 대한 선결적 판결의 요청을 거부 한다"[40]라고 판결하였다. 그러나 허위분쟁의 여부를 판단하는 것은 쉬운 일이 아니 다. 왜냐하면 한편으로는 발견하지 못한 허위분쟁이 선결적 부탁절차를 남용하는 문제가 발생할 수 있고, 다른 한편으로는 이러한 허위분쟁을 판단하기 어려움에도 불구하고 ECJ가 허위분쟁을 이유로 선결적 부탁을 거부하는 남용의 문제가 발생할 수 있기 때문이다.

(1) 허위분쟁에 대한 판단의 한계

당사자들이 본안소송의 분쟁해결을 목적으로 하지 않고 '다른 목적'을 위해 국 내법원을 통하여 허위로 ECJ에 선결적 판결을 요청한다[41]는 사실을 ECJ가 밝혀내

---

39) Lenaerts, Arts and Bray, *supra* note 7, p.42.
40) Case C-231/89, *Gmurzynska-Bcher*, [1990] ECR I-4003, at I-4018, para.23.

기란 실제로 어려운 일이다. 그것은 본안소송의 '사실관계'와 '국내법적 측면'을 평가하는 것은 원칙적으로 '국내법원'의 직무이기 때문이다. 따라서 ECJ는 국내법원이 부탁한 선결적 사안을 '일반적으로 진실된 것으로 간주'하게 된다.

그러나 위와 같은 허위분쟁의 판단에 대한 한계에도 불구하고, ECJ는 오직 선결적 부탁명령서에 진술된 내용으로만 본 사건이 허위분쟁이라고 판단할 수 있으며, 이렇게 허위로 판단된 사건은 선결적 판결로 허용될 수 없다. 따라서 ECJ는 선결적 '부탁명령서'상의 내용에 한정되어 사실관계에 대한 최종조사를 이행한다. 이는 선결적 판결 소송이 원래 본안소송의 '사실관계'의 조사에 직접적으로 관여하지 않기 때문이다. 이러한 선결적 사안에 관한 ECJ의 허위분쟁에 대한 판단은 ECJ규정 제20조에 따라 제출된 '서면의견서들' 또는 국내법원이 제출한 '사건기록'에 포함된 특별한 내용을 참고로 하되, 이러한 자료에 영향을 받지 않고 진행될 수 있다.[42] 이는 선결적 재판상 효력을 갖는 실질적인 법률적 문서를 '부탁명령서'로 한정하고자 하는 ECJ의 의도라고 할 수 있다.

(2) *Foglia* v. *Novello* 사건

TFEU 제267조에 의해 ECJ는 오직 EU법에 관해서만 결정을 내릴 수 있다. 즉 ECJ는 회원국의 국내법이 EU법에 '위배'되는지의 여부를 직접적으로 언급하며 결정할 권한은 존재하지 않는다. 이는 선결적 부탁절차에 있어서 ECJ와 회원국 국내법원의 권한배분과 관련하여 중요하다. 즉 이는 회원국의 국내법원이 ECJ보다 하위에 있다기보다는 양자가 '동등'한 지위에 있다는 것, 그리고 상호 '협력'의 관계에 있다는 것을 의미한다. 그러나 양자의 협력관계에는 일정한 한계가 있는데, ECJ의 선결적 판결은 단순한 자문적(advisory) 기능을 수행하는 것이 아니라 이를 부탁한 국내법원을 실제적으로 구속한다는 것이다.[43] 한편 국내법원과 ECJ는 상호협력의 관계에 있기 때문에 선결적 사안이 절차상 부적절함을 이유로 거부되지 아니 하며, 가능한 한 ECJ는 부탁된 사안에 대한 결정을 내린다.[44] 또한 ECJ는 선결적 부탁상

---

41) Case 244/80, *Foglia* v. *Novello* Ⅱ, [1981] ECR 3045, at 3062－3063, para.18.
42) Case 267/86, *Van Eycke* v. *ASPA*, [1988] ECR 4769, at 4774.
43) Case 13/61, *De Geus* v. *Bosch*, [1962] ECR 45; Case 244/80, *Foglia* v. *Novello* Ⅱ, [1981] ECR 3045, at 3062, para.14.

국내법원에 명백한 과실이 존재한다 하더라도 실제로 제기된 문제보다는 당해 국내재판관이 부탁하려고 의도했을 것으로 여겨지는 문제에 대하여 회신하는데 있어서 적극적이다.

Foglia v. Novello 사건은 ECJ가 본안소송의 허위분쟁을 이유로 선결적 판결의 관할권을 거부한 유일한 사례로서, 어떤 회원국의 세금제도가 다른 회원국에서는 무효라고 주장하여 제소된 사건이다. 이 두 명의 당사자 개인은 재판의 결과에 대하여 승복할 것에 합의하고, 그 계약서에 문제발생시 회원국 국내법원에 본 사안의 판결을 위임한다는 내용의 조항을 삽입하였다. ECJ는 이러한 방법의 '인위적' 성격을 지적하며, 이는 회원국의 조세법에 의하여 권리의 구제가 가능하다고 판결하였다.[45] 즉 당사자인 개인은 보다 큰 사적인 이익을 위하여 '인위적'으로 사건을 조작한 것이라고 간주하였던 것이다.

Foglia v. Novello 사건에 관하여 보다 상세히 살펴보면, 두 명의 이탈리아인이 인도장소를 프랑스로 하는 포도주 매매계약을 체결하였는데, 이 계약에 의하면 매수인 Novello는 프랑스와 이탈리아 간 상품의 자유이동에 위배되는 일체의 프랑스 또는 이탈리아 세금에 대해 책임을 지지 않는다고 되어 있었다. 이에 상품은 잘 인도되었으나, 문제는 프랑스 당국이 '소비세'를 부과하였다는 점이다. 이에 매도인 Foglia가 이를 부담한 뒤 매수인 Novello에게 그 상환을 청구하였으나, Novello는 프랑스 세금이 TFEU 제110조(EC조약 제90조, 구 제95조)(역내 과세의 금지)에 위배되는 것이므로 계약대로 이를 지불할 의무가 없다면서 상환을 거절하였다. 결국 이탈리아 국내법원은 프랑스 세금이 EU법과 일치하는가의 여부를 ECJ에 요청하였다. 그런데 Foglia와 Novello간의 '전체 거래'는 허위분쟁을 일으킬 목적으로 고안된 것이라고 의심되는 근거들이 발견되었다. 따라서 ECJ는 두 당사자 간에는 진정한 분쟁(genuine dispute)이 존재하지 않으므로 부탁된 사안에 대하여 선결적 판결을 부여

---

44) 이탈리아의 Milan치안판사는 문제점을 적절하게 제시하지 못하였고, 다만 이탈리아의 법률이 당시 EC설립조약상의 몇몇 규정과 모순된다는 문제가 제기되었기 때문에 관련소송서류를 ECJ에 송달할 것을 명령하였다. 그럼에도 불구하고 ECJ는 "국내법원에 의해 부적절하게 제기된 문제 중 오직 조약의 해석에 관한 문제점들을 추출할 권한이 ECJ에 있다"고 하였다. Case 6/64, *Costa v. ENEL*, [1964] ECR 585, at 592-593.

45) Case 104/79, *Foglia v. Novello I*, [1980] ECR 745, at 759-760, para.10.

할 수 없다고 판결하였다.[46] 그 후 이탈리아 법원은 분쟁이 존재하며 따라서 당해 분쟁의 해결을 위해 선결적 판결이 필요하다고 판단되어 ECJ에 다시 선결적 부탁을 하였다. 여기에서 이탈리아 법원은 선결적 부탁의 필요성의 여부는 국내법원의 재량이라는 ECJ의 일관된 판례법을 지적하였고, 이에 대해 ECJ는 선결적 부탁의 필요성의 여부가 '국내법원의 재량'임에도 불구하고 ECJ로 부탁된 사건을 검토할 수 있다고 하였다. 그리고 한 회원국의 입법이 다른 회원국의 국내법원에서 사법심사의 대상이 되는 경우 ECJ는 TFEU 제267조(EC조약 제234조)의 절차가 조약의 취지에 적합하지 않은 목적으로 남용되지 않도록 특별히 주의해야 한다고 하였다. 그런데 *Foglia* v. *Novello* 사건이 바로 이러한 경우이므로 ECJ는 이전과 동일하게 선결적 판결을 거부하였다.[47]

이러한 판결에 대하여 ECJ가 본안소송의 '사실관계'에 지나치게 깊이 관여한 남용행위라는 비판이 제기되었다. 특히 이 사건의 경우에는 ECJ가 본안소송의 분쟁 해결에 실질적인 기여를 하기 위해 선결적 판결을 행사하여 선결적 부탁명령서를 제출한 국내법원을 존중했어야 한다는 것이다. 또한 이로 인하여 TFEU 제267조(EC 조약 제234조)에 규정된 ECJ와 국내법원 간의 협력체계에 관한 전반적인 '신뢰관계'에 위험을 초래하게 되었다고 주장하였다.[48] 따라서 ECJ는 이러한 허위로 인한 선결적 사안의 거부에 관한 판례법의 범위를 최소한의 예외적 사례로 축소하기 위해 "국내법원의 선결적 '부탁명령서'상의 정보제공에 의하여 본안소송이 허위분쟁이라는 것이 명백한 경우, ECJ는 국내법원의 본안판결을 보조할 수 없음을 이유로 하여 당해 선결적 사안에 대한 관할권을 거부한다"[49]라고 판결하였다. 결론적으로, 본안소송상의 사건에 대한 명백한 허위여부는 국내법원의 선결적 '부탁명령서'에서 기술한 사실관계에 관한 자료로부터 분명하게 판단할 수 있으며, 이를 통하여 ECJ는 허위분쟁의 경우 선결적 판결이 국내법원의 본안판결을 보조할 수 없음을 이유로

---

46) `Hartley, *supra* note 15, p. 279; Case 104/79 *Foglia* v. *Novello* I [1980] ECR 745.
47) Hartley, *supra* note 15, p. 280; Case 244/80 *Foglia* v. *Novello* II [1981] ECR 3045.
48) A. Barav, "Preliminary Censorship? The Judgment of the European Court in Foglia v. Novello", (1980) *ELRev.* 443~468; G. Bebr, "The Existence of a Genuine Dispute: an Indispensable Precondition for the Jurisdiction of the Court under Art. 177(now Art. 234) EEC Treaty", (1980) *CMLRev.* 525−537.
49) Case 46/80, *Vinal* v. *Orbat*, [1981] ECR 77, at 91.

당해 선결적 사안의 허용을 거부한다. 당사자 간 분쟁이 사실상 존재하지 않는다면, 또한 이러한 허위사실에 대한 판결도 불필요한 것이다.

3. 선결적 부탁명령서의 충실화

1) 국내법원의 국내정보제공의 충실화

TFEU 제267조에 따른 선결적 판결의 부탁의 결정에 있어서 국내법원은 소송의 '경제성'과 '효율성'을 고려해야 한다. 국내법원은 선결적 부탁의 결정에 관하여 평가할 수 있는 최상의 지위에 있으며, 이러한 평가를 통해 관련 사안에 관하여 ECJ에 선결적 판결을 요청한다. 그러나 국내법원은 이런 평가자로서의 지위를 무제한적으로 향유하는 것은 아니다. 국내법원은 단지 ECJ로의 선결적 부탁에 대한 결정여부를 평가하는 최상의 지위에 있을 뿐이며, 원칙적으로 ECJ는 이러한 국내법원의 평가와 보조를 같이 하여 임무를 수행한다. 이는 국내법원의 '부탁명령서'에 의해서도 분명해진다. 만일 아직 국내법원이 사건의 사실관계 및 법적 관계를 충분하게 파악하지 못하였고, 이로 인해 '부탁명령서'상 이에 관하여 당사자들에게 아무런 언급도 할 수 없다면, 이러한 문제들은 국내법원에 계류중인 본안소송의 해결을 위해 선결적 부탁의 방법으로 ECJ에 이송되고 ECJ는 국내법원과 협력하게 된다.[50] 그런데 이때 ECJ는 '유용한 판결'에 이를 수 없는 큰 위험에 처할 수도 있어, 그 결과 ECJ의 선결적 판결은 단순한 '가설적 의견'으로서 무시되고, 국내법원과 ECJ 간의 협력은 소기의 목적을 달성하지 못하게 될 수도 있다.

1979년 *Union Laittière Normande* 사건의 판결에서, ECJ는 부탁명령서의 내용에 관하여 "공동체법의 '유용한 해석'을 가능케 하는 요소이어야 하고, 이 요소는 해석의 법적 정황을 판단하는데 필수적인 내용이어야 한다"[51]라고 판결하였다. 본 사건에서는 부탁명령서상 국내법원이 EU법의 해석을 요구하는 이유를 언급하지 않

---

50) 국내법원이 소송의 경제성과 효율성을 평가할 최상의 지위에 있음에도 불구하고, 사안에 대한 명쾌한 사실관계와 법적 쟁점을 도출하지 못하는 경우, 본 사안을 계속하여 국내법원에 잔류시킬 수는 없다.

51) Case 244/78 *Union Laitière Normande* v. *French Dairy Farmers* [1979] ECR 2663 at 2681, para.5.

앉음에도 불구하고,[52] ECJ에 제출된 사건기록에는 충분하고도 명백하게 선결적 판결의 제기이유들이 언급되어 있었다. 본 사건에서는 '사건기록'을 통해 선결적 판결의 제기의 이유의 충실을 확보하였지만, 결국 선결적 판결에 관한 '부탁명령서'의 충분하고도 명백한 내용이 EU법의 '유용한 해석'의 가능성과 ECJ의 판결가능성에 얼마나 중대한 영향을 주는가를 보여 주고 있다.

2년 후, 1981년 *Irish Creamery Milk Suppliers Association* 사건에서 ECJ는 불명확했던 이러한 선결적 판결에 관한 부탁명령서의 내용에 관한 기본적인 요건을 확대하였다.

"그러므로 본사건의 사실관계의 확정에 있어서, 그리고 해결되어야 할 법적 사안에 있어서, 이러한 내용을 부탁명령서에 기술하여 ECJ에 부탁하는 것은 법적 및 사실적인 모든 특징들을 파악하여 공동체법과의 '관련성'을 판결하기에 용이할 것이다."[53]

충실한 부탁명령서의 요구는 ECJ의 선결적 판결의 요청여부를 결정하는 국내법원의 재량권을 제한하지 아니하고는 현실적으로 불가능하다. ECJ는 국내법원의 사건기록으로부터 수집된 정보와 ECJ에서의 소송중 인용된 정보를 이용함으로서 부탁명령서의 부실을 보완할 수 있다.[54] 따라서 ECJ는 일반적으로 이러한 과정을 통해 부탁된 사안들에 대하여 결정할 준비를 한다. 그러나 ECJ는 이에 대해 전적으로 만족하지 못하고 있는데, 이는 선결적 판결의 부탁을 위한 국내법원의 불충분한 정보제공에 의하여 법적 쟁점의 '질적 측면'을 해할 위험이 있기 때문이다.

"선결적 판결의 부탁의 경우, 국내법원에 의하여 제출된 정보는 ECJ가 유용한 판결을 제시하는데 유익할 뿐만 아니라, ECJ규정 제20조에 따라 의견을 제출하는 회원국들과 기타 이해당사자들에게도 유익하다. ECJ는 이들에게 자신의 의견을 제출할 기회를 보장할 의무가 있으며, 위에 언급한 규정에 의하여 국내법원이 요청한

---

52) 국내법원이 부탁명령서(order for reference)에 선결적 판결 요청의 이유나 근거를 진실되고 상세하게 기술하지 않는 경우, ECJ가 국내법원의 본안소송을 위하여 유용한 판결을 전달하는 데에 어려움이 있다.

53) Joined Cases 36,71/80, *Irish Creamery Milk Suppliers Association* v. *Ireland*, [1981] ECR 735, at 748, para.6.

54) Lenaerts, Arts and Bray, *supra* note 7, p.32.

선결적 판결의 제기사실을 이해당사자들에게 통지하여야 한다."[55]

2) 진실된 정보의 상세설명의 요구: *Telemarsicabruzzo* 사건

1993년 *Telemarsicabruzzo* 판결[56]에서, ECJ는 국내법원의 부탁명령서의 내용의 부실과 관련하여 국내법원에 조언을 하는 대신 무엇보다도 진실된 정보의 요건을 갖출 것을 요구하였고, 이에 응하지 않는 경우 선결적 판결의 신청을 수락할 수 없다고 하였다. ECJ는 "국내법원이 본 사건의 판결을 위해 본 사안에 대한 사실적 및 입법적 정황에 따른 EU법의 해석이 필요한 경우, 당해 선결적 사안의 기초가 되

---

55) Joined Cases 141－143/81, *Holdijk*, [1982] ECR 1299, at 1311－1312, para.6.
56) 1993년 1월 26일 판결된 *Telemarsicabruzzo and Others* 사건 내용은 다음과 같다. 이탈리아는 대부분의 유럽국가들과 같이 TV프로그램방송을 전통적으로 유럽국가들에게 제공하였다. 그러나 1976년 이탈리아 헌법재판소는 지역적 차원의 TV전파의 설치와 사용에 있어서 사적 운영을 금지시키는 것은 헌법에 저촉되는 것이 아니라고 선언하였다. 이에 많은 사인들이 TV방영에 대한 허가를 요청하였으나, 방송주파수의 수가 제한되었고 할당량도 정해져 있었다. 이는 1990년 8월 6일의 법률 제223호에 의한 조치였다. 이로써 1976년과 1990년 사이의 법적 상황은 명확하지 않게 되었다. 이탈리아 헌법재판소의 몇몇 사건에서는 기존의 허가서(licenses)가 유효함을 이유로 하여 사기업이 TV방송을 할 수 있다고 판결하였고, 다른 사건에서는 유효한 입법이 부재한 상황에서 어떠한 사인에게도 이러한 요건이 적용될 수 없다고 판결하였다. 많은 하급심에서도 양자 중 하나의 결정을 채택하였다. 이러한 상황에서 Lazio 지역 TV방송사들은 방송을 제공하였고, 이러한 방송에 지장을 받는 국방부(Ministry of Defence)와 정보통신부(Ministry of Posts and Telecommunications)는 이들 방송의 금지를 명령하였다. 이로써 본 사건은 라디오와 TV 송신부인 Telemarsicabruzzo, Telaltitalia, Telelazio회사 대 Circostel(Circolo Costruzioni Telegrafiche e Telefoniche di Roma), 국방부, 정보통신부가 당사자가 되어 논쟁하였다. 매번 행정법원은 이러한 명령을 고수하였고, 마침내 이 사건은 TV방송기반시설의 허가에 관한 명령의 위헌여부에 관하여 이탈리아 헌법재판소에 제기되었다. 이는 기각되었고, 행정법원은 이탈리아 정부의 TV채널사용권(특히, UHF채널 67, 68, 69의 사적 사용을 금하고 있었음)이 EC조약 제81조(구 제85조, TFEU 제101조)와 제82조(구 제86조, TFEU 제102조)에 위반되는지 확인하기 위해 ECJ에 사건을 부탁하였다. 그런데 이 선결적 부탁명령서는 당해 사건에 대한 정보 및 관련 이탈리아 법조항에 대한 매우 적은 양의 정보를 담고 있었다. 특히 경쟁법과 관련된 사건은 복잡한 사실관계와 법적 쟁점이 문제가 되기 때문에 선결적 부탁명령서에는 본안사건에 대한 세부적인 사항이 포함되어야 한다. 단편적이거나 또는 미흡한 정보에 의해서는 ECJ의 정확한 해석을 기대하기 어렵기 때문이다. 이에 따라서 ECJ는 TFEU 제267조(EC조약 제234조)에 의해 적절한 판결을 내리기 위해서는 국내법원의 본 사건에 대한 사실적 및 법적 정보의 제공이 필수적이라는 결론을 내리고 당해 사건을 기각하였다. Joined Cases C－320－322/90, *Telemarsicabruzzo and Others*, [1993] ECR I－393.

는 실제 정황을 진실되게 설명해야 한다"[57]라고 주장하였다. 실제, ECJ가 이렇게
선결적 부탁명령서에 있어서 일정한 제한을 가하는 것은 선결적 판결의 특정부분
의 불필요한 사법심사를 사전에 거부하기 위함이다.

　ECJ가 이렇게 부탁명령서상의 진실된 정보의 상세한 설명을 요구하는 근본적
인 이유는 먼저, 사건의 상황 설명에 대한 정확성의 부족은 선결적 부탁의 거부의
이유가 되기 때문이며, 따라서 국내법원은 이를 상세하게 설명해야 한다.[58] 무엇보
다 ECJ의 선결적 사안에 대한 사법심사는 정확한 사실적 근거를 기초로 진행되어
야 하기 때문이다. 특히 경쟁법상에 제기된 사실적 및 법적으로 복잡한 상황들은
정확한 상황의 설명이 없이는 추상적으로 심사될 수밖에 없기 때문이다. 물론 국내
법원이 제공한 '사건기록'의 정보와 본안소송의 당사자들이 제출한 '서면의견서'는
ECJ가 유용하게 사용할 수 있도록 제공된다. 그러나 이러한 정보와 서면의견서의
제공에 있어서 신중을 기하지 아니한 경우, 이러한 내용이 비합리적일 경우가 있을
수 있고, 이로 인해 ECJ의 선결적 판결이 국내법원의 본안소송에 대한 판결에 유익
하지 못할 위험성이 있다고 할 수 있다. 결국 이러한 경우에는 ECJ와 국내법원과의
협력이 소기의 목적을 달성하지 못하는 결과를 초래하게 되고, ECJ는 다만 단순한
의견을 제공하여 잠정적 효력을 부여하는 판결을 내릴 뿐, 국내법원의 본안소송의
판결에 대하여 거의 기여하지 못하게 된다. 따라서 ECJ는 진실된 정보의 상세한 설
명을 국내법원에 요구하고 있다.

　위와 같은 경우, ECJ는 국내법원의 부탁명령서의 부실을 이유로(ECJ규칙 제92조
(1)에 따라) 선결적 판결의 요청으로서 부적합하다고 판결하였다. 그러나 ECJ는 사실
적 및 법적 사안들의 문맥을 판단하기 위해 국내법원이 제출한 내용이 기술적인 면
에서는 약간 미흡하다고 하면서, 비록 국내법원이 법적 및 사실적인 상황을 설명한
것이 적합하지 않은 경우일지라도 ECJ는 유용한 답변을 제시할 수 있다고 하였
다.[59] 왜냐하면 부탁명령서의 내용설명이 기술적인 면에서는 다소 미흡하지만, 일
면 진실에 근거한 상황의 설명이라고 판단되었기 때문이다.

---

57) *Ibid.*, at I−426, paras.6−7.
58) Case 52/76, *Benedetti* v. *Munari*, [1977] ECR 163, at 182, paras.20−22.
59) Case C−316/93, *Vaneetveld*, [1994] ECR I−763, at I−783−784, para.13.

선결적 부탁의 내용을 상세하게 설명할 것을 요구하는 *Telemarsicabruzzo* 사건
은, 선결적 판결의 요청에 관한 국내법원의 '배타적 관할권'을 완전히 부정하는 것
은 아니고, 다만 국내법원은 본 사건을 ECJ에 '진실'되게 부탁하여야 한다는 것을
의미한다. ECJ가 유용한 해답을 제시할 정도로 부탁명령서에 기술한 사실적 및 법
적 설명은 충분해야 하며, 국내법원은 선결적 판결의 부탁에 있어서 반드시 이러한
법적 전제들 중에 어느 하나를 선택해야할 필요는 없다. 이후에 국내법원은 이러한
ECJ의 견해에 충분히 영향을 받게 되었고,[60] 본 사건의 사실적 및 법적 측면에 관
한 내용을 설명한 후 ECJ의 회신을 기다리게 되었다. 즉 국내법원은 부탁명령서에
서 다양한 전제를 설명하고, 각각의 전제에 있어서 EU법이 어떠한 관련성을 갖는
지를 더욱 명확하게 하기 위하여 선결적 판결을 요청한다. 국내법원은 이러한 보편적
요건을 위하여 본 사건의 모든 내용을 ECJ에 설명해야 한다. 이것이 *Telemarsicabruzzo* 사
건의 핵심적 내용으로, 이를 통해 ECJ와 국내법원 양 법원 간의 진정한 대화가 가
능하게 되었다.

결국 이러한 국내법원의 선결적 부탁명령서에는 선결적 판결을 요청하는 이유
와 함께, 본 사건의 기초가 되는 다양한 사실적 및 국내법적 전제에 대하여 하나
이상의 설명을 포함시켜야 한다. 여기에서 본안소송의 판결을 예측함에 있어 EU법
에 대한 설명은 존재하지 않아도 무관하며, 이러한 EU법과 관련된 사항은 ECJ의
재판관에 의하여 충분한 설명이 가능하기 때문이다. 이러한 과정은 어떤 사건과 관
련된 EU법상의 전제에 대한 법적 쟁점의 폭을 좁히는 국내법원의 첫 번째 직무이
다. 이를 위해서 국내법원은 선결적 부탁을 위해 국내법원에 제소된 본 사건의 사
실적 및 국내법적 측면들을 전체적으로 또는 부분적으로 구별할 수 있어야 한다.
물론 이러한 과정을 통한 선결적 부탁의 결정에 대한 재량권은 전적으로 국내법원
에 한정되어 인정된다. 이렇게 선결적 부탁의 권한을 국내법원에 한정하여 인정하
는 이유는 추후 국내법원이 "EU법은 사실관계 또는 국내법과 관련하여 더 이상 아
무런 관련이 없다"는 사실을 발견하여 ECJ의 판결이 부적절한 판결이 될 수 있기
때문에,[61] 이러한 선결적 부탁에 대한 배타적 권한을 국내법원에 부여하여 선결적

---

60) Joined Cases 36,71/80, *Irish Creamery Milk Suppliers Association* v. *Ireland*, [1981] ECR 735,
at 748, para.8.

부탁에 있어서 '신중'을 기하게 하고, 그 책임을 국내법원에게 부담하게 하여 ECJ와 국내법원 간의 협력이 아무런 결과를 초래하지 못하게 되는 사태를 미연에 방지하기 위함이다.

Ⅳ. 결언

ECJ의 소송제도의 하나인 선결적 부탁절차는 EU의 사법적 통합의 형성과 발전에 크게 기여하였다. EU법과 회원국국내법의 충돌시 EU의 사법기관으로서 '유권해석' 또는 '유효성' 판결을 내려 회원국들이 추구하는 목표인 지역통합을 이루는데 공헌하였으며, 여러 회원국들의 다양한 사법질서로 인한 충돌문제를 극복하여 지역통합의 사법제도화를 확립하였다. 그러나 이러한 선결적 부탁절차를 통한 EU의 사법적 통합에는 몇 가지 한계가 있다. 그런데 이러한 한계는 EU의 사법질서와 회원국의 사법질서에 있어서 다소 혼란을 초래하기도 하였지만 근본적으로 해결할 수 없는 것은 아니며 그 내용을 정리하면 다음과 같다.

첫째, TFEU 제267조는 사실상 국내법원의 선결적 부탁의무를 강제한다고 간주됨에도 불구하고, 국내법원의 선결적 부탁의무가 면제되는 경우가 존재한다. 문제는 어떠한 경우에 선결적 부탁의무가 면제되는가 하는 점이다. 이러한 경우에는 조약상 선결적 부탁의무의 예외가 인정되는 경우가 있고, 기존 판례에 의해 선결적 부탁의무가 면제되는 경우가 있다. 전자와 관련해서는 국가안전보장과 공공질서의 유지에 관한 과거 EC조약 제68조의 적용과 관련하여 국내법원의 선결적 부탁의무가 제외될 수 있고, 이는 TFEU 제267조에 대한 예외규정에 해당한다. 후자와 관련해서는 CILFIT 사건에서 도출된 '명확한 규정의 이론'을 통하여 판례에 의한 선결적 부탁의무가 면제될 수 있다. 그러나 과거 EC조약 제68조에 의한 국내법원의 선결적 부탁의무의 예외는 국내질서의 유지, 국가안전보장을 위한 특별한 경우에만 제한적으로 인정되어야 할 것이다. 또한 CILFIT 사건의 '명확한 규정의 이론'에 의해

---

61) Lenaerts, Arts and Bray, *supra* note 7, p.34.

인정되는 판례에 의한 국내법원의 선결적 부탁의무의 면제는 명백한 경우에만 매우 제한적으로 적용되어야 한다. 왜냐하면 무분별한 선결적 부탁의무의 면제는 TFEU 제267조에 의한 EU의 사법적 통합을 제한 및 위협하는 결과를 발생시킬 수 있기 때문이다. 또한 이러한 '명확한 규정의 이론'의 적용은 TFEU 제267조의 목적을 보다 효과적으로 달성하기 위하여 선결적 부탁의무를 '조절'하는 기능에 해당한다. 국내법원은 ECJ에 선결적 사안을 제기하는 경우 신중을 기하게 되고 가능한 한 국내법원의 책임 하에 자체적으로 본 사안을 해결하고자 노력하게 된다. 이를 통해 EU법적 사안에 관한 국내법원과 ECJ 간의 사법적 판단에 관한 충돌을 사전에 예방할 수 있다. 한편 '명확한 규정의 이론'의 적용은 국내법원이 선결적 부탁의무를 회피하기 위해 본 이론을 남용하는 것을 방지하는 효과가 있다.

둘째, 국내법원은 선결적 부탁을 위한 선결적 사안의 제기에 대한 '관련성'을 판단하는 최상의 지위에 있음에도 불구하고 명백히 부적절한 사안에 대하여 선결적 부탁을 요청하는 경우가 있으며, 어떤 경우에는 허위분쟁이 선결적 부탁으로 요청되는 경우가 있을 수 있다. 그러나 명백히 부적절한 선결적 부탁에 대하여 ECJ는 선결적 부탁의 관련성을 제한하여 당해 선결적 사안을 기각할 수 있다. ECJ는 국내법으로도 분쟁의 해결이 가능했던 *Vlaeminck* 사건, 사적인 목적으로 부탁된 *Falciola* 사건, 선결적 사안에 관한 이유진술의 의무를 충실히 이행하지 않은 *Lourenço Dias* 사건에서 선결적 부탁을 위한 관련성을 부인하여 선결적 부탁을 제한하였다. 한편 *Foglia* v. *Novello* 사건과 같이 허위분쟁이 선결적 부탁절차에 따라 ECJ에 제기되었으나, ECJ는 본 사건의 허위분쟁을 이유로 선결적 판결의 관할권을 기각한 바 있다. 이는 선결적 부탁절차에 있어서 선결적 부탁을 수용해야 하는 ECJ의 남용행위라는 비판이 제기될 수 있으므로, ECJ는 허위분쟁의 판단에 '신중'을 기해야 할 것이다. 선결적 판결 소송에 있어서 '사실관계'의 확정은 원칙적으로 국내법원이 그 판단을 위한 최상의 지위에 있으므로, ECJ는 본안소송의 사실관계에 지나치게 관여해서는 아니 되며 국내법원의 본안판결을 '보조'하기 위해 실질적으로 기여할 수 있는 판결을 내려야 한다.

셋째, 국내법원은 선결적 '부탁명령서'의 제출에 있어서 그 내용을 성실하게 제시해야 하지만 실제 국내법원은 이를 충실하게 이행하지 않는 문제가 있다. 그러나

ECJ는 국내법원으로 하여금 선결적 사안에 대한 진실된 정보를 상세하게 설명할 것을 요구하고 있다. 왜냐하면, ECJ는 이러한 진실되고도 상세한 설명을 한 선결적 부탁명령서를 선결적 판결을 위한 실질적인 '판단의 근거'로 간주하기 때문이다. 또한 ECJ는 이러한 부탁명령서에 상세하게 설명된 내용에 의해 국내법원의 본안판결을 보조하기에 적합한 '유용한 판결'을 내릴 수 있기 때문이다. 선결적 부탁명령서의 충실의 정도에 따라 유용한 판결의 가능성의 정도가 결정된다고 할 수 있다. 이러한 과정을 통해 ECJ와 국내법원은 과거 EC조약 제10조의 협력의 원칙에 의한 유용한 판결에 이르게 된다. 그런데 *Telemarsicabruzzo* 사건에서와 같이 비록 국내법원이 국내정보의 제공에 충실을 기하지 않은 경우가 발생하더라도 ECJ는 EU법의 해석과 유효성이 문제가 된 경우에는 부실한 선결적 부탁명령서의 내용을 보충하여 판결할 수 있다. 무엇보다, ECJ의 재판관은 선결적 사안에 관한 상세한 설명이 결여된 부탁명령서에 대하여 이를 보충할 수 있는 자로 간주되어야 할 것이다. 이를 통해 국내법원은 선결적 부탁명령서의 제출시 보다 많은 신중을 기하게 되고 ECJ와 국내법원 간의 협력이 아무런 결과를 초래하지 못하게 되는 사태를 미연에 방지하게 되어, ECJ와 국내법원은 EU사법질서상의 진정한 협력자로서의 역할과 기능을 수행하게 된다.

제 2 부

경제통상과 법

제8장
상품의 자유이동

Ⅰ. 서언

　　세계무역기구(World Trade Organization: WTO)하의 다자간체제와 함께 자유무역 협정(Free Trade Agreement: FTA)은 보편적인 세계적 현상이며, 이러한 상황에서 한·EU FTA가 체결되고 발효되었다.[1] 그런데 EU의 FTA 정책은 TFEU 제206조(EC조약 제131조)에서 제207조(EC조약 제133조)까지의 공동통상정책(common commercial policy)을 기초로 추진되고 있다.[2] TFEU 제206조에 따라 EU는 WTO의 기조 아래 대내적으로는 회원국들이 무역정책 및 법률의 조화를 통하여 원활한 단일시장(Single Market, 공동시장(Common Market) 또는 역내시장(Internal Market))의 운영을 제도적으로 구축하고, 대외적으로는 역외국가와 효과적인 경제관계를 유지·발전시킴으로써 회원국들의 협상력 제고와 경제적 이익을 도모하고 있다고 볼 수 있다.[3]

---

1) EU는 외부적으로는 WTO를 통한 다자주의를 지향하면서 내부적으로는 동유럽 국가들의 EU신규가입을 통하여 EU의 영역을 확대하였다. 국제사회가 WTO를 통한 다자주의에 있어서 한계를 갖고 있고, EU 신규회원국들의 가입도 어느 정도 마무리되어 가고 있는 현재 EU의 장기발전전략은 여전히 '시장 확대'에 맞추어져 있다고 볼 수 있다. 단지 시장 확대의 초점이 동유럽에서 이제는 세계시장에 대한 선택적 양자주의, 즉 'FTA'와 같은 상호 시장개방을 통한 확대로 전환되고 있다고 볼 수 있다.
2) EU는 EC체제였던 1968년에 대외무역에 대하여 '공동대외관세'를 부과하여 '관세동맹'을 확립하였다.
3) 이강용, "유럽연합의 공동통상정책: EC 133조를 중심으로", 「유럽연구」, 제26권 제2호(2008), p.137

EU가 생각하는 FTA의 경제통합수준은 EU와 같은 단일시장 수준보다는 낮고 다자주의의 체제에 의한 WTO의 개방 수준보다는 높은 수준이라고 할 수 있다. EU 수준의 단일시장이란 표준화, 경쟁원칙, 환경기준, 국가보조금 등에 있어서 모든 규정이 모든 회원국들에게 동일하게 적용되는 것을 말하고, WTO의 개방 수준이란 상품시장 자유화 중심의 시장개방을 의미한다. 그런데 과거보다 한층 강화된 신세대 FTA란 바로 상대방에 대한 시장접근(market access)의 개선을 최우선의 목표로 삼는 것이고, EU도 단순한 관세율 인하로 해결할 수 없는 상대방의 위생검역기준, 환경기준 또는 상거래관행 등 다양한 '비관세장벽'의 문제를 해결하기를 원하는 것이라 할 수 있다. 이에 대한 자세한 내용은 "대한민국과 유럽공동체(리스본조약 발효에 의해 현재는 유럽연합) 및 그 회원국 간의 자유무역협정" 국문본에 있는 제1장(목적 및 일반정의), 제2장(상품에 대한 내국민대우 및 시장접근), 제3장(무역구제), 제4장(무역에 대한 기술장벽), 제5장(위생 및 식품위생조치), 제6장(관세 및 무역원활화), 제13장(무역과 지속가능발전) 등을 통해서도 알 수 있다.

한국과 EU는 제1차(2007.5.7.~5.11.: 서울), 제2차(2007.7.16.~7.20.: 브뤼셀), 제3차(2007.9.17.~9.21.: 브뤼셀), 제4차(2007.10.15.~10.19.: 서울), 제5차(2007.11.19.~11.23.: 브뤼셀), 제6차(2008.1.28.~2.1.: 서울), 제7차(2008.5.12.~ 5.15.: 브뤼셀), 제8차(2009.3.23.~3.24.: 서울) FTA협상을 개최하였다. 제8차 협상 결과 양측 협상단 차원에서 대부분의 핵심 쟁점에 대해 잠정합의에 도달했으나, 관세 환급 등 미해결 정치적 이슈는 4월 2일 영국 런던에서의 양측 통상장관회담에서도 합의에 이르지 못해 최종 타결은 다시 지연되기도 하였다. EU 측에서 볼 때 한국은 역외교역국 중 4위의 규모이며, 한국 측에서 볼 때 EU는 2위의 수출국이자 최대의 외국투자자이다. 따라서 이러한 긴밀한 무역관계에 기초하여 양측 모두에게 이익이 되는 방향으로 협상이 타결되어야 했다. EU는 세계 최대시장으로 이러한 EU와 FTA가 체결되는 경우 한국과 EU 모든 회원국들은 FTA협정의 발효와 함께 단일시장이 되는 셈이다. 이로써 한국 기업들은 EU라는 거대시장에 보다 쉽게 접근할 수 있게 되며, 다른 한편으로 우리나라의 국내시장이나 무역구조에는 향후 큰 변화를 가져올 수도 있다. 따라서

참조.

2009년 10월 15일 한·EU FTA협정 가서명(2010년 10월 6일 정식서명, 브뤼셀)은 매우 의미 있는 일이었다고 평가할 수 있다.

그러므로 여기에서는 위와 같은 한·EU FTA협정의 배경이 되었다고 할 수 있는 EU의 '상품의 자유이동'에 대한 '공동시장'의 법제와 주요 판례를 분석·검토하여, 이러한 이해를 기초로 EU가 상품과 관련하여 자신의 공동시장 수준으로 한국에 시장개방을 요구할 경우 그 대응책을 모색하고자 한다. 이로써 우리나라가 전적으로 수용해야 할 내용은 아니지만 EU가 원하는 시장개방의 수준 또는 정도를 가늠할 수 있을 것이고, 나아가 향후 한·EU FTA협정의 발효로 EU시장과의 교류확대에 따른 각종 법률문제 해결에 기여할 수 있을 것이다.

이와 관련하여 여기에서는 EU공동시장의 여러 분야 중 '상품4)의 자유이동'에 관한 법제와 판례의 검토로 범위를 한정한다. 상품의 자유이동을 방해하는 장벽과 관련하여 TFEU는 '관세장벽'에 대해서는 TFEU 제28조~제30조(역내 관세의 폐지)에 의하여, TFEU 제31조~제32조(관세동맹에 의한 대외공동관세)에 의하여 그리고 TFEU 제110조~제113조(차별적·보호적 내국세의 금지)에 의하여 규율하고 있다. 한편 '비관세장벽'에 대해서는 TFEU 제34조~제37조(수량제한 및 이와 동등한 효과를 갖는 조치의 금지)에 의하여 규율하고 있다. EU는 이를 통하여 역내에서 상품의 자유이동을 완전하게 실현하고자 하고 있으며, 유럽사법법원(European Court of Justice: ECJ)이 이에 대한 판례법을 형성하고 있다. 아래에서는 먼저 EU의 관세동맹과 역내 관세금지의 엄격성에 대하여 살펴본 후, 회원국들 간 수입품에 대한 과세의 문제 그리고 특히 오늘날 주요 논의가 되고 있는 상품의 자유이동에 있어서의 '수량제한'의 문제와 '수량제한과 동등한 효과를 갖는 조치'의 금지에 관하여 살펴보고자 한다. 이를 위하여 TFEU 관련규정을 검토하고 몇몇 주요 사례를 선별적으로 분석·평가하고자 한다.

---

4) 여기에서의 상품(goods 또는 products)의 개념은 광의로 인정되고 있으며, 일반적으로 무역거래의 대상이 될 수 있는 모든 것이 해당된다. 예술적·역사적·고고학적·민속학적 가치를 갖는 상품도 금전적으로 평가되어 거래의 대상이 될 수 있는 한 '상품'에 해당된다. Case 7/68, *Commission v. Italy*, [1968] ECR 423, p.428.

II. EU의 관세동맹과 역내 관세금지의 엄격성

EU는 어느 회원국을 통하여 EU 외부로부터 수입된 상품에 대하여 특별한 이익이 없다는 것을 보장하기 위하여 '관세동맹'(customs union)을 통해 대외공동관세(common external tariff)를 적용하고 있으며, 회원국들 간의 수출·수입에 관해서는 모든 관세부과를 금지하고 있다(TFEU 제28조 1항, 2항). 사람·서비스의 자유이동, 회사설립의 자유 그리고 상품의 자유이동 중 수량제한 금지 영역에서는 '공익적 관점'에서 회원국에게 일정한 예외적 조치를 허용하고 있으나, 관세의 금지에 있어서는 예외를 허용하고 있지 않아 매우 '엄격'하게 적용된다고 할 수 있다.

1. 관세 및 '이와 동등한 효과'를 갖는 과세의 금지

관세의 부담 정도를 불문하고 관세로 부과되는 모든 금전적 부담은 소액일지라도 금지되며, 관세의 명칭 및 적용의 형태를 불문하고 금지된다.[5] 또한 관세가 국산품보호의 효과(차별적·보호적 효과)를 발생시키지 않아도, 관세가 부과된 제품과 경쟁하는 국산품이 존재하지 않아도 그리고 관세징수의 목적을 불문하고 이러한 상황들은 관세부과의 정당화 사유가 되지 아니한다.[6] 예를 들면, 무역통계를 작성할 목적으로 수출입에 부과하는 소액의 부담금도 '관세와 동등한 효과'를 갖는 과세에 해당한다고 하여 금지된다.[7] 그러나 상품의 자유이동을 촉진하기 위하여 수출국에서만 가축의 수출에 필요한 검역을 실시하고 부담금을 부과하는 것(수입국에 대한 검역배제로 인한 1회 검역 실시 정책)은 수출국 측면에서 볼 때 관세와 동등한 효과를 갖는 과세에 해당하지 않는다고 볼 수 있다.[8]

---

5) Case 24/68, *Commission v. Italy*, [1969] ECR 193, para.9.
6) Cases 2 and 3/69, *Sociaal Fonds voor de Diamantarbeiders v. Brachfeld* (*Diamond Workers* case), [1969] ECR 211, paras.15−18; Case 7/68, *Commission v. Italy*, [1968] ECR 423, pp.429−430; Case 24/68, *Commission v. Italy*, [1969] ECR 193, paras.7, 9, 14, 15.
7) *Ibid.*, paras.15−18.
8) Case 46/76, *Bauhuis v. Netherlands*, [1977] ECR 5, paras.40, 41, 52.

2. 회원국들 간 관세부과 금지의 엄격성

TFEU 제30조는 회원국들 간 수출·수입상의 모든 관세를 금지하고 있다. 이에는 '관세와 동등한 효과'를 갖는 일체의 비용(charges)도 포함된다. 이러한 금지는 직접적인 효력이 있으며,[9] 상품이 회원국 국경을 넘어왔다는 사실에 의하여 부과하는 어떠한 형태의 비용에도 적용된다.[10] 이 조항은 아래의 *Sociaal Fonds voor de Diamantarbeiders* (*Diamond Workers* case)[11]사례에서 보는 바와 같이 매우 엄격하게 적용된다.

이 사례에서 벨기에는 수입된 다이아몬드에 0.33%의 과세(levy)를 부과하였다. 벨기에는 이 금전이 Antwerp를 센터로 하고 있는 다이아몬드 세공 산업에 종사하는 노동자들의 복지혜택을 위한 기금마련(Sociaal Fonds voor de Diamantarbeiders)에 사용된다고 주장하였고,[12] 이 과세는 EC조약 제25조(TFEU 제30조)에 반한다는 이유로 SA CH. Brachfeld and Sons(Case 2/69)와 Chougal Diamond Co.(Case 3/69)에 의해 벨기에 국내법원(Vrederechter of the Second Canton of Antwerp)에 제소되어 결국 ECJ에 선결적 결정이 부탁되었다. 이 사건에서 벨기에 정부는 자국 내에서 다이아몬드가 생산되지 않기 때문에 당해 과세는 보호무역의 효과를 갖는 것이 아니었다고 주장하였다.

벨기에는 다이아몬드를 생산하는 국가가 아니다. 만약 벨기에에서 다이아몬드가 생산된다고 가정하면, 수입된 다이아몬드와 벨기에산 다이아몬드는 판매에 있어

---

9) 이러한 직접효력의 첫 번째 사례는 Case 26/62, *Van Gend en Loos*([1963] ECR 1)이다. 유럽 공동체가 설립되었을 때, 처음에는 회원국들 간의 관세의 어떠한 '증가'에 대하여도 이를 금지(관세동결)하였으나, 그 다음단계에서는 관세를 완전히 '철폐'하였다(관세철폐).

10) Case 24/68, *Commission* v. *Italy*, [1969] ECR 193, para.9. ECJ는 엄격한 의미에서의 관세는 아니지만 국경을 넘었다는 사실에 근거하여 부과된 일체의 금전상의 비용을 이와 동등한 효과를 갖는 비용으로 보았다. 그러나 EU법이나 또는 국제협정에 근거하여 요구되는 상품 검사에 필요한 합리적 비용은 예외로 인정하였다. T.C. Hartley, *European Union Law in a Global Context: Text, Cases and Materials* (Cambridge: Cambridge Univ. Press, 2004), p.395 참조.

11) Cases 2 and 3/69, *Sociaal Fonds voor de Diamantarbeiders* v. *Brachfeld* (*Diamond Workers* case), [1969] ECR 211.

12) Paul Craig and Grainne de Burca, *EU Law: Text, Cases, and Materials* (Oxford: Oxford Univ. Press, 2008), p.641.

서 가격 경쟁을 벌이게 된다. 그러나 벨기에에서는 다이아몬드가 생산되지 않으며, 수입을 통해서만 다이아몬드를 구할 수 있기 때문에, 벨기에에서 생산된 다이아몬드와 수입된 다이아몬드 간에는 경쟁이 발생할 여지가 없다. 그러므로 벨기에 정부가 다이아몬드에 세금을 부과하여 수입하더라도 벨기에 내에서는 수입된 다이아몬드만이 거래될 것이고, 이러한 세금 부과는 벨기에 자국의 다이아몬드 산업을 보호하려는 것이 아니므로 보호무역적인 효과가 발생하는 것은 아니다. 따라서 벨기에 정부는 다이아몬드 세공 산업에 종사하는 노동자들의 복지혜택을 위해 부과된 과세는 불법이 아니라고 주장하였던 것이다.

그런데 ECJ에 의하면 어떤 관세도 그것이 금지되는 회원국들 간에는 금지에 관한 일반적이고도 절대적인 원칙에 따라야 하기 때문에, 회원국의 국경을 넘어왔다는 이유로 인하여 상품에 부과되는 아주 적은 금전상의 부담일지라도 상품의 자유이동에 장애를 가져오는 경우에는 관세의 금지를 위반하게 된다.[13] 따라서 벨기에 정부가 수입된 다이아몬드에 부과한 과세는 불법적인 것이다.[14]

결국 TFEU 제30조의 '회원국 상호 간'의 수입품 및 수출품에 대한 모든 관세 및 내국세(단, 국산품과 동등하게 부과되는 내국세는 인정됨)의 금지원칙 규정은 직접적인 효력을 가지며, 또한 이는 어떠한 이유를 불문하고 국경을 넘어온 상품에 대해서는 엄격하게 적용된다고 보아야 한다.

Ⅲ. EU 회원국들 간 수입품에 대한 과세(내국세)의 금지

EU 역내관세의 폐지는 다른 회원국들로부터의 수입품에 대한 '차별적' 내국세, 국산품에 대한 '보호적' 내국세를 함께 금지함으로써 보다 충분하게 달성될 수 있을 것이다. 이것이 TFEU 제110조의 제정 목적이며, 이러한 차별적·보호적 내국세의 금지는 조약상의 '상품의 자유이동'의 장에 포함되어 있지는 않지만, 동 조항은 상

---

13) *Ibid.*, p.642 참조.
14) Cases 2 and 3/69, *Sociaal Fonds voor de Diamantarbeiders* v. *Brachfeld* (*Diamond Workers* case), [1969] ECR 211, paras.11–14, 15–18.

품의 자유이동과 매우 밀접하게 관련되어 있으며, 국산품과 수입품의 '경쟁'과 관련
하여 내국세가 중립적 견지를 취할 것을 보증하고, 관세 및 '이와 동등한 효과'를
갖는 과세의 금지에 관한 규율체계를 보완하고 있다.[15]

1. 차별적 내국세와 보호적 내국세의 금지

1) 차별적 내국세의 금지

TFEU 제110조는 차별적 내국세와 보호적 내국세를 구별하여 금지하고 있다.
TFEU 제110조 1단에 의하여 회원국은 동종의 국산품(similar domestic goods)에 부과
하는 것 이상의 내국세를 다른 회원국의 제품에 '직접적으로' 또는 '간접적으로' 부
과하는 것이 금지된다(차별적 내국세의 금지). 그런데 수입품과 국산품의 과세부담의
평등을 보장하기 위하여 동종제품의 개념은 유연성 있게 해석할 필요가 있으며, 생
산 또는 판매의 동일단계에서 '동종의 성질을 갖거나 또는 소비자의 측면에서 동일
한 필요를 충족시키는 제품'일 경우에는 동종제품으로 간주될 수 있다.[16] ECJ는 위
스키와 코냑에 대해서는 식전 주와 식후 주와의 차이, 맛, 소비자의 습관에 의한 구
별로서 동종성이 부정될 수 없다고 판정하였으며,[17] 과실주(liqueur fruit wine)와 위
스키(whisky)의 동종성은 알코올 함유량 차이 그리고 제조공정에서의 증유와 양조
라는 차이가 있기 때문에 동종성이 부정되었다.[18]

2) 보호적 내국세의 금지

TFEU 제110조 2단에 의하여 회원국은 다른 회원국의 제품에 대하여 국산품을
간접적으로 보호하는 것과 같은 성질의 내국세를 부과하는 것이 금지된다(보호적 내
국세의 금지). 특히 TFEU 제110조(EC조약 제90조) 2단의 규정 목적은 TFEU 제110조

---

15) Craig and de Burca, *supra* note 12, p.648 참조; Case 168/78, *Commission* v. *France*, [1980] ECR 347, paras.4, 6, 25, 29.
16) *Ibid.*, paras.9−10, 29, 36.
17) *Ibid.*, paras.21−23, 29, 31−36.
18) Case 243/84, *John Walker* v. *Ministeriet for Skatter*, [1986] ECR 875, paras.8−14.

1단에서와 같은 국산품과 수입품 간에 '동종성'이 존재하지 않음에도 불구하고, 수입품이 국산품과 '경쟁관계'에 있는 경우에 모든 형태의 간접적인 보호적 내국세를 금지하기 위함이라고 할 수 있다.[19] 즉 수입품과 '동종의 국산품'이 존재하는 경우에는 1단이 적용되고, 수입품과 국산품 간에 '동종성이 없는' 경우에는 2단이 적용된다. 동조 2단은 국산품의 간접적 보호를 금지하고 있으며, 비록 수입품이 국산품과 동종성이 없다 하더라도 이들 상품 간에는 여전히 경쟁관계가 존재할 수도 있기 때문이다. 즉 일정한 상황에서 소비자는 국산품 대신에 수입품을 구매할 수도 있다. 예를 들어, 맥주(beer)와 와인(wine)은 다르지만 만일 어떤 회원국이 다량의 맥주를 생산하는 반면 와인은 조금 혹은 전혀 생산하지 않았고 맥주보다 와인에 보다 높은 세금을 부과했다면, 이는 소비자가 맥주에서 수입 와인으로 전환하는 것을 방해하여 구매를 단념시키게 된다. 이러한 경우에는 TFEU 제110조 2단을 위반하게 된다.[20]

그런데 문제의 두 상품 간에 어떤 '충분한 관련성'이 있든지 간에 TFEU 제110조 2단의 적용은 사실의 문제(question of fact)이다. 1980년 한 사건(Case 170/78, *Commission v. United Kingdom*)에 대한 ECJ의 판결에서 영국 정부는 영국 내에서 맥주와 와인은 서로 다른 환경에서 소비된다고 주장하였다. 오늘날보다는 1980년 관점에서 맥주는 술집에서 주로 소비되는 인기 있는 음료이고, 반면 와인은 보편화되지 않은 특별한 음료였다. 즉 맥주는 인기가 많고 평소에도 많이 찾아서 소비가 많지만 와인은 특별한 날에 소비하기 때문에 수요가 많지 않다는 것이고, 이러한 와인에 대한 세금을 많이 부과하는 것은 큰 문제가 되지 않을 수도 있었다. 그럼에도 불구하고 ECJ는 '현재의 상황'뿐만 아니라 가능한 한 '미래의 경향'도 고려해야만 하기 때문에 TFEU 제110조(EC조약 제90조) 2단이 적용될 수 있다고 판시하였다.[21] 즉 와인은 그 품질과 가격 면에서 현저한 차이가 있어 여러 종류가 있기 때문에, 알코올 농도가 낮고 값이 저렴한 와인과 맥주 사이에는 경쟁관계가 인정될 수 있으므로 보호적 내국세 금지에 관한 TFEU 제110조 2단의 적용이 가능하다는 것이다.[22] 이

---

19) Case 168/78, *Commission* v. *France*, [1980] ECR 347, paras.34, 41.
20) Hartley, *supra* note 10, p.396 참조; Craig and de Burca, *supra* note 12, p.656 참조.
21) Case 170/78, *Commission* v. *United Kingdom*, [1983] ECR 2265, paras.12−24.
22) *Ibid.*, paras.26−28.

사건 이래로 영국에서 증가된 와인의 인기는 ECJ의 관점을 지원하는 데 일조하였다.

2. '간접적 차별'의 내국세 및 '보호적' 내국세의 성질 인정문제

차별적 내국세의 금지는 '직접적 차별'과 '간접적 차별'을 모두 그 대상으로 하고 있다. '직접적 차별'이란, 수입국의 세제가 국산품과 수입품을 구별하여 취급하는 것을 명확하게 규정하고 있는 경우를 말한다. 이에 반해 '간접적 차별'이란, 수입국의 세제 자체에는 국산품과 수입품을 구별하고 있지 않으나, 그 세제의 적용 결과 실제로는 수입품이 국산품보다 과중한 세금 부담을 지게 되어 국산품과의 경쟁에서 불리하게 되는 경우를 말한다. 이처럼 원산지와는 무관하게 객관적 기준에 근거하여 과세되었음에도 불구하고, 결과적으로는 수입품에 대하여 차별적 과세효과가 발생하는 경우에 이는 '간접적 차별'로서 금지된다.[23] 이 문제는 아래의 *Humblot*(French Road Tax case)[24] 사례에서 잘 설명된다.

이 사건 당시 프랑스에는 자동차에 적용할 수 있는 두 종류의 도로세(road tax)가 있었다. 이 두 종류의 도로세는 모두 과세를 위하여 마력(horsepower(CV))에 근거하고 있었다. 즉 프랑스는 자국의 자동차에 CV란 등급을 매기고 그 등급에 따라 차등적으로 자동차의 도로세를 부과하였는데, 차별세(differential tax)에 의하여 16CV까지 점차적으로 세금이 높게 책정되었고, 특별세(special tax)에 의하여 16CV를 초과하는 자동차에 대해서는 모두 동일한 세금이 일률적으로 책정되었다. 그런데 이 일률적 세금은 너무나도 과도해서 문제가 되었고, 더욱이 그 대상은 대부분이 수입차였다. 예를 들면, 1981년 차별세는 최고가 FF1,100인 반면 특별세는 FF5,000이었다. 모든 프랑스산 자동차들은 16CV 이하였고, 모든 16CV를 초과하는 자동차들은 수입품이었던 것이다.[25]

이 사례에서 Michel Humblot 씨는 36CV 등급의 수입차를 구매하였고, 프랑스

---

23) Craig and de Burca, *supra* note 12, pp.649, 653 참조.

24) Case 112/84, *Humblot* (*French Road Tax* case), [1985] ECR 1367.

25) Frank Emmert, *European Union Law: Cases* (The Hague: Kluwer Law International, 2000), p.323.

Belfort 시의 지방법원(Tribunal de Grande Instance)에 세무서장(Directeur des Services Fiscaux)을 상대로 소송을 제기하여 차별세의 최고액과 특별세 간의 차액 환불을 주장하였다. 프랑스 동 지방법원은 이 문제에 대한 선결적 결정을 ECJ에 부탁하였다.

이에 대하여 ECJ는 회원국이 자동차와 같은 생산품에 대하여 정당한 과세목적으로 등급세율의 권한을 행사하여 점진적으로 과세를 증가시키는 도로세 제도를 자유롭게 적용할 수 있음을 인정하였으나,[26] 그러한 국내세제는 어떠한 차별(간접적 차별도 포함)이나 또는 보호적 효과에 해당하지 않을 경우에만 EC조약 제90조(TFEU 제110조)와 양립할 수 있다고 하였다.[27] 그런데 이 사건의 경우 차별세는 점진적으로 증가해도 지나치게 과도하지 않으나, 특별세와 같은 고정세는 최고 높은 차별세의 거의 5배 이상 세율에 해당하여 지나치게 과도하다는 것이 문제였다. 이러한 세제는 비록 원산지에 기초해서는 아무런 직접적·형식적인 차이가 없을지라도 TFEU 제110조에 위반하는 '간접적 차별' 또는 '보호적 성질'이 있음이 명백하다고 할 수 있다. 왜냐하면 특별세의 의무를 결정하는 세율책정이 특히 다른 회원국들로부터의 '수입차'에 대해서만 일정한 수준에서 '일률적으로' 고정되어 있기 때문이다. 반면 모든 국내산 자동차들은 분명히 월등히 유리한 차별세의 적용을 받게 되어,[28] 특별세는 국내산 자동차에 대한 경쟁을 상당히 감소시키는 무역장벽의 원인이 되었던 것이다.[29] 즉 엔진마력의 크기라는 객관적 기준은 제품의 원산지와는 무관한 것으로 세액의 구분에 사용될 수 있으나, 결과적으로 최고세액이 적용되는 기준은 수입차만 적용되도록 설정되어 있기 때문에, 이러한 프랑스의 세제는 EC조약 제90조(TFEU 제110조)를 위반하는 것으로 '간접적 차별의 내국세'와 '보호적 내국세'의 성질을 갖고 있다고 ECJ는 판시하였던 것이다.

---

26) Case 112/84, *Humblot* (*French Road Tax* case), [1985] ECR 1367, para.12.
27) *Ibid.*, para.13.
28) *Ibid.*, para.14.
29) *Ibid.*, para.15; Case C−265/99, *Commission* v. *France*, [2001] ECR I−2305, paras.40~51; Case C−393/98, *Gomes Valente*, [2001] ECR I−1327, paras.20−44.

Ⅳ. 상품의 자유이동에 있어서의 '수량제한과 동등한 효과'를 갖는 조치의 금지

1. 수량제한의 금지에 관한 개관

단순히 관세 및 '이와 동등한 효과'를 갖는 과세의 금지를 통해서는 EU가 목표로 하고 있는 공동시장의 완성이 불가능하다고 할 수 있다. 왜냐하면 회원국들은 다른 회원국들로부터의 특정 상품 수입 '총량'을 제한할 수도 있기 때문이다. 이런 이유로 TFEU 제34조(EC조약 제28조, 구 제30조)와 제35조(EC조약 제29조, 구 제34조)를 통하여 수입품 및 수출품에 대한 '수량제한'(quantitative restrictions) 및 '이와 동등한 효과'를 갖는 조치의 금지(현재는 단순한 수량제한이 아닌 '이와 동등한 효과'를 갖는 조치의 금지가 주요 문제가 되고 있음)를 규정하고 있다. 수입과 수출에 있어서의 수량제한은 국제통상에 있어서 비관세장벽으로 사용되는 전통적인 방식으로, EU는 이러한 수량제한을 폐지하기 위하여 '수입'과 '수출'의 경우를 모두 규율하고 있다.[30]

그러나 TFEU 제34조와 제35조는 그 적용이 엄격하고 원칙적이므로, TFEU 제36조는 허용되는 국내조치를 한정적으로 열거해 규정함으로서 이러한 특정한 경우에는 무역에서의 임의적이고도 독단적인 자의적 차별(arbitrary discrimination)이나 또는 위장된 제한조치(disguised restriction)로 간주하지 아니한다. 따라서 공중도덕(public morality), 공공정책(public policy) 또는 공공안보(public security), 인간·동식물의 생명과 건강의 보호(protection of the health or life of human), 예술적·역사적·고고학적 가치가 있는 국보의 보호, 산업적·상업적 재산권의 보호를 위한 조치는 TFEU 제36조의 예외적 허용범주에 해당된다. 앞에서 살펴본 관세장벽의 폐지는 절대적인 사항이기 때문에 그 예외를 검토할 필요가 없지만, 수량제한과 같은 비관세장벽은 일정한 '공익상의 이유'에 의해 정당화되기 때문에 금지의 예외를 검토할 필요가 있는 것이다.

---

30) 채형복, 「유럽연합법」(파주: 한국학술정보, 2005), p.187 참조.

2. TFEU 제34조(수입)상의 '수량제한과 동등한 효과'를 갖는 조치의 인정 문제

ECJ는 수량제한과 '동등한 효과를 갖는 조치'의 개념을 가능한 한 광의로 해석하여 왔다. 제품을 원산지에 따라 구별하는 회원국의 차별적 규제, 제품에 적용되는 규제내용(예를 들면, 제품에 대한 기술적 규격 등)의 상이함 등 이러한 것들이 '수량제한과 동등한 효과를 갖는 조치'로 인정될 수 있는 것이다. 후자는 전자만큼 차별적 규제가 직접적이지는 않지만 통상을 제한하는 효과를 발생시킬 수 있기 때문에 이러한 종류의 통상장벽도 상품의 자유이동을 보장하기 위해서는 폐지해야 하는 것이다.[31]

아래에서는 TFEU 제34조에 따른 상품 수입시 '수량제한과 동등한 효과를 갖는 조치'의 인정 문제에 관한 ECJ의 주요 사례를 살펴보고자 한다.

1) Procureur du Roi v. Dassonville 사례:[32] '수량제한과 동등한 효과'를 갖는 조치의 포괄적 인정 첫 사례

이 사례에서 Gustave Dassonville 씨는 프랑스로부터 벨기에로 Scotch whisky를 수입하였는데, 당시 벨기에에서 이러한 위스키 수입업자는 영국 세관당국이 벨기에 수입업자에게 발행한 '인증서'[33]를 제출해야 하였으나, 이 위스키를 영국으로부터 직접 수입하지 않았기 때문에 그러한 인증서를 확보하는 것이 매우 어려웠다. 그래서 그는 이 위스키를 인증서 없이 판매하였고, 결국 검사(Procureur du Roi)에 의해 형사 기소되었으며, EU법상의 상품의 자유이동을 근거로 자신은 정당하다며 무죄를 주장하였다.[34] 이에 벨기에 국내법원(Tribunal de Premiere Instance of Brussels)은 이 문제에 대한 선결적 결정을 ECJ에 부탁하였다.

---

31) 채형복, 앞의 책(각주 30), p.191 참조; Craig and de Burca, *supra* note 12, pp.714−717 참조.
32) Case 8/74, *Procureur du Roi v. Dassonville*, [1974] ECR 837.
33) 수입되는 상품이 특정 국가를 원산지로 하고 있다는 증명(소위 원산지 증명서)은 동 상품으로 인하여 유럽공동체 내부의 상거래가 직·간접적으로 또는 실제적·잠재적으로 교란되는 것을 방지하기 위하여 요구된다. 채형복, "EU법상 상품의 원산지의 개념에 관한 연구",「국제법학회논총」, 제43권 제1호(1998.6), p.276 참조.
34) Emmert, *supra* note 25, p.237.

이에 대하여 ECJ는 회원국들 간의 역내거래에 방해가 될 수 있는 회원국들의 모든 무역규제조치들은 그것이 '직접적이든 간접적이든 또는 실제적이든 잠재적이든' 관계없이 '수량제한과 동등한 효과'를 갖는 조치로 간주될 수 있다고 판시하였다.[35]

이 사건에서 ECJ는 어떤 경우에 수량제한에 해당되는지에 대한 범위를 '광의'로 해석하였다는 데 의의가 있다. 그리고 상품에 대한 '쿼터'의 부과나 또는 '전면적 금지'를 부과하는 조항은 수입을 방해하는 범주에 해당한다고 하였다. 더욱이 이들 조항은 그것이 '직접적이든 간접적이든 또는 실제적이든 잠재적이든' 관계없이 위반의 범주에 포함시키기에 충분하다는 것이다. 벨기에의 법규는 Scotch whisky가 프랑스에 수입된 후 프랑스에서 구입하는 것보다 영국에서 직접 구입하는 것을 보다 쉽게 규율할 수 있었기 때문에 양자를 동일하게 규율하고자 하였으나, 이러한 벨기에의 법규는 무역의 다양한 경로에 대한 간과를 초래하였던 것이다.

2) *Rewe−Zentral AG* v. *Bundesmonopolverwaltung für Branntwein*(*Cassis de Dijon* case) 사례:[36] '수량제한과 동등한 효과'를 갖는 조치의 엄격한 적용과 관련하여

이 사례에서 Cassis de Dijon은 향료나 감미료를 넣은 강한 술로, 프랑스에서 생산되는 리쾨르(fruit liqueur)인데, 독일에서는 그러한 종류의 리쾨르는 브랜디독점법(Branntweinmonopolgesetz) 제100조에 의거해 25%의 최소알코올함량을 준수해야만 하였다. 독일의 모든 리쾨르는 그러한 최소알코올함량을 갖고 있었으나, 대부분 프랑스 리쾨르는 보다 낮은 알코올함량을 갖고 있었고, Cassis de Dijon은 15~20%의 알코올함량을 갖고 있었다. 그 결과 Cassis de Dijon은 독일에서 판매될 수 없었고,[37] 이에 항의하기 위한 Rewe−Zentral AG의 연방브랜디독점행정청(Bundesmonopolverwaltung für Branntwein)을 상대로 한 독일에서의 소송은 결국 독일재정법원(Hessisches Finanzgericht)에 의해 선결적 결정을 위하여 ECJ에 부탁되었다.

그런데 알코올의 제조와 판매에 관한 EU 차원의 공동규범이 부재하는 경우,

---

35) Case 8/74, *Procureur du Roi* v. *Dassonville*, [1974] ECR 837, para.5.
36) Case 120/78, *Rewe−Zentral AG* v. *Bundesmonopolverwaltung für Branntwein*(*Cassis de Dijon* case), [1979] ECR 649.
37) Emmert, *supra* note 25, p.242.

회원국들은 자국 영토에서 알코올이나 알코올음료의 제조 및 판매에 관한 모든 사항들을 규율할 수 있다. ECJ도 문제가 된 상품의 제조 및 판매에 관한 회원국 국내법률들의 다양성으로 인하여 초래되는 EU내 상품의 자유이동 장애물들은 그러한 국내법규정들이 특히 재정 관리의 효과, 공중보건, 상업적 거래의 공평, 소비자보호와 관련된 요건을 충족하기 위하여 필요한 경우에는 인정될 수 있다고 판시하였다.[38]

이에 본 사건에서 독일 정부는 프랑스산 Cassis de Dijon에 대한 국내 판매금지조치를 정당화하기 위하여 두 가지를 주장하였는데, 첫 번째 주장은 다소 놀랍게도 최소알코올함량의 요구는 '공중보건'에 필요했다는 것이다. 즉 음주가들은 고알코올함량보다는 저알코올함량의 알코올음료를 통하여 보다 쉽게 알코올에 중독될 수 있다는 주장이었는데, ECJ는 어렵지 않게 이러한 주장을 기각하였다. 독일 정부의 두 번째 주장은 '소비자보호'에 근거를 두고 있었다. 즉 저알코올함량음료는 고알코올함량음료에 부과되는 알코올에 대한 높은 세금 때문에 상대적으로 불공정한 이득을 얻게 되고, 독일산 고알코올음료를 음용하는 소비자들에게는 경제적 불이익이 발생하게 된다는 것이다.[39] ECJ는 이러한 주장 역시 기각하였다. 결국 문제는 상품무역에 장애가 있어서는 아니 되고 알코올음료의 병에 알코올함량이 표시되어야 한다는 단순한 문제로 귀결되었고, 상품의 선택은 소비자의 몫이라는 것이다.[40]

이와 같은 이유로 알코올음료의 최소알코올함량 요구는 EU 기본 원칙의 하나인 '상품의 자유이동'보다 우선될 수 없다는 것을 알 수 있다. 따라서 알코올음료의 판매를 목적으로 회원국규범이 부여한 최소알코올함량의 요구(독일에서는 25%의 최소알코올함량 요구)는 일방적인 요구로서, 이는 EU역내 무역에 장애를 초래하는 것으로 TFEU 제34조 규정과 양립할 수 없고, 따라서 독일의 최소알코올함량의 요구에 관한 법률은 EC조약(TFEU)에 위배되는 것이다.[41]

---

38) Case 120/78, *Rewe-Zentral AG v. Bundesmonopolverwaltung für Branntwein*(*Cassis de Dijon* case), [1979] ECR 649, para.8.
39) *Ibid.*, paras.9-11.
40) *Ibid.*, paras.12-13.
41) *Ibid.*, para.14.

3) *Keck and Mithouard* 사례:[42] '수량제한과 동등한 효과'를 갖는 조치의 제한적 인정을 위한 유형적 접근방식과 관련하여

이 사례에서 Bernard Keck과 Daniel Mithouard는 독일과의 국경에 인접한 Strasbourg 시의 프랑스 소매상으로, 이들은 맥주·커피 등 상품을 고객에게 실제 구입가격 이하의 가격으로 판매하였는데, 프랑스 국내법은 소매상인의 '염가판매'(resale at a loss)를 금지하고 있었다.[43] 이는 슈퍼마켓이 '소매상인'이 파산할 때까지 가격경쟁을 하여 이들 소매상인을 사업에서 몰아내는 사태를 방지하기 위한 조치라고 할 수 있다. 즉 프랑스의 입법취지는 '판매방식'상 소매상인들이 지나친 가격경쟁으로 인하여 파산되는 것을 방지하기 위한 것이라고 할 수 있다. 그런데 이 두 사람은 염가판매를 하였고, 위반혐의로 Strasbourg 시의 지방법원(Tribunal de Grande Instance)에 의해 형사 기소되었다. 이에 두 사람은 프랑스 국내법이 EC조약 제28조(TFEU 제34조)를 위반하여 역내 공정무역에 있어서의 수량제한의 금지에 해당한다고 주장하며, 프랑스의 염가판매 금지입법으로 인해 프랑스 상점이 특히 독일과의 국경지대에서 이와 같은 염가판매규제가 없는 독일 상점과의 경쟁에서 불리하게 되었다고 주장하였다. 이 문제는 선결적 결정을 위하여 ECJ에 부탁되었다.

이에 대하여 ECJ는 이 사건에서의 염가판매에 대한 일반적 금지를 규정한 회원국의 국내조치는 회원국들 간 상품의 공정무역을 위해 의도(계획)된 것이 아니라고 하였다.[44] 그러한 입법은 분명 다른 회원국으로부터 수입되는 상품의 판매량을 제한하여 무역업자에게서 판촉 방법(method of sales promotion)을 빼앗은 것임에는 틀림이 없다. 그러나 문제가 된 프랑스의 입법행위가 TFEU 제34조상의 수입품에 대한 '수량제한과 동등한 효과'를 갖는 조치로서 인정될 가능성이 있는지에 관해서는 검토할 필요가 있다.[45] ECJ는 그러한 국내조치가 다른 회원국으로부터의 '수입품'

---

42) Cases C-267 and 268/91, *Keck and Mithouard*, [1993] ECR I-6097; David O'Keeffe, *Judicial Review in European Union Law*(The Hague: Kluwer Law International, 2000), pp.548-553.
43) 동 프랑스 국내법(No.63-628, 2 July 1963) 제1조는 No.86-1243(1 December 1986) 제32조에 의하여 개정되었다. 단, 특별한 경우에는 그 예외를 인정하였는데 유통기한에 도달한 상품과 같은 경우가 그 예에 해당된다. Hartley, *supra* note 10, p.402 참조.
44) Cases C-267 and 268/91, *Keck and Mithouard*, [1993] ECR I-6097, para.12.
45) *Ibid.*, para.13.

을 특정한 목적으로 하지 않음에도 불구하고 그러한 조치가 무역업자 자신들의 '상업적 자유'를 제한하는 효과를 가져 온다고 주장하여 TFEU 제34조에 호소하는 경향이 증대됨에 따라 이 문제에 대한 ECJ의 판례를 재검토하여 분명히 할 필요가 있다고 생각하였다.

1979년 *Cassis de Dijon* 판결을 통하여 형성된 판례법에 의하면 다른 회원국에서 합법적으로 제조 및 판매되는 상품에 적용되는 명칭, 형태, 크기, 중량, 구성, 라벨링, 포장 등과 관련된 내용이 어떤 회원국에서는 규제의 대상이 되는 경우, 이는 상품의 자유이동을 방해하는 것이고 TFEU 제34조가 금지하고 있는 '수량제한과 동등한 효과'를 갖는 조치에 해당하게 된다.[46] 그런데 이 사건에서는 '수량제한과 동등한 효과'를 갖는 조치의 인정에 대한 기존 광의의 해석 판결과는 달리 동 사건과 같이 소매상인들의 지나친 가격경쟁으로 인한 파산을 방지하기 위하여 심사숙고한 입법취지에 따라 특정 판매방식(여기서는 과도한 염가판매)을 제한하거나 금지하는 국내규정은 회원국들 간의 공정무역을 '직접적으로든 간접적으로든 또는 실제적으로든 잠재적으로든' 방해하는 '수량제한과 동등한 효과'를 갖는 조치에 해당하지 않는다고 본 것이다. 이들 국내규정들은 자국의 영역 내에서 '모든 관련 있는 무역업자'에게 적용되는 한 그리고 이러한 국내규정들이 법적으로 그리고 실제적으로 국산품의 판매와 수입품의 판매에 '동일한 방식'으로 영향을 미친다면, 이는 TFEU 제34조(EC조약 제28조)를 위반하는 행위가 되지 않는다는 것이다.[47] 따라서 ECJ는 프랑스의 염가판매금지에 관한 입법은 TFEU(당시의 EC조약)에 위배되지 아니한다고 판시하였다.[48]

이 사건에서 ECJ는 기존의 1974년 *Dassonville* 판결내용에 일부 변화를 가져오면서 회원국의 특정한 판매조건이 당해 국가에서 영업하는 모든 무역거래 주체들에게 '차별 없이' 적용되고, 법률상 및 사실상 국산품이나 수입품을 불문하고 '동일한 방식'으로 영향을 미친다면, 그러한 판매조건에 대한 국내조치는 기존 판결에서 금지되었던 '우회적 수량제한조치'에 해당되지 않는다고 판시한 것이다.

---

46) *Ibid.*, para.15.
47) *Ibid.*, para.16.
48) *Ibid.*, para.17.

그리고 이 판결은 '수량제한과 동등한 효과'를 갖는 조치의 개념을 기존 판례보다 '협의'로 해석한 것으로 TFEU 제34조의 적용범위를 제한하는 결과를 가져오는 것이다. 이 판결에 의한 기존 판례의 변경은 TFEU 제34조의 적용범위를 확정함에 있어서 기존에는 ECJ가 '각 사안마다' 역내통상행위에 대한 영향을 평가하였으나, 이제는 보다 명확한 기준에 따른 '판매방식'과 같은 '유형적 접근방식'으로 그 적용범위를 확정할 수 있도록 전환시켰다는 데 의미가 있다. 그러나 이 사건 판결에 의한 유형적 접근방식은 그 기준의 명확화에는 기여하였지만, 이로 인하여 원칙적으로 금지되어야 하는 내용을 '수량제한과 동등한 효과를 갖는 조치'로부터 배제시킬 위험성을 수반하고 있다. 무엇보다 이 판결에 대하여 우호적인 분위기가 형성되어 있지 않다는 점이 있고, 이 판결 이후의 판매방식에 대한 사례들[49]에서도 이 판결과 같은 취지의 판결을 내린 사례가 거의 없으며, 결국에는 그러한 판매방식에 대한 대부분의 국내조치가 '수량제한과 동등한 효과를 갖는 조치'로 판정되었다는 점이다.

4) *Alfa Vita Vassilopoulos AE* 사례:[50] '수량제한과 동등한 효과'를 갖는 조치의 포괄적 인정으로서의 기본 원칙과 관련하여

이 사건은 두 슈퍼마켓 상인인 원고 Alfa Vita Vassilopoulos AE(Case C-158/04)와 Carrefour Marinopoulos AE(Case C-159/04)가 그리스 Ioannina 지방당국(Elliniko Dimosio, Nomarkhiaki Aftodiikisi Ioanninon)의 'bake-off'(정확하게는 'fully or partially pre-baked and frozen products'를 의미하지만 ECJ는 단순히 'bake-off'라는 용어를 사용하였다)[51]제품의 판매금지처분에 반발하여 소송을 제기한 사건이다.

그리스 Ioannina 지방당국은 국내법률[52]에 의하면 제빵설비를 갖추고 지방당국이 발급하는 관련 자격증을 발급받아야 영업행위가 가능하고, 관련 법률에 의하면 거실공간을 비롯해 통풍, 조명, 기계설비, 오븐, 냉각기, 고체연료창고, 밀가루창

---

49) Joined Cases C-34, 35, 36/95, *de Agostini*, [1997] ECR Ⅰ-3843; Case C-189/95, *Franzen*, [1997] ECR Ⅰ-5909; Case C-405/98, *Gourmet*, [2001] ECR Ⅰ-1795; Joined Cases C-158, 159/04, *Alfa Vita Vassilopoulos AE*, [2006] ECR Ⅰ-8135.

50) *Ibid.*

51) *Ibid.*, para.1.

52) FEK A'309, FEK A'113, FEK A'186.

고, 외투류(휴대품)보관소, 용기세척기, 화장실 등 상세한 부분까지 요구하고 있는
데, 이와 관련된 자격증 발급의 권한을 가진 지방당국의 지사로부터 자격증을 취득
해야 비로소 영업이 허용된다는 것이다.[53] 아울러 그리스 지방당국은 2001년 2월
28일 관련 부서(Ministry of Development)의 공보[54]를 통하여 'bake-off'제품에 대해
언급하였고, 이 제품판매방식을 사용하기 위해서는 사용자가 자격증을 취득하도록
법적으로 규정하고 있음을 공표하였다고 주장하였다.[55] 이러한 공보에 따라 그리스
의 Ioannina 지방당국이 당 사안의 원고인 두 슈퍼마켓을 조사한 결과, 위에서 언급
한 'bake-off'제품의 제조판매에 관한 자격증이 없이 'bake-off'시스템을 사용한
것이 밝혀졌고, 이에 지방당국은 두 슈퍼마켓에 대하여 영업중지를 결정하였다.[56]

이에 원고인 두 슈퍼마켓 주인은 이와 같은 그리스 지방당국의 영업중지 명령
이 TFEU 제34조(EC조약 제28조)에서 금지하고 있는 '수량제한과 동등한 효과를 갖는
조치'에 해당한다고 주장하여 그리스 국내법원(Diikitiko Protodikio Ioanninon)에 소송
을 제기하였고, 피고인 지방당국은 이러한 원고들에 대한 규제조치는 TFEU 제36조
에 해당하는 예외적 행위로서 소비자들의 생명과 건강에 대한 보호를 위한 차원에
서 행하여졌다고 항변하였다.[57] 이에 그리스 국내법원은 2003년 11월 10일, 26일의
법원결정에 따라 2004년 3월 29일 이 사건에 대한 선결적 결정을 ECJ에 부탁하였다.

이에 대하여 ECJ는 2006년 9월 14일 첫째, 'bake-off' 제품판매를 위한 그리스
지방당국의 자격증 요구가 TFEU 제34조에서 금지하는 '수량제한과 동등한 효과'를
갖는 조치에 해당하는지, 둘째, 만약 '수량제한과 동등한 효과'를 갖는 조치에 해당
되나, 이것이 규제의 대상인 제품의 품질이나 공중보건과 소비자보호를 위한 조치
로서 인정될 수 있는지(TFEU 제36조(EC조약 제30조) 예외적 허용요건의 해당 여부), 셋째,
위에 언급한 제한이 국내와 유럽공동체 간에 차별 없이 적용되는 경우에 이러한 제
한이 직·간접적이거나 실제적 또는 잠재적인 경우에도 EU의 상품의 자유이동에
방해가 되는지에 대하여 판시하였다.[58]

53) Joined Cases C-158~159/04, *Alfa Vita Vassilopoulos AE*, [2006] ECR I-8135, paras.5-8.
54) Bulletin No F 15(F17.1)/4430/183.
55) Joined Cases C-158~159/04, *Alfa Vita Vassilopoulos AE*, [2006] ECR I-8135, para.9.
56) *Ibid.*, para.10.
57) *Ibid.*, para.11.

첫째, ECJ는 'bake-off'제조방식의 특성상 완전 또는 부분적 제조 후 판매처로 배송되어 그 자리에서 '약간의' 제빵과정이나 가열만으로 제품을 완성하여 판매하는 것을 주시하였고, 이러한 사정 하에서 그리스 당국이 주장하는 모든 규제내용을 수용하는 것은 실제로는 힘들 수 있다는 점을 인정해 이러한 국내규제가 '수량제한과 동등한 효과'를 갖는 조치로서 EU의 상품 '수입'에 대한 사실상의 비관세장벽 형태로서 EC조약 제28조(TFEU 제34조)에 위반된다고 판시하였다.[59)]

둘째, ECJ는 관련 국내규제조치는 단지 제조방법을 규정하는 것으로 EU 내의 상품의 자유이동을 방해하는 행위가 아니라는 피고의 주장을 배척하였다. 다만 피고가 내세운 식품학자의 증언[60)]과 반죽을 만들어 이동하는 과정에서 생기는 곤충, 바이러스 등에 의한 감염의 문제에 대해서는 그 타당성을 인정하였다.[61)] 그러나 이는 자격증 취득을 요건으로 규정한 후 영업정지라는 방법을 동원하지 않고, 라벨을 붙이거나 하는 방식으로 소비자들로 하여금 즉석제품방식과 'bake-off'방식을 구별하게 할 수 있는 다른 방법을 사용하여도 본래 목적을 달성할 수 있다는 점에서 그리스 지방당국의 규제수단이 지나치다고 보았다.[62)] ECJ는 이러한 규제조치가 정당화되기 위해서는 그 수단이나 방법이 소비자의 건강을 위하여 필요하고 또한 적절한 방식으로 취해져야 한다고 하였고,[63)] 따라서 그리스 지방당국의 규제조치는 일면 공중보건과 소비자보호를 위한 조치로 볼 수 있으나, TFEU 제36조가 인정하는 정당화 사유라고 볼 수 없다고 판시하였다.[64)]

셋째, ECJ는 상품의 자유이동은 TFEU의 가장 본질적인 부분으로 TFEU 제34조를 통한 상품의 자유이동의 보장의 중요성을 강조하며, TFEU 제34조의 수량제한 및 '이와 동등한 효과'를 갖는 조치의 금지는 해당 규제조치가 직접적이든 간접적이

---

58) *Ibid.*, para.12.

59) *Ibid.*, paras.19-20, 27.

60) 'bake-off'제조판매방식은 소비자들로 하여금 제품이 신선하다는 오해를 불러일으키는데, 그 보다 중요한 사실은 비타민이 파괴될 수 있고 그 물질도 변화가 될 수 있기 때문에 공중보건과 소비자보호를 중시하여야 한다. *Ibid.*, para.24.

61) *Ibid.*, para.26.

62) *Ibid.*, para.25.

63) *Ibid.*, para.22; Case C-463/01, *Commission v. Germany*, [2004] ECR Ⅰ-11705, para.78; Case C-309/02, *Radlberger Getränkegesellschaft and S. Spitz*, [2004] ECR Ⅰ-11763, para.79.

64) Joined Cases C-158~159/04, *Alfa Vita Vassilopoulos AE*, [2006] ECR Ⅰ-8135, para.23.

든 또는 실제적이든 잠정적이든 불문하고 모든 범위를 포괄한다고 판시하였다.[65]

ECJ는 기본적으로 TFEU 제34조에 따라 회원국 간의 수입·수출에 대한 수량제한과 '이와 동등한 효과'를 가지는 조치에 대하여 가능한 한 '광의'로 해석해 왔다. ECJ는 수량제한과 '이와 동등한 효과'를 갖는 조치의 기본적 정의를 1974년 *Dassonville* 사건에서 확립하여, 역내무역을 직접적 또는 간접적으로, 실제적 또는 잠재적으로 방해할 수 있는 회원국의 모든 통상규제조치는 '수량제한과 동등한 효과'를 갖는 조치로 간주된다고 보고 있다. 다만 이러한 기존 광의의 해석이 *Keck and Mithouard* 사건에서 다소 변경을 가져왔으나, '판매방식'에 관하여 보다 명확하게 '유형적'으로 접근하여 상품의 자유이동의 예외를 역시 신중하게 판단하고자 했던 것으로 볼 수 있다. TFEU 제36조에 의한 예외적 정당화 사유도 EU공동시장의 상품의 자유이동이라고 하는 원래 목적을 중시하여 최대한 보장해야 하고, 공익적 관점과 충돌하는 경우 그 목적과 수단의 균형을 고려하여 합리적으로 결정되어야 하기 때문이다.

따라서 이 사건에서 그리스 지방당국의 규제조치는 TFEU 제36조에 의하여 정당화되지 않으며 TFEU 제34조의 '수량제한과 동등한 효과'를 갖는 조치에 해당하여 EU법에 위배된다고 한 ECJ의 결정은 타당하다고 볼 수 있다. 이러한 ECJ의 견해는 EU공동시장 질서를 회원국 국내시장 질서의 상위질서로 보는 것이며, 매우 제한적인 부득이한 경우에만 예외를 허용하는 것으로, 이를 합리성 이론으로 설명하고 있으나 실제로는 EU의 통합을 강화하고자 하는 것으로 이해할 수 있을 것이다.

5) 소결

위의 사례들에서 살펴보았듯이 ECJ는 '수량제한과 동등한 효과'를 갖는 조치의 개념을 가능한 한 협의가 아닌 '광의'로 해석하여 왔다. 수량제한과 동등한 효과를 갖는 조치의 기본적인 개념은 *Procureur du Roi* v. *Dassonville* 사건에서 확립되었는데, 이 판결에 의하면 역내무역을 '직접적으로 또는 간접적으로, 실제적으로 또는 잠재적으로' 방해할 수 있는 회원국의 모든 통상규칙은 '수량제한과 동등한 효과'를

---

65) *Ibid.*, para.15; Case C-192/01, *Commission* v. *Denmark*, [2003] ECR Ⅰ-9693, para.39; Case C-366/04, *Schwarz*, [2005] ECR Ⅰ-10139, para.28.

갖는 조치로 간주되어야 한다고 하였다. 이후 이러한 ECJ의 원칙은 *Rewe -Zentral AG v. Bundesmonopolverwaltung für Branntwein*(*Cassis de Dijon* case) 사건을 통하여 보다 확고해졌는데, 이 사건에서 ECJ는 알코올음료 판매에 있어서 최소알코올함량 요구는 EU 기본 원칙의 하나인 상품의 자유이동보다 우선될 수 없다고 하였다.

그러나 *Keck and Mithouard* 사건은 기존의 ECJ의 판례에 다소 변경을 가져왔는데, 이 사건에서 논란이 되었던 것은 '판매방식'의 유형화에 관한 것이었고, ECJ는 소매상의 염가판매금지를 규정한 프랑스의 입법은 그 취지에 의거해 볼 때 TFEU 제34조에 위배되지 않는다고 판시하였다. 그러나 이 판결에 의한 판매방식이라고 하는 '유형적 접근방식'은 나름대로 그 기준의 명확화에는 기여한 듯하지만, 이로 인하여 원칙적으로 금지되어야 하는 내용을 '수량제한과 동등한 효과'를 갖는 조치로부터 배제시킬 위험성을 수반하고 있다. 무엇보다 이 판결에 대하여 우호적인 분위기가 형성되어 있지 않다는 점이 있고, 이 판결 이후의 판매방식에 대한 사례들에서도 이 판결과 같은 취지의 판결을 내린 사례가 전무하며, 결국에는 판매방식에 대한 국내조치가 '수량제한과 동등한 효과'를 갖는 조치로 판정되었다는 점이다. 이 사건 직후의 판례와 2006년의 *Alfa Vita Vassilopoulos AE* 판결에서도 ECJ는 결국 EU 내에서의 시장접근성, 상품의 자유이동을 원칙적으로 보장하기 위하여 관련 국내조치를 '수량제한과 동등한 효과'를 갖는 조치로 보아 그 인정 범위를 '광의'로 해석하였다고 할 수 있다.

3. TFEU 제35조(수출)상의 '수량제한과 동등한 효과'를 갖는 조치의 인정 문제

수입에 대한 수량제한이 국가가 국내 산업을 보호하기 위한 수단으로서 일반적으로 사용하는 것인 데 비해, 국가가 '수출'시 수량제한을 꾀할 필요는 일반적으로 많지 않으므로 TFEU 제35조(EC조약 제29조)에 관한 판례는 TFEU 제34조에 관한 판례만큼 많지 않다고 할 수 있다. 수출시 '수량제한과 동등한 효과'를 갖는 조치에 관한 예로는 *The Queen v. MAFF, ex parte Hedley Lomas*(*Ireland*) *Ltd* 사례[66]가 있다. 한편 이 사례는 수량제한 및 '이와 동등한 효과'를 갖는 조치를 규율하기 위

한 조화지침의 효과를 잘 보여 주고 있다.[67]

이 사례에서 영국 정부는 몇몇 회원국들 내에서 사용되는 잔인한 가축도살방식에 대하여 많은 염려를 하였고, 이러한 관심과 염려에 의해 EC는 1974년에 이사회 지침 74/577(Council Directive 74/577, OJ 1974, L316, p.10)을 채택하여, 동 지침 제1조와 제2조에서 잔인한 가축도살방식에 반대하여 "도살 전에 가축을 기절시켜야 한다."는 내용을 규정하여 회원국들이 이를 보장하도록 국가책임을 부여하였다. 이에 스페인 정부는 동 지침을 이행하기 위하여 가축 도살 전 기절시킬 것을 의무화하였으나(Royal Decree of 18 December 1987 – Boletin Oficial del Estado No 312 of 30 December 1987), 도살 전 기절시킬 의무를 이행하지 않는 경우에 대한 어떠한 '처벌규정'도 마련하고 있지 않았다.[68]

이에 영국 정부는 스페인의 동물복지단체를 포함한 여러 기관들로부터 획득한 정보에 기초하여 이사회 지침 74/577과 스페인의 이행조치가 스페인의 상당히 많은 도살장에서 무시되고 있다고 결론지었으며, 몇몇 도살장은 심지어 기절시킬 도구조차 구비하고 있지 않았다고 판단하여 살아 있는 가축의 스페인으로의 수출을 금지하였고, 이러한 수출제한조치는 스페인으로의 살아 있는 가축의 수출에 관한 '수출면허발행'의 거부에 의해 효력이 발생하게 되었다. 영국 정부는 이러한 수출제한조치는 TFEU 제36조(EC조약 제30조)에 의거한 것으로서 1990년 4월에 효력이 발생되었다고 주장하였다. 영국 정부는 이러한 수출제한조치가 TFEU 제36조상의 공공윤리, 공공정책 그리고 동물의 생명과 보건을 위하여 필요했다고 주장하였다. 비록 영국 정부는 스페인의 모든 도살장이 당해 이사회 지침 74/577을 위반하고 있었다는 증거를 확보하지는 못하였지만, 영국 정부는 스페인으로 수출된 동물들이 고통받을 중대한 위험(substantial risk)이 있었다고 주장하였다.[69]

한편 아일랜드계 회사인 Hedley Lomas Ltd는 스페인으로의 가축 수출에 대한

---

66) Case C－5/94, *The Queen* v. *MAFF* (Ministry of Agriculture, Fisheries and Food), *ex parte Hedley Lomas(Ireland) Ltd*, [1996] ECR Ⅰ－2553.

67) T.C. Hartley, *The Foundations of European Community Law* (Oxford: Oxford Univ. Press, 2003), pp.238－239; Hartley, *supra* note 10, p.406 참조.

68) Case C－5/94, *The Queen* v. *MAFF* (Ministry of Agriculture, Fisheries and Food), *ex parte Hedley Lomas(Ireland) Ltd*, [1996] ECR Ⅰ－2553, paras.3－6.

69) *Ibid.*, paras.7－8, 12.

수출면허발행을 거부당한 가운데 영국으로부터 살아 있는 가축을 스페인으로 수출하였고, 이는 영국 정부가 취한 수출제한조치에 반하는 것이었다. 이에 영국 법정(High Court of Justice, Queen's Bench Division(England and Wales)에서 소송이 진행되었고, 이 문제의 해결을 위한 선결적 결정이 ECJ에 부탁되었다.[70]

이에 대하여 ECJ는 영국 정부가 취한 스페인으로의 가축 수출에 관한 수출면허 발행의 거부조치는 수출에 대한 '수량제한과 동등한 효과'를 갖는 조치에 해당하는 것으로 이는 EC조약 제29조(TFEU 제35조)에 위반된다고 판시하였다.[71] 상품의 자유 이동에 대한 회원국의 국내 제한조치를 허용하는 TFEU 제36조에 의해 동물의 생명과 보건을 이유로 그러한 국내 제한조치가 정당화될 수는 있으나, 특정한 목적 달성을 위하여 국내조치들의 조화를 위해 채택된 EU지침이 각 회원국에서 이행되고 있는 경우(즉 각 회원국이 지침을 자국의 법률로 수용하여 규제하고 있는 경우)에는 TFEU 제36조를 원용할 수 없다는 것이 판결이유였다.[72]

이 사례에 있어서 예외조항인 TFEU 제36조는 이 사건에서 다음과 같은 이유로 영향을 받지 않는다고 할 수 있다. 즉 당해 이사회 지침 74/577이 '감독절차'에 대한 어떠한 EU 차원의 절차를 규정하고 있지 않고, 또한 규정위반에 대한 어떠한 '형벌'도 규정하고 있지 않다는 사실에 의해 TFEU 제36조가 영향을 받는 것은 아니다. 당해 지침이 '감독절차' 또는 '형벌'을 규정하고 있지 않다는 사실은 단지 과거 EC조약 제10조 1단과 TFEU 제288조 3단에 따라 회원국들이 EU법의 적용과 그 효력을 보장하기 위한 협력으로서 필요한 모든 조치를 취해야 할 의무가 있다는 것을 의미한다. 따라서 각 자신의 영토에 대한 검역 실시는 당해 지침에 기초한 회원국들의 상호 신뢰에 의해 이행되어야 할 것이다.[73]

EU 회원국은 다른 회원국의 EU법위반의 상황을 제거하기 위하여 일방적으로 위반행위에 대한 교정조치(corrective measures) 또는 보호조치(protective measures)를 채택할 수 없다.[74] 즉 TFEU 제36조에 의거한 수출제한에 대한 정당화 사유는 이

---

70) *Ibid.*, paras.10−11.
71) *Ibid.*, para.17.
72) *Ibid.*, para.18.
73) *Ibid.*, para.19.
74) *Ibid.*, para.20.

사건에서는 한쪽 당사자(여기서는 영국 정부)의 일방적인 행위에 해당하는 것이고, 따라서 살아 있는 가축의 스페인으로의 수출을 금지한 영국의 수출제한조치는 수출에 대한 '수량제한과 동등한 효과'를 갖는 조치로서 TFEU 제35조 위반에 해당하는 것이다.

결론적으로 이 사례는 상품의 수출입에 있어서의 수량제한 및 이와 동등한 효과를 갖는 조치를 규율하기 위한 조화지침의 효과를 잘 보여 주고 있다. EU의 역내시장 질서를 규율하기 위해 채택된 '조화지침의 효과'를 인정하여 TFEU 제36조에 근거한 일개 회원국의 일방적 국내조치의 정당성을 부정하였다. 동물복지수준이 높은 영국의 입장에서 보면 이에 불만을 가질 수도 있다. 만약 관련 EU지침이 없었더라면, 영국의 살아 있는 가축에 대한 스페인으로의 수출제한조치가 TFEU 제36조에 의하여 공공윤리, 공공정책, 동물의 생명과 보건을 이유로 정당화되었을 가능성도 배제할 수는 없을 것이다.

4. 수량제한의 금지에 대한 예외: 정당화 사유

TFEU 제36조(EC조약 제30조)는 공중도덕, 공공정책, 공공안보, 인간·동식물의 생명과 건강의 보호,[75] 예술적·역사적·고고학적 가치가 있는 국보의 보호, 산업적·상업적 재산권[76]의 보호를 위하여 필요한 경우 회원국들의 수량제한조치를 허용하고 있다.[77]

그러나 이러한 목적을 달성하려는 회원국들의 국내조치는 첫째, TFEU 제36조의 단서규정('임의적 또는 자의적 차별조치'와 '위장된 제한조치')에 해당되어서는 아니 된다. 국내조치가 무역거래에서 임의적 차별이나 위장된 제한조치로서 행사된 경우,

---

75) 이와 관련하여 영국에서의 광우병위기라든가 또는 벨기에에서의 다이옥신오염위기는 1997년 이후 EU식품법의 발전에 중요한 기여를 하였으나, 이로 인하여 EU역내시장에서의 '식료품의 자유이동'은 그만큼 제한을 받게 되었다고 할 수 있다. Raymond O'Rourke, *European Food Law* (London: Sweet & Maxwell, 2005), p.30.
76) 이와 같은 특허권 또는 상표권과 같은 지적 재산권의 분야는 아직까지 각 회원국들의 독자적 권한이 지배적인 영역이라고 할 수 있다.
77) Koen Lenaerts and Piet van Nuffel, *Constitutional Law of the European Union* (London: Sweet & Maxwell, 2005), pp.162–163 참조.

이는 TFEU 제36조에 의하여 정당화될 수 없다.[78)]

둘째, ECJ는 보다 제한적인 조치수단에 의해서도 공익적 차원의 '동일한 결과'를 달성할 수 있는 경우, 과도한 국내조치는 TFEU 제36조에 의하여 정당화될 수 없다고 판시하였고,[79)] 이는 EU법의 일반원칙인 '비례의 원칙'(principle of proportionality)의 적용이라고 할 수 있다. 따라서 회원국 정부는 공중보건이나 소비자보호가 상품의 자유이동상 '보다 가벼운 제한적 효과'를 갖는 조치에 의해 동등한 결과가 충분히 보호될 수 있는 경우, 해당 국내조치는 공중보건을 이유로 정당화될 수 없다. 따라서 만약 보호법익이 역내자유무역체제하에서 '약한 정도의 제한적 수단 또는 방법'에 의하여 보호될 수 있다면, 회원국은 이에 따라야 할 것이다.[80)]

5. 역내시장 질서를 위한 조화 지침의 기능

EU는 회원국들의 상이한 법과 원칙에서 비롯되는 상품의 자유이동에 대한 수량제한 및 '이와 동등한 효과'를 갖는 조치의 인정 문제를 해결하기 위하여 '조화지침'[81)](harmonization directives)을 채택하여 규범의 통일적 적용을 시도하고 있다. 규범의 효력과 이행방법 모두 강제성을 갖는 규칙에 의하여 역내시장 질서를 규율하는 것이 보다 바람직하겠으나, 회원국들의 '주권'을 존중하여 규범의 효력 발생을 위한 이행방법을 회원국에 위임하는 '지침'의 형식도 EU법질서의 통일에 기여하는

---

78) 따라서 전염병으로부터 가축을 보호한다는 이유로 취해진 영국 정부의 닭고기 및 계란에 대한 수입금지 조치는 ECJ가 법률심 이전에 사실을 조사한 결과 실제로는 국내산업의 보호(프랑스로부터의 크리스마스용 칠면조(turkeys) 수입을 방해하려는 목적)를 목적으로 하고 있는 경우 이는 위장된 제한조치에 해당될 수 있다. Case 40/82, *Commission* v. *United Kingdom*, [1982] ECR 2793, paras.21－22, 25, 31, 37, 40; 더구나 이 사례에서는 국내생산자가 영국 정부의 금수조치가 취해지기 전에 수입저지의 압력을 행사했으며, 영국의 금수조치가 즉시 EU위원회 및 다른 회원국들에게 통지되지 않았으며, 전염병에 대한 충분한 연구나 논의 없이 졸속으로 조치가 취해졌기 때문에 위장된 제한조치로 인정되게 되었던 것이다. Hartley, *supra* note 10, p.403 참조.

79) Case 155/82, *Commission* v. *Belgium*, [1983] ECR 531, para.12.

80) Hartley, *supra* note 10, p.403 참조.

81) EU는 2차적 법원의 하나인 '지침'을 통하여 회원국들 간의 상이한 법질서를 조화시키고 있고, 이를 소위 EU '법률의 조화'라고 한다. 지침은 EU공동시장의 확립과 발전을 위하여 회원국들의 주권을 존중하는 가장 적절한 방법으로 사용되어 왔다.

바가 크다고 할 수 있다. 모든 회원국들이 조화지침에 따라 동일한 제한조치를 적
용하는 경우, 모든 무역장벽은 점차 사라지게 될 것이다. 즉 회원국들의 국내 규제
의 차이로 인하여 발생하는 통상장벽에 대하여 회원국들의 규제 내용을 조화시킴
으로써 사전에 역내의 통상 문제를 적절하게 해결할 수 있을 것이다. 이를 위하여
TFEU 제115조(EC조약 제94조)는 이를 위한 지침의 입법권한을 EU이사회에 부여하
고 있는 것이다.[82]

V. 결언

EU는 TFEU 제28조에서 TFEU 제30조의 규정에 의거하여 어느 한 회원국을 통
하여 EU 외부로부터 수입된 상품에 대하여 특별한 이익이 없다는 것을 보장하기
위하여 관세동맹을 통해 대외공동관세를 적용하고 있으며, 회원국들 간의 수출·수
입에 관하여 모든 관세부과를 금지하고 있다. 사람·서비스의 자유이동, 회사설립
의 자유 그리고 상품의 자유이동 중 수량제한 금지 영역에서는 공익적 관점에서 회
원국에게 일정한 예외적 조치를 허용하고 있으나, 관세의 금지에 있어서는 예외를
허용하고 있지 않아 매우 엄격하게 적용된다고 할 수 있다.

그리고 EU의 역내관세 폐지는 TFEU 제110조를 통해 다른 회원국들로부터의
수입품에 대한 '차별적' 내국세, 국산품에 대한 '보호적' 내국세를 함께 금지함으로
써 보다 충분하게 달성될 수 있다고 볼 수 있다. 이러한 차별적·보호적 내국세의
금지는 TFEU의 '상품의 자유이동' 부분에는 포함되어 있지 않지만, 동 조항은 상품
의 자유이동과 매우 밀접하게 관련되어 국산품과 수입품의 경쟁과 관련하여 내국
세가 중립적 견지를 취할 것을 보증하고 있으며, 또한 관세 및 이와 동등한 효과를
갖는 과세의 금지에 관한 공동시장의 규율체계를 보완하고 있다고 할 수 있다.

그런데 단순히 관세부과 금지 및 이와 동등한 효과를 갖는 과세 금지를 통해서

---

82) 수량제한 및 이와 동등한 효과를 갖는 조치를 규율하기 위한 조화지침의 효과는 이 글 Ⅳ-3에서
   분석하고 검토한 *The Queen v. MAFF (Ministry of Agriculture, Fisheries and Food), ex parte
   Hedley Lomas (Ireland) Ltd* 사례에 잘 나타나 있다고 할 수 있다.

는 EU가 목표로 하고 있는 공동시장의 완성이 불가능하다고 할 수 있다. 왜냐하면 회원국들은 다른 회원국들로부터의 특정 상품의 수입시 수량을 제한할 수도 있기 때문이다. 따라서 TFEU 제34조와 제35조를 통하여 수입품 및 수출품에 대한 수량 제한 및 '이와 동등한 효과'를 갖는 조치의 금지를 규율하고 있다. 수입과 수출상의 수량제한은 국제통상에 있어서 비관세장벽으로 사용되는 전통적인 방식으로, EU는 이러한 수량제한을 폐지하기 위하여 수입과 수출의 경우를 모두 규율하고 있으며, 오늘날 주요 관심이 되고 있는 것은 단순한 수량제한이 아닌 '이와 동등한 효과'를 갖는 조치의 금지라고 할 수 있다.

한편 TFEU는 TFEU 제34조와 제35조를 적용함에 있어서 그 예외적 사항을 TFEU 제36조에 규정하여 일정한 경우에는 국내규제를 허용하고 있다. 이러한 허용 의 조건에는 공중도덕, 공공정책, 공공안보, 인간·동식물의 생명과 건강의 보호, 예 술적·역사적·고고학적 가치가 있는 국보의 보호, 산업적·상업적 재산권의 보호를 들 수 있다. 그러나 이러한 목적을 달성하려는 회원국의 국내조치는 TFEU 제36조 의 단서규정에 따라 임의적 또는 자의적 차별조치, 위장된 제한조치에 해당되어서 는 아니 된다. 또한 보다 가벼운 국내조치에 의해서도 공익적 차원의 동일한 결과 를 달성할 수 있는 경우, 과도한 국내조치는 TFEU 제36조에 의하여 정당화될 수 없다고 보아야 할 것이다.

한·EU FTA는 세계경제위기의 돌파구로 인식될 수도 있으나, 본문에서 살펴본 EU공동시장 법제와 주요 판례들을 볼 때 그리 단순하게 생각할 사안은 아니라고 할 수 있다. 우리나라는 이미 FTA수준 이상의 단일시장인 공동시장 질서를 경험한 EU의 경제정책을 조심스럽게 접근하여 분석해야 할 것이다. EU는 이미 상품의 자 유이동에 관한 관세철폐와 수량제한 및 이와 동등한 효과를 갖는 조치의 금지를 통 하여 역내의 시장 질서를 확립하여 운영하고 있다. 따라서 EU가 원하는 개방 수준 은 생각보다 수준이 높다고 할 수 있다. 특히 EU는 우리나라와의 완전한 관세철폐 이후의 시장경제질서를 염두에 두고 있을 것이며, 가능한 한 모든 종류의 비관세장 벽 요소인 우리나라의 국내조치를 제거하고자 할 것이다. 따라서 '대한민국과 유럽 공동체(리스본조약 발효에 의해 현재는 유럽연합) 및 그 회원국 간의 자유무역협정' 국문 본에 있는 제1장(목적 및 일반정의), 제2장(상품에 대한 내국민대우 및 시장접근), 제3장(무

역구제), 제4장(무역에 대한 기술장벽), 제5장(위생 및 식품위생조치), 제6장(관세 및 무역원
활화), 제13장(무역과 지속가능발전) 등을 EU공동시장법과 비교하여 검토하는 것이 의
미 있다고 할 수 있다.

　　결론적으로 한·EU FTA협정 발효 후 우리나라는 직접적 차별뿐만 아니라 간접
적 차별에 의한 내국세 또는 보호적 내국세의 금지에 위배되지 않도록 유념해야 할
것이고, 무엇보다도 수량제한과 동등한 효과를 갖는 조치의 금지에 유의해야 할 것
이다. EU는 WTO체제하에서 유럽이라고 하는 지역적 이점을 극대화하여 통합된
단일시장체제를 운영해 오고 있으므로, 우리나라로서는 향후 동일 시장권역에서 발
생하는 법적 분쟁으로 인해 발생되는 손해를 예방하기 위해서 보다 숙고해야 할 것
이다. ECJ가 *Keck and Mithouard* 사건에서 판매방식이라는 유형화를 통하여 국내
조치를 허용하기도 하였으나, 이 판결의 영향력은 그 이후 최근의 2006년 *Alfa Vita*
Vassilopoulos AE 사건 등에서와 같이 기존의 *Dassonville* 사례나 *Cassis de Dijon*
사례의 견해를 취하고 있는 것을 볼 때 그리 크지 않다고 할 수 있다. 나아가 TFEU
제36조와 같은 국내조치의 예외적 허용도 극히 제한적이라고 예상할 수 있다. 따라
서 한·EU FTA가 실현되어도 상품무역에 있어서 우리나라는 국내규제조치에 신중
을 기하여야 하며, 국내산업의 경쟁력 강화를 위한 경제정책을 집행해야 할 것이
고, 제한적이긴 하지만 공익적 차원에서의 예외적 정당화 요건도 세심하게 살펴 국
익을 적극적으로 보호해야 할 것이다.

제9장
———
사람의 자유이동

I. 서언

EU는 2009년 10월 2일 아일랜드 국민투표에서 리스본조약[1](Treaty of Lisbon)이 찬성 67.1%, 반대 32.9%로 통과됨으로써 '하나의 유럽'으로 가는 최대 난관을 극복하였다. 이로써 역내 단일생활권을 형성하고 있는 EU는 이제 명실상부한 국제사회의 구성원으로서 대내외적으로 그 지위가 확고해지고 영향력도 증대되었다.[2] 우리나라는 이러한 EU와 자유무역협정(Free Trade Agreement: FTA)을 체결하고 발효하여 EU와 더욱 긴밀한 관계를 구축하게 되었고, EU법에 대한 이해가 더욱 필요하게 되었다.

그런데 EU법의 영역들 중 가장 중요한 내용은 일상생활의 기초가 되는 공동시장(common market, 즉 역내시장(internal market)을 의미함)에 관한 내용이라고 할 수 있다. 무엇보다 EU는 TFEU 제3조~제6조(EC조약 제3조)에서 상품·사람·서비스의 자

---

1) 2007년 12월 13일 채택되어 2009년 12월 1일 발효된 리스본조약은 기존 EU조약(Treaty on European Union)과 EC설립조약(Treaty establishing the European Community)을 개정하는 EU의 헌법적 성질을 갖는 것으로, 2008년 6월 13일 실시된 아일랜드 국민투표에서 반대 53.4%, 찬성 46.6%로 부결된 바가 있었다가 2009년 10월 2일 2차 국민투표에서 통과되었다.
2) 이를 가장 잘 보여 주는 것은 이제 EU가 소위 대통령이라고 할 수 있는 유럽이사회(European Council) 상임의장을 선출하고, EU의 대외정책을 조율하는 외교안보정책고위대표를 선출하게 되었다는 점이다.

유이동 및 회사설립(개업)의 자유에 방해가 되는 모든 요소들에 대한 회원국의 '철폐의무'를 규정하는 한편, TFEU 제26조(EC조약 제14조) 제2항을 통해 이러한 자유이동이 보장되도록 역내시장(internal market)이라는 역내 국경이 사라진 시장개념을 설정하고 있다.[3] 그리고 공동시장의 기능화를 위하여 지침(directive)과 상호 인준(mutual recognition)을 통한 회원국들 간의 '법률의 조화'를 추구하도록 하고 있다. 이러한 EU는 현재 모든 회원국들의 경제적·정치적 통합을 경험한 경쟁력을 갖춘 국제사회의 영향력 있는 구성원으로서 양적·질적 통합[4]에 있어서의 선행주자라고 할 수 있기 때문에 이러한 EU를 상대하기란 쉬운 일이 아닐 것이다.

여기에서는 위와 같은 배경 하에 '사람의 자유이동'에 관한 EU공동시장 법제와 주요 판례를 분석·검토하여 한·EU FTA시대에 EU로의 진출방안을 모색하고자 한다. 특히 EU의 'EU시민'과 '제3국 국민'에 대한 '자유이동상의 권리와 제한'을 중심으로 살펴보고자 한다. 이를 통해 지역통합의 모델인 EU공동시장의 '인적 이동'을 이해하여 EU진출방안을 마련할 수 있을 것이다. 한·EU FTA를 맞아 서비스·투자 분야가 개방되는 만큼 우리나라와 EU의 기업 지점을 통한 인적 교류도 활성화될 수 있을 것이다. 이와 관련해서는 '대한민국과 유럽공동체(리스본조약 발효에 의해 현재는 유럽연합) 및 그 회원국 간의 자유무역협정' 국문본에 있는 제7장(서비스 무역·설립 및 전자상거래) 등을 참고하는 것이 좋을 것이다. 아래에서는 먼저 사람의 자유이동에 관한 법제의 이해를 위하여 'EU시민'과 '제3국 국민'에 관한 지침에 관하여 살펴본 후, 그 구체적 실현을 위한 '비차별적 적용'에 대한 실효성에 관해 살펴본다.

---

3) T.C. Hartley, *European Union Law in a Global Context: Text, Cases and Materials* (Cambridge: Cambridge Univ. Press, 2004), p.393 참조; '역내시장'(internal market) 개념은 독일의 'Binnenmarkt'(internal market)에 착안했다고 할 수 있다. Rene Barents, *The Autonomy of Community Law* (The Hague: Kluwer Law International, 2004), pp.196−198 참조.

4) EU는 1951년 4월 18일 파리조약(Treaty of Paris)에 의해 유럽석탄철강공동체설립조약(Treaty Establishing the European Coal and Steel Community: ECSC설립조약)이 채택되면서 독일, 프랑스, 이탈리아, 벨기에, 네덜란드, 룩셈부르크 6개국으로 출범하여, 1973년 1월 1일 영국, 덴마크, 아일랜드, 1981년 1월 1일 그리스, 1986년 1월 1일 스페인, 포르투갈, 1995년 1월 1일 스웨덴, 핀란드, 오스트리아, 2004년 5월 1일 사이프러스, 몰타, 헝가리, 폴란드, 슬로바키아 공화국, 라트비아, 에스토니아, 리투아니아, 체크공화국, 슬로베니아, 2007년 1월 1일 루마니아, 불가리아, 2013년 7월 1일 크로아티아가 가입하였으며, 관세동맹·공동시장·통화통합 이후 리스본조약까지 발효되어 명실상부한 정치·경제적 통합체로서의 국제사회 구성원이 되었다.

그리고 결론에 갈음하여 이러한 EU법제와 사례가 한·EU FTA시대에 우리나라에게 부여하는 의미와 그 대응방안에 관하여 검토하고자 한다.

Ⅱ. EU법상 사람의 자유이동에 관한 개괄적 고찰

EU법상 기본권 중 '사람의 자유이동'에 해당하는 거주이전 자유의 권리에 관한 규정으로는 기본권헌장 제45조, TFEU 제21조(EC조약 제18조), 지침 2004/38이 있다. EU가 이를 규정한 이유는 이것이 EU통합의 과정에 있어서 역내시장 단일화를 위해 필수불가결한 자유권의 하나로 인정했기 때문이다. EU는 '지침 2004/38'을 통하여 EU시민과 그 가족구성원의 거주권과 영주권을, '지침 2003/109'를 통하여 제3국 국민의 EU 내 장기거주를 규율하고 있다.

Principal Community measures on free movement: Legislation under the EC Treaty		
Directive 64/221	restriction on exercise of public policy proviso	OJ (Special Eng. Ed.) Series Ⅰ, 1963~1964, p.117.
Regulation 1612/68	right to find work	OJ (Special Eng. Ed.) Series Ⅰ, 1968(Ⅱ), p.475.
Directive 68/360	employed persons(workers)	OJ (Special Eng. Ed.) Series Ⅰ, 1968(Ⅱ), p.485.
Regulation 1251/70	right of employed persons(workers) to remain on retirement	OJ (Special Eng. Ed.) Series Ⅰ, 1970(Ⅱ), p.402.
Directive 73/148	self—employed persons and providers/receivers of services	OJ 1973, L172/14.
Directive 75/34	right of self—employed persons to remain on retirement	OJ 1975, L14/10.
Directive 75/35	public policy proviso: right of self—employed persons to remain	OJ 1975, L14/14.
Directive 77/486	schooling for children of employed persons(workers)	OJ 1977, L199/32.
Directive 90/364	persons of independent means	OJ 1990, L180/26.
Directive 90/365	retired persons	OJ 1990, L180/28.
Directive 93/96	students	OJ 1993, L317/59.
Directive 2003/109	status of third—country nationals who are long—term residents	OJ 2004, L16/44.
Directive 2004/38	right of residence of citizens of the EU	OJ 2004, L158/77.

1. 사람의 자유이동의 적용 대상의 광범위한 인정

EU에서 '노동(자)'의 자유이동은 어느 한 회원국의 노동자[5](workers)가 일을 하기 위하여 다른 회원국으로 자유롭게 이동할 수 있는 권리를 말한다. 이 경우 노동력 부족현상이나 높은 급여문제를 해결할 수 있어 역내 경제 활성화에 기여할 수 있다. 이러한 노동(자)의 자유이동은 역내 급여 수준을 평등화시킬 수 있으며, 역내 회사들은 더욱더 경쟁력을 증대시킬 수 있게 된다.[6] 처음에 EU는 노동자 및 자영업자의 자유이동을 주로 허가하였으나, 현재는 일정한 요건을 충족하는 경우에는 거주이전 자유 대상 범주를 광범위하게 인정하고 있다.

여기서 TFEU 제45조(EC조약 제39조)의 '취업이 완료'된 이후에만 입국이 허용된다는 규정과 관련하여 구 '지침 68/360'과 구 '규칙 1612/68'의 초안이 1968년 EC 이사회에서 작성될 당시 회원국들에 의해 채택되어 이사회 회의록(Council Minutes)[7]에 기록된 하나의 선언(declaration)을 살펴볼 필요가 있다. 이 선언의 내용은 "구직을 위하여 다른 회원국으로 이주하는 회원국의 국민들은 당해 지침 제1조에 따라 구직을 위하여 최소한 '3개월'의 기간이 허용되며, 만약 이 기간이 만료될 때까지 직업을 구하지 못하는 경우에는 이주한 국가에서의 거주는 더 이상 허용되지 아니하

---

5) 1957년 설립된 E(E)C조약은 사람을 경제활동에 있어서의 생산요소의 하나로 이해하였기 때문에, 사람의 자유이동에 있어서 '사람'의 범위에는 경제활동에 종사하는 노동자, 자영업자를 포함시켰다. 따라서 비경제적 활동자의 자유이동은 제한되었다. 그러나 EU법의 개정에 따라 점차 '사람'의 범위가 노동자, 자영업자의 가족, 학생 등에까지 확대되었다. 과거에는 사람의 자유이동을 논함에 있어서 적용 대상인 '노동자'의 범위인정이 문제가 되었으나, '사람'의 범위가 EU시민에게까지 확대된 현재는 문제의 소지가 적다고 할 수 있다. TFEU 제45조의 기본권 관련 규정을 포함한 내용에 관해서는 John Fairhurst and Christopher Vincenzi, *Law of the European Community* (London: Longman, 2003), pp.238−239.
6) 그러나 이는 이론에 불과한 측면이 없지 않다. 예를 들면, 몇몇 노동자들은 모국에서 더 낮은 임금을 받을지라도, 의사소통에 문제가 있거나 또는 기후가 너무 춥고 습하거나 또는 친절하지 않은 사람들이 있는 타 국가보다 모국에 남아 있는 것을 더 선호할 수도 있다. 이로써 다음과 같은 결과가 나타나게 된다. 즉 쉬운 예를 들면, 이탈리아에서 독일로의 이주가 계속하여 있어 왔지만, 아직도 EU의 남·북 지역 간에는 상당한 급여 차이가 존재한다. 더구나 대부분의 회원국에서는 EU 외부에서 오는 이민자의 수가 EU 회원국 내에서 오는 이민자의 수에 비해 훨씬 더 많은 상황이다. Hartley, *supra* note 3, p.407.
7) 이사회는 비공식적으로 개최되었고, 이사회 회의록은 출간되지 않았기 때문에, 이사회의 동 '선언'의 존재는 공개적으로 알려지지 않았으며, 유출되지도 않았고 인쇄기관에 의하여 출간되지도 않았다.

고 본국으로 돌아가야 할 것이다(첫째 단락). 그리고 만약 위의 사람이 위에 명시된 기간 동안 이주한 국가에서 사회복지의 혜택을 요구한다면 이주한 국가에서 추방의 통지를 받게 될 수도 있다(둘째 단락)."라는 것이었다.[8]

그런데 구 '지침 68/360'이 그 자체로서 '구직을 위해' 다른 회원국으로 입국하는 권리를 부여한 것은 아니고, 개별국가의 국내입법에 따라 입국의 권리가 부여되었다.[9] 따라서 이러한 '이사회 선언'은 국내입법상의 권리로서 일종의 동의 형식으로 기록되었고, 권리의 직접적인 근원을 형성할 의도도 없었으며, 이행조치에 대한 정확한 해석을 지적할 의도도 없었던 것으로 보인다. 유럽사법법원(ECJ)은 이와 관련된 효력문제에 대하여 *Antonissen*[10] 사례에서 아래와 같이 숙고하였다.

1) 사실관계

안토니센(Mr. Antonissen)은 영국에 입국한 벨기에 국적자로, 마약유통의 유죄판결로 수감되었다. 영국은 석방과 함께 그를 추방하기 원하였으나, 그는 '구직 중'임을 이유로 EU법에 의해 보호되는 '노동자'로서의 권리를 주장하였다. 이에 영국법원은 ECJ에 선결적 결정을 부탁하였다. 선결적 결정의 내용은 공동체 이주자가 6개월 내에 직업을 갖지 못하는 경우 그를 추방할 수 있는가 하는 문제였다. 여기서 6개월의 기간은 기존에 '이사회 선언'에서 명시한 3개월의 기간보다 영국입법에 의하여 6개월로 연장된 것이었다.

2) ECJ의 결정: '구직 중'이라는 의미와 관련하여

TFEU 제45조(EC조약 제39조)를 엄격하게 적용하면, EU 회원국의 국적 보유자는 이미 실질적으로 결정된(only accepting offers of employment actually made) 고용청탁에 대한 승인을 위한 목적의 범위 내에서 회원국 영토를 자유롭게 이동할 수 있는 권리를 갖는다고 보아야 한다. 그리고 이러한 고용목적을 위해서 회원국의 영토에 체

---

8) Koen Lenaerts and Piet Van Nuffel, *Constitutional Law of the European Union* (London: Sweet & Maxwell, 2005), pp.545−546, 548 참조.
9) 영국의 경우는 The Immigration Rules for Control on Entry(EEC and Other Non−Commonwealth Nationals), HC Paper 81 of 1972/73, para.52.
10) Case C−292/89, *Antonissen*, [1991] ECR Ⅰ−745.

류할 수 있는 권리가 주어진다고 보아야 한다.[11] 그런데 이렇게 해석할 경우 회원
국의 국민이 '구직을 위하여' 다른 회원국의 영토에 자유롭게 이동하거나 체류하는
권리는 제한되며 이는 부당하다고 할 수 있다.[12] 실제로 ECJ가 지속적으로 견지해
왔듯이 노동자를 위한 자유이동은 EU공동시장법의 기초 내용 중의 하나이고, 따라
서 그러한 규정들은 '폭넓게(광의로) 해석'되어야 할 것이다.[13] 더욱이 TFEU 제45조
제3항을 엄격하게 해석하게 되는 경우에 '구직 중'인 회원국 국민은 다른 회원국에
서 직업을 구할 수 있는 실질적인 기회가 줄어들 위험성이 있고 노동력의 이동은
증가하지 않을 것이다. 이렇게 되는 경우 동 조항(제45조조 제3항)은 비효과적인 조
문에 불과하게 된다.[14] 이러한 관점에서 먼저 TFEU 제45조의 효력이 EU의 입법상
보장되어야 한다는 점을 지적해 두어야 하고 또는 그렇지 않은 경우 회원국의 입법
상 관련자에게 관련 회원국의 영토 내에서 업무 능력에 상응하는 직업을 제공하며,
이를 위해 적절하고도 필요한 과정을 거쳐 고용되도록 합리적인 기간(reasonable
time)을 부여해야 할 것이다.[15]

이에 ECJ는 앞서 언급된 '이사회 선언'의 효과에 대하여 숙고한 바, 구 '지침
68/360'과 구 '규칙 1612/68' 모두 '이사회 선언'에 의거하지 않았기 때문에, '이사회
선언'이 두 법령을 해석하는 데 이용될 수 없다고 결정하여 '이사회 선언'은 법적인
중요성(의미)(no legal significance)이 없다고 하였고, 여타 주장들을 기각한 후 "EU 회
원국 국적을 갖는 사람이 다른 회원국에서 구직을 위하여 체류할 수 있는 기간이
EU법상 명시되지 않은 경우, 회원국의 국내법률에 의거하여 규정된 '6개월의 기간'
(본 사건의 재판부에서 중요 문제로 다루고 있는 사안)과 같이 규정될 수 있다. 이러한 기
간은 노동자를 수용하는 국가가 관련자에게 업무 능력(자질)에 상응하는 직업을 제
공하고, 이를 위하여 적합한 직업에 종사할 수 있도록 필요한 조치를 취할 수 있을
만큼의 충분한 시간을 제공한 것이다. 따라서 이러한 국내입법상의 조치는 자유이
동의 원칙에 위배되지 아니한다. 그러나 기간이 만료된 이후에 관련자가 구직을 위

---

11) *Ibid.*, para.9.
12) *Ibid.*, para.10.
13) *Ibid.*, para.11.
14) *Ibid.*, para.12.
15) *Ibid.*, para.16.

하여 계속해서 노력하고 있고, 직업을 구할 수 있는 결정적 기회(genuine chances)가 있다는 증거를 제시하는 경우에 이러한 사람은 해당 국가로부터 출국의 권고에 응하지 않아도 된다."[16]라고 판시하였다.

결론적으로 EU 회원국 국적을 갖는 사람이 '구직을 위하여' 계속 노력하고 있으나 직업을 구할 수 있는 결정적 기회가 있다는 증거를 제시하지 않는 한, 영국에 입국한 후 6개월 동안 직업을 구하지 못한 EU 회원국 국적을 갖는 사람을 영국이 추방하는 것은 EU법을 위반하는 것이 아니라고 할 수 있다.

3) 평가

이 사건에서 ECJ는 유럽공동체 이주자에게 TFEU(당시의 EC조약)의 입안자들이 의도했던 것보다도 더 많은 권리를 인정하였다. ECJ는 '이사회 선언'을 고려하지 않으려 하였지만 3개월의 엄격한 기간제한을 보다 유연하게 변경한 것만을 제외하면 '이사회 선언'의 영향을 받은 것이 분명해 보인다.

이 사건에서 가장 중요한 ECJ 해석 측면은 아마도 EU법 규정들이 이주자에게 우호적으로(유리하게) 해석될 수 있다는 본 사건 판결의 제11번째 단락일 것이다. 이 것은 유럽공동체법 규정들은 단지 '최소한의 권리'(minimum rights)를 의미한다는 제13번째 단락의 진술과 함께 이후 사건들의 향방을 결정하게 된다.[17] 이러한 이유로 인하여, EU규정들은 반드시 유럽공동체 권리의 '최대한도'(full extent of Community rights)를 의미하는 것은 아니라고 정리할 수 있다. 이 사건에서의 논점인 '구직 중인 자'에 대한 거주이전의 자유는 이후에 통합 지침인 지침 2004/38 제14조에 의하여 규율하고 있으며, 해당 회원국에 사회복지혜택으로 인한 부담을 주는 경우에는 제7조에 의하여 자유이동을 제한할 수 있도록 하고 있다. '구직 중인 자'를 노동자로 인정할 수는 있으나, 이는 당사자에게 해당 회원국 국민과 동일한 사회보장 및 세제상의 이익까지 보장하는 것을 의미하는 것은 아니다.

---

16) *Ibid.*, para.21.
17) TFEU와 최소한의 기준 또는 TFEU 제114조와 최소한의 조화에 관해서는 Jan H. Jans and Hans H. Vedder, *European Environmental Law* (Groningen: Europa Law Publishing, 2007), pp.98−103 참조.

2. 회사설립(개업)의 자유와 사람의 자유이동

TFEU 제49조~제54조에 따라 다른 회원국에서의 '회사설립(개업)' 자유는 회사 또는 자영업자가 지사 또는 본점을 설치하기 위하여 해당 회원국으로 자유롭게 이동할 수 있는 권리를 포함한다. 이것이 실현되기 위해서는 '사업가'가 이주할 수 있는 권리와 적어도 사업가의 핵심 직원들(key staffs)이 사업가와 함께 이주할 수 있는 권리가 부여되어야 한다. 후자의 경우 해당 '고용인(종업원)'은 통상 이주권이 보장되는데, 이는 '급여나 지위'를 불문하고 어떠한 고용인이든지 EU법상 노동자(worker)로 간주되어 노동자의 자유이동에 관한 권리규정의 범주에 포함되기 때문이다. 마찬가지로 자영업자(self-employed persons)도 TFEU에 의하여 보호될 수 있다.

3. 서비스의 자유이동과 사람의 자유이동

TFEU 제56조~제62조상의 '서비스의 자유이동'은 개인이나 회사가 어느 회원국에 기반을 두는가와 관계없이 EU 전역을 통하여 고객, 구매자 또는 환자들에게 법률, 회계, 증권, 의료, 컴퓨터 프로그램, 광고, 은행, 항공, 물류, 보험 등의 서비스를 제공할 수 있는 권리를 의미한다.[18] 이것도 앞서 언급한 회사설립의 자유와 같이 서비스의 공급자(providers)와 수요자(receivers)가 서비스 수행을 위하여 자유롭게 이동할 수 있는 권리를 포함하고 있다. 서비스의 공급자와 수요자는 임시 이주권(temporary immigration rights)을 가지며, 이러한 임시 이주권은 서비스를 제공하고 수령하는 데 필요한 기간 동안에만 지속된다.[19]

---

18) '회사설립의 권리'와 '서비스 공급의 권리'의 구별(차이점)은 다음과 같은 예로서 설명될 수 있다. 잉글랜드에 기반을 둔 한 회계회사가 프랑스에서 사업하기를 원하는 경우가 있다고 가정할 때, 만약 단순히 프랑스에서 광고하고 사람을 보내어 '일시적으로' 특별한 고객을 위하는 경우, 이는 프랑스에서의 '서비스 공급' 권리를 주장하게 되는 것이다. 반면에 만약 프랑스에 '한 사무소를 개장하고' 프랑스식 운영에 따르는 경우, 이는 프랑스에서의 '회사설립'의 권리를 주장하게 되는 것이다.

19) TFEU 제56조 이하의 규정.

4. 경제적 목적뿐만이 아닌 사회적 목적을 위한 사람의 자유이 동: 시민권의 부여

위와 같이 EU는 공동시장의 완성을 위해 '노동자'나 '자영업자' 또는 서비스의 '공급자'나 '수요자'와 같은 다양한 분야의 다양한 사람들이 자유롭게 이동할 수 있는 사람의 자유이동의 권리를 보장해야 했다. 나아가 공동시장이 설립된 이후 이주권에 관한 정책은 '경제적 목적'뿐만 아니라, '사회적 목적'도 지니고 있었기 때문에, 기존의 이주자에 의한 이점은 그 자체로서는 한계가 있다고 볼 수 있어 사람의 범위를 보다 확장하여 은퇴한 사람, 학생 그리고 자산가 부류에까지 자유이동의 권리를 부여하게 되었다.[20]

'사회적 목적'을 위한 EU의 노력은 일반인들에게 점점 관심을 주었고, 이는 TEU에서 '시민권'(citizenship)이란 개념으로 도입되었다. TEU는 EC조약을 개정하여 하나의 새로운 파트(EC조약의 'Part Two: 제17조~제22조')인 'EU의 시민권'(Citizenship of the Union)을 신설하였다. 이 파트의 첫 번째 규정인 EC조약 제17조(TFEU 제20조)는 제1절에서 "EU의 시민권은 여기에서 설정된다. 회원국의 국적을 갖는 모든 사람은 EU의 시민이 될 수 있다. EU의 시민권은 보완적 성격을 가지나 각국의 시민권으로 대체될 수는 없다."라고 규정하고 있다. EU의 시민권이라는 새로운 개념을 창출해 낸 TEU의 초안자들은 일정한 내용을 첨가하기를 원했었고, 그 첫 번째 내용은 '이주의 권리'를 '시민권'과 연결시키는 것이었다. 이는 EC조약 제18조(TFEU 제21조)에 명시되었고, 제1절에서 "EU의 시민권자는 회원국들의 영토 내에서 '자유롭게 이동하며 거주할 수 있는 권리'를 가진다. 이에 대한 모든 제한과 조건은 본 조약 규정에 의하고, 채택된 2차적 법령에 의하여 그러한 제한과 조건은 효력을 갖는다."라고 규정하고 있다. 즉 EU의 2차적 법령에 따른 제한과 조건의 범위 내에서 자유롭게 이동하며 거주할 수 있는 권리가 EU의 시민에게 부여된 것이다.[21]

이에 대하여 ECJ는 이주권을 적용해 왔으나,[22] '보편적인(통합적) 자유이동'의

---

20) Paul Craig and Grainne de Burca, *EU Law: Text, Cases, and Materials* (Oxford: Oxford Univ. Press, 2008), p.870 참조.
21) Hartley, *supra* note 3, p.409.

권리에 관한 입법의 부족으로 인하여[23] ECJ는 한계를 갖고 있었다. 따라서 이때까지는 EU법의 특정 규정에 의하여 '특정' 범주의 사람에게 부여된 특정한 권리에 관하여 검토할 필요가 있었다. 그러나 현재는 지침 2004/38에 의거하여 역내에서 사람의 자유이동이 보편적으로 인정되게 되었다. 이러한 사람의 자유이동은 공동시장의 창설을 위한 경제활동 생산요소의 자유이동 측면에서뿐만 아니라, EU통합에도 막대한 영향을 미쳐 왔다. 즉 이는 사람의 자유이동이 단순한 '노동력' 차원에서뿐만 아니라, 사람의 '존재' 차원에서도 중요한 영향을 미쳤다고 할 수 있다.[24]

5. 이주통제(입국통제)의 폐지와 예외

1) 국경통제 폐지 의의

EU 대부분의 회원국들은 쉔겐조약(Schengen Agreements)을 체결하여 회원국들 간의 국경통제(border controls)를 폐지하였다.[25] 통상 대륙에 국경을 갖는 국가들은 무단으로 국경을 넘어 들어오는 사람들을 방지하기가 항상 어려웠다. 따라서 많은 대륙 국가들은 '입국 후에 불법입국자들을 추방하는 정책'을 주로 이용해 왔다. 예를 들면, '의무적인 신분증(identity cards)의 소지'를 정책화하고, 모든 사람들이 '경찰에 자신의 주소를 등록'하도록 의무화하였다. 이로써 대륙 국가들은 국경을 폐지하는 일에 있어서 그리 큰 어려움이 없었다. 그러나 섬나라인 영국은 입국 후 이를 통제하는 것보다는 영국 영토에 '입국하는 것 자체를 통제'(사전통제)하는 것을 선호해 왔고, 전통적으로 국경통제 제도에 의존해 왔다. 섬나라인 영국으로서는 이러한 국경통제 제도가 보다 수월했던 것이다. 신분증은 영국에서 잘 알려지지 않은 생소한 것이었고, 시민들은 자신의 주소를 경찰에 등록해야 할 의무도 없었다. 이러한

---

22) 예를 들면 Case C-85/96, *Martinez Sala*, [1998] ECR Ⅰ-2691; Case C-184/99, *Grzelczyk*, [2001] ECR Ⅰ-6193이 있다.

23) 국경에서의 이민통제에 관한 EC조약 제18조(구 제8a조, TFEU 제21조)의 효력에 관해서는 Case C-378/97, *Wijsenbeek*, [1999] ECR Ⅰ-6207을 참조.

24) 채형복, 「유럽연합법」(파주: 한국학술정보, 2009), p.233.

25) Friedl Weiss, *Free Movement of Persons within the European Community* (Rijn: Kluwer Law International, 2007), pp.15-16.

이유 때문에 영국은 쉔겐조약의 당사국이 되지 않았다.[26]

현재 쉔겐조약은 암스테르담조약(Treaty of Amsterdam)을 통하여 TFEU 내로 통합되었다.[27] TFEU 제26조에 의하면, EU가 설립해야 하는 역내시장(internal market)은 '역내 국경들이 없는 하나의 지역'(an area without internal frontiers)으로 설정되어야 하고, 이 지역에서는 본 조약의 규정에 따라 상품·사람·서비스·자본의 자유이동이 보장된다.[28] 그리고 역내국경(internal borders)[29] 통과시 EU시민 또는 제3국인으로 분류되어 문제가 발생될 소지가 있기 때문에 이들에 대한 어떠한 통제도 있을 수 없다는 TFEU 제26조에 의거하여 TFEU 제77조는 이사회로 하여금 이를 보다 철저히 보장하는 조치를 채택할 것을 요구하고 있다.

2) 공공정책의 경우는 예외

이주의 권리는 '공익적 차원'에서 필요한 경우에는 제한될 수 있다. 따라서 회원국들은 자국의 공공정책(public polity), 공공안전(public security) 또는 공중보건(public health)[30]을 위하여 이주 권리를 제한할 수 있다. 그런데 이는 회원국에게 일정한 재량권을 부여한 것이나, 이는 '일반 대중'을 제한하는 데는 사용될 수 없기 때문에 범죄자가 도주 중인 경우 다른 회원국으로 도망갈 위험성을 완전히 제거할 수 없다. 구 '지침 64/221'의 제3조 제1항에 의하면 공익적 조건은 '개인'과 관련된 '개인적 행위'에 기초할 때에만 효력이 발생한다.[31] 따라서 이주자가 입국거부 또는

---

26) Hartley, *supra* note 3, p.414; 국경통제의 폐지에 관한 조항들(TFEU 제26조, 제77조)은 영국을 구속하지 않는다. 왜냐하면 암스테르담조약의 한 의정서(Protocol on the application of certain aspects of Article 14[7a] EC to the United Kingdom)는 TFEU 제26조나 국경폐지에 관한 일련의 어떠한 EU법 규정도 EU시민의 권리보장을 위해 영국에 필요하지 않은 경우 그 적용이 배제될 수 있다고 규정하였기 때문이다.

27) Protocol integrating the Schengen *acquis* into the framework of the European Union; Weiss, *supra* note 25, pp.39–40.

28) 국경철폐에 관한 이들의 효과에 관해서는 Case C–378/97, *Wijsenbeek*, [1999] ECR Ⅰ– 6207 참조.

29) 여기서 '역내국경'이란 한 EU 회원국과 다른 회원국 간의 국경을 말한다.

30) Art 39(3) EC (workers); Art. 46 EC (right of establishment); Art. 55 EC (services); Fairhurst and Vincenzi, *supra* note 5, pp.320–328.

31) 그러나 당해 지침의 이 규정은 공중보건(public health)을 목적으로 채택된 조치에 대해서는 적용되지 아니한다. 상품(Goods)에 있어서 유전자변형식품(Genetically Modified Foods)의 안전성에 관한 EU와 미국과의 분쟁에 관해서는 Mark A. Pollack and Gregory C. Shaffer,

추방을 당할지는 그가 한 행동의 '심각성'에 의하여 결정되어야 한다.[32]

Ⅲ. 'EU시민'과 회원국의 국적을 갖지 않는 '가족구성원'의 자유이동

1993년 11월 1일 EU의 출범은 모든 회원국들 간의 국경을 초월한 생활권을 형성하여 역내 경제교류를 활발하게 하였다. 더욱이 2009년 12월 1일에는 리스본조약에 의해 개정된 EU조약(TEU)과 EU기능조약(TFEU)이 발효되어 역내 교류활성화는 더욱 속도를 내게 되었다. 아래에서 살펴볼 유럽의회/이사회 '지침 2004/38'은 EU 기본권의 하나인 '거주이전의 자유'에 관한 내용으로 EU의 역내 인적 교류를 통한 사회경제질서 활성화의 기초를 제공하고 있다.

1. 통합법규로서의 지침 2004/38의 의미

EU는 회원국 시민이 역내에서 자유롭게 이동하여 거주할 수 있는 권리에 관한 '지침 2004/38'을 채택하여, 복잡하고 산발적이던 기존의 여러 법령들의 중요내용을 하나의 문서로 통합하여 적용하게 되었다.[33] 이 지침은 관련 행정절차를 간소화하

When Cooperation Fails: The International Law and Politics of Genetically Modified Foods (Oxford: Oxford Univ. Press, 2009) 참조; 상품에 있어서의 EU의 식품안전에 대해서는 Bernd van der Meulen and Menno van der Velde, European Food Law (Wageningen: Wageningen Academic Publishers, 2009), pp.275-280 참조.

32) 이것은 심지어 그가 유죄판결을 받았을 경우에도 적용된다. 특정 범죄에 의한 유죄판결이 자동적으로 추방을 결정하는 법은 없다. 어떤 문제에 대한 '개인'의 특정한 행위가 그가 계속해서 해당 국가 내에 체류하는 경우 해당 국가의 공공정책에 '심각하게' 위배되는지를 평가한 후 결정해야 한다. Directive 2004/38, Art. 27(1), (2); 구 Directive 64/221, Art. 3(1), (2).

33) 2004년 4월 29일 채택된 지침 2004/38/EC은 기존의 EU역내 사람의 자유이동에 관한 2개 규칙(규칙 1612/68/EEC, 규칙 1251/70/EEC)과 9개 지침(지침 64/221/EEC, 지침 68/360/EEC, 지침 72/194/EEC, 지침 73/148/EEC, 지침 75/34/EEC, 지침 75/35/EEC, 지침 90/364/EEC, 지침 90/365/EEC, 지침 93/96/EEC)을 개정·폐지하여 채택되었다. 동 지침은 제1장에서는 일반규정의 내용을, 제2장에서는 출입국과 관련된 내용을, 제3장에서는 거주권의 내용을, 제4장에서는 영주권의 내용을, 제5장에서는 거주권과 영주권에 공통되는 내용을, 제6장에서는 공

여 EU시민이 자유이동에 의거한 거주권을 EU 회원국에서 행사하는 것을 장려 및 원조하고, 시민의 가족구성원 자유이동에 관한 법적 지위를 명확히 하며, 입국제한의 범위나 거주권의 제한범위를 한정하기 위하여 채택되었다. 따라서 ECJ는 목적론적 해석에 의거하여 사람의 자유이동에 있어서 대상자의 범위를 가능한 한 넓게 해석하고, 공익적 차원의 예외적 적용을 가능한 한 제한적으로 해석할 필요가 있다. 이 통합되어 채택된 단일화 지침은 일반적인 회원국 국민들뿐만 아니라, 행정업무를 담당하는 국가기관에게는 부여된 권리행사를 신속하고 효율적으로 실현할 수 있도록 정책이행을 보다 용이하게 해 준다.

2. 동 지침의 일반적 규정

동 지침을 적용하는 적용대상은 EU 회원국의 시민과 회원국의 국적을 갖지 않는 그의 가족이며, 이들은 출국·입국의 자유와 거주의 자유에 대한 권리가 있다. 단, 회원국은 공공정책·공공안보·공중보건 등 공익적 차원에서 그 권리를 제한할 수 있다.[34]

동 지침에서 사용하는 용어의 정의는 다음과 같다. '시민'이란 회원국의 국적을 갖는 개인을 의미한다. '가족'이란 시민의 배우자이거나 사실혼 관계, 21세 미만이거나 건강상의 문제 등으로 인하여 보호받아야 하는 회원국의 국적을 갖지 않은 피부양자를 의미한다. '해당 회원국'이란 시민과 그 가족이 동 지침에 규정된 권리를 자유롭게 행사할 수 있는 회원국을 의미한다.[35]

동 지침의 수혜인은 시민과 그 가족이며, 회원국의 국적을 갖지 않은 개인은 이를 증명할 수 있어야 한다. 아울러 해당 회원국은 개인에 대해 세세하게 조사하지 않고서는 출국·입국의 권리를 제한할 수 없다.[36]

익적 차원에서의 거주권과 영주권의 제한을, 제7장에서는 최종규정을 다루고 있다. Weiss, *supra* note 25, p.174; Nigel Foster, *EU Law* (Oxford: Oxford Univ. Press, 2009), pp.340, 342.

34) 지침 2004/38, 제1조.
35) 지침 2004/38, 제2조.
36) 지침 2004/38, 제3조(2).

3. 출국 · 입국의 권리

시민과 그의 가족은 비자가 없어도 유효한 신분증이나 여권을 소지할 경우 회원국에서 자유롭게 출입국할 권리를 갖기 때문에 비자발급의 행정절차가 필요하지 않다.[37] 그 외에 시민의 가족은 특별한 경우 입국 비자가 필요할 수도 있고, 이 경우 '규칙 539/2001'에 의거하여 단기거주비자(short-stay visa)의 요건을 갖추어야 한다. 단, 유효한 거주증이 있는 경우에는 제외하여 거주허가증과 단기거주비자를 동일한 것으로 간주한다. 회원국은 비자가 필요한 개인에게 신속하게 발권해 줘야 할 의무가 있으며, 이 경우 발권비용은 무료이다. 시민 가족의 경우 거주증을 제시할 경우 여권에 출입국을 증명하는 도장을 찍을 필요가 없다. 아울러 여행증명서나 비자가 없는 경우 일정기간 내에 관련 서류나 비자를 제출하거나 시민과 그 가족임을 증명할 수 있으면 된다. 여행관련 서류를 소지하고 있지 않은 경우에 해당 회원국, 즉 체류국은 그들이 필요한 서류를 제공받을 수 있는 모든 편의를 제공하여야 한다. 이 외에 해당 회원국은 자국 영토 내의 개인에게 필요한 경우 출석을 요구할 수 있고, 이를 거부할 시 책임은 해당 개인이 부담하게 된다.[38]

4. 거주권

1) 3개월 미만 거주할 경우

시민과 그 가족은 다른 회원국에서 유효한 신분증이나 여권을 소지하는 경우 최고 3개월까지 자유롭게 거주할 수 있다.[39]

2) 3개월 이상 거주할 경우

---

37) 지침 2004/38, 제4조.
38) 지침 2004/38, 제5조.
39) 지침 2004/38, 제6조(1).

(1) 거주권 부여 요건

3개월 이상 거주할 경우에 '시민'은 고용인 혹은 자영업자로서 경제활동에 종사하는 자이거나, 자신과 가족을 부양할 만큼의 충분한 자산을 소유하고 있어 해당 회원국의 사회복지제도의 재정적 부담이 되지 않으며 의료보험에 가입한 자이거나, 연수나 학업을 위해 왔으며 해당하는 사적·공적 기관에 등록되어 있는 자이거나 하여 이 중 하나에 해당되는 요건을 충족해야 한다.[40] 한편 회원국의 국적을 갖지 않은 '시민의 가족'은 시민의 세 가지 요건 중 하나를 만족시킬 경우 시민과 마찬가지로 3개월 이상 거주할 권리가 있다. 만약 시민이 고용인이나 자영업자였으나 질병이나 사고로 인하여 일시적으로 노동이 불가능한 경우 또는 1년 이상 근무경력이 있지만 현재는 비자발적으로 실업자가 되었고 현재 관련 해당 노동기관에 등록되어 있는 경우, 1년 미만의 계약직이었으나 첫 12개월 중 반 이상 근무하고 비자발적으로 해고되었고 현재 고용기관에 구직자로 등록되어 있는 경우, 직업훈련 차 연수 중인 경우 등 경우에는 다시 고용인이나 자영업자의 상태로 돌아갈 것으로 예상하여 그 지위를 보호해야 한다.[41]

(2) 행정절차상의 구비서류 등

거주권은 시민과 그 배우자, 사실혼 관계에 있는 자 그리고 직계자손에까지 사실상 보편적으로 인정되고 있기 때문에 거주허가제도는 폐지되었다고 볼 수 있다.

그러나 동 지침에서 규정하고 있는 '시민'의 거주허가증(거주카드)과 관련된 행정상의 절차에 의하면 만약 3개월 이상 거주하는 경우 해당 회원국은 관련기관에 당사자의 등록을 요구할 수 있고, 등록마감일은 여권상의 입국한 날짜로부터 최소 3개월 이상이어야 한다. 등록 후에는 즉시 등록확인증이 발급되어야 하고, 등록확인증에는 등록한 사람의 이름, 주소 그리고 등록날짜가 기록되어 있어야 한다.[42] 이 부분에서 모든 개인은 차별을 받지 아니한다. 그 외에 해당 회원국은 당사자에

---

40) 지침 2004/38, 제7조(1).
41) 지침 2004/38, 제7조(3).
42) 지침 2004/38, 제8조(1), (2).

게 유효한 신분증이나 여권, 고용계약서나 고용증명서, 자영업자의 사업증명서(사업자등록증), 거주에 필요한 요건을 충족시키는 증거, 학교 등 관련 시설에 등록되어 있다는 증거, 의료보험 가입증명서 등을 요구할 수 있다. 해당 회원국은 충분한 재원의 최소액을 일일이 열거하지 않을 수 있으나, 개인의 개별적인 환경과 여건에 관하여 심의를 해야 한다.[43] 그리고 해당 회원국은 시민에게 시민의 가족에 대한 유효한 신분증이나 여권, 가족관계나 사실혼 관계 증명서류, 시민의 등록확인증, 피부양자라는 것을 증명할 만한 증명서류 등을 요구할 수 있다.[44]

회원국 국적을 갖지 않은 '시민의 가족'이 3개월 이상 거주하기를 원하는 경우 거주허가증 발급을 신청해야 한다. 접수서류 마감일은 여권상의 입국일자로부터 최소 3개월 이상이어야 하며, 미접수에 대한 책임은 해당 개인이 진다.[45] 시민의 가족은 '시민 가족의 거주허가증'이라는 문서를 증거로 삼되, 이 문서는 거주허가증 신청서류를 접수한 후 최고 6개월 이내에 발급되어야 한다. 한편 거주허가증 발급가능 확인증은 곧바로 발급받을 수 있다.[46] 해당 회원국이 거주허가증 발급을 위해 시민의 가족에게 요구할 수 있는 서류는 위에서 언급한 제8조상의 서류와 동일하다.[47]

(3) 거주허가증의 효력

거주허가증은 발급일로부터 최고 5년까지 유효하며, 만약 시민이 5년 이내에 자국으로 돌아갈 경우 돌아가는 날까지 유효하다. 그 외에 1년 중 6개월 미만의 부재, 군 입대 혹은 임신 및 출산, 심각한 질병, 유학 혹은 연수, 다른 회원국이나 제3국에서 일하는 경우에는 최장 12개월까지 유효한 것으로 인정하여 계산한다.[48]

---

43) 지침 2004/38, 제8조(3), (4).
44) 지침 2004/38, 제8조(5).
45) 지침 2004/38, 제9조.
46) 지침 2004/38, 제10조.
47) 지침 2004/38, 제8조(5)와 제10조(2)를 비교.
48) 지침 2004/38, 제11조.

(4) 시민의 사망이나 체류국 이탈의 경우에 '회원국 국적을 갖지 않은 시민 가족'의 법적 지위

시민의 '사망이나 체류국 이탈'의 경우에도 시민의 가족은 거주권에 영향을 받지 않는다. 단, 시민의 사망시기부터 최소 1년 이상 해당 회원국에 거주하고 있어야 한다. 그 외에 시민의 직계자손이거나 해당 아동의 법정대리인인 경우 거주권을 잃지 않으며, 해당 아동의 경우 학업을 위해 학교 등의 시설에 등록되어 있어야 모든 교육과정을 마칠 때까지 해당 회원국에 거주할 수 있다. 상기의 대전제조건으로 해당 시민은 사망 전 3개월 이상 거주에 관한 요건을 충족하고 있어야 한다.[49]

(5) 시민의 이혼 등의 경우 '회원국 국적을 갖지 않은 시민 가족'의 법적 지위

시민의 이혼, 혼인무효 혹은 동거종료의 경우에도 회원국의 국적을 갖지 않은 시민 가족의 거주권은 소멸되지 않는다. 이 경우 최소 3년 이상 함께 살았고, 이 중 1년 이상을 해당 회원국에서 거주했어야 한다. 그 외에 직계자손의 법정대리인에 해당되거나 또는 가정폭력 등 이혼·혼인무효 혹은 결별에 정당한 이유가 있을 경우에 법적으로 전 배우자나 동거인의 아이를 대면할 권리가 있으며, 반드시 해당 회원국에서 대면해야 할 경우에도 거주권은 인정된다.[50]

5. 영주권

1) 영주권 부여 요건

동 지침 제4장에서는 영주권에 관하여 규정하고 있다. 먼저 '영주권을 갖는 EU 시민'이란 자국이 아닌 다른 회원국에서 5년 이상을 거주하여 영주의 권리를 취득한 EU시민을 의미한다. 영주권을 취득할 수 있는 자격으로 첫째, 영주권은 다른 회원국에서 합법적으로 5년 이상을 연속으로 거주한 EU시민이 취득할 수 있다. 둘째,

---

49) 지침 2004/38, 제12조.
50) 지침 2004/38, 제13조(2).

영주권을 소유한 EU시민과 함께 5년 이상을 거주한 가족 구성원들도 영주권을 취득할 수 있다.[51] 이때 그 가족은 회원국의 시민이 아니어도 무관하다. 한편 영주권은 이를 소유한 상태에서 회원국이 아닌 다른 국가에서 2년 이상 거주한 경우에는 박탈될 수 있다. 물론 의무적 군복무이거나, 임신과 출산, 질병, 학업, 직업훈련과 같은 중요한 사유로 인하여 불가피하게 12개월 연속 부재한 경우에는 예외가 인정된다.[52]

2) 행정절차상의 구비서류 등

영주권을 취득하기 위해서는 행정절차상 확실한 증거를 제시해야 하는바, 'EU시민'은 자신이 해당 회원국에서 5년 이상 '연속적으로' 거주했다는 증명서류를 반드시 제출해야 한다.[53] 당사자는 해당 회원국에서 연속적 거주를 증명할 수 있는 일반적인 증명 방식으로도 충분하다.[54] 이를 증명할 수 있는 서류를 구비하지 못하는 경우에는 아무리 자신이 5년 이상을 거주했더라도 영주권을 취득할 수 없다. 한편 이렇게 입증한 사실이 허위임이 밝혀지거나 의심스러운 부분이 발견되는 경우 해당 회원국은 그의 영주권을 정식적으로 박탈시킬 수 있다. 여기서 '5년'이란 총 거주기간을 말하는 것이 아니라 반드시 '연속적으로' 거주한 5년을 의미한다. EU시민이 아닌 '가족' 역시 5년 이상 거주했다는 증명서류를 제출하여 영주허가증(영주카드)을 신청해야 한다. 영주허가증 신청서를 제출받은 해당 회원국은 행정적으로 6개월 이내에 반드시 신청자에게 영주허가증을 발급해야 한다. 그리고 이 영주허가증은 10년마다 자동적으로 갱신된다. 해당 가족은 '거주허가증(거주카드)' 만기 전에 반드시 '영주허가증(영주카드)' 발급을 신청해야 하며, 특별한 불가피한 상황이 발생하여 영주허가증의 승인이 불가능한 경우에 해당 회원국은 반드시 비합리적이거나 차별적인 대우를 받지 않도록 적절한 조치를 취해야 한다.[55]

---

51) 지침 2004/38, 제16조(1), (2).
52) 지침 2004/38, 제16조(3), (4).
53) 지침 2004/38, 제18조, 제19조.
54) 지침 2004/38, 제21조.
55) 지침 2004/38, 제20조.

6. 공공정책 · 공공안보 · 공중보건상의 출입 및 거주의 제한

EU 회원국은 공공정책 · 공공안보 · 공중보건에 해가 될 경우 영주권을 박탈하고 추방할 수 있다. 이때 해당 회원국은 추방자의 여권이나 신분증의 EU 내 사용을 금지하는 조치를 취하여야 한다. 한편 EU는 추방자의 인권이나 권리를 보호해야 하고, 어떠한 경우에도 경제적 이유에 의해서는 추방할 수 없다.[56] 당사자를 추방하기 전에는 반드시 그의 거주기간 · 나이 · 개인건강 · 가정환경 · 사회적 위치 · 본국과의 관계 등 요소를 고려해야 한다. 이때 당사자가 해당 회원국에서 10년 이상 거주한 사람이거나 미성년자인 경우에는 각별히 신경을 써야 하며, 공공정책 · 공공안보 · 공중보건에 해가 되는 특별한 경우를 제외하고는 가급적 추방하지 아니한다.[57] 그리고 자유이동과 거주권을 제한할 경우에는 비례의 원칙에 따라야 하고, 당사자 개인의 행위에 근거해야만 한다. 유죄판결의 전과는 이러한 제한을 자동적으로 정당화하지 아니한다.[58] 개인추방을 결정하기 위해서는 개인행위가 국익을 침해할 정도로 중대해야 하고, 그러한 위험은 현존해야 한다. 단순히 당사자의 입국서류가 만기되었다는 사실만으로는 추방의 이유가 되지 아니한다.

특히 '공중보건'에 있어서 EU 각 회원국은 철저하게 통제를 해야 한다. 발병지역으로부터 입국하는 자는 반드시 진료를 받아야 하며, 질병을 보유한 자는 즉시 입국을 거절당할 수 있다. 또한 입국 후 3개월 이내에 질병이 발생한다면 보균자 당사자를 추방시킬 수 있다. 반면에 입국 후 3개월 이후의 발병자에 대해서는 그를 추방시킬 수 없는데, 이는 3개월 후의 발병은 해당 회원국 내에서 발생한 것으로 본다는 것을 의미한다.[59]

한편 영주권의 박탈이나 추방을 결정한 해당 회원국은 사전에 당사자에게 그 결정된 내용을 통지해야 한다. 이때 통보된 결정은 반드시 해당 회원국의 공공정책 · 공공안보 · 공중보상의 제한이어야 한다. 그리고 추방명령이나 입국거부판결을 받

---

56) 지침 2004/38, 제27조(1), (2), (4).
57) 지침 2004/38, 제28조(1), (2), (3).
58) 지침 2004/38, 제27조(2).
59) 지침 2004/38, 제29조.

은 자는 항소할 수 있는 법적 절차가 존재함을 통지받아야 하며, 항소가 진행되는
동안에는 해당 회원국에 입국할 수 없다. 또한 추방결정이 내려지는 경우 긴급한
경우를 제외하고는 1개월 내에 해당 회원국에서 출국하면 된다.[60] 어떠한 경우에
도 평생추방의 결정은 있을 수 없으며, 최대 3년 후에는 재심을 청구하여 자유이동
과 거주권을 복원시킬 수 있다. 이때 당사자는 재판상 재심과 행정상 재심의 방법
을 이용할 수 있다.[61]

7. 위장결혼 방지를 위한 국내조치의 인정

EU 회원국의 시민은 그들의 권리와 의무에 대해서 해당 회원국으로부터 각종
매체나 수단을 통해 정확하고 신속히 통보받아야 한다.[62] 또한 EU 회원국은 위장
결혼과 같은 방식으로 권리가 남용되는 사례를 방지하기 위해 추방이나 영주권박
탈 등의 조치를 채택할 수 있다.[63]

8. 지침 2004/38의 EU 내 이행 현황

지침 2004/38의 제39조에 의하여 EU위원회는 2008년 4월 30일까지 동 지침의
이행과 새로운 제안에 대한 보고서를 유럽의회/이사회에 제출해야 했다. 그런데 다
소 늦게 제출된 2008년 12월 10일의 집행위원회의 보고서[64]에 의하면 역내 회원국
들의 사람의 자유이동에 대한 동 지침의 이행 정도는 매우 실망스러운 수준이라고
하였다. 현재 EU시민들은 2004년 기존 법규들을 통합하여 제정한 동 지침에 따라
특정 자격이나 조건을 충족하는 경우에는 EU역내 어느 회원국에서든지 은퇴 후 거
주, 학업을 위한 거주, 노동을 위한 거주, 주거를 목적으로 한 거주의 자유가 보장

---

60) 지침 2004/38, 제30조.
61) 지침 2004/38, 제32조, 제33조.
62) 지침 2004/38, 제34조.
63) 지침 2004/38, 제35조.
64) The Directive on the right of EU citizens to move and reside freely in the European Union
/ The Commission issues report on the application of the Directive(Memo/08/778, Brussels,
10 December 2008).

되어야 하지만, 대부분의 회원국들은 동 지침의 완전이행에 실패하였다고 하였다. 대부분의 회원국들이 지침의 상당한 부분 또는 중요한 결정적인 규정에 대한 국내 이행을 외면하고 있다고 할 수 있다.[65]

결론적으로 말하자면 EU 집행위원회는 단 하나의 회원국도 EU시민의 역내 거주·이전의 자유에 관한 동 지침을 제대로 '완전하게' 이행하지 않았다고 보고하였다. 사이프러스, 핀란드, 룩셈부르크, 그리스, 포르투갈, 스페인, 몰타 등만이 동 지침 규정의 85% 이상을 국내적으로 도입하였고, 반면 오스트리아, 슬로베니아, 에스토니아, 슬로바키아 등은 60%에도 미치지 못하였다고 보고하였다. 심지어 EU시민의 자유이동을 저해하는 새로운 규정이 추가 도입되는 현상도 발견되었다고 하였다.[66] 이에 EU 집행위원회는 이러한 추가적인 요건들은 EU법에 위반되는 조치이며, 나아가 이를 사법절차에 따라 제소할 수 있다고 하여 회원국들의 동 지침의 완전이행을 촉구하였다. EU 집행위원회는 이러한 위반회원국에 대한 제소가능성과 함께 EU시민들에게 사람의 자유이동에 대한 법적 정보를 보다 적극적으로 제공하고자 방향을 설정하였다.

Ⅳ. 제3국 국민의 EU 내 장기거주

EU는 역내로의 이주자와 관련하여 이사회 지침 2003/109를 채택하여 규율하고 있다.[67] TFEU 제20조(EC조약 제17조)가 회원국의 국적을 갖는 'EU시민'에게만 자

---

65) 예를 들면, 직계존속이나 배우자와 같은 가족 구성원의 거주권이 존중되지 않고 있다든가 또는 제3국 국적을 갖는 가족구성원의 입국비자발급과 거주에 있어 문제가 있다는 것이다. 즉 비자발급 등의 서류 준비와 제출에 관한 편의를 충실하게 제공하지 않는다든가 또는 비자발급 등 필요한 서류가 신속하게 발급되지 않는 등 문제가 있다고 하였다. Ibid.
66) 예를 들면, EU시민이 다른 회원국에서 3개월 이상 거주를 원하는 경우 동 지침에서는 부여되고 있지 않은 조건을 추가적으로 제공하는 경우가 있는데, 체코는 가족구성원이 만족스럽게 적응하였을 때만 거주권을 인정하고 있었고, 몰타는 노동자로서 거주하고자 할 경우에는 노동허가증의 취득을 요건으로 하고 있었다. Ibid.
67) 동 지침의 제1장에서는 일반적인 내용을, 제2장에서는 제3국 국민의 제1회원국 내에서의 장기거주에 관한 내용을, 제3장에서는 회원국 내에서 또 다른 회원국(제2회원국)으로 이동하여 체류할 경우의 제3국 국민의 제2회원국 내에서의 장기거주에 관한 내용을, 제4장에서는

유이동의 권리를 부여하고 있기 때문에 제3국의 국민은 EU역내에서 회원국 국민과는
다르게 규율된다.[68]

1. 동 지침의 일반적 규정

동 지침 제2조는 동 지침에 사용된 제3국 국민(EU시민이 아닌 자), 장기거주자(장
기거주하고 있는 제3국 국민), 제1회원국(처음으로 장기거주를 허가한 회원국), 제2회원국
(제1회원국 외에 장기거주 지위를 허용한 회원국), 가족(EU 회원국에 살고 있는 제3국 국민),
난민(난민의 지위를 갖는 제3국 국민), 장기거주자의 EU거주허가(EU 회원국이 발행한 거
주허가)에 대한 개념을 정의하고 있다.

2. 제1회원국에서 장기거주자의 지위

EU 회원국은 역내에서 5년 동안 합법적으로 거주한 제3국 국민에게 장기거주권을
부여할 수 있다. 이 경우 계절적 노동자, 국경서비스 제공을 목적으로 파견된 자, 무역
을 위한 서비스제공자의 거주허가가 공식적으로 제한된 경우와 같이 임시적 이유로 거
주하는 자의 경우에는 거주기간 계산에 산입되지 않는다. 학업, 직업훈련 목적으로 거
주하는 경우에는 그 기간의 반만이 산입된다.[69] 한편 회원국은 장기거주 지위를 취득
하기 위해 요구되는 제3국 국민의 임금이나 연금 등을 고려한 재산상태, 의료보험가입,
국내법 준수의 증명 등의 제출을 요구할 수 있다.[70] 나아가 EU 회원국은 공공정책·공
공안보상의 위중함을 이유로 장기거주권 부여를 거절할 수 있다. 이 경우 개인의 경제
적 이유가 아닌 당사자로부터 초래되는 위험, 거주 기간, 체류국과의 유대관계를 적절
히 고려하여 결정해야 한다.[71] 그런데 장기거주 자격부여의 제한 결정에 대한 판단은
해당 회원국의 구체적 상황 속에서 판단되어야 하므로 '회원국에 따라' 그리고 '판단

최종규정을 다루고 있다. Foster, *supra* note 33, pp.336−340.
68) 지침 2003/109, 제1조, 제2조.
69) 지침 2003/109, 제4조.
70) 지침 2003/109, 제5조.
71) 지침 2003/109, 제6조.

의 시기에 따라' 해당 회원국의 재량이 작용할 여지가 있다고 할 수 있다.

1) 장기거주권의 취득과 그 성질

제3국 국민의 장기거주권 취득을 위한 신청사항 및 증거제출서류에 관한 동 지침 제7조에 의하면 제4조, 제5조에 규정된 거주기간, 충분한 재산, 모국에 의해 보장된 의료보험의 조건을 충족하고, 당사자가 공공정책·공공안보를 해하지 않는다는 전제하에 장기거주 신청서를 제출할 수 있으며, 제출 후 6개월 내에 장기거주허가 결정이 당사자에게 통지된다.[72] 이에 반해 회원국 국민의 거주권 그 자체는 TFEU에 의해서 부여되기 때문에 거주허가증에 따라 그 권리가 부여되는 것은 아니다. 따라서 회원국 국민의 거주에 대한 서면상의 요건은 '선언적 효과'를 가지는 것에 불과할 뿐이기 때문에, 거주허가에 대해 회원국이 '재량권'을 행사하여 제3국 국민에게 발행하는 동 지침상의 거주허가와는 그 성질이 엄연히 다르다고 할 수 있다.

2) 장기거주자의 거주허가 연장

EU 회원국은 최소 5년간 유효한 거주허가증을 장기거주자에게 발급하며, 또한 '추가 신청'이 있는 경우에 거주허가 기간 만료일에 갱신된다.[73] 이에 반해 회원국 국민에게 부여된 거주허가는 발행일로부터 최소 5년간 유효하며, 이는 자동적으로 갱신된다. 즉 제3국 국민의 경우에는 EU거주허가의 경우 만료일에 '추가로' 거주허가 연장을 신청해야 갱신되지만, 회원국 국민의 경우에는 계속 거주하는 경우에는 자동적으로 갱신된다는 점에서 차이가 있다고 할 수 있다.[74]

3) 장기거주권의 철회 또는 상실

장기거주자의 장기거주권 부정취득이 발견되거나, 제12조에 의한 추방조치가 결정되거나, 12개월간 EU 내에 부재한 경우에는 장기거주권을 유지할 수 없다.[75]

---

72) 지침 2003/109, 제7조(1), (2).
73) 지침 2003/109, 제8조(2).
74) '장기거주자의 EU거주허가'는 서류나 스티커의 형태로 발행되며, 허가는 2002년 6월 13일 제정된 이사회규칙 1030/2002[1])에 명시된 규칙과 표준에 따라 발행된다. 지침 2003/109, 제8조(3).
75) 지침 2003/109, 제9조(1).

그런데 회원국 국민은 공공정책·공공안보·공중보건을 이유로 한 예외를 제외하고
는 원칙적으로 장기거주가 인정되나, 제3국 국민에게는 회원국 국민의 공익적 차원에
의한 거주권 제한뿐만 아니라, 장기거주 지위의 부정취득, 제12조에 의한 추방조치, 12
개월간의 EU 내 부재의 경우에도 거주권이 상실된다. 그러나 회원국 국내법에 따라
12개월 부재의 경우에도 예외적으로 거주권이 인정될 수는 있다.

한편 제1회원국에서 장기거주권을 부여받은 제3국 국민이 제2회원국에서 장기거주
권을 부여받는 경우, 제1회원국에서의 장기거주권은 상실하게 된다.[76] 그런데 회원국
국민의 경우에는 TFEU에 의해 역내의 자유이동이 인정되므로 거주권을 부여받은 제1
회원국으로부터 다른 회원국(제2회원국)으로 이동해도 제1회원국에서의 거주권이 상실
되지는 않는다.[77]

그리고 EU시민의 거주허가는 발행일로부터 최소 5년간은 유효하며 자동적으로
갱신되는 데 반해, 제3국 국민의 경우에는 EU거주 허가기간 만료일에 자동으로 갱신되
지 않는다. 그렇다고 하여 기간의 만료만으로 장기거주권을 상실하는 것은 아니다. 장
기거주권을 상실한 제3국 국민이 회원국 국내법 규정과 요건에 위배됨이 없이 공공정
책·공공안보상 해가 되지 않는 경우에 해당 회원국은 제3국 국민을 회원국 영역 내에
머무르게 허가할 수 있다.[78]

4) 구제절차의 보장과 통지

해당 회원국이 장기거주권 신청 거부 또는 장기거주 지위상실 결정을 하는 경우
에는 구체적인 이유, 관련 당사자가 취할 수 있는 구제절차와 그 기간을 해당 회원국
국내법에 따라 당사자에게 통지하여야 한다. 제3국 국민은 통지된 결정에 대해 해당
회원국에 법적 청구를 할 수 있다.[79] 이를 통해 제3국 국민은 회원국 국민에 준하
여 권리구제절차를 부여받는다고 할 수 있다.

---

76) 지침 2003/109, 제9조(4).
77) 한편 일단 장기거주권을 취득했으나 12개월 이상 부재하는 경우, 제2회원국에서 장기거주권을
    취득하여 제1회원국의 장기거주권을 상실한 경우, 학업수행 목적으로 제2회원국에 거주해 온 제
    3국 국민의 경우에는 해당 회원국이 장기거주권의 재취득을 위한 용이한 절차를 국내적으로 규
    정해야 한다. 지침 2003/109, 제9조(5).
78) 지침 2003/109, 제9조(6), (7).
79) 지침 2003/109, 제10조.

5) 동등대우의 보장과 제한

제3국 국민에 대한 장기거주상의 고용이나 자영업의 범위 내에서, 학업 또는 직업훈련의 목적 범위 내에서, 국내법상의 사회보장과 세금혜택 등 자국민에 대한 서비스 범위 내에서 그리고 공공안보에 반하지 아니하는 범위 내에서 제3국 국민인 장기거주자도 자국민과 동등하게 취급되어야 한다.[80] 이 외에도 회원국의 재량으로 위의 범위 외에 동등한 대우를 부여할 수 있다. 그러나 장기거주자의 거주 장소나 그 가족이 주장하는 이익에 관해 거짓이 있는 경우에 자영업 활동, 노동의 권리, 교육훈련에 대한 장기거주자의 동등대우를 제한할 수 있다.[81]

6) 추방으로부터의 보호

동 지침 제12조는 해당 회원국의 제3국 국민의 추방 전 고려요소로서 공공정책·공공안보상의 심각한 위험을 들고 있다.[82] EU시민에게 있어 공공정책상의 제한 요건이 충족되기 위해서는 문제가 된 개인의 존재 내지 행위로부터 사회의 존속 자체에 대한 위기상황이 현실적으로 나타날 위험이 존재해야만 한다. 그런데 EU시민에게도 추방결정을 내릴 수 있으나, 재심청구 규정에 의해 일정한 경우 재입국이 허용되는 등 제3국 국민에 비해 더 유리한 권리가 인정된다고 할 수 있다. 한편 제12조(4)는 추방결정의 회원국 내 장기거주자의 사법구제절차를 인정하고 있다.[83]

3. 제2회원국에서 장기거주자의 지위

1) 장기거주권의 취득

제1회원국의 장기거주자는 제2회원국에서 '3개월 이상' 거주할 수 있으며,[84]

---

80) 지침 2003/109, 제11조(1).
81) 지침 2003/109, 제11조(2), (3), (4), (5).
82) 지침 2003/109, 제12조(1), (2), (3).
83) 그리고 동 지침 제13조는 각 회원국이 이 지침에 규정된 것보다 더 유리한 영구 거주허가 또는 무제한의 유효기간이 부여된 거주허가를 부여할 수 있는 재량이 있다고 규정하고 있다.

자신은 고용인이나 자영업자로서 경제활동에 종사하거나 또는 학업이나 연수를 목적으로 거주해야 한다. 회원국들은 국내 거주허가 총 인원수를 제한할 수 있으나, 혼란이나 부정적 효과를 방지하기 위하여 동 지침 발효 시의 국내법규만 인정된다.[85]

2) 장기거주권 취득의 요건

당사자는 제2회원국 입국일로부터 3개월을 초과하지 않는 기간 내에 거주허가 신청을 해야 하며, 아울러 이는 장기거주자 당사자뿐만 아니라 그 가족에게도 해당된다.[86] 제2회원국에서의 장기거주 자격 요건과 증명 서류의 제출은 제1회원국에서와 동일하다.[87]

3) 장기거주권 취득의 제한

공공정책·공공안보·공중보건을 위협하는 장기거주자와 그 가족구성원의 거주허가신청은 그 위험의 형태와 심각성을 고려하여 거절될 수 있다.[88] 해당 회원국의 국가기관은 허가신청서를 접수받은 날로부터 4개월 내에 행정절차를 진행하며, 만약 신청서에 앞서 열거한 필요한 증거서류가 첨부되지 않았거나 예외적 상황에 해당하는 경우에는 3개월 내에서 연장될 수 있고, 해당 회원국의 국가기관은 신청자에게 이러한 사실을 통지해야 한다.[89]

4) 장기거주허가증의 발급과 연장

만약 동 지침 제14조, 제15조, 제16조에서 규정된 요건이 충족되는 경우 제17조, 제18조에 해당하지 않는 이상 제2회원국은 장기거주허가증을 발급하며, 이 거주허가는 신청서에 요청하는 경우 만기에 갱신이 가능하다. 이 경우 제2회원국은 이 결정을 제1회원국에 통지하고, 제2회원국은 이와 같은 거주허가증을 장기거주자

---

84) 지침 2003/109, 제14조(1), (2).
85) 지침 2003/109, 제14조(4).
86) 지침 2003/109, 제15조.
87) 지침 2003/109, 제15조(2), (4).
88) 지침 2003/109, 제17조, 제18조.
89) 지침 2003/109, 제19조(1).

의 가족구성원에게도 발급해야 한다.[90] 만약 제2회원국이 거주허가신청을 거절하는 경우에는 그 이유를 해당 회원국 국내법의 통지절차에 따라 제3국 국민에게 통지해야 한다. 이러한 통지의 경우 이의제기 기한과 구제절차를 상세히 설명해야 한다. 거주허가신청이 거절되거나 비갱신 또는 철회된 경우, 당사자는 해당 회원국에 법적 소송을 제기할 권리가 있다.[91] 제2회원국에서 거주허가를 부여받은 경우 장기거주자는 동 지침 제11조에 규정된 조건하에서 해당 회원국에서 자국민과 같은 동등한 대우를 받을 수 있고,[92] 또한 노동시장에서 활동을 할 수 있다.[93]

5) 회원국 간 정보교환책임 및 협력의무

제2회원국은 장기거주신청시에 동 지침 제7조에 따라 심사를 진행하고, 제8조에 따라 장기거주허가증을 발행한다. 제3조, 제4조, 제5조, 제6조에 따라 제2회원국은 이러한 결정을 제1회원국에게 통지해야 한다. 장기거주신청이 불허되는 경우에는 제10조가 적용된다.[94]

회원국들은 제19조 제2항, 제22조 제2항, 제23조 제1항에 언급된 바와 같이 정보를 교환하는 책임을 지며, 관련 정보와 문서의 교환에 대하여 적절한 협력을 제공할 의무가 있다.[95] 2003년 11월 25일 채택된 이 지침은 2006년 1월 23일까지 각 회원국들이 이행하도록 규정하고 있다.[96]

V. 사람의 자유이동에 있어서 비차별적 대우의 예외

사람의 자유이동을 달성하기 위해서는 TFEU 제45조(EC조약 제39조) 제2항에 따라 '국적'에 의한 차별이 금지되어야 한다. 그리고 금지되는 차별의 종류에는 '국적'

---

90) 지침 2003/109, 제19조(2), (3).
91) 지침 2003/109, 제20조(1), (2).
92) 지침 2003/109, 제21조(1).
93) 지침 2003/109, 제21조(2).
94) 지침 2003/109, 제23조.
95) 지침 2003/109, 제25조.
96) 지침 2003/109, 제26조.

을 이유로 한 직접적 차별(direct discrimination)과 국적 이외의 기준에 따라 적용하였으나 이와 동등한 효과를 갖는 간접적 차별(indirect discrimination)이 포함된다. 간접적 차별은 국적에 의한 차별은 아니지만, 무차별적 적용으로 자유이동을 제한하여 차별적 효과를 발생케 하는 회원국의 조치를 말한다.[97] 그리고 금지되는 차별의 대상에는 가족 구성원들의 긴밀하고도 불가결한 관계를 고려하여 EU시민과 그 가족이 포함된다.[98]

1. 역내 공동시장에서 비차별적 대우의 의의

만약 EU역내에서 회원국 국민과 동일한 '비차별적 노동권'이 인정되지 않는다면, '사람의 자유이동의 권리'는 EU공동시장의 창설과 운영에 기여하는 바가 매우 미미했을 것이다. 따라서 EU법은 고용영역 등에서 국적에 관계없이 '동등한 대우를 받을 권리'(right to equal treatment)를 확립해 왔다.[99] 이와 관련된 규정은 TFEU 제45조 제2항과 지침 2004/38 제24조이다. 또한 이러한 권리는 '자영업자'(TFEU 제49조)와 '서비스 공급자'(TFEU 제56조)에게도 인정되어 왔다. 현재는 EU가 양적·질적으로 확대되고 있어 '고용' 외에 '사회적 또는 조세상의 이익'에 있어서도 EU시민의 비차별적 대우가 일반적으로 보장되어야 한다고 해석될 여지가 충분하다고 볼 수 있다.

---

97) 1992년 1월 24일 독일 슈투트가르트행정법원(Verwaltungsgericht, Stuttgart)에 접수되어 ECJ에 선결적 결정이 부탁된 사건에서, 독일 국내법(German Law of 7 June 1939 relating to the use of academic titles(Reichsgesetzblatt 1939 Ⅰ, p.985))은 외국에서 취득한 학위의 국내사용을 위한 관할 행정청의 허가 요건을 규율하고 있었으나, ECJ는 이는 EC조약 제39조(TFEU 제45조)에 반하는 조치라고 판시하였다. Case C-19/92, *Kraus v. Land-Baden-Wünttemberg*, [1993] ECR Ⅰ-1663, paras.1, 4, 11, 32, 42; 프로축구선수의 소속팀 이적 시 이적료를 지불하는 것을 규율하는 규정은 회원국의 국적을 갖는 모든 사람에 대하여 동등하게 취급하여 적용하고 있으나, 이는 무차별적 규제의 형태로 프로축구선수의 역내 자유이동을 제한하는 것으로 EC조약 제39조(TFEU 45조)에 반하는 조치이다. 그러나 이 사건에서 ECJ는 이적료지불조건은 소속구단탈퇴를 방해하는 것으로 사람의 자유이동에 위배되는 것이지만, 다만 구단 간 부의 불균형을 해소하고, 젊고 능력 있는 선수의 채용과 훈련의 촉진을 위한 목적으로서의 규정은 적법한 것으로 정당화될 수 있다고 판시하였다. Case C-415/93, *Union Royale Belge des Sociétés de Football Association and Others* vl [1995] ECR Ⅰ-4921, paras.25-27, 114-120, 121-137.

98) 채형복, 앞의 책(각주 24), p.248.

99) 이러한 권리는 공공정책조건(public policy proviso)의 경우에는 적용되지 아니한다. Case C-224/98, *D'Hoop*, [2002] ECR Ⅰ-6191, paras.27-40.

2. 비차별적 대우의 적용 예외 문제

TFEU 제18조(EC조약 제12조)는 '국적'을 근거로 한 차별의 전면적 금지를 규정하고 있다. 이는 고용영역 외에도 적용되나, 그럼에도 불구하고 TFEU상 규정된 범위 내에서만 효력이 있다. 예를 들면, 국내선거에서 EU시민에게는 투표권이 보류될 수 있다. 또한 TFEU 제18조는 조약상 특별한 예외를 인정하고 있는데, 이러한 예외 중 하나가 TFEU 제45조 제4항으로, 이 규정에 의하면 TFEU 제45조에 의해 인정된 권리들은 '공공서비스에서의 고용'(employment in the public service)에는 적용될 수 없다. TFEU 제51조는 '자영업자'와 '서비스 공급자'에 대하여도 이와 유사한 예외(국가가 관여하거나 또는 공공기관이 실행하는 활동)를 규정하고 있다.[100] 그러나 ECJ는 일련의 판결에서 어느 정도의 국가의 자유재량이나 정책입안을 함의하는 공공서비스직에 대한 이러한 예외의 인정을 제한하기도 하였다.[101]

그런데 '직접적 차별'이 관련 조항의 범위 내에 해당될 경우에 항상 불법인 반면, '간접적 차별'은 차별이 EU법에 불일치하지 않은 '진정한 목적'(genuine purpose)을 가졌을 경우에만 적법한 것으로 인정된다. 이는 아래에서 *Groener v. Minister for Education*[102] 사례를 검토해 봄으로써 보다 명확하게 이해할 수 있다.

1) 사실관계

흐루너 부인(Mrs. Groener)은 아일랜드 더블린(Dublin)에 살고 있는 네덜란드 국민으로, 더블린에 있는 한 마케팅-디자인 대학(college of marketing and design)에서 시간제 미술교사로 임시직에 종사하고 있었다. 그녀는 해당 대학에 영구적인 전임교원을 신청하였다. 그런데 아일랜드 법에 의하면 특별한 경우를 제외하고는 아일

---

100) 이러한 공공서비스분야에서 고용상의 평등권 인정 예외는 EC조약 제39조(TFEU 제45조) 제4항(Workers), 제45조(TFEU 제51조)(Right to Establishment)에 이어 제55조(TFEU 제62조)(Services)에까지 규정되어 있다. Craig and de Burca, *supra* note 20, pp.764-765 참조.

101) Case 149/79, *Commission* v. *Belgium*, [1980] ECR 3881; 기존 사례의 요약에 관해서는 Handoll, "Article 48(4) EEC and Non-National Access to Public Employment"(1988) 13 *ELRev.* 223; Castro Oliveira, "Workers and Other Persons: Step-by-Step from Movement to Citizenship-Case Law 1995-2001"(2002) 39 *CMLRev.* 77 at 97-98을 참조.

102) Case C-379/87, *Groener* v. *Minister for Education*, [1989] ECR I-3967.

랜드 '공교육기관'의 영구적 전임교원은 아일랜드어에 대한 지식이 있어야 한다. 이에 그녀는 아일랜드어학시험에 응시해야만 하였다. 그런데 그 기본요구수준이 높아보이지 않았음에도 불구하고 그녀는 시험에 실패하였고, 영구적 전임교원에 임명될 수 없게 되었다. 그녀는 이러한 언어요구가 타 회원국 국적을 갖는 EU시민들에게 대한 차별이기 때문에 EU법에 위반된다고 주장하여 아일랜드법원에 소송을 제기하였다. 특히 그녀는 과거 당시의 '규칙 1612/68'의 제3조 제1항에 따라 자신은 언어요구조건의 적용에서 제외된다고 주장하였다. 이에 아일랜드법원은 ECJ에 선결적 결정을 부탁하였다.

2) ECJ의 결정: 국내조치의 '공적 목적'과의 균형과 관련하여

비록 아일랜드어가 모든 아일랜드인에 의해 사용되지 않는다 해도 수년간 아일랜드 정부정책은 자국의 정체성과 문화를 표현하는 수단으로 아일랜드어의 사용·유지뿐만 아니라 촉진을 장려해 왔다. 아일랜드어 교육과정은 초등교육에서는 '의무적'이고, 중등교육에서는 '선택적'이다. 즉 공공직업교육학교의 강사들에게 부과된 의무인 아일랜드어에 관한 일정한 지식은 이러한 아일랜드의 정체성과 문화를 유지·촉진하는 국가정책의 일환으로 아일랜드 정부가 채택한 조치들 중의 하나이다.[103]

그런데 TFEU(당시의 EC조약)는 회원국이 '모국어'와 '제1공용어'의 보호와 촉진을 위하여 정책을 채택하는 것을 금지하고 있지 않았다. 그러나 이러한 모국어와 제1공용어의 보호와 촉진 정책의 이행은 노동자의 자유이동과 같은 EU공동시장의 기초인 '사람의 자유이동'을 침해해서는 아니 된다. 따라서 이러한 공공정책의 이행을 위한 조치들은 그 요건에 있어서 어떠한 상황에서든지 그 추구하는 '목적'과 균형을 이루어야 하며, 국가의 공익적 목적상 필요한 범위 내로 제한되어야 한다. 또한 그러한 공공정책의 이행을 위하여 취해진 조치의 '적용 방법'도 다른 회원국들의 국민들에 대한 차별을 야기해서도 아니 된다.[104] 그리고 그러한 정책이행을 위한 교육의 중요성이 충분히 인정되어야 한다. 교사들에게는 자신이 제공하는 교육을 통해서뿐만 아니라, 학교의 일상생활에 참여함으로서 학생들과 특별한 관계를 맺으

---

103) *Ibid.*, para.18.
104) *Ibid.*, para.19.

며 담당해야 할 중요한 역할이 있다. 이러한 정황에 비추어 볼 때, ECJ는 모국어(아일랜드어)에 대한 '어느 정도의 지식'을 갖추도록 요구하는 것은 부당하지 않다고 보았다.[105) ECJ는 요구되는 언어에 대한 지식의 수준이 '추구하는 목적'과 관련하여 불균형한 정도가 아닌 한, 교원들에게 그 정도의 언어지식을 갖추도록 요구하는 것은 규칙 1612/68의 제3조 제1항의 마지막 단락의 의미 내에서 특정 직업을 이유로 하여 요구되는 언어지식에 해당하는 것으로 간주되어야 한다고 보았다.[106)

3) 평가

결국 이 사건에서 '아일랜드어 지식에 관한 요구조건'은 규칙 1612/68의 제3조 제1항의 마지막 단락에 해당하는 것으로, 비차별적 방법으로 적용된 것이고(공교육 정책상 허용되는 정책이행), 또한 비례의 원칙을 고려하여 적용된 것으로(추구하는 목적에 부합하는 일정한 정도의 언어지식을 요구함), 결국 EU법에 위반되지 아니한다고 할 수 있다.

이 사건은 공동체에서 '합리적인 국가적 정책목적'과 사람의 자유이동 간에 분쟁이 발생할 수 있음을 보여 준다. 분명 미술교사에게 능숙한 아일랜드어를 요구하는 것은 이 직업에서 외국인을 배제시키는 효과가 있다. 더구나 당해 대학의 교수(강의) 언어는 영어였기 때문에 아일랜드어의 실질적 필요는 적었다. 그럼에도 불구하고 언어요구조건을 배제시키는 것은 공교육정책에 적합하지 않은 것으로, 이는 오히려 외국인을 고려한 아일랜드 국민에 대한 역차별로서 인식될 수도 있는 것이다.

VI. 결언

역내 단일생활권을 형성하고 있는 EU는 리스본조약의 발효로서 대내외적으로 그 지위가 강화되고 영향력도 증대되었다. 이에 한·EU FTA시대를 맞는 우리나라는 EU법을 이해함으로서 합리적인 대응방안을 마련할 수 있을 것이다. 특히 EU시

---

105) *Ibid.*, para.20.
106) *Ibid.*, para.21.

장 접근을 위한 인적 교류가 활발해질 경우에 대비해 EU의 대내외적 인적 교류에 관한 기본 법규에 대한 이해가 필요하다. 그런데 본문에서 살펴본 바와 같이 EU는 EU시민과 제3국 국민의 역내 인적 이동에 관하여 달리 규율하고 있다. 이에 우리나라는 한·EU FTA의 파트너로서의 지위를 이유로 하여 전략적으로 EU시장에 대한 접근정책을 추진할 수도 있을 것이다. 따라서 EU의 제3국 국민에 대한 인적 이동에 관한 지침인 2003/109상의 취약한 보장내용을 EU시민에 대한 인적 이동에 관한 지침인 2004/38의 수준으로 보장받을 수 있도록 적극적인 태도를 보일 필요가 있다. 인적 이동이 보다 자유로울 경우에 EU시장으로의 적극적 진출이 가능하여 기업 활동이나 서비스제공 사업이 수월해지고, 이는 국내경제 활성화와 실업문제 해결에도 일조하게 될 것이다.

대한민국과 유럽공동체(리스본조약 발효에 의해 현재는 유럽연합) 및 그 회원국 간의 자유무역협정'은 제7장 제4절에서 '자연인의 상용 일시 주재'에 관하여 규정하고 있다. 동 협정 제7.17조는 EU로의 '입국과 일시적 체류'가 적용되는 범위를 핵심인력,[107] 대졸연수생,[108] 상용서비스판매자,[109] 계약서비스 공급자[110] 및 독립전문

---

[107] '핵심인력'이란 당사자의 비영리조직 이외의 법인 내에 고용된 자연인으로서, 설립체의 설치 또는 적절한 통제, 관리 및 운영을 담당하는 자연인을 말한다. 핵심인력은 설립체의 설치를 담당하는 상용방문자와 기업 내 전근자로 구성된다. ① '상용방문자'란 설립체의 설치를 담당하는 고위직에 근무하는 자연인을 말한다. 그들은 일반 공중과의 직접적인 거래에 종사하지 아니하며, 방문국 내에 위치한 소득원으로부터 보수를 받지 아니한다. ② 그리고 '기업 내 전근자'란 최소 1년간 당사자의 법인에 의해 고용되어 있거나 그 법인의 공동경영자(과반수 지분보유자는 제외한다)인 자로서, 다른 쪽 당사자의 영역에 있는 설립체(자회사, 계열사 또는 지점을 포함한다)에 일시적으로 파견된 자연인을 말한다. 이에 해당하는 자연인은 다음의 범주 중 하나에 속한다. ⓐ 관리자: 법인 내에서 고위직에 근무하는 자로서 주로 그 사업체의 이사회나 주주 또는 그에 상응하는 자들로부터 일반적인 감독 또는 지휘를 받아 다음을 포함하여 주로 설립체의 경영을 지휘하는 자연인: 가) 설립체 또는 설립체의 부서 또는 그 하부 조직을 지휘하는 것, 나) 그 밖의 감독직, 전문직 또는 관리직 피고용인의 업무를 감독하거나 통제하는 것, 다) 채용 및 해고를 직접 하거나 채용, 해고 또는 그 밖의 인사 조치를 권고하는 권한을 보유하는 것. ⓑ 전문가: 법인에 근무하는 자로서, 설립체의 생산, 연구 기기, 기술 또는 경영에 필수적인 전문적 지식을 보유하는 자연인. 그러한 지식을 평가함에 있어, 설립체에 특정한 지식뿐 아니라, 해당 인이 공인된 직업단체의 회원인지를 포함하여, 특정한 기술적 지식을 요하는 업무 또는 직업의 유형과 관련된 높은 수준의 자격을 지니고 있는지가 고려될 것이다. "대한민국과 유럽공동체(리스본조약 발효에 의해 현재는 유럽연합) 및 그 회원국 간의 자유무역협정", 제7.17조 제2항 가.

[108] '대졸연수생'이란 당사자의 법인에 의해 최소 1년간 고용되어 있는 자로서, 학사학위를 보유하고 경력개발 목적을 위해서나 사업 기술 또는 방법에 대한 연수를 받기 위해 다른 쪽 당사자의 영역에 있는 설립체에 일시적으로 파견된 자연인을 말한다. "대한민국과 유럽공동체(리스본조약 발

가[111])로 한정하고 있으며, 각각에 대하여 정의하고 있다. 그리고 동 협정 제7.18조
는 핵심인력과 대졸연수생의 일시 입국 및 체류와 관련하여 기업 내 전근자에 대해
서는 3년, 상용방문자에 대해서는 12개월 기간 내 90일, 대졸연수생에 대해서는 1
년까지의 기간 동안을 허용하고 있다.[112]) 즉 상업적 주재가 허용되는 분야의 핵심
인력, 대졸연수생, 상용서비스판매자에 대해서는 일정한 체류요건(기한 준수)을 전제
로 자유이동을 허용하고 있다. 특히 대졸연수생을 인적 이동의 대상에 신규로 포함
시킴으로써 양측이 청년층의 상호 인적 교류를 촉진시키고자 한 점은 미래지향적
측면에서 매우 의미 있는 내용이다. 다만, 편법 취업의 가능성을 차단하기 위해 법
률, 회계, 유통 등 45개 서비스 분야에 대해서는 양허를 하지 않았다. 이러한 대졸
연수생은 상대국 기업 소속으로 단순한 경력개발 훈련을 목적으로 파견된 직원이
므로 국내 고용시장에는 영향을 미치지 않는다고 할 수 있다. 이러한 대졸연수생은
상대국에서 1년까지 체류가 가능하므로 현지 출입국 관련 절차가 대폭 간소해지는

효에 의해 현재는 유럽연합) 및 그 회원국 간의 자유무역협정", 제7.17조 제2항 나.

109) '상용서비스판매자'란 당사자의 서비스 공급자를 위해 서비스 판매를 협상할 목적으로 또는 서
비스를 판매하기 위한 계약을 체결할 목적으로 다른 쪽 당사자의 영역으로 일시 입국을 하려
는 서비스 공급자의 대표인 자연인을 말한다. 이들은 일반 공중에 대한 직접 판매에 종사하지
아니하며 방문국 내에 위치한 소득원으로부터 보수를 받지 아니한다. "대한민국과 유럽공동체
(리스본조약 발효에 의해 현재는 유럽연합) 및 그 회원국 간의 자유무역협정", 제7.17조 제2항
다.

110) '계약서비스 공급자'란 당사자의 법인이 다른 쪽 당사자의 영역에 설립체를 두지 아니하고
다른 쪽 당사자 내의 최종 소비자와 서비스를 공급하기 위한 선의의 계약을 체결하여 그 계
약이 서비스 공급 이행을 위해 그 다른 쪽 당사자 내에 피고용인을 일시 주재시킬 것이 요
구되는 경우에 있어 그 법인에 의하여 고용된 자연인을 말한다. "대한민국과 유럽공동체(리
스본조약 발효에 의해 현재는 유럽연합) 및 그 회원국 간의 자유무역협정", 제7.17조 제2항
라.

111) '독립전문가'란 당사자 영역에서 서비스 공급에 종사하는 자영업자로서, 다른 쪽 당사자의 영
역에 설립체를 두지 아니하고 다른 쪽 당사자 내의 최종 소비자와 서비스를 공급하는 선의
의 계약을 체결하여 그 계약이 서비스 공급 이행을 위해 그 다른 쪽 당사자 내에 일시 주재
할 것이 요구되는 경우에 있어 그 자연인을 말한다. "대한민국과 유럽공동체(리스본조약 발
효에 의해 현재는 유럽연합) 및 그 회원국 간의 자유무역협정", 제7.17조 제2항 마.

112) 상용서비스판매자의 경우에는 동 협정 부속서 7-가에 기재된 유보를 조건으로, 각 당사자는
12개월 기간 내 90일까지 일시 입국 및 체류가 허용된다. 계약서비스 공급자 및 독립전문가
의 경우에는 '서비스무역에 관한 일반협정(General Agreement on Trade in Services: GATS)'에
따르도록 하고 있다. "대한민국과 유럽공동체(리스본조약 발효에 의해 현재는 유럽연합) 및
그 회원국 간의 자유무역협정", 제7.19조, 제7.20조.

효과를 기대할 수 있다. 단, 계약서비스 공급자 및 독립전문가의 인적 이동에 대해
서는 추후 WTO DDA(Doha Development Agenda) 협상 결과를 반영하여 포함시키기
로 합의하였다. 그러나 위와 같은 매우 제한된 범위에서의 인적 교류만으로는 양측
사회질서의 근간을 형성하는 사람의 자유이동 활성화는 한계적일 수밖에 없다.

그러나 향후 인적 이동에 있어서의 사람의 범위가 광범위하게 인정되는 경우에
는 단순한 경제적 목적뿐만이 아니라 사회적 차원에서 삶의 질을 향상시킬 수도 있
다. 그리고 장기거주허가의 요건과 절차가 보다 간소화됨으로써 경제적 이익을 볼
수 있다. 또한 공익적 차원에서의 인적 이동 제한을 적절하게 활용하는 경우에는
오히려 국익에 도움이 될 수 있으므로 신중하게 살펴야 한다. 그러나 한 가지 주의
할 점은 EU 회원국들도 인적 이동에 대한 지침을 완전하게 이행하는 것만은 아니
라는 현황이다.

그런데 우리가 국제사회에서 EU를 바라볼 때 두 가지 특징에 유념할 필요가
있다. 하나는 EU 회원국들은 독립국가로서의 지위와 회원국으로서의 이중적 지위
를 갖는다는 점이고, 다른 하나는 EU시민들은 일개 국가의 국민으로서의 지위와
EU시민으로서의 이중적 지위를 갖는다는 점이다. 따라서 제3국으로 분류되는 우리
나라는 EU와의 관계를 돈독히 하여 소위 준회원국 같은 지위를 확보함으로써 EU
시민과 동등 또는 유사한 권리를 누릴 수도 있을 것이다. 특히 EU에서 임시적 체류
가 아닌 사업 활동 등을 목적으로 장기거주를 원하는 경우 해당 제3국 국민의 임금
이나 연금 등의 재산상태, 의료보험가입, 국내법 준수 등을 고려하여 장기거주허가
증을 발급받기 때문에 EU에서 장기체류를 통해 소정의 목적을 달성하고자 하는 사
람은 이에 유념해야 한다. 또한 EU 회원국이 공익적 차원에서 제3국 국민을 개별
적으로 제한할 수 있으므로 EU에서 장기거주 가능성이 있는 개인은 자기관리에도
힘써야 한다. 한편 EU시민의 거주허가는 5년 유효기간 후에 자동으로 갱신됨에 비
해, 제3국 국민의 거주허가는 추가 신청을 해야 연장되기 때문에 일정한 목적으로
거주의 연장이 필요한 경우에 제3국 국민은 추가신청을 별도로 해야 한다는 점에 유
념해야 한다. 그리고 EU시민에게 부여된 권리와 달리, 제3국 국민은 제2회원국에서
장기거주권이 부여된 경우 제1회원국에서의 권리가 소멸되는 점을 유의해야 한다.

그런데 무엇보다 주지해야 할 점은 제3국 국민에 대한 장기거주상의 고용이나

자영업의 범위 내에서, 학업 또는 직업훈련의 목적 범위 내에서, 국내법상의 사회 보장과 세금혜택 등 자국민에 대한 서비스 범위 내에서 그리고 공공안보에 반하지 아니하는 범위 내에서 제3국 국민인 장기거주자도 자국민과 동등하게 취급된다는 점이다. 물론 이외에도 회원국이 재량으로 위의 범위 외에 자국민과 같은 동등한 대우를 부여할 수 있으므로 선진법제를 도입하고 있는 EU 회원국일수록 제3국 국민으로서는 이득이 많다. 그러나 장기거주자의 거주 장소나 그 가족이 주장하는 이익에 관해 거짓이 있는 경우에 자영업 활동, 노동 권리, 교육훈련에 대한 장기거주자의 동등대우가 제한될 수 있다는 점에 유의해야 한다. 한편 제3국 국민은 자신이 고용인이나 자영업자로서 경제활동에 종사하거나 또는 학업이나 연수를 목적으로 하는 경우에 제1회원국이 아닌 제2회원국에서 3개월 이상 거주할 수 있으므로 특히 영리목적으로 활동하는 제3국 국민은 보다 폭넓은 활동을 보장받을 수 있다. 끝으로 *Groener* 사건에서 보는 바와 같이 공익적 차원(공공교육정책)에서 인적 이동의 제한이 인정되는 점은 EU의 비차별적 대우에 대한 제한된 범위에서의 예외적 허용으로 보아야 한다. 따라서 한·EU FTA에서도 가능한 한 개방의 폭을 넓히되 제한된 범위 내에서 보호조치가 인정될 것이므로, 필요한 경우에는 공익적 견지에서 면밀한 준비를 하여 보호조항을 활용해야 할 것이다.

제10장

설립의 자유

I. 서언

EU는 국제연합(United Nations: UN)이나 세계무역기구(World Trade Organization: WTO)로 대변되는 보편적 국제사회가 실현하기 어려운 정치적·경제적 통합을 유럽이라는 지역적 국제사회에서 보다 잘 실현함으로서 역내 복지를 추구하고 있다. 그런데 유럽을 하나로 결속시키는 가장 기초적이며 중요한 내용은 바로 EU시민의 일상생활과 직결되는 '공동시장'(common market, 단일시장(single market) 또는 역내시장(internal market))의 확립이라고 할 수 있다.[1]

한편 관세동맹을 거쳐 공동시장체제를 확립한 EU는 브뤼셀의 EU 집행위원회(European Commission)를 통해 공동통상정책(common commercial policy)[2]을 실시하고 있다. 국제사회에서 통상무역협상 창구를 단일화 해 자신의 거대시장 규모의 협상력을 실질적으로 제고하고 있다. 이미 수십 개국으로 구성되어 있는 공동체를 통해

---

1) 이러한 공동시장의 주요 내용은 상품·사람(노동자)·서비스의 자유이동과 설립의 자유를 보장하기 위해 방해가 되는 모든 요소들을 '철폐'하는 것이다. René Barents, *The Autonomy of Community Law* (The Hague: Kluwer Law International, 2004), pp.199-200 참조.
2) TFEU 제207조 제3항은 공동통상정책을 EU의 배타적 영역으로 규정하고 있고, 제207조 제4항은 서비스, 지식재산권보호, 문화·시청각·사회·교육·보건 서비스 분야에 있어서 특별한 경우에는 회원국들의 만장일치를 요건으로 하되, 그 외 대부분의 분야는 EU의 배타적 권한으로 이전하고 있다. 이로서 공동통상정책 입법과정에서 개별 회원국, 특히 소국인 회원국의 권한이 약화되었다.

역내 경제통상질서의 통일을 경험한 EU가 이를 기초로 WTO의 기조를 역외 경제
통상관계에서도 강화시키고 있다. 역내 공동시장체제를 확립한 EU를 통해 알 수
있는 것은 EU가 WTO체제의 보존과 강화에 호의적이라는 사실이다. EU는 WTO기
조 아래서 관세인하 및 비관세장벽의 제거를 통해 EU기업 및 근로자들의 이익을
증대시키고 있다. 한편 개도국에 대해서는 개발지원을 통해 지속가능한 발전에 기
여함으로서 국제사회에서 EU의 좋은 평판을 유지하고자 노력하고 있다.

　　한·EU FTA의 상대방인 EU는 공동시장체제를 갖추고 있는 실체로, 이러한 EU
의 FTA 정책은 TFEU 제206조~제207조(EC조약 제131조~제134조)에 기초한 '공동통
상정책'을 기반으로 추진되고 있다.[3] TFEU 제206조(EC조약 제131조)에 따라 EU는
세계경제질서의 기조 아래 대내적으로는 EU 회원국들이 무역정책 및 법률의 조화
를 통하여 원활한 '공동시장'의 운영을 제도적으로 구비하고, 대외적으로는 역외국
가와 효과적인 경제관계를 유지·발전시킴으로서 EU 회원국들의 협상력 제고 및
경제적 이익을 추구하고 있다.[4] 따라서 한·EU FTA를 전체적이면서도 세부적으로
이해하고 대응하기 위해서는 동 FTA뿐만 아니라, 이에 앞서 상대방인 EU의 공동시
장법질서를 이해할 필요가 있다. EU 공동시장법질서를 이해함으로서 한·EU FTA
에 반영된 EU의 정책 또는 전략을 보다 잘 파악할 수 있으며, 또한 앞으로 EU 공
동시장 수준의 개방을 계속하여 요구할 경우에 적절하게 대응할 수 있을 것이다.
다만 여기에서는 주로 '설립의 자유'에 관하여 살펴보며 다른 분야들은 제외하고자
한다. 먼저 설립의 자유에 관한 EU 공동시장법제와 유럽사법법원(European Court of
Justice: ECJ)의 주요 판례에 관하여 각각 살펴본 후, 한·EU FTA상의 설립에 관한 규
정을 살펴본다.

---

3) 참고로 EU는 처음에 유럽경제공동체(EEC)의 설립을 기초로 시작하였고, 1968년에 대외무역
　에 대하여 '공동대외관세'를 부과하여 '관세동맹'을 성립한 바 있다.
4) 이강용, "유럽연합의 공동통상정책: EC 133조를 중심으로", 「유럽연구」 제26권 제2호(2008),
　p.137 참조.

Ⅱ. 설립의 자유에 관한 법제의 쟁점

1. 총설

TFEU 제49조(EC조약 제43조)는 설립의 자유를 위해 '국적'에 의한 차별을 금지하고 있다. 이러한 차별의 대상에는 국적을 직접적 이유로 하는 '직접적 차별'의 금지와 국적을 이유로 하지 않음에도 불구하고 차별의 효과를 발생시키는 '간접적 차별'의 금지 모두가 포함된다. 설립의 자유에 있어서 자연인에 대한 간접적 차별의 전형적인 예는 회원국마다 상이하게 적용하는 '자격요건'이다. 한편 법인(회사)에 대한 간접적 차별의 예와 관련해서는 주식의 과반수 이상이 직접적 또는 간접적으로 회원국에 의해 소유되는 회사에게만 회원국과의 자료처리시스템 개발계약의 체결을 승인하는 회원국법은 국적에 관계없이 적용된다고 주장할 수 있으나, 이는 본질적으로 수입국의 회사를 우대하고 다른 회원국에 등록사무소를 두고 있는 회사는 불리한 상황에 처하게 되는 결과를 가져오기 때문에 간접적 차별에 해당한다.[5] 나아가 이러한 금지의 대상에는 '차별적 규제'뿐만 아니라, 직·간접적 차별의 요소가 없는 '무차별적 규제'라 할지라도 이것이 설립의 자유를 방해하는 경우에는 금지된다.

다만, TFEU 제51조(EC조약 제45조)에 의한 공무집행과 관련된 '공권력 행사'(exercise of official authority)의 경우와 TFEU 제52조(EC조약 제46조)에 의한 공공정책(public policy), 공공안보(public security), 공중보건(public health)을 목적으로 하는 경우에는 예외가 인정된다.

2. TFEU상 설립의 자유[6]

1) 설립의 자유의 적용 대상

다른 회원국에서 자신의 회사를 설립할 수 있는 권리, 즉 설립의 자유는 회사

---

5) Case C-3/88, *Commission v. Italy*, [1989] ECR 4035, operative part.
6) 이 내용은 김두수, "EU법상 변호사의 개업의 자유와 예외", 「외법논집」 제32집(2008.11), pp.101-105의 내용을 대폭 수정하고 보완하였음.

(companies) 또는 개인 사업가(자영업자, businessmen)가 지점 또는 본점을 설치하기 위하여 해당 회원국으로 자유롭게 이동할 수 있는 권리를 말한다.

여기에서 회사의 범위는 넓게 해석될 수 있으나, 단 설립의 권리를 향유하기 위해서 관련 회사는 등기상의 주소, 경영본부, 주된 영업지 중 하나를 'EU 역내'에 보유하고 있어야 한다. 그리고 회사가 어느 회원국에 설립되었으나, '설립국가'에서는 아무런 업무를 수행하지 않고 대리점·지점·자회사를 설치한 '다른 회원국에서만' 영업을 하고 있다고 할지라도 설립국가에서 개업하고 있는 것으로 인정되어 개업의 자유가 보장된다는 점에 관해서는 유의할 필요가 있다.[7]

그런데 이러한 설립의 자유는 '자연인'의 경우에 1차 개업과 2차 개업으로 나눌 수 있는데, '1차 개업'은 아직 개업하고 있지 않은 회원국 국민이 다른 회원국으로 이동하여 새롭게 개업하는 것을 말하며, 회원국 국민이 역내에서 이미 개업하고 있는 경우에는 기존 개업활동을 폐쇄하고 다른 회원국으로 이동하여 영업을 개시하는 것을 의미한다. '2차 개업'은 어느 회원국에서 이미 개업하고 있는 회원국 국민이 그 개업을 유지하면서 다른 회원국에서도 개업하는 것을 의미한다. 이처럼 2차 개업도 인정하는 이유는 당사자가 EU 역내 '복수의 회원국'에서 동시에 개업활동을 하는 것을 보장하기 위한 것으로, 이는 EU가 '하나의 국가'와 같은 실체임을 반영하고 있다. 그런데 설립의 자유는 1차 개업이든 2차 개업이든 모두 '고정시설'의 설치를 통한 수입국과의 영속적이고도 계속적인 관계의 설정이 필요하며, 이를 위한 개업의 형태로는 일반적으로 TFEU 제49조에서와 같은 대리점·지점·자회사가 있다. 단, 사업자를 위해 영속적이고도 계속적으로 행동한다고 인정될 수 있는 경우에는 독립적 개인이 운영하는 사무소도 고정시설로 인정될 수 있다.[8]

이에 반하여 설립의 자유는 '회사'의 경우에 TFEU 제54조(자연인과 동일하게 취급)에도 불구하고 '2차 개업'의 권리만이 보장되고 있다. 회사는 경영본부를 다른 회원국으로 '이전'할 수 없으며, 대리점·지점·자회사의 설립 형태로서 경제활동을 수

---

7) 채형복, 「유럽연합법」(한국학술정보, 2009), pp.281−282 참조; Case C−446/03, *Marks & Spencer plc v. David Halsey (Her Majesty's Inspector of Taxes)*, [2005] ECR I−10837, para.59; Case C−347/04, *Rewe Zentralfinanz eG, as universal legal successor of ITS Reisen GmbH v. Finanzamt Köln−Mitte*, [2007] ECR I−2647, para.70.
8) 채형복, *supra* note 7, p.283 참조.

행할 수 있다.

　이러한 설립의 권리는 변호사, 의사, 건축가 등의 '전문직'이 포함된 회원국 국민인 '자영업자'를 포함하며,[9] 경제활동에 종사할 목적으로 다른 회원국으로 이동하여 '고정시설'을 설치하고 개업한 후, '특정한 기간의 정함이 없이'(영속적이고도 계속적인(on a stable and continuous basis)) 경제활동을 실제적으로 수행하는 것을 말한다.[10] 이것이 실현되기 위해서는 무엇보다 사업가의 이주의 권리와 적어도 사업가의 핵심 직원(key staff)이 사업가와 함께 이주할 수 있는 권리가 부여되어야 한다. 즉 '사람의 자유이동'이 전제되어야 함을 의미하는데, 해당되는 직원 즉 고용인(종업원)은 그 권리를 보장받을 수 있다. 왜냐하면 급여나 지위를 불문하고 어떠한 고용인이든지 EU법상으로는 노동자(worker)로 간주되어 TFEU 제45조(EC조약 제39조) 이하 규정의 '노동자의 자유이동'에 관한 권리의 범주에 포함되기 때문이다. 또한 자영업자[11](self-employed persons)도 TFEU상 실질적으로 이와 같은 권리가 있다.[12] 설립의 자유와 서비스의 자유이동이라는 양자의 대상이 되는 자연인[13]은 '자영업

---

9) Ralph H. Folsom, *European Union Law* (St. Paul, MN: Thomson/West, 2005), p.134.
10) 채형복, *supra* note 7, p.274 참조.
11) 고용계약에 의하지 않고 경제활동에 종사하는 자영업자의 이동의 자유는 TFEU 제43조의 개업의 권리와 제49조의 서비스의 자유이동에 의해 보장되고 있다.
12) T.C. Hartley, *European Union Law in a Global Context: Text, Cases and Materials* (Cambridge: Cambridge Univ. Press, 2004), p.408 참조.
13) 회원국 국민이 자국에서의 자격, 경험을 기초로 자국에서 개업하는 것과 같이 한 회원국의 영역을 넘는 요소가 존재하지 않는 순수한 국내사항(purely internal situations)에 대하여는 개업의 권리에 관한 규정이 적용될 여지가 없다. Joined Cases C-54/88, C-91/88 and C-14/89, *Nino and Others*, [1990] ECR I-3537, para.12; 그러나 회원국 국민이 자국에서 개업할 때에도 한 회원국을 넘는 요소가 존재하는 경우에는 다르다. 즉 회원국 국민이 '다른 회원국'에서 취득한 자격에 따라 자국에서 개업하고자 하는 경우, 이러한 자격이 인정되지 않으면 그는 다른 회원국 국민과 동일한 곤란에 처하게 된다. 따라서 회원국 국민이 다른 회원국에 합법적으로 거주하는 자격을 취득하여 그 범위 내에서 다른 회원국 국민과 동일시 될 수 있는 경우에는 자국에 대하여도 개업의 자유에 대한 권리를 주장할 수 있다고 보아야 한다. Case 115/78, *Knoors v. Secretary of State for Economic Affairs*, [1979] ECR 399, paras.24, 28 참조; 이러한 의미에서 다른 회원국에서 개업의 권리를 주장할 수 있는 자는 TFEU 제49조의 문구에도 불구하고 다른 회원국의 국민에게만 한정되지 않는다. 즉 독일인이 영국에서 취득한 학위의 사용이 독일에서 인정되지 않는다면 이는 '국적'에 의한 차별로써 TFEU 제45조와 제49조의 위반으로 주장될 수 있다. Case 19/92, *Kraus v. Land Banden-Württemberg*, [1993] ECR I-1663, paras.32, 42 참조; 이는 개업의 자유에 대한 권리뿐만 아니라 노동자의 자유이동, 서비스의 자유이동에 대해서도 동일하다. Paul Craig and Grainne De Burca, *EU Law: Text, Cases and Materials*, (Oxford: Oxford Univ. Press, 2008), pp.803-804 참조.

자'에 한정되며, 노동자의 이동에 관하여는 TFEU 제45조(EC조약 제39조) 이하의 규정이 적용된다.[14] 제45조 이하의 노동자의 자유이동과 TFEU 제56조(EC조약 제49조) 이하의 서비스의 자유이동이 그 대상으로 하는 활동의 성질 자체는 동일하나, 그 활동이 '고용계약 하에' 어느 노동자에 의해 행해지고 있는 경우에는 제45조 이하의 규정이 적용되고, 그 활동이 '고용계약 없는' 자영업자에 의해 실현되는 경우에는 제56조 이하의 규정이 적용된다는 점에 있어서 차이가 있다.[15]

2) 설립의 자유와 서비스의 자유이동과의 관계

한편 '서비스의 자유이동'은 개인이나 회사가 어느 회원국에 기반 하는가와 관계없이 EU 전역을 통하여 고객, 구매자에게 법률, 회계, 증권, 의료, 광고, 은행, 항공, 물류, 보험 등의 서비스를 제공하는 권리를 말한다. 이는 TFEU 제56조에 규정된 바와 같이 서비스 공급자(providers)가 서비스 제공을 위하여 타국에 이동하여 '일시적으로' 체재하는 자유와 수령자(receivers)가 서비스 제공을 받기 위하여 타국으로 이동하는 자유 등 사람의 자유이동에 관한 내용이 포함된다. 이처럼 '사람의 자유이동'이 전제되고 있다는 점에서는 설립의 자유나 서비스의 자유이동이 동일하다고 할 수 있다.[16] 따라서 공동시장의 창설을 위해서는 우선적으로 '노동자'나 '자영업자' 또는 '서비스의 공급자나 수령자'와 같은 다양한 분야의 다양한 사람이 자유롭게 이동할 수 있는 권리가 보장되어야 했던 것이다. 나아가 공동시장 창설 후 수년 만에 이러한 이주권은 경제문제에만 국한되지 않고 보다 광범위한 사회문제로 이해되고 있기 때문에, EU의 궁극적인 목적은 공동시장을 단지 경제기구가 아닌 보다 포괄적인 기구로 재정립하고 있다고 보아야 한다. EU의 사회정책은 각 영역별로 고유의 목적을 갖고 있고, 이주권에 관한 정책은 '경제적 목적'뿐만 아니라,

---

14) Mike Cuthbert, *European Union Law* (London: Thomson/Sweet &Maxwell, 2006), p.92.

15) Case 36/74, *Walrave and Koch* v. *Association Union Cycliste Internationale*, [1974] ECR 1405; Craig and De Burca, *supra* note 13, p.744 참조.

16) 설립의 권리와 서비스제공의 자유 양자는 상호 배타적 관계이다. 설립의 자유는 타국에 이동하여 '고정시설'을 설치하고 개업한 후 '기한의 정함이 없이' 경제활동을 수행하는 것을 말하고, 서비스제공의 자유는 타국에 이동하여 '일시적으로' 체재하는 자유라고 할 수 있다. Case C–55/94, *Gebbard*, [1995] ECR I–4165; Nicholas Moussis, *Access to European Union* (Rixensart: European Study Service, 2006), p.101.

'사회적 목적'도 지니고 있다고 할 수 있다. 또한 EU내에서 개인 이주자에 의한 이점은 그 자체로서는 한계가 있다고 볼 수 있고, 따라서 사람의 범위를 보다 확장하여 은퇴한 사람, 학생 그리고 자산가 부류까지 자유이동의 권리를 부여하고 있다.[17]

또한 TFEU 제54조(EC조약 제48조)와 TFEU 제62조(EC조약 제55조)에 의해 공동시장상의 설립의 자유와 서비스의 자유이동은 그 적용 대상을 확대하고 있는데, 다른 회원국 국적의 '자연인'뿐만 아니라 다른 회원국의 국내법에 의해 설립되어 등기상의 주소, 경영본부, 주된 영업소를 역내에 두고 있는 '회사'도 회원국 국민인 자연인과 동일한 권리를 가진다. 그런데 설립의 자유와 서비스의 자유이동은 개념상으로는 명확하게 구별할 수 있으나 실제는 개별 사안에 따라 구별이 모호한 점이 없지 않다. 일반적으로 양자의 구별은 다른 회원국에서 해당 자영업자의 경제활동이 '영속적이고도 계속적'으로 행해지고 있는가 또는 '일시적 기반'으로 행해지고 있는가에 의해 판별될 수 있다.[18] 서비스 공급의 자유의 경우에는 다른 회원국에서 상대적으로 비교적 '단기간의 체재'가 예정되어 있음에 비해, 설립의 자유의 경우에는 서비스 공급에 '영속적이고도 계속적인' 성질이 필요하기 때문에 일반적으로 다른 회원국에 '항구적인 고정시설'을 갖추고 있으며 규모가 상당하다.[19]

이에 관하여 TFEU는 설립의 자유와 서비스의 자유이동에 관하여 기본적으로는 법제의 구조를 같이하고 있다. 이는 양자에 대한 구별의 실익이 적다는 것, 그리고 가능한 한 양자를 동일하게 규제할 필요가 있다는 입법취지일 것이다. 먼저, 양자는 TFEU 제49조와 제56조에 의거하여 '국적'에 의한 회원국들의 차별의 금지를 핵심사항으로 하고 있다.[20] 이로써 자영업자는 개업하는 다른 회원국의 국민과 동

---

17) Hartley, *supra* note 12, p.408 참조.
18) Case C−55/94, *Gebhard,* [1995] ECR I−4165, para.26; Anthony Arnull, *The European Union and its Court of Justice* (Oxford: Oxford Univ. Press, 2007), p.467; Josephine Steiner, Lorna Woods and Christian Twigg−Flesner, *EU Law* (Oxford: Oxford Univ. Press, 2006), pp.448−449.
19) Case C−215/01, *Schnitzer,* [2003] ECR I−14847, para.40.
20) 경제활동을 위하여 선박을 영국선박으로 등록하기 위해서는 선박의 소유자가 수입국(다른 회원국)의 거주요건과 국적요건을 충족해야 한다는 영국측의 요구는 개업의 자유에 있어서의 국적에 의한 차별에 해당한다. Case C−221/89, *Factortame and Others,* [1991] ECR I−3905, paras.39,43; Alina Kaczorowska, *European Union Law* (London: Routledge, 2011), pp.697−699, 712−714 참조.

일한 조건으로 활동할 수 있다. 나아가 TFEU 제50조와 제59조에 의거하여 이사회
는 필요한 경우에 지침의 형태로 2차 입법권을 행사할 수 있다. 즉 기존의 '제한의
폐지'라고 하는 소극적 방법뿐만 아니라, 양자의 권리실현을 위한 적극적 입법조치
를 취할 수 있다.

제50조 제1항과 제2항에 의거하여 설립의 자유와 관련된 지침의 채택에 있어
서 이사회와 집행위원회는 특히 다음의 사항을 유념하여야 한다. 첫째, 일반적 원
칙으로써 그러한 적극적 입법조치를 행할 필요가 있는 관련 분야에서의 설립의 자
유는 역내 생산과 무역의 발전에 특히 기여할 수 있는 것으로 우선 취급받을 수 있
는 것일 것. 둘째, EU내에서의 다양한 활동과 관련하여 특정한 지위를 갖는 회원국
들의 권한 있는 기관들 간의 긴밀한 협력을 보장할 것. 셋째, 설립의 자유를 제한하
는 회원국들 간의 기존의 협정 또는 회원국의 국내입법으로부터 발생하는 행정절
차나 관행을 폐지할 것. 넷째, 다른 회원국에 고용되어 있는 노동자가 자영업자로
서 계속 활동하기 원하는 경우에는 필요한 조건을 충족하는 것을 조건으로 계속하
여 거주하는 권리를 보장할 것. 다섯째, 어느 회원국 국민이 다른 회원국에서 토지
나 건물을 취득하여 사용하고자 하는 경우 이를 보장할 것. 여섯째, 다른 회원국에
서의 대리점, 지점, 자회사의 설립조건과 관련하여 그리고 그러한 대리점, 지점, 자
회사의 본업을 위하여 입국하는 개인의 입국조건(입국절차)과 관련하여 설립의 자유
에 관한 제한을 점진적으로 폐지할 것. 일곱째, EU내에서의 동등한 보호조치를 위
하여 회원국들이 요구하는 회사의 구성원과 제3자의 이익을 위한 보호조치의 범위
를 필요한 경우 조정할 것. 여덟째, 개업의 조건이 회원국들의 '국가보조'에 의해 왜
곡되지 않도록 이사회와 집행위원회가 개업권 보장을 위해 지침을 채택하는 경우
에 이를 유의할 것 등이다.

3) '설립의 자유'는 곧 '회사의 자유이동'이라는 관점과 관련하여

보통 다른 회원국에서의 사업상 또는 직업상 스스로 '설립의 자유'를 원하는
'개인'의 권리에 관해 살펴보지만, 여기에서는 관점을 달리해서 '회사'에 관련된 입
장에 관해 살펴본다. 여기에서 설립의 자유는 곧 회사의 자유이동이라는 말과 일맥
상통한다고 할 수 있다.

'개인의 자유이동'은 가족 구성원의 경우를 제외하고는 회원국의 '국적'을 갖는 국민에 한정하여 인정된다. 그런데 이것이 '회사'의 경우에는 어떻게 적용될 것인지가 문제가 된다. 이에 대한 해답은 TFEU 제54조(EC조약 제48조)에서 찾을 수 있는데, 제54조에 의하면 ① 어느 회사가 '회원국 국내법에 의하여 설립'되었고, ② 이 회사가 '등록된 사무소나 본점 혹은 주요사업소가 회원국에 있는 경우'에 이 회사는 회원국의 국민인 개인과 같은 동일한 권리를 갖는다.

여기에서 회사의 설립이란, 회사가 어떻게 '창설'되고 '법인격'이 부여되는지의 과정을 말한다. 그런데 개인은 태어나면서 자연적으로 법인격이 부여되는 반면, 회사의 법인격은 법에 의하여 부여된다. 따라서 각 회원국의 법률체계는 회사설립을 위한 '고유의 법'을 가지며, 이러한 법을 준수하는 경우 회사는 설립된다. 일반적인 회사설립의 요건들 중의 하나는 당해 회사가 설립지국가내에 '등록 사무소'(registered office)를 두어야 한다는 것이다. 여기에서 본점[21](central administration)과 주요사업소[22](principal place of business)와 관련된 요건들은 선택적 사항으로, 드문 경우이긴 하겠지만 이는 '등록 사무소'가 문제의 회원국 내에 있지 않은 경우에 적용될 수 있을 것이다.

회사가 이와 같은 요건들을 만족시키는 경우, 이 회사는 EU법상의 설립의 자유를 부여받을 자격이 있다. 이와 관련된 특별한 경우는 아래의 *Centros* 사건을 통해 살펴본다.

(1) *Centros* 사건[23]

① 사실관계

원고인 Bryde씨 부부는 덴마크 시민으로 회사를 설립하고자 하였는데, 만약 그들이 덴마크에서 회사설립을 했다면 200,000 덴마크 크로네(DKK200,000 – 약 20,000파운드)를 최저 자본금으로 예치해야만 했다. 이는 덴마크 국내법이 요구하고 있는 최저액이었다. 그러나 그들은 이렇게 하는 대신 영국에서 회사(Centros)를 설립하였고,

---

21) 본점은 회사의 설립에 관한 '가장 중요한 결정'이 이루어지는 장소에 위치한다고 할 수 있다.
22) 주요사업소는 '가장 중요한 경제활동'이 이루어지는 장소에 위치한다고 할 수 있다.
23) Case C−212/97, *Centros,* [1999] ECR I−1459 (Full Court).

그 이유는 영국법에는 최소한도의 자본예치금에 관한 규정이 없었기 때문이다. 해당 회사는 영국에 등록사무소를 두어야 했으나, 영국법은 회사가 건물의 부지가 있어야 한다든지 또는 그곳에서 경영되어야 할 것을 요구하지 않았다. 법적 서류들이 송달될 수 있는 회사의 등록된 사무실로 확인되는 사무소가 존재하면 충분하였다. Bryde씨의 한 친구는 자신의 '집'(home)이 이와 같은 '등록 사무소'가 되는데 동의하였고, 이는 덴마크에서의 영업을 위해 영국에 회사를 설립한 형태가 되었다.

　　Bryde씨 부부는 영국에 회사를 설립하고 덴마크에 '지점'(branch)을 설립하고자 하였다. 회사가 영국에서 아무런 사업도 하지 않는 이상, 지점은 사실상 본점이자 유일한 사업 장소다. 그런데 이들이 덴마크에 '지점'을 등록하려고 신청서를 제출하였을 때, 덴마크회사위원회(Danish Companies Board – 덴마크의 무역 및 법인등록 관장부서)는 이를 거부하였다. 동 위원회는 Bryde씨 부부가 영국에서 회사를 설립한 목적이 덴마크법의 요구조건(자본 예치금)을 교묘히 회피하고자 함이었다고 주장하였다. 그런데 덴마크법의 이러한 요구는 채권자를 보호하고 사기행위를 방지하기 위한 '공익적 차원'에서 입안된 것이었다. 동 위원회는 만약 당해 회사가 영국에서 사업을 해왔었다면 당해 회사의 '지점' 설립을 기꺼이 허가하였을 것이다. 그러나 그렇지 않았기 때문에 동 위원회는 이 사건이 EU적 요소가 없는 순전한 덴마크 내부의 국내문제였다고 주장하였다.

　　② ECJ의 결정

　　어느 회원국(첫 번째)의 법에 근거해 설립되어 등록사무소를 갖는 회사가 또 다른 회원국(두 번째)에 지점을 설립하기 원하는 경우, 이는 EU법의 범주에 포함된다는 사실에 특히 주의해야 한다.

　　Bryde씨 부부가 덴마크법상의 최소한도의 자본금예치를 회피하기 위한 목적으로 영국에 Centros라는 회사를 설립했다는 것은 본 사건의 서면보고나 구두심리절차 어느 것에서도 부인되지 않았다. 그러나 ECJ는 이로서 영국 회사에 의한 덴마크 지점 설립이 TFEU 제49조(EC조약 제43조)와 TFEU 제54조(EC조약 제48조)의 목적인 회사설립의 자유에 포함되지 않는다는 것을 의미하지는 않는다고 보았다. TFEU 규정의 적용문제는 국내법을 교묘히 회피하는 일부 자국민의 시도를 방지하기 위한 조치를 채택할 것인지의 여부와는 별개의 문제라는 것이다.[24] Bryde씨 부부가 주장하는 것처럼, 다른 회원국의 법에 따라 설립되어 등록 사무소가 있는 그들의 회사의 지점을 덴마크에서 등록하는 것을 거부당한 것은 회사설립의 자유에 대한 장애로, 제49조에 의해 회원국 국민들에게 부여된 자유는 그들이 자영업자들처럼 사업을 택하여 종사하며, 자국민을 위한 회사설립에 관한 회원국 국내법에 규정된 동일한 조건하에서 '기업'을 설립하고 경영하는 권리를 포함하고 있다는 점을 반드시 명심해야 한다는 것이다. 더욱이 제54조에 따라 회원국 국내법에 따라 설립되어 EU내에 등록사무소나 본점 혹은 주요사업소가 있는 회사들이나 기업체들은 회원국의 국민인 자연인과 같은 방식으로 동등하게 대우받아야 한다고 판시하였다.[25] 그 결과 그러한 회사들이 또 다른 회원국에서 대리점 · 지점 · 자회사를 통해 사업을 경영할 권리를 부여받게 된다. 따라서 특정한 국내적 상황에서 행한 회원국의 지점등록의 거부는 TFEU 규정들에 의해 보장된 회사설립의 자유에 방해가 된다고 판시하였다.[26] 결국 회사설립의 자유의 남용을 주장하는 덴마크 당국의 주장은 수용되지 않았다. ECJ는 국내법이 인정받기 위해서는 EU법적 관점에서 보다 객관적인 증거가 제시되어야 남용이나 부정행위가 고려될 수 있으며, 반드시 '진정한 목적'의 관점에서 그러한 행위를 평가해야 한다고 지적하였다.[27]

그런데 이 사건에서 Bryde씨 부부가 회피하고자 시도했던 국내법규는 회사의 설립을 '관리'하기 위한 법률이지, 어떤 상업이나 직업 혹은 사업에 종사하는 것에 관여하기 위한 법률이 아니며, 회사설립의 자유에 관한 TFEU 규정들은 본질적으로 회원국법에 의해 설립되어 EU 내에 등록사무소나 본점 또는 주요사업소가 있는 회사들이 다른 회원국에서 대리점 · 지점 · 자회사를 통하여 사업을 수행할 수 있는 권리를 특별히 부여하고 있으며, 이는 공동시장법상의 '고유한 권리'이다.[28] 따라서 회사를 설립하기 원하는 회원국 국민이 자신을 최소한도로 제약하는 회사법을 갖는 회원국을 선택해 회사를 설립하고 다른 회원국에 지점을 설립하는 것은 본질적

---

24) *Ibid.*, para.18.
25) *Ibid.*, para.19.
26) *Ibid.*, paras.20,22.
27) *Ibid.*, para.25.
28) *Ibid.*, para.27.

으로 회사설립의 권리를 남용하는 행위가 아니다. 이와 관련하여 EU내에서 각 회원국들의 회사법이 완벽하게 일치되지 않는 사실은 그다지 중요하지 않다. TFEU 제50조(EC조약 제44조) 제2항 (g)에 의해 부여된 권한에 근거하여, 이사회(Council)는 완전한 일치의 달성을 위하여 항상 개방되어 있다.

그리고 ECJ는 Centros 회사의 등록에 대한 '채권자보호'와 '사기성 파산방지'와 관련하여, 일정한 상황 하에서는 회사설립의 자유와 같은 기본적 자유를 제한하는 국가적 조치가 인정될 수 있으나, 만약 관련회사가 영국에서 사업을 경영했을 경우 비록 덴마크의 채권자들이 똑같은 위험에 노출되더라도 그 '지점'으로서 덴마크에 등록되는 이상 이는 진정한 채권자보호의 목적을 위한 거부 사유가 될 수 없으며, 본안소송의 관련회사도 자신을 덴마크법에 의해 규율되는 회사가 아니라 영국(잉글랜드와 웨일즈)에 의해 규율되는 회사라고 주장하고 있기 때문에 문제되지 않는다고 하였다.[29]

4) 학위 및 자격의 상호 인정 필요

또한 설립의 자유와 서비스의 자유이동을 실현하기 위하여 TFEU 제53조(EC조약 제47조)와 제62조(EC조약 제55조)에 의거하여 이사회는 다른 회원국에서의 개업권 및 서비스의 자유이동을 적극적으로 촉진할 목적으로 학위, 자격 등의 '상호인준' 및 자영업자의 영업에 대한 각 회원국의 상이한 '규제의 조화'를 위한 지침을 채택할 수 있다. 즉 이사회가 2차 입법 활동인 지침의 채택을 통해 개업의 자유의 제한의 폐지에 대하여 주된 책임을 진다는 의미이다. 이런 각 회원국의 규제 내용의 조화는 다른 회원국이 부여한 자격을 자국의 자격과 동등한 것으로 인정하는 '상호인준'을 포함한다.

그런데 설립의 자유에 있어서의 '간접적 차별'의 전형적인 예는 바로 회원국마다 상이하게 적용하는 직업 취업상의 '자격요건'이다. 개업을 위한 각국의 자격요건의 구체적 내용이 다를 수 있어 다른 회원국에서 취득한 자격을 아무런 차별 없이 인정받을 것이라고 확신할 수 없기 때문이다. 따라서 다른 회원국에서 취득한 학

---

29) *Ibid.*, paras.35~36; 이 사건은 회사의 설립의 자유에 있어서 등록사무소지법에 관대하다고 볼 수 있다. Kaczorowska, *supra* note 20, p.721.

위, 전문지식, 경험을 고려하여 인정해야 할 필요가 있다.[30] 다시 말해서 회원국들은 국내법을 적용함에 있어서 다른 회원국에서 이미 승인된 지식(knowledge)이나 자격증(qualifications)을 무시할 수 없다.[31] 필요한 경우 다른 회원국 국적자가 소지하고 있는 지식 또는 자격증과 관련된 자국의 규정 및 요건을 비교하여[32] 주재국과 다른 회원국 양자가 대등하다고 인정되는 경우, 회원국들은 다른 회원국 국적자의 지식이나 자격증도 동등하게 인정해 주어야 한다.[33] 다만 이들 학위를 평가함에 있어서 그 동등성의 판단은 학위취득을 위하여 당사자가 그동안 행한 연구 및 실무 업적의 기간과 그 성질을 고려하여 당사자가 갖는 지식과 자격의 정도에 비추어 평가되어야 할 것이다.[34] EU는 의학박사, 간호사, 치과의사, 수의사, 조산사(산파), 약사, 건축설계사 등의 전문직에 관한 지침 2005/36[35]을 채택하여 조화를 위해 노력하고 있다.

---

30) Case C−71/76, *Thieffry* v *Conseil de l'Ordre des Avocats à la Cour de Paris (The Paris Bar Council)*, [1977] ECR 765, para.12 참조; 이 사건의 원고 Jean Thieffry는 파리에 거주하는 벨기에 국적자로, 벨기에 대학에서 법학박사학위를 취득하였고, 벨기에에서 변호사(advocate)로서 활동을 하고 있었다. 그는 프랑스 대학으로부터 벨기에에서 취득한 법학박사학위가 프랑스법상 인정될 수 있다는 승인을 받았고, 프랑스변호사(avocat)자격에 대한 증명서를 취득한 후, 파리변호사협회에 실무(training stage)를 위하여 신청하였다. 그러나 파리변호사협회는 그의 법학박사학위가 프랑스법상 취득한 것이 아니라는 이유로 그의 신청을 각하하였다. 이에 ECJ는 이것이 TFEU 제49조의 개업의 자유에 위배된다고 판결하였다. Craig and De Burca, *supra* note 13, p.798 참조.

31) Case C−340/89, *Vlassopoulou* v *Ministerium für Justiz, Bundes− und Europaangelegenheiten Baden−Württemberg*, [1991] ECR I−2357, para.15 참조; 이 사건의 원고 Irene Vlassopoulou는 그리스 법학박사학위를 취득한 그리스 국적자였다. 그녀는 독일 변호사협회에 가입하기 위해 독일에서 수년간 독일 법학을 학습하였으나 관련 독일시험에 합격하지 못하여 자격 미달이 되었다. 이에 독일 변호사협회는 독일국민에게 요구할 수 있는 조건이 충족되지 못하였다는 이유로 그녀의 협회 가입등록을 거부하였다. 이에 대해 ECJ는 회원국은 타 회원국에서 원고가 지금까지 획득한 지식, 자격을 고려하지 않는 것은 TFEU 제49조의 개업의 자유에 장애가 될 수 있다고 지적하였다. Craig and De Burca, *supra* note 13, pp.799−800 참조.

32) Case C−340/89, *Vlassopoulou* v *Ministerium für Justiz, Bundes− und Europaangelegenheiten Baden−Württemberg*, [1991] ECR I−2357, para.16.

33) Case C−55/94, *Gebhard*, [1995] ECR I−4165, para.38.

34) Case 222/86, *UNECTEF* v. *Heylens*, [1987] ECR 4097, para.13.

35) Directive 2005/36/EEC of the European Parliament and of the Council of 7 September 2005 on the recognition of professional qualifications(OJ 2005 L255/22); Kaczorowska, *supra* note 20, p.726.

3. TFEU상 설립의 자유의 예외

한편, 설립의 자유는 예외가 인정되는 바, 첫째, TFEU 제51조(EC조약 제45조)에 의거하여 극히 예외적인 경우로서 회원국의 '공권력 행사'(exercise of official authority, 즉 공무집행)와 관련된 경우에는 개업의 자유가 적용되지 아니한다. 이러한 공권력 행사에 대한 예외는 사람의 자유이동에 있어서의 공공기관에 의한 공공정책적 고용(TFEU 제45조(EC조약 제39조) 제4항)의 경우에 있어서의 예외와 같은 취지라고 할 수 있다. 공권력의 개념은 조약상 정의되어 있지 않으며, 설립의 자유의 원칙에 대한 예외에 해당하는 만큼 후술되는 Reyners 사건[36]에서와 같이 협의의 의미로 제한적으로 해석되어야 할 것이다.[37] 한편 이사회는 특정 활동을 설립의 자유의 예외 대상으로 결정할 수 있으나 그 구체적인 내용은 아직까지 발견되지 않고 있다.[38] 둘째, TFEU 제52조(EC조약 제46조)에 의거하여 외국인을 특별히 취급하는 공공정책, 공공안전, 공중보건의 경우에는 회원국의 공익적 차원에서 설립의 자유가 적용되지 아니한다.[39]

Ⅲ. 설립의 자유에 관한 주요 사례 분석

앞에서는 TFEU상의 설립의 자유와 예외를 중심으로 관련 법제의 쟁점에 관하여 이론적으로 살펴보았다면, 여기에서는 이러한 이론적 분석과 검토를 기초로 하여 '개인'과 '회사'에 있어서의 설립의 자유에 관한 의미 있는 주요 사례를 분석하고 검토하고자 한다.[40] 이를 통하여 EU 공동시장법질서를 보다 실제적으로 잘 이해할

---

36) Case 2/74, *Reyners*, [1974] ECR 631.
37) 법원의 판단을 구속하지 않는 의견을 제출하는 교통사고 손해사정사(traffic accident expert)도 변호사와 마찬가지로 공권력의 행사에 관여하는 것으로 간주되지 아니한다. Case C-306/89, *Commission v. Greece*, [1991] ECR I-5863, para.7.
38) 채형복, *supra* note 7, p.295 참조.
39) Moussis, *supra* note 16, p.102; Steiner, Woods and Twigg-Flesner, *supra* note 18, pp.447-448; 국내보건제도에 대한 사례로는 Case C-60/00, *Mary Carpenter* v. *Secretary of State for the Home Depertment*, [2002] ECR I-6279가 있다.

수 있고, 향후 한·EU FTA 시대에 있어서의 시장개방정책에 대해 보다 더 적절하게 대응할 수 있을 것이다.

1. 국적차별 금지와 직종의 공무집행성과 관련된 *Reyners* 사건[41]

1) 사실관계

원고 Jean Reyners는 네덜란드 국적의 부모로부터 벨기에 브뤼셀에서 태어나, 벨기에에서 법학박사학위의 취득을 하였다. 그런데 그는 부모를 따라 네덜란드 시민권을 보유해 왔고, 벨기에 변호사협회의 회원자격요건인 벨기에 '국적'을 보유하지 않았기 때문에 개업이 불가능하였다. 또한 벨기에와 네덜란드 간에는 변호사활동을 위한 면제에 대한 상호인준도 부재하였다.

이에 Reyners는 이는 설립(개업)의 자유에 관한 TFEU 제49조, 제50조, 제51조, 제53조에 위배된다고 주장하며 벨기에 국사원(Belgian Conseil d'Etat)에 벨기에 국내법상의 '국적' 요건을 취소할 것을 요청하였다. 반면 벨기에 정부는 설립의 자유에 관한 TFEU상의 규정은 본질적으로 제50조에 따라 '지침의 채택'을 요건으로 하고 있어, 이사회가 관련 지침을 채택하지 않는 한 설립의 자유는 직접적으로 적용될 수 없다고 주장하였다.

2) ECJ의 판단 및 평가

이 사례에서 ECJ는 다음과 같은 쟁점을 기초로 판시하였다. 첫째, 개업의 자유의 범위와 관련하여 TFEU 제49조의 개업의 권리는 총칙 규정으로서 전체로서 받아들여지고 일반적인 문맥에서 해석되어야하고,[42] 개업의 자유는 '자영업자'로서의 활동과 특히, 제54조의 두 번째 단락에서의 '회사'의 활동을 포함한다고 보았다. 둘째, 제49조의 '자국민에 대해 규정된 조건 하에서'의 의미에 관한 것으로 이는 상호

---

40) 사례들에 대한 ECJ의 전체 결정에 대한 상세한 분석에 관하여는 김두수, *supra* note 6, pp.106-126 을 참조.
41) Case 2/74, *Reyners*, [1974] ECR 631.
42) *Ibid.*, para.17.

인준 또는 지침을 통한 상호주의의 적용을 의미하는 것으로, 상대편의 개방 정도에 따라 자신의 개방 정도를 결정하게 된다. 이 사건에서는 벨기에에서 원고에게 벨기에 국적을 요구하지 않으려면 상대국인 네덜란드도 벨기에 국민의 개업 시 네덜란드 국적을 요구하지 말아야 한다는 것을 의미한다. 셋째, EU공동시장에서 절대로 강요될 수 없는 조건으로서의 '국적'에 관한 것으로[43] 기존의 벨기에 국내법에서는 변호사협회에 가입하려면 벨기에 국적을 보유요건으로 하고 있었으며, 법의 개정을 통하여도 그 요건은 여전하였다. 그런데 '동등하게 대우받을 권리'는 EU법상의 법의 일반원칙에 해당된다고 할 수 있다. 넷째, 개업의 자유의 예외에 관한 것으로 TFEU 제51조에 따라 정부의 활동, 특히 '공권력 수행'에는 적용되지 않는다. 특정 회원국의 행정집행업무와 동일하거나 유사한 업을 영위할 목적으로 하는 회사설립 또는 그와 같은 서비스제공의 활동은 회원국의 공권력을 침해할 수 있기 때문이다.[44] 다섯째, 회원국이 다른 회원국 국적자의 개업 활동을 어느 한도까지 제외시킬 수 있는가 하는 것으로, 제51조의 첫 단락은 자영업자로서의 활동들 중 일부가 특별히 '직접적이고도 실제적으로' 공권력 집행과 관련이 있는 경우에 개업의 자유를 제한하고 있다.[45] 따라서 변호사라는 직업 전체가 예외로 인정되어야 한다는 룩셈부르크의 주장이 배척되었던 것이다.[46] 여섯째, 다른 회원국 국민은 공증인·판사·검사 등 공공부분의 고용은 일단 제한된다. 물론 이 부분에 대해서 입법적으로 명확하게 나타난 바는 없으나, 공증인·판사·검사와 같은 직업은 각 회원국 행정법규에 의하여 부여된 권한행사 및 의무이행과 직접적·간접적인 관련성이 있으며, 그 신분관계가 자국에 대한 특정된 충성의무가 요구된다고 볼 수 있으므로 공공부문의 직종으로서 타 회원국 국민에게는 접근이 제한된다고 해야 한다.

---

43) *Ibid.*, paras.27 – 28 참조.
44) *Ibid.*, paras.35,39.
45) *Ibid.*, para.54.
46) *Ibid.*, para.35.

2. 설립 사무소 장소와 관련된 *Klopp* 사건[47]

1) 사실관계

프랑스 국내법 Decree No 72—468 of the French Republic 제83조와 파리변호사협회 내규 Internal Rules of the Paris Bar 제1조에 의하면, 변호사는 '오직 한 장소'에서만 개업할 수 있고, 장소는 그가 등록되어 있는 지방법원(tribunal de grande instance)의 영토적 관할권 내에 해당되어야 한다.[48]

그런데 원고인 독일인 변호사 Onno Klopp는 독일의 Düsseldorf에 사무실을 갖고 있었고, 일부 고객들은 프랑스에서 사업하는 독일회사이거나 독일에서 사업을 하는 프랑스회사였다. 그는 1969년 파리대학 법경제학부에서 법학박사학위를 취득하였고, 1980년 파리변호사 시험에 합격하였음에도 불구하고 프랑스 정부와 파리변호사협회가 자국법에 따라 '관할 지방법원'에만 사무실을 설립할 수 있다는 규정을 이유로 개소를 거부하여 파리에서 개업이 불가능하였다. 원고 독일인 변호사 Klopp는 파리변호사협회가 다른 나라에 두 번째 사무소를 설치하는 파리변호사협회 회원에 대해서는 이를 용인하여 관대하게 대하면서도 자신에 대해서는 프랑스 법률을 적용하여 독일 Düsseldorf에 변호사 사무소를 두고 있는 한 파리에서의 사무소 설치를 허락하지 않는 것은 차별이라고 주장하였다.[49] 이 사건의 원고인 Klopp, 영국, 덴마크 정부, 그리고 위원회는 회원국 국내법은 다른 회원국 국민인 변호사가 자국에 기존에 이미 설치한 사무소를 유지하는 것을 금지할 수 없다고 주장하였다.[50]

이에 파리변호사협회 이사회는 Klopp가 모든 다른 요건들을 충족했지만, 그가 Düsseldorf에 위치한 그의 사무실을 유지하려는 의도에 일단 의문을 제기하였다. 즉 TFEU 제49조에 의하여 Klopp는 오직 '그러한 개업이 효력을 갖는 국가의 국내법(프랑스법)이 자국민을 위해 규정한 조건하에서만 회사의 설립이 가능하다'는 것

---

47) Case 107/83, *Klopp*, [1984] ECR 2971.
48) *Ibid.*, para.12.
49) *Ibid.*, para.13.
50) *Ibid.*, para.15.

이다.[51] 파리변호사협회는 '오직 한 장소'에서만 사무소를 설치할 것을 규정하고 있는 규정은 프랑스 국민과 다른 회원국의 국민 모두에게 적용된다고 하였다.[52] 그리고 제49조의 완전 적용을 부정하고 '부분적인' 직접 효력을 인정하고 있는데, 이는 변호사가 한 장소에 사무소를 설치할 수 있다는 국내 규정은 국내법원과 고객 모두의 편의를 위해서도 그리고 변호사의 성실한 업무수행을 위해서도 필요하다고 주장하였다. 그리고 제49조 2항에 따라 '자국의 국민에게 적용되는 조건하'에 외국의 자영업자의 사업을 허가한다는 것을 강조하면서, 특별한 EU법(여기서는 관련 지침)의 부재의 경우 자국 영토 내에서의 외국인의 변호사 개업의 규제는 회원국의 재량이라고 주장하였다.[53] 이에 독일인 변호사 Klopp는 이는 TFEU 제49조의 회사설립의 자유에 위배된다고 주장하였고, 이 사건은 ECJ에 선결적 결정이 요청되었다.

2) ECJ의 판단 및 평가

EU에서 경제통합상 상품의 이동은 자유화가 용이하지만, 다른 영리활동을 위한 노동이나 서비스의 이동은 '국적' 문제로 자유화에 제한이 따르게 된다. 이 사건은 자신의 국가에서 변호사 사무소를 유지하면서도 다른 회원국에 사무소를 설립할 수 있도록 허용하는 TFEU 제49조의 실행을 위한 EU법상의 직접적인 규정(여기서는 국내규정들의 조화를 위한 지침의 부재)이 없다는데 문제가 있었다.[54] 즉 EU 입법기관인 이사회가 제50조에 의거하여 회사설립의 자유를 제한하는 국내법 규정을 폐지하는 목표를 일반적 강령(general programme)으로 설정하였고, 제50조 2항은 회사설립의 자유를 위하여 지침을 제정할 것을 규정하였음에도 불구하고 이에 대한 지침을 제정하지 않았고, 또한 제53조에서는 회원국 간 동등한 규정의 적용을 위해 회원국의 자영업자에 대한 구제나 행정행위에 대해서 이사회가 규칙으로 규정하도록 하였으나 이에 대해서도 규정하지 않았다. 비록 1977년 3월 22일 '변호사의 법률서비스제공의 자유의 효과적인 실행의 강화를 위한 이사회 지침 77/249'(Directive 77/249 to facilitate the effective exercise by lawyers of freedom to provide services)가 제정

---

51) *Ibid*., para.7.
52) *Ibid*., para.12,
53) *Ibid*., paras.16－17.
54) *Ibid*., para.6.

되었지만,[55] 제50조와 제53조 하에서 보다 구체적인 '변호사의 회사설립(개업)의 자유'를 위한 지침은 제정되지 않았다.[56] 그러나 ECJ는 1974년 6월 21일 *Reyners* 사건에서 회사설립의 자유는 과도기간의 종료시에 달성되며, 제49조는 점진적 조치들에 의하여 개업의 자유에 대하여 수월한 이행을 보조하고 있으며, 이러한 이행으로 구체적인 결과를 달성하도록 의무를 부여하고 있는 것으로, 이러한 규정에 의하여 제49조가 훼손되는 것은 아니라고 하며,[57] 이사회가 제50조와 제53조가 규정하고 있는 지침을 제정하지 않았다고 하여 회원국의 의무불이행이 정당화되지는 아니한다고 판시한 바 있다.[58]

이에 ECJ는 제49조 규정은 변호사가 EU 내에 단 하나의 사무소를 소유한다고 규정하는 것은 아니라고 하였다. 즉 이미 설치한 사무소를 포기해야만 다른 회원국에서 사무소를 설치할 수 있는 것은 아니라는 것이다. 또한 제49조를 문리해석 하여 회사설립의 자유에 대한 제한의 점진적인 폐지는 다른 회원국의 영토 내에 대리점·지점·자회사를 설치하여 개업하는 경우에도 적용된다고 하였다. 즉 이 규정은 자영업에도 일반 원칙으로 간주한다는 것으로, 따라서 직업상 통제 규칙을 준수한다면 EU 회원국 내에서 한 곳 이상의 사무소를 개업하고 유지 할 수 있는 자유가 있다고 하였다.[59] 또한 프랑스는 변호사업의 특별한 성질상 변호사들이 고객과 사법당국 등과의 관계에 있어서 충분한 연락(sufficient contact)을 유지하기 위해서 한 장소에서만 사무소를 설치할 수 있다고 주장하고 있으나, 이는 현대 교통과 통신수단으로 쉽게 적절히 고객과 사법당국과 연락을 취할 수 있으므로, 두 번째 사무소의 설치 및 존재가 변호사 '직업의 성질'상 윤리규칙을 해하지 않으며, 이러한 윤리규칙 자체가 TFEU상 보장하고 있는 설립의 자유를 제한 할 수 없다고 판시하였다.[60]

---

55) OJ 1992 L209/29; Nigel Foster, *EU Law* (Oxford: Oxford Univ. Press, 2006), pp.368－370 참조.
56) Case 107/83, *Klopp*, [1984] ECR 2971, para.9.
57) Case 2/74, *Reyners*, [1974] ECR 631, paras.31,32.
58) Case 107/83, *Klopp*, [1984] ECR 2971, para.10.
59) *Ibid.*, paras.18－19.
60) *Ibid.*, paras.20－21.

3. 협회 가입의무와 자격 인정문제와 관련된 *Gebhard* 사건[61]

1) 사실 관계

이탈리아 국내법상 다른 회원국의 변호사는 자신의 사무소를 설치하는 것이 금지되었다. 이러한 금지는 지점뿐만 아니라 본점의 개업에도 적용되었다.

이 사건에서 원고 Reinhard Gebhard는 독일 국적자로 독일에서 법학박사학위를 취득하였고, 1977년부터 독일에서 변호사(Rechtsanwalt)로서 활동하였다. 그는 1978년~1989년까지 '변호사의 법률서비스제공의 자유의 효과적인 실행의 강화를 위한 지침 77/249'(Directive 77/249 to facilitate the effective exercise by lawyers of freedom to provide services)에 따라 밀라노의 한 법률사무소에서 근무하였다. 동 지침은 본질적으로 그가 국내변호사(여기서는 이탈리아)의 '지휘 및 감독' 하에 근무한다는 외국변호사의 요건을 구비해야만 했다. 그런데 실제로는 이탈리아법상 다른 EU 회원국 출신의 외국인 법률가나 변호사는 이탈리아에서 '독자적으로' 사무소를 개업할 수 없었다. 그러나 Gebhard는 1989년에 독자적으로 변호사 사무소를 밀라노에 설립하였고, 'avvocato'라는 명칭을 그대로 사용하였는데, 이 단어는 이탈리아어로 변호사라는 뜻이다. 그리고 그는 몇몇의 이탈리아인을 대리인(procuratori)으로 고용하였다. 이로 인해 Gebhard는 징계절차에 회부되었고, 그 초점은 'avvocato'라는 이탈리아 변호사 고유의 명칭에 대한 불법사용, 현재의 실정법이 존재함에도 불구하고 이탈리아에서 영구기반으로 독자적으로 자신의 변호사 사무소를 설립했다는 것이었다. 이에 이탈리아 변호사협회는 정직 및 변호사로서의 전문 활동의 중지를 명령하였다. 이에 Gebhard는 소를 제기하였고, 이 사건의 관할 법원인 Consiglio Nazionale Forense는 ECJ에 선결적 결정을 요청하였다.

2) ECJ의 판단 및 평가

노동자의 자유 이동, 개업(설립)의 자유, 서비스 공급의 자유는 EU법에 의거해

---

61) Case C−55/94, *Gebhard*, [1995] ECR I−4165.

특정 회원국 영토 내로의 입국 및 거주, 그리고 국적을 이유로 한 모든 '차별'의 금지에 관하여 '각각' 동등한 지위를 갖는다.[62] 이 사건과 같이 독일인 Gebhard가 경제활동을 위하여 다른 회원국(여기서는 이탈리아)으로 이동한 경우, 노동자의 자유 이동이나 개업(설립)의 자유 또는 서비스 공급의 자유에 관한 규정이 적용되는데, TFEU상의 이러한 규정들은 '상호배타적'으로 적용된다.[63] 이 사건에서는 노동자의 자유 이동에 대한 규정보다는 '개업(설립)의 자유'나 '서비스 공급의 자유'에 관한 규정이 주요 사안이었다. 그런데 TFEU 제56조(EC조약 제49조) 1단에 의하면 서비스를 제공하는 사람과 제공받는 사람이 두 개의 다른 회원국에서 회사를 설립한 경우, 서비스 공급의 자유에 관한 장의 규정들은 회사설립(개업)의 자유에 관한 권리에 보조적으로 적용된다. 그리고 제57조 1단에서는 서비스 공급의 자유에 관한 규정은 회사설립의 자유가 적용되지 않는 경우에만 적용된다고 규정하고 있다.[64]

그런데 TFEU가 의미는 '개업(설립)의 자유'의 개념은 자국에 안정적·지속적 기반(상주 영업장소)을 두고 다른 회원국에서도 경제활동에 참여할 수 있는 반면,[65] 서비스의 제공자가 다른 회원국으로 이동한 때에는 서비스 공급의 자유에 관한 규정인 TFEU 제57조 2단에 의하여 다른 회원국에서는 영구적 기반이 아닌 '임시적인 기반'으로 경제활동을 해야 한다.[66] 이 사건의 법률고문(Advocate General)이 지적하였듯 경제활동의 '임시적' 성질은 서비스 공급의 존속기간 뿐만 아니라, 규칙성(regularity)·정기성(periodicity)·계속성(continuity)이 판단 기준이 되어야 한다. 하지만 서비스 공급의 자유에 관한 규정이 임시적인 성질을 갖는다고 하여 서비스 제공자가 서비스 제공을 위한 장비(회사, 사무실 또는 상담실 등)를 설치하지 못한다는 것을 의미하는 것은 아니므로 제반 시설을 설치할 수 있다.[67]

그런데 ECJ는 Gebhard의 경우에는 서비스 공급의 자유에 관한 규정이 적용되지 않는다고 보았다. Gebhard는 안정적·지속적인 경제 기반(상주 영업장소)을 애초

---

62) Case 48/75, *Jean Noel Royer*, [1976] ECR 497.
63) Case C-55/94, *Gebhard*, [1995] ECR I-4165, para.20.
64) *Ibid.*, paras.21-22.
65) *Ibid.*, para.25; Case 2/74, *Reyners*, [1974] ECR 631, para.21 참조.
66) Case C-55/94, *Gebhard*, [1995] ECR I-4165, para.26.
67) *Ibid.*, para.27.

에 자국이 아닌 다른 회원국(여기서는 이탈리아)에 두었기 때문이다. 이러한 경우에는 '개업(설립)의 권리'에 관한 규정이 적용된다는 것이다.[68] 이 사건에서 밀라노 변호사협회(Milan Bar Council)는 Gebhard가 밀라노 변호사협회의 구성원이 아니며 밀라노 변호사협회의 회원과 협력하거나 연합하여 일하지 않는 한 TFEU에서 의미하는 '회원국(이탈리아)에서 개업'한 것으로 볼 수 없다고 주장하였다. 그러나 이에 ECJ는 이러한 주장을 수용하지 않았고, 변호사협회와 같은 전문가협회에의 가입은 특정 활동을 하기 위한 일반적 조건은 될 수는 있으나, 이러한 회원 가입이 TFEU상 인정된 '개업(설립)의 자유'를 위한 '필수 요건'은 될 수 없다고 보았다.[69] 그러면서도 ECJ는 '변호사'의 경우 타 회원국 변호사에게 개업을 위하여 타 회원국 변호사협회에 가입하도록 요구하는 것은 변호사윤리 준수(observance of moral and ethical principles)의 확보를 위하여 필요하고, 또한 필요한 경우 변호사의 활동을 규제하거나 징계(disciplinary control)할 수 있으므로 이는 일면 가능하다고 판시하였다.[70]

4. 회사 소재지(등록사무소)의 타 회원국 이전문제와 관련된 *Daily Mail* 사건[71]

1) 사실관계

영국의 세법 하에서는 영국 내에 소재한 회사가 해외로 소재지를 이전하길 원하는 경우에는 '소득세' 납부 등의 처리 문제가 있는 관계로 인하여 '재무부의 승인'이 필요하였다. 이 사건에서 Daily Mail and General Trust PLC(이하 Daily Mail)는 영국법상 유한책임회사 법인으로 등록사무소 소재지가 London이었다. Daily Mail은 두 개의 신문사와 런던증권시장에 상장된 포트폴리오투자의 상당히 많은 주식을 소유한 투자회사로 1984년에 네덜란드로 이전하기 위하여 영국 재무부의 승인

---

68) *Ibid.*, para.28.
69) *Ibid.*, paras.29−31.
70) Case 292/86, *Gullung* v. *Conseil de l'Ordre des Avocats de Barrau de Colmar et de Saverne*, [1988] ECR 111, para.29.
71) Case 81/87, *Daily Mail*, [1988] ECR 5483.

을 요청하였다. 사실상 Daily Mail의 모든 회의를 네덜란드에서 개최하고자 하였고, 대다수 이사진이 영국 외부에 거주하며, 그 부기(bookkeeping)와 경영(administration)의 대부분을 네덜란드의 새로운 사무소로 이전하려 하였으며, 네덜란드에서 은행계좌를 개설하고자 하였다.

소송 신청서(소장)에 따르면, Daily Mail은 처음에는 영국에서 발생하는 수입에 대한 소득세를 납부하고자 하였으나, 추후에는 자산매각소득세(capital gains tax)와 기업이전세(advance corporation tax)의 영국내 납세를 원치 않았고, 향후 회사의 소재지 이전에 따라 발생하는 자산매각에 대한 납세 관계의 발생을 포함한 네덜란드에서의 법인세에 대한 책임을 부담하고자 하였다. 나아가, Daily Mail은 회사 이전 후 포트폴리오의 일정부분을 청산하여 이전한 자기 회사 주식을 재구입하는 데 충당할 자금으로 사용하기를 원했고, 설립의 자유에 따라 가능하다고 판단하였다.

이에 대하여 영국 재무부는 Daily Mail이 포트폴리오의 상당한 부분을 회사 이전 전에 청산할 것을 요구했으며, 그 부분에 대한 자산매각소득세(그리고 기업이전세)가 납부되어야 한다고 하였다. Daily Mail의 자산매각소득세의 총액(그리고 이전한 자기 회사 주식을 재구입하기 위하여 포트폴리오 청산에서 발생한 소득에 대한 기업이전세)은 약 2500만 파운드(GBP)였다. 그러나 Daily Mail은 이러한 모든 세금이나 혹은 심지어 이중의 본질적 부분에 대하여도 납부할 준비가 되어있지 않았기 때문에, 본 회사는 TFEU 제49조에 의거하여 영국 재무부의 승인 없이 네덜란드로 회사 소재지를 이전하기 위하여 재무부를 고소하였다.

2) ECJ의 판단 및 평가

이 사건은 회사설립의 자유와 관련된 규정인 TFEU 제49조와 제54조가 회원국의 국내법상 설립된 회사에 적용될 수 있는지에 관한 본질적인 심사, 그리고 회원국에 '등록된 사무소'를 다른 회원국으로의 '경영의 중심과 통제 및 관리'를 위하여 '이전'할 수 있는 권리를 가지는지에 관한 심사와 관련된 것이다. 만약 그러하다면 처음의 회원국(여기서는 영국)은 회사의 과세장소와 관계되는 '국내의 권한 있는 기관'(여기서는 영국 재무부)의 동의하에 그러한 권리를 부여할 수 있는가 하는 것이다. 나아가 '설립과 서비스제공과 관련하여 회원국의 국적을 이유로 한 EU 내에서의

이동 및 거주에 관한 제한의 철폐'라는 1973년 5월 21일의 '이사회 지침 73/148'[72)]
이 회사에게 다른 회원국으로 '경영의 중심'을 이전할 권리를 부여하는지에 관한 것
이다.

이에 대해 집행위원회는 EU법의 현재의 상황을 무엇보다도 강조하여 회원국
국내법에 의해 여전히 통제받는 한 회사가 다른 회원국으로 경영의 중심과 관리를
'이전'하고자 하는 경우 이는 가능하다는 입장이다. 이와 관련하여 집행위원회는 회
원국들의 국내 회사법제의 다양성을 언급하며, 일부 회원국의 회사법제는 경영의
중심과 관리의 이전을 허용하고 있고, 이들 중에는 심지어 과세와 관련해서도 회사
이전으로 인한 아무런 법적 귀결(의무)이 없을 수 있다는 것이다. 한편 다른 법제
하에서는 회사의 주요 의결기관 또는 경영진의 이전은 법인격의 상실을 초래할 수
있다는 것이다. 그러나 모든 법제들은 회원국에서의 회사의 '폐업'과 '재조직'을 허
용하고 있다는 것이다. 이에 집행위원회는 회사 '경영의 중심'의 이전은 국내입법상
가능한 일이고, 이러한 회사 경영의 중심의 타 회원국으로의 이전의 권리는 제49조
가 보장하는 권리라고 하였다.[73)]

그런데 회사의 '중앙 경영본부'에 대한 개념 설명의 어려움으로 인해 주요 의
결기관인 이사회 회의장소가 회사이전의 요건 충족상 만족스러운 결과를 초래할
수 있는지를 검토해 볼 수 있지만, 이는 오늘날 기술상의 진보로 인한 회의장소의
발달에 의해 그 이전 의미가 충분히 제공될 수 없고, 따라서 주소의 이전이 회사설
립의 의미를 내포하는지는 개별 요소에 각각 다른 무게를 두어 고려될 수 있다. 예
를 들어 경영자의 주소, 주된 의결기관의 회의장소, 회사 행정상의 장소, 예금문서
보관 장소, 회사의 금융활동 및 은행계좌가 활성화된 장소를 기준으로 고려되어야
하고, 이 외에도 회사의 생산과 투자도 고려되어야 하는 바, 투자는 주식거래와 주
식거래액 규모에 대한 시장 판단도 필요하다고 할 수 있다.

ECJ는 위와 같은 분분한 이견에 대하여 먼저 많은 사례에서 그래왔듯이 설립

---

72) Directive 73/148 of 21 May 1973 on the abolition of restrictions on movement and residence
    within the Community for nationals of Member States with regard to establishment and the
    provision of services(OJ 1973 L172/14).
73) Case 81/87, *Daily Mail*, [1988] ECR 5483, para.14.

의 자유가 EU의 기본 원칙들 중의 하나라고 직시하였다.[74] 그리고 회사(법인)의 경우에 설립의 권리가 대리점(agencies), 지점(branches), 자회사(subsidiaries)의 설립에 의해 일반적으로 실현되고, 이는 제49조 1단의 2문에 명백하게 규정되어 있다. 실제 이 사건에서의 신청자(원고)의 회사설립의 형태는 네덜란드에서의 투자경영회사의 개업이라는 형식이다.

그런데 본안소송에서 문제가 되었던 영국의 국내법은 회사이전에 관해 제한을 부과하고 있지 않으며, 다른 회원국에서 새로운 회사를 설립하기 위하여 영국 내에 설립된 회사의 활동에 대한 전체적인 또는 부분적인 이전의 형식으로 표현되지도 않았다. 따라서 영국의 국내법에 의하면 '폐업' 이후에 필요하다면 영국 회사로서의 납세자의 지위문제를 해결하면 될 것이다. 또한 영국의 국내법에 의하여 재무부는 영국 외부로 회사의 경영의 중심을 이전하기 원하는 회사가 오직 영국 회사로서의 법인격과 지위를 유지하는 동안에는 그 이전에 동의할 수 있었다.[75]

ECJ는 이러한 정황에 의하여 TFEU 제49조와 제54조는 처음 회원국의 법률상 설립된 회사로서의 지위를 유지하는 한, 다른 회원국으로의 '경영의 중심과 관리 및 중앙행정'의 '이전'의 권리는 부여될 수 없다고 하였다. 따라서 첫 번째 문제에 대하여 ECJ는 현재의 EU법 즉 제49조와 제54조에 의거해 한 회원국의 등록사무소, 본점 또는 주요사업소는 다른 회원국으로 '경영중심과 관리'를 이전할 수 없다고 하였다.[76] 결국 대리점, 지점, 자회사의 설립을 통한 회사의 경제활동은 가능하다.

그리고 1973년 5월 21일의 이사회 지침 73/148(설립과 서비스제공에 관한 회원국 국민들(즉 '자연인')의 EU 내에서의 거주와 이전에 대한 제한의 철폐에 관한 이사회 지침)은 당해 지침의 제목과 규정은 오직 자연인(natural persons)의 거주와 이전에 대하여 규정되는 바, 법인(legal persons)에게는 이를 유추하여 적용할 수 없다고 판시하였다.[77]

결국 회사 경영과 통제의 중심지를 이전하고자 하는 Daily Mail은 국적이 보유되어 세금납부의무가 존재하는 회사의 이전이 아닌, 현지 회사의 '폐업'과 네덜란드

---

74) *Ibid.*, para.15.
75) *Ibid.*, para.18 참조.
76) *Ibid.*, paras.24−25.
77) *Ibid.*, paras.28−29.

에서의 '재개업'을 통하여 국적을 포기함으로써 세금납부도 회피할 수 있게 된다고 볼 수 있다.[78] 그런데 경영과 통제의 핵심인 본부가 이전함에 있어, 전 국가에서 청산의 절차를 거치고 다른 국가에서 개업을 하는 것은 회사의 '실체'가 분명 변하지 않고 존재하는 것으로 이를 회사의 설립으로 인정하는 것은 제3자의 이해를 해칠 우려가 있다. 따라서 회사의 설립과 이전의 자유는 인정된다고 생각하나, 이 사건에서 경영과 통제의 핵심인 본부의 이전이 회사의 설립을 초래하는 것으로 보는데는 신중해야 할 것으로 보인다.

IV. 설립의 자유와 제한이 한·EU FTA에 주는 의미

1. 한·EU FTA[79]상의 설립 규정과의 비교적 차원에서

1) 용어 정의(제7.9조)

'설립'이란 경제적 활동을 행할 목적으로 법인을 구성·인수·유지하거나, 지사 또는 대리점을 설치·유지하는 행위를 의미한다. 즉 서비스업뿐만 아니라 제조업, 광업 등 비서비스업 분야의 상업적 주재를 포괄하는 개념이다. 그러나 '경제적 활동'의 범위에서 국경 간 서비스와 마찬가지로 비상업적, 비경쟁성을 속성으로 하는

---

78) 이 사건에서 원고가 선택할 수 있는 방안에는 첫째, 기존 회사를 청산하고 이전하고자 하는 곳에서 새로이 개업을 하는 것이다. 물론 이는 제3자의 이해를 해할 염려가 있고, 조세회피의 목적으로 악용될 우려가 존재한다. 둘째, 재무부의 승인을 받는 것으로, 이는 엄격한 절차에 따라 이루어지므로 그 판단기준이 까다롭고 시일도 많이 걸릴 것이다. 셋째, 이전하고자 하는 타 회원국의 장소에 회사를 설립하는 것으로, 현재의 회사를 존치시키면서 타 회원국에 새로운 회사를 설립함으로서 사업의 다각화와 투자의 안정을 꾀할 수 있다. 넷째, 이전하고자 하는 타 회원국의 회사에 투자를 하는 것이다. 간접적 투자로 자신이 원하는 업종의 회사를 물색하여 그 지역의 회사에 투자를 하는 것 또한 거주 및 이전의 자유에 대한 제한에 대한 방안으로 볼 수 있다. Case C−411/03, *Sevic Systems AG*, [2005] ECR I−10805, para.31과 비교.

79) 체약국들 간 FTA체제 하에서는 일단 궁극적으로 또는 장기적으로는 '국적'에 의한 차별의 문제가 해결되게 된다. 따라서 한·EU FTA 하에서는 시장개방에 따라 EU와 우리나라의 자연인이나 법인의 상호 진출이 이루어진다. 여기에서 살펴보는 한·EU FTA상의 '설립'에 관한 내용은 한·EU FTA '국문본'과 관계부처합동,「한·EU FTA 상세설명자료」(2009.10)를 참고하였음.

공무집행적 정부권한행사는 제외된다. 그리고 '투자자'란 설립을 통해 경제활동을 수행하거나 수행하고자 하는 자연인 또는 법인을 의미한다. 그리고 '지사'란 법인격은 없으나 항구적인 외관을 갖고 있는 영업장소를 의미한다. 결국 설립이나 투자자의 개념은 EU법상으로나 한·EU FTA으로나 같다고 할 수 있다.

2) 적용 범위

한·EU FTA는 설립에 대해 영향을 미치는 당사국의 모든 국내조치를 적용 대상으로 하고 있다. 따라서 당사국의 국적에 의한 '직접적 차별'과 '간접적 차별'뿐만 아니라 '무차별적 규제'가 일반적으로 금지된다고 볼 수 있다. 다만 핵연료의 채굴·제조·처리, 군수품 및 전쟁물자의 제조, 시청각(방송 서비스 포함)서비스, 연안해운 서비스, 항공운송 관련 서비스 분야는 적용 대상에서 배제하고 있다.[80]

한편 EU는 투자보호와 관련된 권한은 회원국이 보유하고 있고 EU 집행위원회가 소유하고 있지 않기 때문에, 한·EU FTA에서는 이와 관련된 수용·보상, 투자자-국가 간 분쟁해결절차(ISD) 등 투자보호와 관련된 사항은 포함하고 있지 않다. 다만 제7.16조의 규정을 통해 향후 투자자유화의 진전을 위해 투자 법제 및 투자 환경에 대한 당사국의 검토의무를 부과하고 있다. 이와 관련해서는 한·EU FTA상의 투자 자유화와 관련된 내용 검토도 이루어져야 하되, 한·EU FTA 발효 후에는 3년 이내 시점부터 정기적으로 검토의무가 이행되어야 한다. 이때는 동 FTA협정문 본문, 양허리스트, 최혜국대우 예외리스트도 검토대상이 된다. 무엇보다 제7.16조가 중요한 이유는 투자자유화의 장애요소의 제거를 위해 당사국 간 추가협상 의무를 규정하여 '설립' 관련 분야에 있어서의 실효성을 매우 강화하고 있기 때문이다.

3) 시장접근(제7.11조)

당사국은 외국인 투자자의 시장접근을 보장해야 하며, 설립 및 투자자에 대한 다음의 6가지 유형의 제한 조치의 채택 및 유지를 금지해야 한다. ① 설립의 수량, ② 거래·자산의 총액, ③ 영업의 총 수량·총 산출량, ④ 외국인 자본의 참여, ⑤

---

80) 그러나 예외적으로 항공 관련 서비스 중 항공기의 유지·보수, 항공 관련 판촉, 컴퓨터예약 시스템, 지상조업, 운영자포함 항공기임대, 공항운영 분야는 적용 대상에 포함하고 있다.

법적 실체·합작 투자의 형태, ⑥ 고용되는 자연인의 총 수. 예를 들어, 다수의 지점을 설치하고 여러 명을 고용하여 경제활동을 수행하는 것이 가능하다. *Klopp* 사건에서 살펴본 바와 같이, 프랑스가 주장하듯 비록 지방법원 관할 하의 한 장소에서만 변호사 사무소를 설치하고 활동하는 것이 국내법원과 고객의 편의를 도모하고 변호사의 성실한 업무수행을 위해 필요하다고 할지라도, 이로서 변호사 개업의 자유에 대한 제한을 정당화 할 수는 없다. 따라서 변호사 사무소를 타 회원국의 지방법원 관할 하의 '오직 한 장소'에서만 설치하도록 한 프랑스 국내법은 TFEU 제49조의 위반이라고 할 수 있으므로, 타 회원국 국적자는 이미 설치한 자국내 사무소를 포기할 필요가 없으며, EU 내에 하나의 변호사 사무소를 설치해야 하는 것도 아니다. EU 내에서 원하는 곳에서 원하는 만큼의 변호사 사무소를 설치하여 활동할 수 있는 것이다. 그리고 두 번째 사무소의 설치 및 존재가 변호사의 직업상 윤리규칙을 해하지도 않는다고 할 수 있다.

한편 한·EU FTA에서는 기 체결된 FTA에서 서비스분야에 대해서만 적용해 오던 것과 달리 제조업, 광업 등 비서비스분야에 대해서도 시장접근 보장 의무를 규정함으로서 자유화 수준의 제고에 동의하였다. 이를 통해 투자의 투명성을 한 단계 업그레이드시키고 국내제조업체들의 대 EU진출 확대에 기여할 수 있게 되었다. 다만 양해를 통해 환경보호, 도시계획 등을 위한 각종 조치들에 대해서는 '국가의 규제권한'을 유보하였다. 따라서 과밀억제를 위한 공장설립 상한제 등 구역설정, 도시계획 및 환경보호 관련 규제는 비차별적, 비수량적 조치로서 시장접근 의무에 관한 위반에 해당하지 아니한다.[81] 이러한 환경과 같은 분야는 국가의 주권적 성질이 여전히 강한 분야로서 비관세장벽에 해당되지 않기 때문에 전략적 차원에서 활용할 수 있다.

---

81) 그러므로 '수도권정비계획법' 제18조 ①항에 따라 공장 등의 인구집중유발시설이 수도권에 집중되지 않도록 그 신설 또는 증설의 총 허용량을 설정할 수 있다. 그리고 '산업집적활성화 및 공장설립에 관한 법률' 제20조 ①항에 따라 과밀억제지역, 성장관리지역 및 자연보전지역 내 공장의 신설, 증설, 이전 또는 업종 변경을 제한할 수 있다. 또한 '수도권대기환경특별법' 제14조 ①항에 따라 총량관리대상 오염물질을 과도하게 배출하는 사업장의 설치에 대한 허가제 실시를 할 수 있다. 관계부처합동, 「한·EU FTA 상세설명자료」 (2009.10), pp.108-109 참조.

4) 내국민 대우(제7.12조)

당사국은 상대국의 투자 및 투자자에게 자국의 '동종 투자 및 투자자'보다 불리하지 않은 대우를 할 의무가 있다. 이러한 의무는 국적 및 거주 요건의 부과에 대한 금지를 포함한다.[82] 국적에 의한 차별은 일반적으로 금지된다. *Centros* 사례에서 살펴본 바와 같이 EU는 설립의 자유를 EU공동시장의 기본질서로서 매우 중요하게 다루고 있다. TFEU 제54조에 따라 회원국 국내법에 따라 설립되어 EU내에 등록사무소나 본점 혹은 주요사업소가 있는 회사들이나 기업체들은 회원국의 국민인 '자연인'과 같은 방식으로 동등하게 대우받아야 한다. 그 결과 이 회사들이 타 회원국에서 대리점·지점·자회사를 통해 사업을 경영할 권리를 부여받게 된다. 따라서 회사를 설립하기 원하는 회원국의 국민이 자신을 최소한도로 제약하는 회사법을 갖는 회원국에 회사를 설립하고 타 회원국에 지점을 설립하는 것을 '선택'하는 것은 본질적으로 설립의 권리를 남용하는 행위가 아니다.

5) 양허표

양허표에는 포지티브(positive)방식을 택하여 설립에 있어서 개방이 이루어지는 분야와 해당 분야에서의 내국민대우, 시장접근 의무와 관련된 '유보' 사항이 기재되어 있다.

6) 양허안 주요 내용 (비서비스업 분야)

(1) 공통 양허 사항

직접투자를 하고자 하는 외국인은 지식경제부장관에 대한 '사전 신고 의무'가 있으며, 투자관련 사항을 변경하는 경우에도 동일하다. 한편 '방위산업' 투자와 관련된 조치는 포괄적으로 유보하였다. 다만 외국인투자자가 방위산업 관련 기업의 기 발행 주식을 취득하기 위해서는 지식경제부장관의 사전 허가가 필요하다. 이외

---

[82] 한편 한·EU FTA 제7.14조는 상대국 투자 및 투자자에게 제3국의 동종 투자 및 투자자보다 불리하지 않은 대우를 해야 할 의무인 최혜국대우의 의무를 규정하고 있다.

에 외국인의 토지·농지의 취득, 사회적 취약계층에 대한 대우, 국가 소유의 전자·정보시스템, 총포·도검·화약류 관련 조치는 포괄적으로 유보하였다. 따라서 이와 관련된 국내조치는 차별에 해당하지 않는다.

Daily Mail 사건에서 살펴본 바와 같이, ECJ는 많은 사례와 같이 공동시장의 기능의 활성화에 큰 관심을 갖고 국적에 의한 차별 없이 타 회원국에서 동등하게 설립의 자유를 인정하고 있다. 따라서 설립의 자유는 EU시민인 '자연인'뿐만 아니라 TFEU 제65조상의 '회사'에게도 타 회원국에서의 회사설립의 자유를 적극적으로 보장하고 있다. 다만 회사 '경영과 통제의 중심지'를 '이전'하고자 하는 Daily Mail은 국적이 보유되어 세금납부의무가 존재하는 회사의 이전이 아닌, 현지 회사의 '폐업'과 네덜란드에서의 '재개업'을 통하여 국적을 포기함으로써 세금납부도 회피할 수 있게 된다고 할 수 있다. 그러나 이는 회사의 실체가 분명 변하지 않고 존재하는 것으로 이를 회사의 설립으로 인정하는 것은 제3자의 이해를 해할 우려가 있다. 따라서 한·EU FTA상 '설립'에 있어서도 양측이 시장을 개방하더라도 제3자의 보호에 큰 관심을 가져야 할 것이다. 이러한 측면에서 EU측이 우리나라에서 설립을 통해 서비스 등을 제공하더라도 국내 관련기관에 '신고' 또는 '허가'를 통해 활동이 보장되도록 규정한 부분에 관하여는 유의해야 할 것이다.

(2) 개별 산업별 양허 사항

'에너지' 관련 원자력산업, 발전·송전·배전 및 전력의 판매 분야, 천연가스 수입과 도매 및 인수기지와 전국 고압 주배관망의 운영에 관한 조치에 대해서는 포괄적 규제권한을 유보하였으며, 한국전력공사의 외국인 지분취득은 40% 미만, 한국가스공사의 외국인 지분취득은 30% 미만으로 외국인지분취득의 제한에 관하여 규정하였다. 그리고 '농·축·수산업' 관련 쌀, 보리 재배업 및 어업은 미양허하였으며, 육우사육업 종사 기업의 외국인 지분취득은 50% 미만으로 제한하였다. 한편 '광업' 관련 해저석유광업권은 정부가 독점적으로 보유토록 하여 비서비스업 분야의 시장접근을 제한하였다.

7) EU측 양허 수준

EU는 제조업 등 대부분의 비서비스업 투자를 개방하는 높은 수준의 개방을 하고 있으며, 이는 EU공동시장 수준의 자유화가 보장된 개방으로 에너지 분야, 공익산업 등 그 공익성 및 민감성을 감안하여 매우 제한된 범위에서만 규제 권한을 유보하고 있다.

8) 적용 예외

한·EU FTA 제7장(Chapter 7)에만 적용되는 예외에는 '공공안전, 공중도덕, 공중질서, 인간·동식물의 생명 및 건강 보호, 문화재보호, 천연자원 보존, 사생활 보호' 등을 위한 제한 조치가 있다. 이러한 예외와 관련해서는 *Reyners* 사건에서 살펴본 바와 같이 국적을 근거로 상대방 국적자를 차별적으로 규율할 수 없으나, 다만 TFEU 제51조의 첫 단락에 따라 회원국들은 제49조에 규정된 자영업자로서의 활동들 중 일부가 특히 '실제적이고 직접적으로' 당사국의 '공권력의 집행'과 관련된 경우에는 외국인에 대한 개업의 자유를 제한할 수 있다. 다만 이러한 제한 조치는 '자의적' 또는 정당화될 수 없는 국가 간 '차별 수단'이거나 '위장된 제한 조치'가 돼서는 아니 된다. 이러한 적용 예외는 국내적으로 외국인투자촉진법 제4조 및 대외무역법 제5조의 교역·투자 제한 사유를 포함시킴으로써 규제 권한을 유지하는 효과를 갖는다는 점에서 의미가 있다. 그러나 이러한 예외적 사항은 EU에서도 회원국의 주권적 사항이고 일반 국제사회에서도 통상적으로 양해되고 있다는 점에 유의해야 한다.

9) 상호 자격 인정(제7.21조)

양 당사자는 상호간 서비스 공급자에 대한 자격·면허의 인정을 촉진시키기 위해 관련 직능 단체 간 논의 및 정보교류 등을 제도화하였다. 이를 위해 양측은 무역위원회 산하에 상호자격인정에 관한 작업반을 설치하고 정기적으로 만나 관심 분야 및 권고 내용을 논의키로 합의하였다. 이는 우리나라 측의 건축, 수의, 엔지니어링 등 업계의 요구사항을 반영하고 있다고 볼 수 있다. 한편 EU도 전문지식이나 자격의 상호인정에 대해 적극적이라고 할 수 있다. *Gebhard* 사건에서 살펴본 바와 같이, 변호사협회와 같은 전문가협회의 회원 가입은 이탈리아 국적을 가져야만 가능하도록 하고 있는데, 이는 개업의 자유를 위한 일반적 조건은 될 수는 있으나, 이러한 회원 가입이 개업의 자유를 위한 '필수 요건'은 될 수 없다고 하였다. 그리고 필요한 경우 타 회원국 국적자가 소지하고 있는 지식 또는 자격증과 관련된 자국의 규정 및 요건을 비교하여 주재국과 타 회원국 양자가 대등하다고 인정되는 경우, 회원국은 그동안 행한 연구 및 실무업적의 기간과 그 성질을 고려하여 타 회원국 국적자의 '지식'이나 '자격증'도 동등하게 인정하고 있다.

V. 결언

본문에서 살펴본 EU법상의 설립의 자유에 관한 이론과 판례의 태도는 한·EU FTA에 있어서 장차 고려되어야 할 시장의 개방정책과 관계되므로, 관련 사안들이 EU시장으로의 진출을 목표로 하고 있는 국내의 자연인 및 법인에게 부여하는 의미가 적지 않다고 할 수 있다. 경제통합의 단계 중에서도 상당한 발전의 양상에 해당하는 공동시장체제에 비해, FTA는 경제통합의 초기단계의 형태에 해당하기 때문에, 한·EU FTA의 상대방인 EU도 초기에는 EU공동시장 수준으로까지는 우리나라에게 요구하지 못할 것이다. 그러나 한·EU FTA의 발효 후 양측의 교역증대 정도에 따라 시장개방의 수준은 높아질 수 있고, 이렇게 되면 경제통합에 있어서 발전된 '공동시장체제'를 구축하고 있는 EU가 WTO통상질서의 기조 하에 국제통상협상에서 우리나라보다 강한 협상력을 발휘하여 보다 유리한 위치에서 자신의 요구수준을 관철시키고자 할 것이다. 뿐만 아니라 EU는 수십 개국을 대표하여 공동통상협상에 임하고 있기 때문에 하나의 국가인 우리나라의 입장에서는 철저한 준비를 통하여 '지역통합체 대 지역통합체'가 아닌 '지역통합체 대 국가'가 국제통상협상에서 겪는 한계를 극복할 수 있도록 해야 할 것이다. 무엇보다 중요한 점은 한·EU FTA의 발효 이후인데, 동 FTA가 발효되고 적절한 시기에 도달하면 EU는 더 높은 수준의 '관세 철폐'와 '내국민대우'를 요구할 것이다. 또한 통상협상의 구체적 내용에 있어서도 처음에는 포지티브(positive) 방식으로 시작되었으나, 나중에는 네거티브(negative) 방식으로 우리나라 시장을 공략할 수 있다. 또한 우리나라의 '비관세 장벽', 즉 여러 규제들을 추가적으로 완화하거나 제거하도록 요청할 것이다. 점차 초기의 과도기적 조치가 사라질 것이고, 세이프가드 조치를 취할 수 있는 경우와 그 범위도 점차 단계적으로 축소될 것으로 예상된다. 물론 이러한 측면은 상대적인 효과를 갖기 때문에 지나치게 우려할 필요는 없다고 할 수 있으나, 미래를 위해 철저한 준비는 필요하다고 할 수 있다.

제11장

유로화 · 재정규범과 유럽사법법원(ECJ)

I. 서언

EU의 통화문제와 관련해서는 EU의 재정협약[1] 및 각종 재정준칙 위반시의 '제

---

1) EU의 '재정협약'(안정 및 성장 협약 또는 재정건전성협약, Stability and Growth Pact)은 1997년 유럽이사회(European Council)가 유로지역에 대한 경제통화동맹(Economic and Monetary Union: EMU)을 안정적으로 유지·관리하기 위해 결의하였다. 이는 유로화 출범 이후 통화가치 안정을 목표로 독일이 고안한 장치로, 한 회원국의 경제 불안이 다른 회원국으로 전파되어 피해를 주는 것을 방지하기 위한 회원국의 '재정적자 제한선' 등의 공공경제통화정책을 담고 있다. 여기에서 '재정적자'란 조세수입과 정부지출의 차액을 의미한다. 재정적자 목표치를 달성하지 못하는 회원국에 대해서는 국내총생산(Gross Domestic Product: GDP)의 0.2~0.5%의 금액을 EU에 예치하도록 하고 있다. 그 요건을 매우 엄격하게 준수하도록 하고 있으며, 특히 회원국 재정적자가 GDP 대비 3%를 넘지 않도록, 그리고 회원국 부채가 GDP 대비 60%를 넘지 않도록 하고 있다. 이를 위반하는 경우 '과도적자절차'가 진행된다. Resolution of the European Council on the Stability and Growth Pact (Amsterdam, 17 June 1997) (OJ 1997 C236/1−2). http://eur−lex.europa.eu/LexUriServ/LexUriServ.do?uri=OJ:C.1997:236:0001: 0002: EN:PDF (2020.1.31. 접속); http://europa.eu/legislation_summaries/economic_and_monetary_affairs/ stability_and_growth_pact/l25021_en.htm (2020.1.31. 접속); '안정, 조율 및 거버넌스 조약'(Treaty on Stability, Coordination and Governance in the Economic and Monetary Union: TSCG, 소위 '신재정협약')이 2011년 3월 EU 25개 회원국(영국, 체코는 비서명)의 서명으로 채택되었고(이중 재정부문만을 별도로 재정협약(Fiscal Compact)이라고 부르기도 함), 이는 유로존 회원국들에게만 해당되는 바, 비유로존 EU 회원국들은 향후 유로화를 도입할 경우 신재정협약의 적용을 받게 되며, 유로화를 도입하지 않았더라도 적용을 희망하면 선택적으로 적용받을 수 있다. 신재정협약은 12개 이상의 유로존 회원국이 비준한 2013년 1월 1일부터 발효되었다. 강유덕·김균태·오태현·이철원·이현진, "유럽 재정위기의 원인과 유로존의 개혁과제", 대외경제정책연구원 연구보고서(2012.12.30.), p.80 참조.

재조치'를 살펴보고, 이에 대한 유럽사법법원(European Court of Justice: ECJ)의 '판례'와 최근 재정규범 강화에 관하여 살펴볼 필요가 있다.

여기에서 유의할 사항은 유로지역(Euro area)에서 재정건전성이 저하되어 '과도재정적자절차'(Excessive Deficit Procedure: EDP)[2]를 위해 TFEU 제126조(EC조약 제104조)가 적용되는 경우, 제126조 10항에 따라 동 과도재정적자절차가 TFEU 제121조(EC조약 제99조)와 규칙 1467/97[3]의 보조를 통해 진행되는 경우에는 본 사안이 TFEU 제258조(EC조약 제226조)와 제259조(EC조약 제227조)가 적용되지 않는다는 점이다. 즉 본 사안은 일차적으로는 TFEU 제126조 1항~9항까지의 절차에 따르되, 사후에 문제가 해결되지 않을 경우에 TFEU 제263조(EC조약 제230조)에 따라 '취소소송'으로 해결되어야 할 사안이다.[4] 보통 EU법 위반회원국은 TFEU 제258조와 제259조에 따라 집행위원회(European Commission)나 회원국이 이행강제소송을 제기하나,[5] 이러한 '재정문제'는 TFEU 제126조의 제규정들(집행위원회의 '권고'에 대한 이사회의 '결정' 채택에 의한 문제의 회원국에 대한 사안 해결)이 적용되고, 그 위반행위에 대해서는 EU기관(여기서는 '이사회')에게 해결능력에 대한 책임을 지운 후, 이사회가 '부적절한 태도'를 보이는 경우 취소소송(TFEU 제263조)으로 해결을 시도한다. 따라서 TFEU 제126조상 집행위원회의 '권고'는 이행강제소송상의 소송전 단계로서의 '합리적 의견'의 전달과는 다르며, 집행위원회의 합리적 의견에 대해 위반회원국이 불응하는 경우에 적용되는 ECJ에 의한 본격적인 이행강제소송과는 성질이 다르다. 물론 TFEU 제267조(EC조약 제234조)에 따라 조약 등 1차적 법원 및 이에 근거해 채택된 EU기관들의 입법에 대한 해석(interpretation) 및 유효성(validity)심사는 ECJ가 관할권을 행사할 수 있다.[6] 따라서 EU기관 행위에 대한 TFEU 제263조에 의한 '취소

---

2) P.S.R.F. Mathijsen, *A Guide to European Union Law* (Sweet & Maxwell, 2010), p.462; Koen Lenaerts and Piet Van Nuffel, *European Union Law* (Sweet & Maxwell, 2011), pp.388-392.

3) Council Regulation 1467/97/EC of 7 July 1997 on speeding up and clarifying the implementation of the excessive deficit procedure (OJ 1997 L209/6-11). http://eur-lex. europa. eu/LexUriServ/LexUriServ.do?uri=OJ:L:1997:209:0006:0011:EN:PDF (2020.1.31. 접속).

4) Koen Lenaerts, Dirk Arts, Ignace Maselis and Robert Bray, *Procedural Law of the European Union* (Sweet & Maxwell, 2006), pp.130.141; Mathijsen, *supra* note 2, pp.132-141.

5) Lenaerts·Arts·Maselis·Bray, *supra* note 4, pp.128-173중에 특히 pp.149-167; Margot Horspool and Matthew Humphreys, *European Union Law* (Oxford Univ. Press, 2012), pp.224-234; 김두수, 「EU법」(한국학술정보, 2014), pp.91-113 참조.

소송'과 TFEU 제267조에 의한 '유효성'심사는 중첩되는 면이 있어 통일적으로 규정할 필요성이 있는 성질의 것이다. 다만 '취소소송'은 이해관계 있는 대상에 대한 '폭넓은' 당사자 적격을 인정하고 있음에 비해, 선결적 판결 소송에 의한 '유효성심사'는 주로 '회원국 국내법원'이 ECJ에 제소한다는 데 차이가 있다. TFEU 제263조에 의거 취소소송이 제기되더라도 이때 집행위원회가 주의할 사항은 제소 시한이 '2개월' 내로 제한된다는 점이다.[7)]

현재 법적으로는 TFEU 제126조 11항에 따라 재정준칙 위반시 회원국의 국채 발행 전 이사회에 추가 정보를 보고할 의무, 유럽투자은행(European Investment Bank: EIB)의 해당 회원국 대출 계획(정책) 재검토, 이사회가 과도재정적자 상태가 해소되었다고 판단할 때까지 회원국의 무이자 적정 보증금 예치, 적정 벌금(fines)의 부과 등 제재조치를 하고 있으며, 이에 대해 불복시 ECJ에 제소한다. 그런데 실제로는 EU차원에서 통화정책에 대하여는 권한을 행사하나, 회원국의 '재정 정책'에는 개입할 수 없는 주권적 성질로 인하여 이러한 규범 논리가 온전하게 적용되는 데는 한계가 있다.

따라서 여기에서는 먼저 EU의 재정관련 '규제 조치'의 법적 근거를 검토하고, 집행위원회 차원에서의 제재 사례, 그리고 이중 해당 제재에 불복(집행위원회의 권고에 대한 이사회의 자체적 변경 포함)하여 ECJ에 제소되었던 사례(Case C−27/04, *Commission v Council*)를 중심으로)에 대하여 검토한 후 재정규범 강화 동향에 관하여 살펴보고자 한다.

II. 재정준칙 위반 회원국에 대한 '제재구조'에 관한 검토

1. TFEU 제126조(EC조약 제104조)

동조 1항은 "회원국은 과도재정적자를 피해야 한다"라고 규정하고 있으며, 2항에 따라 집행위원회는 회원국의 예산상황 동향, 정부부채 현황 등을 검토하여 중대

---

6) TFEU 제267조(구 EC조약 제234조); 김두수, *supra* note 5, pp.116−119 참조.
7) Horspool·Humphreys, *supra* note 5, p.258.

한 오류가 존재하는지 확인하되 특히 '예산 원칙'을 준수하고 있는지 여부를 검토한다.

동조 5항에 따라 집행위원회는 회원국의 과도재정적자의 발생 또는 가능성이 있다고 판단하는 경우 '권고적 의견'을 이사회에 제출하고, 6항에 따라 이사회는 집행위원회의 권고에 대하여 해당 회원국이 제시하는 의견을 검토하여 종합적으로 평가한 후 과도재정적자의 존재 여부를 '결정'한다. 7항에 따라 과도재정적자가 존재한다고 결정하는 경우, 이사회는 이 상황을 '일정 기한' 내에 시정하는 것을 목적으로 하는 권고를 집행위원회의 권고적 의견에 의거하여 해당 회원국에 대해 지체 없이 행하되, 이 권고는 원칙적으로 공표되지 아니한다. 다만, 8항에 따라 해당 회원국이 권고에 대응하여 '일정 기한' 내에 실효성 있는 조치를 취하지 않았다는 것이 확인되는 경우, 이사회는 권고를 외부에 공표할 수 있다. 그리고 9항에 따라 회원국이 이사회의 권고를 계속 실행하지 않고 있는 경우, 이사회는 상황을 해소하는 데 필요하다고 이사회가 판단하는 적자감축조치를 일정 기간 내에 취할 것을 해당 회원국에 통지(최고)하는 방안을 결정할 수 있다.[8]

동조 10항에 따라 TFEU 제258조 및 제259조에 규정된 제소권(이행강제소송)은 동조의 1항부터 9항까지 규정하고 있는 상황(재정문제의 해결방안)에서는 행사할 수 없다. 다만 11항에 따라 회원국이 9항에 따른 결정을 이행하지 않는 경우, 이사회는 하나 이상의 관련 조치[9]를 적용하거나 강화하기로 결정할 수 있고, 이러한 내용에 관하여 이사회 의장은 그 결정사항을 유럽의회(EP)에 통지한다.

동조 12항에 따라 이사회는 해당 회원국의 과도재정적자가 해소되었다고 판단되는 경우 6항부터 9항까지 및 11항에서 규정하고 있는 결정사항의 전체 또는 일부를 폐지하며, 이사회는 이전 권고를 폐지하는 즉시 해당 회원국의 과도재정적자

---

8) TFEU 제126조 집약적 표현은 최승필, "유럽재정규율에 대한 법적 검토—과도적자시정절차 및 재정안정성확보조치에 대한 사법적 판단을 중심으로", 「공법학연구」 제15권 제4호 (2014.11), p.269 참조.
9) TFEU 제126조 11항상의 관련 조치:
— 채권·유가증권을 발행하기 전, 이사회가 지정하는 추가 정보를 공표하도록 해당 회원국에게 요구
— 유럽투자은행에 해당 회원국에 대한 대출 정책을 재검토하도록 요청
— 이사회가 과도재정적자 상태가 해소되었다고 판단할 때까지 적정 금액을 무이자로 EU에 예치하도록 해당 회원국에게 요구
— 적정 과태료를 부과

상태가 더이상 존재하지 않는다는 내용을 외부에 공표한다.

한편 동조 13항에 따라 이사회는 집행위원회의 권고에 의거하여 8항, 9항, 11항 및 12항에 규정된 결정 및 권고를 행하며, 이사회는 '해당 회원국'을 대표하는 이사회 위원의 표를 고려함이 없이 6항부터 9항까지, 11항 및 12항에 규정된 조치를 취한다. 그리고 14항에 따라 동조에 규정된 절차에 관한 추가 실시규정은 조약 (TFEU) 부속서인 과도재정적자 절차에 관한 의정서에 명시하며, 이사회는 유럽의회 및 유럽중앙은행과 협의 후 보통입법절차에 따라 전원일치의 찬성으로 동 의정서를 대체하는 적절한 규정을 채택한다.

2. 비유로존 회원국의 이사회내 투표권 제한

TFEU 제126조(EC조약 제104조) 9항과 13항에 따라, 이사회가 TFEU 제126조 9항에 의해 '결정'을 채택할 경우 이사회 내에서 단일통화(single currency)를 채택하지 않은 (비유로존)회원국의 투표권은 잠시 유예된다.

3. "'안정 및 성장 협약'에 관한 결의"에서 채택된 가이드라인

유럽이사회(European Council)는 1997년 6월 17일 암스테르담에서 채택된 '안정 및 성장 협약에 관한 결의'(Resolution on the Stability and Growth Pact)[10]에서 경제통화동맹(EMU)의 3 단계에 관한 예산규정 보호의 중요성을 상기시켰고, 회원국과 집행위원회와 이사회에서 다뤄지는 가이드라인(guidelines)을 채택하였다.

이 결의는 채택된 '가이드라인'에서 이사회에 관련하여 다음과 같이 언급하고 있다:

"1. 기능면에서, 엄격하고 시기적절한 '안정 및 성장 협약'의 모든 요소의 실행에 전념한다; '이사회'는 TFEU 제121조(EC조약 제99조)와 TFEU 제126조(EC조약 제104조)에 따라 실현 가능한대로 자신의 역할 수행상 필요한 결정(decisions)을 취한다. …

---

10) Resolution of the European Council on the Stability and Growth Pact (Amsterdam, 17 June 1997) (OJ 1997 C236/1 – 2).

　3. 만약 참여 회원국이 이사회가 권고한 대로 과도적자 상황을 종료하는 데 필요한 단계를 거치지 못한다면, 항상 제재(sanctions)를 가하도록 요청한다. …

　6. '과도적자' 또는 '예산배분절차'의 감시의 어떠한 단계에서든지, 이사회가 집행위원회의 권고에 대하여 긍정적으로 영향을 미치는 행위를 하지 않은 경우(집행위원회의 권고를 이행하지 않은 경우)에는 항상 이러한 이사회의 결정을 정당화하는 이유를 서면으로 진술해야 하며, 또한 이 경우에 회원국들에 의한 투표 결과를 공표해야 한다."

4. 과도적자절차의 실행의 '속도'를 높이고 '명료화'하기 위한 이사회 규칙 1467/97

　과도적자절차(EDP)의 실행의 '속도'를 높이고 '명료화'하기 위하여 1997년 7월 7일의 이사회 규칙 1467/97(Council Regulation on speeding up and clarifying the implementation of excessive deficit procedure)[11]이 채택되어 2장과 3장[12](Sections 2 and

---

11) Regulation 1467/97 (OJ 1997 L 209/6).
12) 제2장 과도적자절차의 실행의 속도를 높이는 것(speeding up the excessive deficit procedure)
　제3조
　3. 이사회는 '규칙 3605/93'의 제4조 2항과 3항상 규정된 보고일의 3개월 내에 제104조 9항에 따라 과도적자의 존재 여부를 결정할 수 있다. 제104조(TFEU 제126조) 6항에 따라 이사회가 과도적자의 존재 결정시, 이사회는 동시에 제104조 7항에 따라 관련 회원국에게 권고할 수 있다.
　4. 제104조 7항상의 이사회 권고는 관련 회원국에 의해 취해질 효과적인 조치를 위해, 최대 4개월의 마감 기한을 정할 수 있다. 이사회 권고는 또한 과도적자의 조정을 위한 마감 기한을 정할 수 있는데, 이는 특별한 상황이 아니라면, 그것이 확인된 다음해에는 완료되어야만 한다.
　제4조
　1. 제104조 8항에 따른 일체의 효과적인 조치도 취해지지 않는 회원국에 대해서 이사회 권고를 공표한다는 이사회의 결정은 동 규칙의 제3조 4항에 규정된 기한 만료 후 즉시 취해질 수 있다.
　제5조
　제104조 9항에 따라 관련 회원국의 적자감소 대책 강구를 위한 통지에 관한 이사회의 결정은, 제104조 8항상의 어떠한 효과적 조치도 취해지지 않는 경우, 이사회 결정 후 한 달 내에 취해질 수 있다.
　제6조
　제104조 11항의 적용 요건을 충족하는 회원국에 대해 이사회는 제104조 11항에 따른 제재를 가할 수 있다. 어떠한 결정도 제104조 9항에 따라 대책을 취하도록 관련 회원국에 고지하는 이사회 결정 이후 2개월 이후에는 취해질 수 없다.(최고 후 2개월 내에 제재 개시하도록)
　제7조
　만약 참여 회원국이 제104조 7항과 9항에 따라 이사회의 연속적인 결정에 대해 행동을 취

3)을 통하여 규율하고 있다.

Ⅲ. 재정준칙 위반 회원국에 대한 '제재 사례' 검토

여기에서 살펴보는 *Case C-27/04, Commission v Council*에 대한 ECJ의 판결 (2004년 7월 13일)은 EU기관의 행위에 대한 '취소소송'에 해당되며, 과도적자절차에 대한 위원회와 이사회의 역할을 강조한 TFEU 제126조, 과도적자절차의 신속성과 명료화를 위한 규칙 1467/97, 재정협약(안정 및 성장 협약)에 관한 것으로서, 본질적으로는 과도정부적자시 집행위원회가 이사회에 권고한 내용에 대하여 이사회가 적절히 적용했는지의 여부에 대한 사건이다. 즉 TFEU 제126조의 8항, 9항에 의한 이사회 '결정', 집행위원회 권고에도 불구하고 그 권고에 포함된 '정식 수단들'을 채택(수용)하지 않은(집행위원회의 권고를 '변경'하려고 함) 이사회 결론(conclusions)에 대해 위원회가 ECJ에 제기한 취소소송이다.

동 사건은 2004년 1월 27일 ECJ 법원사무국에 신청서(소장)가 접수되었으며, 집행위원회는 TFEU 제263조에 의한 취소소송에 의거하여 2003년 11월 25일의 이사회 조치의 취소(무효선언)를 위해 제소하였고, 2004년 4월 28일의 당사자들의 구두변론과 법률고문의 의견을 청취한 후, 2004년 7월 13일 판결이 내려졌다.

아래에서는 동 사건의 사실관계, 법적 쟁점에 대한 당사자(원고인 집행위원회와 피고인 이사회)의 주장과 이에 대한 ECJ의 판단에 대하여 검토하고자 한다.

하지 못한다면, 제104조의 11항에 따라 제재를 부과하는 이사회의 결정은 동 규칙 제3조 3항에서 언급된 바와 같이 규칙 3605/93/EC에 의하여 보고일의 10개월 내에 내려질 수 있다.
제3장 중지와 감시(abeyance and monitoring)
제9조
1. (아래의 경우) 과도적자절차는 중지될 수 있다.
− 관련 회원국이 제104조 7항에 따른 이사회 권고(위원회의 의견이 반영된)에 응하여 행동하는 경우,
− 참여한 관련 회원국이 제104조 9항에 따라 주어진 고지(최고)에 응하여 행동하는 경우,
2. 그 절차가 중단되는 기간에는 제7조에 언급된 10개월과 동 규칙의 제6조에 언급된 2개월 둘 다 포함되지 않는다.

1. 사실관계

1) TFEU 제126조 6항(과도적자 여부에 대한 이사회의 결정)과 7항 (과도적자국에 대한 이사회의 권고)에 따른 이사회의 결정[13]

(1) 독일과 관련된 과도적자절차는 2002년 11월에 개시되었다. '독일에 과도적자가 존재한다'는 '2003년 1월 21일의 2003/89/EC 결정'에 의하여 제126조 6항이 적용되어, 이사회는 집행위원회 권고상의 관련 회원국(독일)에 과도적자가 존재한다고 보았다. 제126조 7항과 '규칙 1467/97'의 제3조 4항에 따라, 이사회는 독일정부에 다양한 조치를 시행하여 조속히 적자를 해소하도록 권고하였다. 이사회는 2003년 5월 21일을 권고된 조치를 취하는 마감기한으로 정하였다. 독일정부에 의해 취해진 조치들이 그 때까지 효과적이었다고 간주되었기 때문에, 과도적자절차는 암묵적으로 중지되었다.[14]

(2) 프랑스와 관련된 과도적자절차는 2003년 4월에 개시되었다. '프랑스에 과도적자가 존재한다'는 '2003년 6월 3일의 2003/487/EC 결정'에 의하여 제126조 6항이 적용되어, 이사회는 위원회 권고상의 관련 회원국(프랑스)에 과도적자가 존재한다고 보았다. 제126조 7항과 '규칙 1467/97'의 제3조 4항에 따라, 이사회는 프랑스정부에 다양한 조치를 시행하여 조속히 적자를 해소하도록 권고하였다. 이사회는 2003년 10월 3일을 권고된 조치를 취하는 마감기한으로 정하였다.[15]

2) TFEU 제126조 8항(1단계 추궁)과 9항(2단계 최고로서의 추궁)에 의거한 집행위원회 권고이행 추궁[16]

(1) 2003년 10월 8일, 집행위원회는 이사회에 이사회가 프랑스정부가 제126조 7항에 의한 이사회의 권고에 대하여 어떠한 효과적인 조치도 취하지 않고 있음을

---

13) 최승필, *supra* note 8, p.273 참조.
14) Case C−27/04, *Commission v Council*, [2004] ECR I−6679, para.7.
15) *Ibid.*, para.8.
16) 최승필, *supra* note 8, p.274 참조.

입증하기 위해, 제126조 8항에 근거한 결정을 위한 하나의 권고를 전달하였다.[17]

그리고 2003년 10월 21일 집행위원회는 이사회가 제126조 9항에 따라 프랑스 정부에 적자를 감소시키기 위한 조치를 취하도록 고지하라고 권고하였다. 집행위원회는 이사회에 관련국(프랑스)에 고지를 하도록 권고하였는데, 특히 늦어도 2005년까지 과도적자상태에서 탈피하고, 2004년에는 주기적으로 조정되는 예산적자가 GDP의 1%가 되도록 매년마다 감소시키라는 내용이다.[18] 이는 매우 강력한 효과 발생을 목표로 하고 있음을 보여준다.

(2) 독일정부와 관련하여 위원회는 궁극적으로 제126조 7항에 근거한 이사회의 권고에 대하여 취해진 조치들이 부적합했다고 보았다. 따라서 2003년 11월 18일, 집행위원회는 이사회에 이사회가 과도적자상황을 조정하기 위해 독일정부가 취한 조치가 부적합했음을 입증하기 위해, 제126조 8항에 근거한 결정을 위하여 권고를 하였다.[19]

같은 날(2003년 11월 18일), 집행위원회는 이사회가 제126조 9항에 따라 독일정부에 적자를 감소시키기 위한 조치를 취할 것을 고지하라고 권고했다. 집행위원회는 이사회에 관련국(독일)에 고지를 하도록 권고하였는데, 특히 늦어도 2005년까지 과도적자상태에서 탈피하고, 2004년에는 주기적으로 조정되는 예산적자가 GDP의 0.8%가 되도록 매년마다 감소시키라는 내용이다.[20]

3) 2003년 11월 25일 이사회(경제재무장관이사회) 회의

상황이 이렇게 되자 2003년 11월 25일 이사회(경제재무장관이사회)에서 이사회는 프랑스와 독일에 관하여 제126조 8항에 따른 이사회의 결정(decisions) 채택을 위해서 '집행위원회 권고'에 관한 투표를 진행하였다. 제126조 13항에 따라, 관련 회원국(독일과 프랑스) 이외의 유로존 모든 회원국들이 두 가지 투표에 참여하였다. 필요한 다수결 요건이 충족되지 않았기 때문에 그 이사회 결정들은 채택되지 않았다.[21]

---

17) Case C−27/04, *Commission v Council*, [2004] ECR I−6679, para.9.
18) *Ibid.*, para.10.
19) *Ibid.*, para.11.
20) *Ibid.*, para.12.
21) *Ibid.*, para.13.

　　이사회는 또한 프랑스와 독일에 관하여 제126조 9항에 따른 이사회의 결정을
위해서 집행위원회 권고에 관한 투표를 진행하였다. 제126조 13항과 제122조 3항
과 5항에 따라, 오직 관련 회원국(독일과 프랑스) 이외의 유로존 모든 회원국들만 두
가지 투표에 참여했다. 필요한 다수결 요건이 충족되지 않았기 때문에 이사회 결정
들은 채택되지 않았다.[22]

　　그런데 이사회의 관련 투표과정과 관련하여 실제적으로는 이사회에서 주도권
을 쥐고 있는 독일과 프랑스의 영향력을 쉽게 간과할 수 없다고 보아야 할 것이고,
이 점은 투표의 결과에 영향을 주었으리라 어느 정도는 예상할 수 있을 것이다. 현
재 독일의 재정 상태가 다른 EU 회원국들의 재정위기로 인하여 비교적 건전한 것으
로 보이지만, 당시 2004년을 전후로는 독일도 넉넉한 상황이 아니었다고 할 수 있다.

　　그런데 같은 날(2003.11.25), 이사회는 제126조 9항에 의해 상정된 '결정'과 관련
된 투표절차를 적용하면서, 본질적으로 두 관련 회원국(독일과 프랑스)에 관하여 유
사한 결론(conclusions)을 아래와 같이 채택하였다.[23]

　　① 결론 1문단에서, 이사회는 관련 회원국의 예산상황을 평가한 것을 감안했음
을 언급하였다.[24]

　　② 결론 2문단에서, 이사회는 관련 회원국이 제126조 7항에 따라 관련국에 주
어진 권고를 따르는 몇 가지 대책들을 채택했음을 언급하였다.[25]

　　③ 결론 3문단에서, 이사회는 늦어도 2005년까지는 적자를 GDP의 3%까지 낮
출 수 있는 모든 가능한 조치들을 실행하기 위한 관련 회원국의 공적인 헌신을
환영하였다.[26]

　　④ 결론 4문단에서, 이사회는 '집행위원회 권고'와 '관련 회원국의 약속'에 비추
어 관련 회원국을 위해 '권고'를 하였다. 이 이사회 권고는 특히 2004년, 2005
년의 연간적자감소 계획과 관련이 있고, 2005년 이후 예산정리를 지속적으로
달성하려는 계획과 관련이 있다. 이사회는 또한 관련국이 현재의 과도적자상황

---

22) *Ibid.*, para.14.
23) *Ibid.*, para.15.
24) *Ibid.*, para.16.
25) *Ibid.*, para.17.
26) *Ibid.*, para.18.

에서 조속히 그리고 늦어도 2005년까지 벗어나야 한다고 권고하였다.[27] 이는 매우 강력한 목표를 위한 애초의 위원회의 권고를 다소 유연하게 변경한 것으로 보인다.

⑤ 결론 5문단, 6문단은 다음과 같이 기술되어 있다:

"5. 위의 '권고'와 '관련 회원국의 약속'에 비추어볼 때, 이사회는 현 시점에서 제126조 9항에 따른 이사회 결정을 위하여 '집행위원회의 권고'에 기초하여 행동하지 않기로 결정하였다.

6. 이사회는 잠시 과도적자절차를 '잠정 중지'하는 데 동의한다. 만약 관련 회원국이 아래 7문단에 기초한 평가로부터 나타난 바와 같이 이러한 결론들에서 비롯된 약속에 따라 행동하지 못한다면, 이사회는 언제라도 제126조 9항에 따라 '집행위원회 권고'에 기초하여 결정을 내릴 용의가 있다."[28]

⑥ 결론 7문단에서, 이사회는 관련 회원국에게 특정한 일정표(specific timetable)를 정함이 없이 보고서들을 제출하도록 권하고 있고, 또한 이사회와 집행위원회가 관련 국가의 목표 달성 추이를 평가하도록 권고하고 있다.[29]

2. 쟁점 사항

이 사건에서 원고인 집행위원회는 피고인 이사회에 대하여 2003년 11월 25일에 취한 '이사회 조치'의 무효를 주장하였다. 즉 이러한 이사회 조치(decisions)는:

① 우선, 프랑스와 독일에 관하여 제126조 8항과 9항에 의거한 '집행위원회 권고'에 포함된 공식적 수단과 방법을 채택하지 않았기 때문에 문제가 되었고,

② 그 다음으로, 이러한 이사회 결론(conclusions)은 두 회원국(독일과 프랑스)과 관련하여 과도적자절차를 '잠정 중단'하는 결정으로, 이는 제126조 7항에 따라 이사회에 의해 '집행위원회 권고'가 변경되었기 때문에 문제가 되었으며, 과도적자 상황을 회복하기 위해 적자 감소를 위한 그 이외의 조치들을 고려해 제

---

27) *Ibid.*, para.19.
28) *Ibid.*, para.20.
29) *Ibid.*, para.21.

126조 7항에 따라 이사회의 권고에 대하여 프랑스와 독일 각각에 의해 취해진 조치들을 평가하여 정당한 기반에 근거해 이사회가 일정한 결정을 채택했다는 점에서의 자격(권한)에 관한 문제가 제기되었다.

즉 이 사건은 독일과 프랑스의 재정협약의 불이행(3년 연속[30]) 재정적자를 기록한 독일과 프랑스에 대한 과도적자절차(EDP를 통한 규제조치 가능)[31])에 대한 집행위원회의 '권고' 조치 과정 중 이사회가 취한 '결정'에 대하여 집행위원회가 취소소송을 제기한 사건이다.

3. 청구취지

1) 집행위원회는 ECJ에 다음과 같은 판결을 구하였다: ① 첫째, TFEU 제126조 8항과 9항에 따라 '집행위원회 권고' 내용이 포함된 공식적인 문서(수단과 방법)를 채택하지 않은 이사회의 결정들(decisions)을 무효로 해야 한다. 둘째, 이사회의 결론들(conclusions)이 과도적자절차를 '잠정 중단'한 것과 관련이 있는 한, 이사회의 결론들이 조약상 규정되지 않은 수단과 방법(즉 이사회의 변경 조치)에 의지하는 것은 취소되어야 하고, 그리고 제126조 7항에 따라 이사회가 결정한 '집행위원회 권고의 내용 변경'은 취소되어야 한다. ② 이사회가 소송비용을 지불한다.[32]

2) 이사회는 ECJ에 다음과 같은 판결을 구했다: ① 집행위원회의 제소가 허용될 수 없음(inadmissible)을 선고해야 한다. ② 아니면, 그것을 각하(dismiss)해야 한다. ③ 집행위원회가 소송비용을 지불한다.[33]

---

30) 김균태, "프랑스, 독일의 「안정 및 성장 협약」 위반과 향후 전망", 대외경제정책연구원 세계지역연구센터, 「KIEP 세계경제」 제7권 제1호(2004.1), pp.41−51 참조.

31) Communication from the Commission to the Council and the European Parliament: Public finances in EMU−COM(2004)425final−, http://eur−lex.europa.eu/LexUriServ/LexUriServ.do?uri =COM:2004:0425:FIN:EN:PDF (2020.1.31. 접속).

32) Case C−27/04, *Commission v Council*, [2004] ECR I−6679, para.22.

33) *Ibid.*, para.23.

4. 사건의 본질

1) 당사자들의 주장

(1) 집행위원회의 주장

집행위원회는 이사회가 조약, 특히 TFEU 제126조를 위반하여 결정(decisions)을 채택하였다고 주장하였다. 즉 이사회는 제126조 8항과 9항이 이사회 '결정' 채택을 위한 집행위원회의 '권고'가 송달되도록 규정하고 있으나 이를 위반하였다. 제126조의 방법은 '법적 구속력'을 갖는 구속수단으로서 '결정'을 채택하는 것으로 이사회는 이 이외의 조치를 취할 수 없다. 이사회가 취한 결정('결론'의 채택)은 과도적자절차의 중단, 그리고 관련 회원국에 대한 각 권고들이 문제가 되었다.[34]

이러한 과도적자절차의 '중단'에 있어, 이사회의 결론들은 제126조 7항에 따른 집행위원회의 권고를 준수하는 방식으로 행동하는 경우에는 과도적자절차의 중단이 가능하다고 규정한 규칙 1467/97 제9조 1항의 첫째 문단에 위반된다는 것이다. 집행위원회 권고상의 조건을 충족하지 못했다는 결론으로 귀결되는 집행위원회의 분석에 대해 이사회가 동의하였다는 사실은 '이사회 결론들'을 통해 명확히 드러난다는 것이다. 즉 이사회의 결론들을 면면히 살펴보면 집행위원회의 권고내용과 상당히 다른 내용으로 기술되어 있다는 것이다. 과도적자절차를 '중단'하기로 한 이사회 '결론'은 관련 회원국(독일과 프랑스)을 배제한 가운데 모든 회원국들(all the Member States)이 아닌 유로존(Euro Area) 회원국들에 의해 채택되었으므로, 이는 제126조 13항에 규정된 투표규칙(voting rules)에 따라 채택된 것이 아니라는 것이다. 과도적자절차의 적법한 중단은 제126조 7항의 단계에서만 가능한 것으로 인정되어 왔기 때문에, 투표규칙은 절차적 요건의 형평성을 이유로 당해 단계(제126조 7항의 단계)에서만 적용되었어야 한다는 것이다.[35]

제126조 7항상의 이사회의 권고, 그 중에서도 과도적자의 '소멸 기한'의 '연장

---

34) *Ibid.*, para.53.
35) *Ibid.*, para.54.

문제'와 관련해서, 집행위원회는 그러한 집행위원회 권고의 '변경'을 위한 이사회 결정들에 대해서는 경제적 정당성(economic justification)을 문제 삼지는 않는다. 그러나 이사회는 조약상의 과도적자절차를 준수하지 아니하고는 이전에 채택된 것과 다른 내용의 변경된 권고를 채택할 수 없다는 것이다.[36]

(2) 이사회의 주장

이사회는 이사회 '결론'이 '법적인 성질'을 갖지 않는 '정치적인 성질'을 가진다는 점과 관련하여, 그리고 특히 '집행위원회가 권고'한 방법을 채택하지 않고서 당시 진행 중인 과도적자절차가 '자동적으로 중단'되게 되었다는 지적에 대하여 이를 인정하기 어렵다고 주장하며, 이사회가 채택한 '결론'이 이행되도록 감시하고 준수되도록 할 것임을 밝혔다.[37]

이사회는 이사회 '결론'을 무효화시킨다고 해서 사실상 혹은 법률상으로 현재 진행 중인 과도적자절차의 상황을 변경하지는 못할 것이라고 하였다.[38]

나아가 이사회는 제126조 7항에 따라 채택한 '기존의 권고'가 부분적으로 시대적 흐름에 부합하지 않다고 하였다. 과거의 권고는 시대에 뒤쳐졌다는 것이다. 많은 요소들, 특히 권고가 채택될 당시의 기대 내용과 대조되는 '경제적 상황'의 불리한 전개(경제불황지속시 기존에 약속한 재정적자해소가 쉽지 않으므로)는 관련 회원국들(독일과 프랑스)로 하여금 '정해진 기한 내'에 자국의 '적자를 해결'할 수 없도록 한다는 것이다.[39]

결국 대안적 접근방법(alternative approach)은 이사회가 제126조 7항에 따라 새로운 권고(fresh recommendations)를 채택하는 것이었으나. 이러한 해결책은 관련 규정에 근거한 이사회의 '새로운 권고'를 집행위원회가 부인하였기 때문에 불가능하게 되었다는 것이다.[40]

따라서 이사회는 '경제적 상황'의 변화, 이에 따라 취해진 조치, 그리고 두 관련

---

36) *Ibid.*, para.55.
37) *Ibid.*, para.56.
38) *Ibid.*, para.57.
39) *Ibid.*, para.58.
40) *Ibid.*, para.59.

회원국에 의해 설정된 약속을 언급함과 동시에, 이사회 단계에서 과도적자상태를 타개하기 위해 관련 회원국이 수행해야만 했던 약속을 언급하면서 논쟁의 여지가 있는 이사회 '결론'을 채택했다고 하였다.[41] 그리고 이사회는 조약(Treaty)상 이사회의 대안적 접근방식으로 진행하는 것을 배제하는 어떠한 규정도 두고 있지 않다고 하였다.[42] 이에 더하여 이사회는 2003년 1월 21일 독일에 대하여, 그리고 2003년 6월 3일 프랑스에 대하여 제126조 7항에 의해 채택된 '이사회의 권고'(전술된 '이사회 결론' 4문단과 5문단에서 규정하고 있음)는 효력이 지속된다고 주장하였다.[43]

2) 법원의 판결

(1) 과도적자절차의 전반적 논리(broad logic)

TFEU 제119조(EC조약 제4조) 1항과 2항에 따라, 회원국과 공동체의 활동에는 회원국 간의 긴밀한 경제정책의 조화와 경제통화동맹(EMU)의 채택에 기초한 경제정책이 포함되었다. 그리고 TFEU 제119조 3항에 따라, 이러한 활동은 물가 안정, 건전한 공공재정과 금융여건, 그리고 지속적인 국제수지 균형 등의 원리를 준수해야 한다.

그리고 TFEU 제126조 1항은 회원국이 '과도 정부적자를 지양'할 것을 규정하고 있다.

한편 TFEU 제126조 2항부터 13항까지 규정된 과도적자절차의 목적은 관련 회원국(여기서는 독일과 프랑스)으로 하여금 정부부채를 줄이도록 권장하고 필요한 경우 이를 강제하는데 있다.[44]

또한 TFEU 제126조 규정들은 보다 정밀하게 규정되었고, 보다 구체적으로는 1997년 6월 17일에 유럽이사회 결의에 의해 제정된 규칙 1467/97을 통해 형성된 '안정 및 성장 협약'에 의해 보다 강화되었다.[45] 1997년 6월 17일의 유럽이사회 결

---

41) *Ibid.*, para.60.
42) *Ibid.*, para.63.
43) *Ibid.*, para.64.
44) *Ibid.*, para.70.
45) *Ibid.*, para.71.

의는 경제통화동맹(EMU) 3단계에서 '예산원칙(재정규율 또는 예산규율)의 수호'가 매우 중요하다는 점을 보여준다. 이러한 예산원칙의 준수에 비추어, 이 유럽이사회 결의는 이사회에게 '안정 및 성장 협약'의 모든 요소에 대한 철저하고도 시기적절한 이행을 엄숙히 요구하고 있다.[46]

규칙 1467/97 전문의 8번째 문단은 '예산 규율'이 가격안정성을 보호하기 위해 경제통화통맹의 3단계에 있어서 필수적이라고 명시하고 있다. 3단계에서 '과도적자의 심각성'은 관련된 모든 국가의 긴급조치를 촉구할 필요성이 있다고 16번째 문단에서도 확인된다.[47]

이러한 맥락에서, 조약(Treaty)의 기초자들이 '예산 규율의 준수'에 부여한 중요성과 예산규율의 적용 관련 규율의 목적에 의해 강조된 제반 규정들에는 관련 규율들이 '완전한 효력'을 갖는다는 것을 보장하는 것으로 해석되어야 한다.[48]

그리고 TFEU 제126조 10항에 따른 TFEU 제258조와 제259조상의 위반회원국에 대한 집행위원회 및 회원국의 권리(이행강제소송 제기)는 TFEU 제126조 1항부터 9항의 체계 내에서 행사되어서는 아니 된다는 것을 유념해야 한다.[49] 유로존 회원국의 재정안정 문제는 먼저 집행위원회'와 이사회를 통해 충분한 조율 절차를 갖고자 하는 것으로 보인다.

집행위원회가 지적했듯이 관련 회원국(여기서는 독일과 프랑스)이 '예산 규율'을 준수하도록 할 책임은 기본적으로 이사회에 있다.[50]

그리고 과도적자절차에서는 TFEU 제126조 11항에 근거하여 (이사회가 제시하는 적자감축조치에 대한 노력을 이행하지 않는 경우) '제재'를 부과할 수 있다.[51]

한편 TFEU 제126조는 각 단계 수행시의 '방식'과 그 '역할과 권한'을 각각 명시하고 있다. TFEU 제126조 14항의 두 번째 단락에 기초하여 만장일치로 채택된 규칙 1467/97은 전문 12번째 단락에 따라 과도적자절차시 그 절차의 '신속'하고 '효과

---

46) *Ibid.*, para.72.
47) *Ibid.*, para.73.
48) *Ibid.*, para.74.
49) *Ibid.*, para.75.
50) *Ibid.*, para.76.
51) *Ibid.*, para.77.

적'인 시행을 보장하기 위하여 '기한'을 적법하게 준수할 것에 대해 엄격히 규정하고 있다. 규칙 1467/97 제9조는 관련 회원국이 TFEU 제126조 7항과 9항 각각에 기초하여 채택되거나 통지된 권고를 준수하는 경우, 과도적자절차를 '중지'할 수 있음을 적시하고 있다.[52]

이사회에 안건이 제출된 때에, 각 단계에서 이사회는 회원국이 TFEU 제126조 하의 의무에 부합하게 행동하였는지 그리고 특히 이사회가 이전에 채택한 권고와 결정에 대한 이행상황결과를 숙고하여야 한다.[53]

그런데 집행위원회가 알고 있듯이, 이에 대해 이사회는 재량권을 가진다. TFEU 제293조(EC조약 제250조)에서 말하는 의미의 (입법절차상의) '제안'이 아닌 '집행위원회의 권고'는 이사회에 제출되고, 이사회는 특별히 관련 회원국에 의해 취해질 '조치'와 충족해야 하는 '일정'에 대하여 관련 경제 자료(economic data)의 상이한 평가를 기초로 집행위원회가 권고한 조치를 필요한 의결정족수에 의해 변경할 수는 있다.[54]

그럼에도 불구하고, 조약상의 전반적 논리 체계로부터 도출되는 것은 이사회가 TFEU 제126조에 규정된 원칙들과 규칙 1467/97에서 이사회 자신이 설정한 원칙들에 구속된다는 것이다. 그러므로 이사회는 해당 단계에서 형성된 '당해 결정'(decisions)이 아니거나 또는 근거 조항에서 요구되는 요건과는 다른 조건에 의해 도입된 조치를 채택하기 위한 대안적 절차(alternative approach or procedure, 즉 Council's conclusions를 의미)에는 호소할 수 없을 것이다.[55]

(2) 과도적자절차의 중단 문제

규칙 1467/97 전문 17번째 문단은 관련 회원국이 TFEU 제126조 7항상의 '권고에 적합한 행동'을 취하거나 9항에서 부과된 '경고에 부합하는 행동'을 취하는 경우, 관련 회원국의 의무준수의 '유인'을 제공하기 위한 과도재정적자절차의 중지는 적법하다고 명시하고 있다. 또한 규칙 1467/97 제9조 1항은 관련 회원국이 이사회의 권고와 경고를 준수할 경우에는 과도재정적자절차가 중지됨을 규정하고 있다.

---

52) *Ibid.*, para.78
53) *Ibid.*, para.79.
54) *Ibid.*, para.80.
55) *Ibid.*, para.81.

이처럼 TFEU 제126조나 규칙 1467/97의 어느 규정도 여타 다른 상황에서 과도
적자절차를 중지할 수 있는 결정을 내릴 수 있는 가능성을 제시하고 있지 않다.[56]

그런데 이사회가 계속 견지하듯이, 만약 집행위원회의 권고가 이사회에 제출된
후 의결정족수가 충족되지 않아 이사회가 집행위원회의 권고를 채택하지 못하는
경우에 과도적자절차는 '사실상' 중단된다.[57]

그러나 본 사건에서 쟁점이 되는 이사회 '결론'은 '관련 회원국을 위해 이사회
는 과도적자절차의 중지에 동의'한다. 그리고 '회원국이 이러한 이사회 결론에서 도
출된 약속의무를 준수하는 데 실패해야만 집행위원회의 권고에 기초하여 TFEU 제
126조상의 결정을 채택할 용의가 있음'을 분명히 명시하고 있다.[58]

이러한 진술들에 기초해 볼 때, 이사회는 집행위원회의 권고에 따른 결정을 채
택하는 것이 불가능해 과도적자절차가 사실상 중지되었다고 간단하게 진술하지는
않으며, 언제든지 이사회의 결정이 관련 회원국의 약속의무 준수를 조건으로 절차
를 중단하는 한, 그 약속의무가 준수되고 있다고 여겨지는 동안에는 기존 집행위원
회의 권고를 기초로 TFEU 제264조 9항에 따라 경고를 발할 권한을 제한(자제)하고
있는 것이다.[59]

결국 과도적자절차를 중지하기로 하는 이사회의 결정(이사회 결론 5문단, 6문단 참
조)은 TFEU 제126조와 규칙 1467/97에 위반된다.[60]

이에 덧붙여야 할 점은, 단순히 이사회가 집행위원회의 권고에 대하여 '결정'을
채택하지 못했다는 점을 이유로 과도적자절차가 '사실상' 중지될 수 있다는 점을 수
용함에 있어서, TFEU 제126조 9항에 따라 ECJ는 회원국이 계속하여 TFEU 제126조
7항상의 집행위원회 권고를 실행하지 못할 경우의 결정을 채택하기 위한 이사회의
역할이 필요한지 여부, 즉 본 소송에서 ECJ에 판결을 요청하지 않은 논점에 대해서
는 의견을 진술하지 않는다고 판시하였다.[61]

---

56) *Ibid.*, para.85.
57) *Ibid.*, para.86.
58) *Ibid.*, para.87.
59) *Ibid.*, para.88.
60) *Ibid.*, para.89.
61) *Ibid.*, para.90.

(3) TFEU 제126조 7항에 따라 이사회가 채택한 집행위원회 권고의 '변경' 문제

TFEU 제126조 13항에 따른 7항상의 이사회의 권고는 '집행위원회의 권고'에 관하여만 채택할 수 있다. 지적된 바와 같이, 이사회는 집행위원회의 권고와 '다른' 결정을 채택할 권한이 있다.[62] 그리고 7항에 따라 이사회가 권고를 채택할 경우에 이사회는 '집행위원회의 새로운 권고' 없이는 권고를 수정할 수도 없다. 왜냐하면 이사회도 주지하는 바와 같이 '집행위원회'는 '과도적자절차를 개시할 수 있는 권한' 을 갖기 때문이다.[63]

그런데 본 사건에서 이사회는 2003년 1월 21일 독일에 대해, 2003년 6월 3일 프랑스에 대해 '변경'된 권고를 채택하였다. 기존에 채택된 집행위원회 권고와는 '다른' 이러한 이사회의 결론(conclusions)은 TFEU 제126조 7항에 따라 이전에 채택된 '집행위원회 권고'가 아니기 때문에 채택될 것으로 기대되었던 집행위원회 권고에 우선할 수 없다.[64]

게다가 '변경된 이사회 결론'에 포함된 권고는 TFEU 제126조 7항상의 이사회 권고를 위해 규정한 '투표규정'을 위반하였으나, 9항상의 결정을 위한 규정에는 부합하는 방식으로 채택되었다. 다시 말해 모든 회원국들이 아닌 오직 '유로지역' 회원국들만 투표에 참여하였다.[65] 즉 관련 문제의 해결을 위한 결정시 간단히 '이사회'라고 되어 있지 '유로존 회원국만 포함된 이사회'라고 규정되어 있지는 않다.

따라서 이사회 권고의 채택을 위한 결정은 TFEU 제126조 7항과 13항에 부합하지 않으므로 집행위원회의 '권고' 또는 새로운 위원회의 '새로운 권고'에도 기초하고 있지 않으므로 위법하다.[66] 결론적으로 ECJ는 프랑스와 독일 각각에 관하여 채택된 '이사회 결론'은 과도적자절차의 '중단'을 포함하고, 그리고 TFEU 제126조 7항상 이사회에 의해 기존의 집행위원회 권고를 '변경'한다는 결정이 포함되어 취소되어야 한다고 판시하였다.[67][68]

---

62) *Ibid.*, para.91.
63) *Ibid.*, para.92.
64) *Ibid.*, para.93.
65) *Ibid.*, para.95.
66) *Ibid.*, para.96.

5. 재정준칙위반 및 처리 동향

TFEU 제126조 6항과 7항에 따라 2002년 포르투갈에 과도재정적자가 존재한다는 이사회 결정이 채택된 바 있고,[69] 2009년 프랑스, 그리스, 이탈리아, 스페인에 과도재정적자가 존재한다는 이사회 결정이 채택된 바 있으며,[70] 2010년 사이프러스,[71] 덴마크,[72] 핀란드,[73] 불가리아[74]에서 과도재정적자가 존재한다는 이사회의 결정이 채택된 바 있다. 또한 TFEU 제126조 8항에 따라 2006년 독일에 과도적자 감소를 위해 적절한 조치(실효성 있는 조치)를 취할 것을 이사회가 고지한 바 있고,[75]

---

67) *Ibid.*, para.97.

68) 소송비용과 관련하여, ECJ 절차규칙(Rules of Procedure of the Court of Justice) 제69조 3항에 따라 각 소송당사자가 부분적으로는 승소하고 부분적으로는 패소하는 경우 혹은 예외적인 상황의 경우 법원은 소송비용을 분배하거나 각 당사자가 스스로의 소송비용을 부담하도록 명령할 수 있다. 동 사건에서는 양 당사자가 부분적으로 패소하였으므로 각 당사자는 자신의 소송비용을 각자 부담하는 것이 옳다. *Ibid.*, para.98.

69) Council Decision of November 5, 2002 on the existence of an excessive deficit in Portugal — Application of Article 104(6) of the Treaty establishing the European Community (OJ 2002 L322/30−31). http://eur−lex.europa.eu/LexUriServ/LexUriServ.do?uri=OJ:L:2002:322: 0030:0031:EN:PDF (2020.1.31 접속).

70) Council Decisions concerning the existence of an excessive deficit in France, Greece, Italy and Spain−Application of Article 104(6) of the Treaty establishing the European Community (OJ 2009 L135/19−20,21−22,23−24,25−26). http://eur−lex.europa.eu/JOIndex. do?year=2009&serie=L&textfield2=135&Submit=Search&ihmlang=en&_submit=Search (2020.1.31 접속).

71) Council Decision of 13 July 2010 on the existence of an excessive deficit in Cyprus (OJ 2010 L186/30−31). http://eur−lex.europa.eu/LexUriServ/LexUriServ.do?uri=OJ:L:2010 :186:0030:0031:EN:PDF (2020.1.31. 접속).

72) Council Decision of 13 July 2010 on the existence of an excessive deficit in Denmark (OJ 2010 L189/15−16). http://eur−lex.europa.eu/LexUriServ/LexUriServ.do?uri=OJ:L:2010 :189:0015:0016:EN:PDF (2020.1.31. 접속).

73) Council Decision of 13 July 2010 on the existence of an excessive deficit in Finland (OJ 2010 L189/17−18). http://eur−lex.europa.eu/LexUriServ/LexUriServ.do?uri=OJ:L :2010:189:0017:0018:EN:PDF (2020.1.31. 접속).

74) Council Decision of 13 July 2010 on the existence of an excessive deficit in Bulgaria (OJ 2010 L199/26−27). http://eur−lex.europa.eu/LexUriServ/LexUriServ.do?uri=OJ:L: 2010:199:0026:0027:EN:PDF (2020.1.31. 접속).

75) Council Decision of 14 March 2006 giving notice to Germany, in accordance with Article 104(9) of the Treaty establishing the European Community, to take measures for the deficit reduction judged necessary in order to remedy the situation of excessive deficit (OJ 2006

2010년 그리스에 과도적자 감소를 위해 적절한 조치(실효성 있는 조치)를 취할 것을 이사회가 고지한 바가 있다.[76]

그런데 과도적자절차(EDP)가 채택되어도 TFEU 제126조 11항에 규정된 벌금 제재 등의 조치가 취해진 예는 전무한 듯 보인다. 다만 서두 각주에서 언급한 바와 같이 신재정협약의 채택과 적용을 통해 사안을 해결하려는 것으로 보인다.

이처럼 EU의 재정건성정의 문제는 1차적으로는 '집행위원회와 이사회'의 협력(조율)을 통해 해결하도록 하고, 간접적으로 ECJ가 관여하는 구조로 해결을 시도하고 있다. 따라서 ECJ를 통해 재정규범 위반회원국을 상대로 직접적으로 이행강제소송이 제기될 여지는 없다고 보이며, 이러한 문제의 해결에 있어서는 ECJ의 역할이 제한될 수밖에 없다고 본다. 이는 조약을 개정하지 않고서는 불가능한 일이며, 재정문제가 회원국의 주권이 매우 강하게 반영된다는 측면에서 쉽게 이루어질 것으로 보이지 않는다. 결국 이는 사법적 판단에 극단적으로 의지하기 위한 조약의 개정보다는 신재정협약과 같은 재정에 대한 기준을 강화하거나 완화하는 방식으로의 다른 변화를 모색해 해결될 수 있는 내용으로 보인다.[77]

2013년 1월 1일 발효된 신재정협약은 EU에 의해 통합이 가능한 재정통합, 즉 완전재정통합을 구축하기 위해서 재정위기관리에 대한 통일된 강력한 거버넌스의 구축, 조세정책의 조화, 공동사회정책 등 예산안운용에 관한 배타적 권한의 이전, 유로존과 비유로존 간의 재정정책의 일치, 끝으로 EU 집행위원회에 의한 재정권한을 실현(강력한 개입)시키기 위한 노력의 산물이다.[78] 또한 2015년 10월 15일 EU 정상회의(European Council)에서는 「유럽경제통화동맹완성(completing Europe's Economic and Monetary Union)」에 관한 보고서가 상정되어 논의된 바, 글로벌 금융·재정위기

L126/20 – 22).   http://eur – lex.europa.eu/LexUriServ/LexUriServ.do?uri = OJ:L:2006:126:0020: 0022:EN:PDF (2020.1.31. 접속).

76) Council Decision of 10 May 2010 addressed to Greece with a view to reinforcing and deepening fiscal surveillance and giving notice to Greece to take measures for the deficit reduction judged necessary to remedy the situation of excessive deficit (OJ 2010 L145/6 – 11). http://eur – lex.europa.eu/LexUriServ/LexUriServ.do?uri = OJ:L:2010:145:0006:0011:EN:PDF (2020.1.31. 접속).

77) 최승필, *supra* note 8, p.279 참조.

78) 정해조·황기식·김현정, "신재정협약에 대한 소고", 「유럽헌법연구」 제12호(2012.12), pp.182 – 187.

에서 점차 벗어나면서 지난 2014년 10월 EU 정상회의에서 EU 집행위원장 등에게
'유로존의 경제 지배구조' 개선을 위해 필요한 추가적인 조치를 준비하도록 요청한 것을
기초로 하여, 제1단계(2015.7~2017.6.30)로 기존 도입조치 강화, 제2단계(2017.7.1.~2025)로
1단계 조치 심화 및 EMU 완성에 필요한 추가조치 도입 추진, 제3단계(~2025년)로
EMU 완성이라고 하는 3단계 로드맵이 제시되기도 하였다.[79]

IV. 재정규범 강화 동향

여기에서는 '재정안전성 감독강화'와 '과도적자절차 해결 보장'에 관한 규칙을
분석함으로서 그동안 재정위기가 발생했던 유로존 회원국들에 대한 EU의 대응방법
을 살펴보고자 한다.[80]

1. 금융 안정성에 있어 심각한 난항을 겪거나 그 위협에 직면한 유로지역 회원국의 경제 및 예산 감독 강화에 관한 규칙 472/2013[81]

2007년 이후의 국제경제위기는 경제성장 및 금융안정성에 타격을 주어 EU 회
원국의 정부적자 및 부채상태의 폭락을 초래하였고, TFEU 제9조에 따라 모든 회원
국 특히 '유로존 회원국'의 경제적, 재정적 통합은 금융안정성에 있어 심각한 난항
을 초래하였고, 나아가 EU 전체에 영향을 미쳐 그 확산의 방지를 위하여 감독을 강
화할 필요성이 제기되었다.

유로존 회원국은 심각한 재정난을 겪거나 그 위협에 직면한 경우, 정상 상태로

---

79) http://missiontoeu.mofa.go.kr/webmodule/htsboard/template/read/korboardread.jsp?typeID
=15&boardid=10878&seqno=1175062&c=&t=&pagenum=1&tableName=TYPE_LEGATION
&pc=&dc=nulp;wc=;wc=null&wc=&du=&vu=&iu=&du= (2020.1.31. 접속).

80) 이와 관련해서는 김두수, "EU의 재정규범 강화에 대한 동향", 「국제법 동향과 실무」 제13권 제
2호(2014.6), pp.96−106을 참조하여 주요 조항을 중심으로 축약함.

81) Regulation 472/2013/EU on the strengthening of economic and budgetary surveillance of Member
States in the euro area experiencing or threatened with serious difficulties with respect to
their financial stability (OJ 2013 L140/1−10).

의 신속한 반등을 확실히 하고자 타 회원국을 '잠재적인 부정파급효과'에서 보호하기 위하여 동 규제하의 강화된 감독에 따라야 하고, 또한 관련 회원국은 곤경의 근원 또는 잠재적 근원을 다룰 방안을 마련해야 한다.

1) 적용 대상 회원국[82]

본 규칙은 ① 금융안정성이나 공공재정의 유지에 있어 심각한 재정난을 겪거나 그 위협에 직면하여 타 회원국에 대해 '잠재적 부정파급효과'를 야기하는 회원국, ② 1개국 혹은 몇몇의 타 회원국이나 제3국, 유럽재정안정메커니즘(European Financial Stabilisation Mechanism: EFSM), 유로존 구제금융기금(European Stability Mechanism: ESM), 유럽재정안정기구(European Financial Stability Facility: EFSF) 또는 국제통화기금(International Monetary Fund: IMF) 같은 관련 국제금융기관에 금융원조를 요청하거나 받는 회원국, ③ 유로존 회원국에 적용된다.

2) 강화된 감독을 받는 회원국[83]

(1) 평가 기준

회원국이 그 금융안정성에 있어 심각한 난항을 겪고 있는지 여부의 평가시, 집행위원회는 거시경제불균형 예방 및 교정에 대한 경보 방식을 이용한다. 또한 집행위원회는 당 회원국의 차용조건, 부채의무에 대한 상환 개요, 예산기초의 견고성, 공공재정상 장기 지속성, 부채부담의 중요성 그리고 금융부문에서의 극심한 긴장으로부터 예산상황과 타 회원국의 금융부문으로의 파급의 위험성을 고려하여 종합평가를 실시한다.

(2) 절차

① 관련 회원국은 집행위원회가 회원국에 대한 강화된 감독 결정 전 견해를 표명할 기회를 갖는다. 매 6개월 마다 집행위원회는 당 회원국에 대한 강화된 감

---

82) *Ibid.*, 제1조.
83) *Ibid.*, 제2조.

독의 연장 여부를 결정한다.

② 집행위원회는 회원국이 본 규칙 제2조 제1항상의 강화된 감독에 응하도록 결정하는 데 있어, 모든 평가결과를 관련 회원국에게 적정절차에 따라 '통지'해야 하며, 유럽중앙은행(ECB)과 그 감독권한에 따라 관련 유럽감독청(European Supervisory Authority: ESAs, 소위 European Banking Authority,[84] European Insurance and pensions Authority,[85] European Securities and Markets Authority[86])[87] 그리고 유럽시스템리스크이사회(European Systemic Risk Board: ESRB[88])에 적절히 '통지'해야 한다.

3) 강화된 감독[89]

(1) 적용

강화된 감독을 받는 회원국은 난항의 '근원 및 잠재적 근원'을 다루는데 초점을 둔 대응 방안을 채택한다. 재정상황에 대한 긴밀한 감시는 당 회원국의 '과도적자 존재에 상관없이' 강화된 감독을 받는 회원국에 적용된다.

(2) 내용

---

84) Regulation 1093/2010/EU of the European Parliament and of the Council of 24 November 2010 establishing a European Supervisory Authority (European Banking Authority), amending Decision No 716/2009/EC and repealing Commission Decision 2009/78/EC (OJ 2010 L331/12-47).

85) Regulation 1094/2010/EU of the European Parliament and of the Council of 24 November 2010 establishing a European Supervisory Authority (European Insurance and Occupational Pensions Authority), amending Decision No 716/2009/EC and repealing Commission Decision 2009/79/EC (OJ 2010 L331/48-83).

86) Regulation 1095/2010/EU of the European Parliament and of the Council of 24 November 2010 establishing a European Supervisory Authority (European Securities and Markets Authority), amending Decision No 716/2009/EC and repealing Commission Decision 2009/77/EC (OJ 2010 L331/84-119).

87) Regulation 472/2013 (OJ 2013 L140/1), 전문 (14) 참조.

88) Regulation 1092/2010/EU of the European Parliament and of the Council of 24 November 2010 on European Union macro-prudential oversight of the financial system and establishing a European Systemic Risk Board (OJ 2010 L331/1-11).

89) Regulation 472/2013 (OJ 2013 L140/1), 제3조.

강화된 감독을 받는 회원국은 다양한 거시경제적 금융 충격에 대한 금융부문의 탄력성을 평가하기 위하여 필수적으로 '스트레스 테스트'(stress test) 또는 '민감도 분석'을 유럽감독청(ESAs), 유럽시스템리스크이사회(ESRB)와의 소통 속에 수행하고, 금융시스템의 잠재적 취약성 평가를 준비하며, 추후 발현빈도에 맞춰 집행위원회와 유럽중앙은행(ECB)에 평가보고서를 제출한다. 집행위원회, 유럽중앙은행(ECB)과 관련 유럽감독청(ESAs)은 그들에게 통지된 어떠한 정보라도 기밀로 취급한다.

(3) 정기검토 임무

집행위원회는 유럽중앙은행(ECB), 관련 유럽감독청(ESAs), 국제통화기금(IMF)과 적절히 상의하여 강화된 감독을 받는 회원국에서 본 규칙 제3조 1항, 2항, 3항, 4항에 언급된 시행방안 내 회원국의 진행상황을 확인하고자 '정기검토' 임무를 수행하며, 매 분기마다 집행위원회는 그 평가를 유럽의회 소관위원회(competent committee), 유로존실무그룹(Eurogroup Working Group), 경제재무위원회(Economic and Financial Committee: EFC), 해당 회원국 의회에 '통지'하여여 한다.

집행위원회가 '추가방안'이 필요하고 관련 회원국의 금융 경제적 상황이 유럽지역 또는 그 회원국의 금융안정성에 중요한 '역효과'를 지닌다고 결정한 경우, 가중다수결로 이사회는 관련 회원국에 '예방적 시정방안'의 채택 또는 '거시경제조정 프로그램'의 준비를 권고한다.

(4) 경제대화

강화된 감독의 진행과정 동안, 유럽의회 소관위원회와 관련 회원국 의회는 집행위원회, 유럽중앙은행(ECB) 그리고 국제통화기금(IMF)의 대표를 경제대화에 참여토록 초청한다.

4) 정부부채의 지속가능성 평가[90]

(1) 평가서 제출

---

90) *Ibid.*, 제6조.

유럽재정안정메커니즘(EFSM), 유로존 구제금융기금(ESM), 유럽재정안정화기구 (EFSF)로부터 금융원조가 제공되는 경우, 집행위원회는 회원국의 '정부부채의 지속 성'과 '실제 또는 잠재적 금융필요성'을 평가하며, ① 금융원조가 유로존 구제금융 기금(ESM) 또는 유럽재정안정화기구(EFSF) 하에서 주어지는 경우 유로존실무그룹 에, ② 금융원조가 유럽재정안정메커니즘(EFSM) 하에서 주어지는 경우 경제재무위 원회(EFC)에 평가서를 제출한다.

(2) 평가내용

'정부부채'의 지속가능성 평가는 가장 그럴듯한 거시경제예상안(macroeconomic scenario)과 최신정보를 사용하는 예산예측을 기초로 한다.

5) 거시경제조정프로그램[91]

(1) 초안준비

금융원조를 요청하는 회원국은 경제동반자프로그램(economic partnership programme) 을 기반으로 연 예산목표를 포함하는 '거시경제시정프로그램 초안'(draft macroeconomic adjustment programme)을 준비하여야 한다. 거시경제조정프로그램 초안은 유럽지역 의 금융안정성에 대하여 당 회원국으로부터의 특정 위험(specific risks)을 다루며, 건 강하고 지속가능한 경제금융 상태로의 '신속한 회복' 및 금융시장에서 회원국이 '완 전한 자금자체조달능력을 회복'하는 것을 목표로 한다. 거시경제조정프로그램 초안 은 필수정책조치의 확대, 강화, 심화를 목표로 한다.

(2) 승인

집행위원회로부터의 제안에 이사회는 가중다수결로 동 규칙 제7조 1항에 따라 금융원조를 요청하는 회원국이 준비한 거시경제조정프로그램을 승인한다. 이때 집 행위원회는 유로존 구제금융기금(ESM) 또는 유럽재정안정화기구(EFSF)를 대표하여 서명한 '양해각서'가 이사회에서 승인된 '거시경제조정프로그램'과 완전히 일치하는

---

91) *Ibid.*, 제7조.

지 확인하여야 한다.

(3) 집행위원회의 직무

집행위원회는 이중 보고의무를 피하고자 거시경제조정프로그램 하에서 회원국
에 대한 경제 및 예산 감독의 일관성을 보장하며, 유럽중앙은행(ECB), 적절히는 국
제통화기금(IMF)과 상의하여 회원국에서 거시경제조정프로그램을 시행하는 데 있
어서의 진행절차를 감시한다. 집행위원회는 구두로서 유럽의회 소관위원회의 의장
과 부의장에게 거시경제조정프로그램 감시에서 도출된 결정을 통지한다. 이때 집행
위원회는 관련 회원국의 변화와 갱신, 그중에서도 거시경제예측 및 거시경제조정프
로그램으로 인해 발생 가능한 결과를 포함하여 실현수치 사이에 상당한 격차, 부정
적인 파급효과와 거시경제 및 금융충격을 검토해야 한다.

(4) 이사회의 직무

관련 회원국의 거시경제조정프로그램에 대한 중대한 탈선(significant deviations)
을 감시하는 데 있어서, 이사회는 관련 회원국이 프로그램에 포함된 정책요구사항
(policy requirements)을 준수하지 않는 것에 대해 가중다수결로 결정(decide)할 수
있다. 이때 위원회는 '중대한 탈선'이 관련 '회원국의 통제 밖'에서 발생한 이유 때
문인지의 여부를 명확히 평가해야 한다.

6) 조세수입 보호조치[92]

회원국은 필요에 따라 유럽중앙은행(ECB), 적절히는 국제통화기금(IMF)과 상의하
여 집행위원회와 긴밀한 협조 속에 '재정수익 증가'의 관점에서 세입징수력의 효율성
과 유효성을 강화하고, 조세포탈 및 탈세에 대응하는 데에 초점을 둔 조치를 취한다.

7) 안정 및 성장 협약과의 일관성[93]

회원국은 동 규칙의 제7조에 따라 규칙1466/97[94] 제3조상의 '안정성프로그램'

---

92) *Ibid.*, 제9조.
93) *Ibid.*, 제10조.

의 제출이 면제되고, 그 안정성프로그램의 내용은 본 규칙상의 '거시경제조정프로
그램'으로 통합된다.

8) 사후프로그램감독[95]

(1) 사후프로그램감독을 받는 회원국

회원국은 금융지원의 최소한 75%를 상환하지 못하는 한 사후프로그램감독 하
에 있어야 한다. 그리고 이사회는 관련 회원국의 금융안정성 또는 재정지속가능성
에 대한 '지속적인 위험'이 있는 경우 '사후프로그램감독' 기간을 연장한다.

(2) 정기적 검토

집행위원회는 유럽중앙은행(ECB)과 상의하여 경제, 재정, 금융 상황을 평가하
고자 '사후프로그램감독'하에 관련 회원국에서 정기적 검토의 임무를 수행한다. 매
6월마다 평가서를 유럽의회 소관위원회, 경제재무위원회(EFC) 그리고 관련 회원국
의 의회에 통지해야 하며, 특히 시정방안의 필요 여부를 평가하여야 한다.

9) 보고[96]

2014년 1월 1일부로 매 5년마다 집행위원회는 유럽의회와 이사회에 본 규칙의
적용에 관한 보고서를 제출하며, 이와 동반하여 적절한 데에 본 규칙의 개정안을
첨부하여 제안한다. 집행위원회는 해당 보고서를 공표한다.

---

94) Council Regulation 1466/97/EC of 7 July 1997 on the strengthening of the surveillance of budgetary
    positions and the surveillance and coordination of economic policies (OJ 1997 L209/1−5).
95) Regulation 472/2013 (OJ 2013 L140/1), 제14조.
96) *Ibid.*, 제19조.

2. 유럽지역 회원국의 '과도재정적자의 해결'을 보장하고, 예산계 획초안을 감시 및 평가하는 방안을 위한 규칙 473/2013[97]

EU는 초국가적 성격을 지닌 국제법 주체로서 각 회원국에게 개별적인 국내법이 존재하지만 자체의 조약상 규정과 공동정책들을 확립하고 이를 실행함으로서 EU 전체의 발전을 도모하고 있다. 규칙 473/2013은 2013년 5월 21일 유럽의회와 이사회에 의해 채택되었으며, EU 회원국의 '과도재정적자 해결'을 보장하고 '예산계획 초안'을 감시 및 평가하기 위한 통칙을 규정하고 있다.

그런데 동 규칙 473/2013은 TFEU와 밀접한 관련이 있고, TFEU의 관련 규정은 동 규칙의 각 조에 대해서 영향을 미치고 있으며, 아래에서는 동 규칙과 TFEU 관련 규정과의 연관성에 유념하여 살펴보고자 한다.

1) 예산총칙[98]

제1조는 유로존 회원국의 예산정책에 대해 관리·감독함으로서 경제정책을 조정하여 '안정 및 성장 협약[99]'과 '거시경제의 예산·경제정책 점검절차'(European Semester)가 함께 추구하는 경제정책지침과 일맥상통하도록 국가예산의 확보에 대해 규정하고 있다. 그리고 일반예산계획과 과도한 거시경제 불균형의 초래를 방지하고, 발생한 경우 이를 조정함과 동시에 예산지역 내의 EU정책 권고사항을 준수하도록 하기 위한 모니터링 요구 사항에 대해 다자간 감시시스템으로 예산정책에 대한 관리·감독을 더욱 보완하도록 규정하고 있다. 그리고 회원국의 과도재정적자를 예방·조정하기 위해 시의적절하고 지속적인 '관여 절차'를 보장하고, 이러한 내용들이 적용되는 상황 속에 '강제'만이 아닌 '경제협력프로그램'을 가미하여 그 사이의 조화를 이룰 수 있도록 하고 있다. 이러한 규칙에 따른 권고사항에 대하여는 국가적인 관행

---

97) Regulation 473/2013/EU on common provisions for monitoring and assessing draft budgetary plans and ensuring the correction of excessive deficit of the Member States in the euro area (OJ 2013 L140/11−23).

98) *Ibid.*, 제1조−제2조.

99) Resolution of the European Council on the Stability and Growth Pact (Amsterdam, 17 June 1997)(OJ 1997 C236/1−2). http://eur−lex.europa.eu/LexUriServ/LexUriServ.do?uri=OJ:C:1997:236:0001:0002:EN:PDF (2020.1.30. 접속).

과 제도를 존중하여 적용하도록 해야 하며, 그들의 단체 행동권에 영향을 미치지 않는다.[100] 이 모든 규칙은 유로존 회원국을 대상으로 한다.

2) 일반예산규정[101]

제4조의 일반예산계획과 관련하여, 회원국은 각국의 예산골격에 따라 국가 중기의 재정을 계획할 수 있다. 이러한 계획은 제3조에서 규정하고 있는 '안정 및 성장 협약'(SGP)상의 권고사항, 동 규칙 제9조상의 경제협력프로그램을 포함한 경제 정책과 일맥상통하도록 하고 있다. 일반정부 및 다른 모든 하위영역에 대한 예산초 안은 공식적으로 매년 10월 15일 이내에 공개하여야 하며, 중앙정부에 대한 예산은 일반정부와 그 하위영역의 예산상 갱신과 함께 공식적으로 매년 12월 31일 이내에 채택하거나 수정하여 공개하는 것이 원칙이다.

그리고 제5조는 회원국이 회계 규칙에 따라 위 조항의 이행을 감시하기 위한 독립적인 감시기관을 두도록 의무화하고 있다.

3) 회원국 예산계획초안의 감시와 평가[102]

제6조는 예산계획초안에 포함되어야 할 내용들을 규정하고 있다. (a)호는 일반 정부의 하위영역으로 나누어진 국내총생산의 비율로 일반정부가 목표한 예산균형 과 (b) 총고정자본형성을 포함하는 일반정부와 주요 구성요소의 지출과 수입에 따 른 국내총생산(GDP) 비율로서 정책의 전망에 대하여 (c) 성장궤도를 예측하기 위한 조건과 기준을 고려한 일반정부와 주요 구성요소가 목표한 지출과 수입에 따른 GDP의 비율, (d)는 교육, 의료 및 고용 등의 일반정부 지출에 대한 관련된 정보, (e)는 (c)호의 목표와 (d)의 정책 간 전망 차이를 연결하기 위한 지출과 수입의 수량화, (f) 예산 목표의 성취와 관련된 독립적 거시경제의 전망 및 중요 경제개발의 주요 가설, (g) 앞선 조항의 가설, 전망 및 경제성장에 의해 집계되는 예산측정이

---

100) 제1조 제2항은 TFEU 제152조에 규정된 사회정책을 완전히 준수해야 한다고 규정하고, EU 기본권헌장(Charter of Fundamental Rights of the European Union) 제28조의 단체교섭 및 행동권에 따른 단체행동권에 영향을 미치지 않는다고 규정하고 있다.

101) Regulation 473/2013 (OJ 2013 L140/11), 제4조–제5조.

102) *Ibid.*, 제6조–제8조.

미치는 영향을 기술, 마지막으로 (h)는 TFEU 제121조와 제148조에 따라 관련 회원국에 현재의 권장 사항을 해결하고, EU의 성장 및 목적의 달성에 주된 역할을 하는 특정 공공투자를 포함하는 예산계획초안의 개혁과 조치 방법(경제정책 및 고용정책 포함)에 대해 표시하도록 하고 있다.

이러한 예산계획초안은 집행위원회와 '거시경제의 예산·경제정책 점검절차'(European Semester)에 매년 제출하여 즉시 공개되어야 한다. 또한 이는 집행위원회와 회원국의 협력에 의해 정해진 통일된 체계로 기술되어야 한다.

제7조는 위의 규정에 담긴 내용이 포함된 예산계획초안에 대한 평가에 관하여 규정하고 있다. 이러한 예산계획초안은 집행위원회에 의해 가능한 한 즉시 '의견'의 채택이 가능하며, 11월 30일까지 채택이 가능하다. 이외에 예외적인 상황에 대하여 해당 계획에 '부적합'한 것을 확인하고, 그에 대하여 의견을 채택할 수 있다. 이 의견에 의해 집행위원회는 해당 회원국에게 '개정'된 예산계획초안을 제출해 줄 것을 요청할 수 있다. 이 요청에 있어서 집행위원회는 적절한 근거가 있어야 하며 공개적이야 한다.

4) 과도재정적자의 시정의 보장[103]

제9조는 경제협력프로그램에 대하여 규정하고 있다. '과도재정적자'에 대하여는 이사회가 TFEU 126조(6)에 따라 결정하며, 관련 회원국은 국가 개혁 프로그램 및 안정성 프로그램의 개발과 관련하여 이사회의 권고를 참작해 '과도재정적자'의 효과적이고 지속적인 조정을 보장할 만한 정책조치와 구조개혁을 기술하고 있는 '경제협력프로그램'을 집행위원회 및 이사회에 제시하여야 한다. 이러한 경제협력프로그램은 장기간 '지속가능한 성장을 강화'하는 것을 목표로 하며, 회원국의 '구조적 취약점을 해결'하도록 우선순위를 파악하여 선택하여야 한다. 위 경제협력프로그램에 따른 예산계획은 이사회와 집행위원회에 의하여 감시되어야 한다.

제10조는 이사회가 회원국의 '과도재정적자'의 존재를 TFEU 126조(6)에 따라 결정하는 경우, 관련 회원국은 집행위원회의 요구에 따라 과도재정적자 절차의 폐

---

103) *Ibid.*, 제9조 – 제13조.

기까지 제10조 2항의 종합적인 평가수행과 3항의 일반정부와 하위영역에 대한 연간 예산집행, 지출 및 수입 측면을 모두 포함한 정보들을 포함하여 4항에 따라 회원국이 이사회 권고 대상인 경우에 보고 후 처음 6개월과 그 후 6개월 단위로, 5항에 따른 회원국이 이사회 결정의 대상인 경우에는 1년 4회 단위 즉, 분기별로 보고 대상인 요구사항을 보고하도록 하고 있다.

제11조는 관련 회원국이 TFEU 126조(7)에 따른 이사회 권고 또는 TFEU 126조(9)에 따라 통지받을 이사회 결정으로 정해진 과도재정적자를 시정하기 위한 데드라인을 준수하는지 여부의 평가시, 본 규칙의 제10조(3)에 따라 회원국이 제출한 보고서에 대한 평가에 기초해야 한다고 규정하고 있다.

제12조 1항은 '과도재정적자' 시정절차에 관하여 예산계획초안 채택 당시 언급된 집행위원회의 의견을 고려하여 각 회원국의 차이를 고려하여야 함을 규정하고 있다. 또한 제12조 2항은 동 규칙의 제10조와 제11조에 따른 감시는 TFEU 제126조(7)에 따른 이사회 권고 사항에 대하여 관련 회원국이 수행하는 작업의 완성 및 '과도재정적자' 시정을 위한 TFEU 126조(9)에 따라 통지될 이사회 결정에 관한 정기적인 모니터링이 필수라고 규정하고 있다. 그리고 제12조 3항은 TFEU 126조(7)에 따른 이사회 권고사항에 대한 응답으로 효과적인 수행이 되었는지 여부 또는 TFEU 126조(9)에 따라 통지된 결정을 고려할 때, 집행위원회는 본 규칙 제11조(4)에 언급된 보고서에 기초한 권고사항 준수 여부를 평가해야 하며, 적절한 때, 이사회는 TFEU 126조(8) 또는 126조(11)에 따라 결정하고, 규칙 1467/97/EC의 제3조(5)와 제5조(2)를 고려해 권고해야 한다고 규정하고 있다.

5) 최종조항[104]

제15조는 유럽의회와 집행위원회 간의 대화를 활성화하고, 투명성과 책임을 보장하기 위해 그들의 경제 대화에 대한 관여가 가능하도록 하고 있고, 제16조는 동 규칙의 적용에 관한 보고서를 매 5년마다 작성하여 집행위원회에 제출하도록 규정하고 있다.

---

104) *Ibid.*, 제14조—제18조.

3. 평가

먼저 규칙 472/2013의 도입 취지에서 보듯 2007년 이후 지속된 국제금융위기에 EU의 회원국들 또한 심각한 경제위기에 직면하였다. 이들 각 회원국의 경제위기는 결과적으로 EU 전체의 경제에 악영향을 미치게 되었고, EU차원에서 동 규칙을 제정하여 '재정안정성 문제'에 관한 '감독 강화'에 나서게 되었다. 본 규칙의 핵심 내용을 보자면 ① 금융원조에 대하여 강화된 감독의 적용을 통해 무분별한 금융원조에 대한 위험을 제거하고 경제난 당사국의 회생노력을 촉구하며, 그에 대한 내용으로 ② 거시경제조정프로그램 초안을 준비하여 구체적인 회생 방안을 요구하고 있다. 이 밖에 ③ 조세포탈 및 탈세와 같은 조세범죄 단속을 강화해 누수되는 자금을 차단하며 ④ 사후프로그램감독을 받도록 하여 금융지원을 지속적으로 상환하도록 하고 있다. 회원국의 EU 이탈을 최대한 방지하면서 유럽통합에서 발생하는 문제들을 장기적으로 해결해 나가겠다는 EU의 의지가 담긴 것으로 평가된다.

그리고 EU의 경제위기의 원인은 유로화를 공동화폐로 사용하는 데에 있는 바, EU 회원국들은 경제수준이 비슷하다고는 하지만 경제주기가 완전히 일치하지는 않기 때문에 결국 EU 전체의 경제위기가 온 점도 간과할 수는 없다. EU는 이러한 경제위기의 극복을 위한 노력의 일환으로 규칙 473/2013을 채택하였고, 앞서 살펴본 바와 같이 유로를 공동통화로 하는 회원국들은 서로의 예산정책으로부터 파급효과를 받기 때문에 '예산계획 초안'을 위원회에 제출하고 평가를 받도록 하고 있다. 이러한 '예산계획 초안' 평가에 근거하여 유로그룹은 예산상황과 유로존에 대한 전망을 전체적으로 논의해야 한다. 규칙 473/2013은 규칙 내 언급된 다른 EU 규칙들과 TFEU 그리고 '안정 및 성장 협약'을 고려하여 채택되었기 때문에 EU 회원국의 과도재정적자로 인한 위기를 극복하는데 큰 영향을 미칠 것이라 생각된다.

V. 결언

EU의 재정협약인 '안정 및 성장 협약'(SGP)이 1996년 12월 더블린 EU정상회담에서 합의되어, 유럽경제통화동맹(EMU) 참가국들은 EMU 출범 이후 매년 '재정수렴 요건'을 충족시켜야 하며, 이를 지키지 못하는 경우에는 본 협약에 의해 제재 조치를 받는다. 여기에서 '재정수렴 요건'이란, 재정적자가 GDP 3% 이내이고, 국가부채 잔액이 GDP의 60% 이하를 유지해야 한다는 것이다.

앞에서 살펴본 사건에서 독일과 프랑스를 대변하는 듯한 이사회는 '안정 및 성장 협약'의 기준이 경제상황을 반영하지 못해 유연하지 못하고 경직되어 있는 면이 없지 않다고 보는 반면, 유럽중앙은행(ECB)과 맥을 같이 하는 집행위원회는 모든 회원국들이 EU공동체로서 세계무대에서 경제활동을 하고 있다는 점을 고려하여, EMU의 뿌리라고 볼 수 있는 '안정 및 성장 협약'이 준수되지 않을 경우 '재정적자'와 '정부부채'의 증가로 EMU가 붕괴될 수도 있으며, EU경제에 심각한 문제가 초래될 수 있음을 우려하였다. 실제로 유럽 재정위기 이후, 재정지표에 대해 일정 목표치를 정하고 이를 '법제화' 하는 재정준칙을 도입하는 회원국이 늘어나고 있다. 우리나라의 경우, 아직 재정준칙을 도입하지 않았지만, 정부의 적지 않은 지출을 요하는 복지가 중요해지는 사회가 다가오면서, 재정준칙의 국내 법제화에 관심을 가지기 시작하였다.[105]

그런데 EU의 재정협약은 실제로는 제대로 실현되지 못하는 한계를 갖고 있었다. 동 협약은 중장기적 균형재정을 위한 기본적인 재정준칙으로 자리매김한 뒤에도 그 실효성에 대한 논란이 지속되었다. 동 협약에 따라 '재정적자'와 '정부부채' 기준을 준수하지 못하는 회원국에 대해 과도적자절차를 통해 제재가 가해진다. 본문에서도 살펴본 바와 같이 TFEU 제126조에 따라 과도적자절차(EDP)의 개시는 집행위원회의 해당국 EDP에 관한 보고서 채택 후 이사회의 가중다수결 투표를 통해 결정된다. 실제로 제재가 부과된 사례는 없지만, EDP의 이행조건을 준수하지 않아 과도적자가 지속될 경우에는, 먼저 제재 첫 해에는 GDP의 0.2%에 해당하는 액수

---

105) 최승필, *supra* note 8, p.291 참조.

(고정분)와 실제 적자와 GDP 대비 3% 재정적자의 차이의 1/10에 해당하는 액수(변동분)를 비이자계정에 적립하도록 한다. 벌금의 한도는 양자의 합이 GDP 대비 0.5%가 되도록 한다. 그리고 그 다음 해에는 EDP가 종료될 때까지 변동분만 적용하고, 그 다음 2년 후에도 과도재정적자가 지속될 경우 적립금은 몰수되어 벌금으로 전환된다. 그러나 2003년 이후 30건이 넘는 EDP가 채택되었으나 벌금부과 등의 경제적 재제조치가 부과된 경우는 전무하며, 앞서 검토한 *Case C-27/04, Commission v Council* 사례에서의 독일, 프랑스를 포함하여 이탈리아 등 주요국을 중심으로 동 협약의 준수의지가 크게 약화되는 움직임이 표출된 바 있다.[106]

　　따라서 재정협약의 기준인 '재정적자가 GDP의 3% 이내이고 국가부채 잔액이 GDP의 60% 이하를 유지해야 한다'는 것은 각 회원국의 특수성을 고려하여, 지금보다 좀 더 유연하게 적용할 필요도 있어 보인다. 또한 재정협약의 '경직'된 기준은 EU 회원국들의 낮은 성장률이나 더딘 성장가능성 등을 고려하면 정부지출에 커다란 제약으로 작용한다는 점에서 반성장적인 요소를 갖고 있다고도 볼 수 있다. 그러나 그렇다 하더라도 재정협약이 준수되어야 한다는 데에는 의문의 여지가 없다. 이러한 연유로 회원국들의 '재정안정성 감독강화' 및 '과도적자 해결보장' 등의 추가적인 재정규범 강화가 필요했던 것으로 보인다.

---

106) 강유덕 · 김균태 · 오태현 · 이철원 · 이현진, *supra* note 1, pp.66−67.

제12장
_____
공동통상정책과 한·EU FTA

Ⅰ. WTO체제하에서 통상정책(FTA 등)의 실현

　　현재 국제통상에 있어서 세계무역기구(World Trade Organization: WTO)를 통한 다자간체제와 함께 자유무역협정(Free Trade Agreement: FTA)을 통한 국제통상은 보편적인 세계적 현상이며, 이러한 흐름 속에서 한·EU FTA 체결 협상이 타결되어 2009년 10월 15일 벨기에 브뤼셀에서 가서명되었고, 2010년 10월 6일 벨기에 브뤼셀에서 정식 서명되었다. 그리고 2011년 2월 17일 유럽의회(EP)는 한·EU FTA를 승인하였고, 한국의 국회비준절차를 거쳐 7월 1일 발효되었다. 지역적 차원의 경제협력은 다자조약체제와 상충되는 것이 아니며, WTO는 관세 및 무역에 관한 일반협정(General Agreement on Tariffs and Trade, 1994: 1994년의 GATT) 제24조에 근거하여 FTA 등 '지역경제협력'이 국제경제질서에 있어서 '시장자유화'에 기여한다고 판단하고 있다.[1]

　　그런데 오늘날에는 FTA가 단순히 '관세철폐'에 그치지 아니하고, '역내시장'의 경제활동에 중요한 영향을 미치는 노동, 서비스, 투자, 환경 등 다양한 분야에 이르기까지 세부적으로 협상이 진행되고 있다. 이처럼 한·EU FTA 체결은 '역내시장'에

---

1) 1994년 GTTT 제24조 참조.

서 '무역 및 투자의 증가, 고용창출 및 산업경쟁력 강화를 통한 경제성장' 등 다양
한 측면에서 경제적 파급효과를 기대할 수 있다.

Ⅱ. EU의 공동통상정책(FTA등)의 기초

EU의 FTA정책은 TFEU 제206조~제207조(EC조약 제131조~제134조) 등에 기초
한 공동통상정책(Common Commercial Policy: CCP)을 기반으로 추진되고 있다. TFEU
제206조(EC조약 131조)에 따라 EU는 세계경제질서의 기조 아래 대내적으로는 EU 회
원국들의 무역정책 및 법률의 조화를 통하여 '단일시장'의 원활한 운영을 제도적으
로 구비하고, 대외적으로는 역외국가와 효과적인 경제관계를 유지·발전시킴으로서
EU 회원국들의 협상력 제고와 경제적 이익을 도모하고 있는 것이다. EU는 '공동통
상정책'의 틀을 기초로 반덤핑[2], 반보조금[3], 세이프가드[4] 및 무역장벽제거[5] 등의
이사회 규칙에 근거하여 EU의 대외무역관계에 적용되는 무역정책의 법제도적 근거
를 제공하여 회원국들의 이해관계를 보조하고 있다. EU 내 회원국마다 '상이'하게
적용되었던 '무역정책'을 EU 차원에서 단일화해 통일적으로 적용하고 있으며, 경제
통합의 규모가 커지면서 그 '공동통상정책'의 적용 영역도 확대되고 있다.

이미 수십 개국으로 구성되어 있는 공동체를 통해 역내 경제통상질서의 통일을
경험한 EU가 이를 기초로 'WTO의 기조'를 역외 경제통상관계에서도 강화시키고자

---

2) Regulation (EU) 2016/1036 of the European Parliament and of the Council of 8 June 2016
   on protection against dumped imports from countries not members of the European
   Union(OJ 2016 L176/21)로 이를 반덤핑 규칙이라 한다.
3) Regulation (EU) 2016/1037 of the European Parliament and of the Council of 8 June 2016
   on protection against subsidised imports from countries not members of the European
   Union(OJ 2016 L176/55)로 이를 반보조금 규칙이라 한다.
4) Regulation (EU) 2015/478 of the European Parliament and of the Council of 11 March 2015
   on common rules for imports(OJ 2015 L83/16)로 이를 세이프가드 규칙이라 한다.
5) Regulation (EU) 2015/1843 of the European Parliament and of the Council of 6 October
   2015 laying down Union procedures in the field of the common commercial policy in order
   to ensure the exercise of the Union's rights under international trade rules, in particular
   those established under the auspices of the World Trade Organization(OJ 2015 L272/1)로 이
   를 통상장벽규칙(TBR)이라 한다.

하고 있다. '역내 공동시장체제'를 확립한 EU를 통해 알 수 있는 것은 EU가 'WTO 체제'의 보존과 강화에 기여하는 바가 크다는 사실이다. EU는 WTO기조 아래서 관세인하 및 비관세장벽의 제거를 통해 EU기업 및 근로자들의 이익을 증대시키고 있다. 또한 덤핑 및 불법보조금 등 불공정 무역행위에 따른 역내 경쟁의 왜곡을 방지하고 있다. 한편 개도국에 대해서는 개발지원을 통해 EU가 국제사회에서 선도적 역할을 행사하고 있는 '지속가능한 발전'에 기여함으로서 국제사회에서의 EU의 좋은 평판을 유지하고자 노력하고 있다. EU의 '공동통상정책'의 발전은 개별회원국의 관할권을 공동체의 '배타적 관할권'으로 이전시켜 온 역사적 과정이다.

1. 공동통상정책으로서의 TDI와 TBR

'방어적 무역정책수단'(Trade Defense Instruments: TDI)과 통상장벽규칙(Trade Barriers Regulation: TBR)은 2009년 발효된 TFEU 제206조와 제207조에 근거한 EU의 공동통상정책의 주요 수단으로서, TBR은 반덤핑·반보조금·세이프가드 조치 등과 같이 비EU국으로부터의 수입에 따른 EU 통상이익을 보호하고자 하는 TDI와 함께 EU 통상정책의 주요 내용을 이루고 있다. 이러한 EU의 TBR은 비EU국의 통상장벽을 조사하여 그 부정적 효과를 제거하기 위한 조치의 요건 및 절차를 규정하고 있는 EU의 '공세적' 무역정책수단의 하나에 해당된다. 비교법적으로 TBR은 우리나라의 '불공정 무역행위 조사 및 산업피해 구제에 관한 법'(산피법)이나 미국의 통상법 제301조 또는 중국의 대외통상장벽조사규칙과 유사한 제도에 해당되는 것으로 통상장벽을 조사하고 철폐하려는 이러한 공세적 성격의 제도는 주요 국가들이 시행하고 있는 내용이기도 하다. 그리고 TDI와 TBR은 EU의 통상이익을 위한 무역보호조치라는 점에서는 동일하나 양자는 분명 별개의 정책수단에 해당된다. 다시 말해서 TDI에 해당되는 반덤핑조치, 반보조금조치, 세이프가드 조치가 외국상품의 EU 내로의 수입에 따른 EU 역내시장 보호를 목적으로 하는 반면, TBR은 EU 역내 기업의 역외시장으로의 진출시 그 장애를 조사·폐지시키는 것을 목적으로 하는 조치로서 TBR은 TDI의 보충적인 조치[6]에 해당되며, TDI의 경우에는 특별한 사정이 있는 경우에 EU 집행위원회가 무역구제에 대한 EU 산업의 직접적인 청원이 없어도 집행위원회의 직권으로 조사절차의 개시[7]가 가능하다.

그런데 TDI는 의심의 여지없이 명백하게 TDI와 관련된 사건의 경우에 적용되고, TBR은 '포괄적'으로 광범위한 차원에서 통상장벽과 관련된 사건에 대하여 적용된다. 따라서 TBR의 경우 EU 공동통상정책상 EU 이익을 위한 EU 산업의 보호에 있어서 비EU국인 제3국에게는 상당한 부담을 줄 수 있는 내용이라고 할 수 있다. 특히 동일한 사건에 대해 EU가 TDI를 또는 TBR을 '선택적'으로 적용할 여지가 있다는 점에서, 이는 EU 내부적으로도 적절한 조화적 적용의 필요 및 과제를 남기고 있어 과도한 규제로 비추어질 우려도 있어 보인다. 따라서 비EU국인 제3국의 경우 통상자유화에 대한 과도한 규제라는 점을 부각하고 강조할 필요도 있다고 여겨진다.

2. 공동통상정책의 실행 절차

공동통상과 관련된 '역내 입법사안'의 경우에는 EU 집행위원회가 제안을 하고 이사회가 최종 승인한다. '대외 통상협상'의 경우에는 집행위원회의 권고를 이사회가 검토한 후 협상 개시를 승인하면 집행위원회가 대외통상협상을 수행한다. 이 경우 집행위원회는 대외통상협상 과정에서 TFEU 제207조(EC조약 제133조)상의 '위원회'(이사회 특별위원회: 회원국 통상전문 관료회의)에 정기적으로 보고하고, 회원국들은 동 위원회를 통해 대외통상협상 상황을 파악하고 지시한다.[8] 한·EU FTA에서와 같이 특정 분야(예를 들면, 서비스분과)에 대한 협상의 경우에는 집행위원회가 교섭하되, '회원국들 외교관'이 옵저버 자격으로 후열에 배석하여 참석하기도 하였다. 단, 소규모회합의 경우에는 일반적으로 집행위원회가 참석한 후 그 결과를 회원국들에게 브리핑한다. 과거에는 대외통상협상에 있어서의 최종서명, 정식발효 전 잠정발효, 최종비준에 대한 결정은 이사회가 전권을 행사하였으나, 2009년 12월 1일 리스본조약 발효 이후에는 대외통상 '협상과정'에서 유럽의회의 공식적 역할이 강화되어 유럽의회는 통상협상 과정에서 통상협상 과정에 대해 보고를 받으며 통상협상

---

6) 규칙 2015/1843/EU, 제16조 참조.
7) 특히 반덤핑의 경우 규칙 2016/1036/EU(OJ 2016 L176/21), 제5.6조 참조.
8) TFEU 제207조 3항.

체결에 대한 승인권(비준에 해당)을 가진다.

3. 리스본조약 이후의 공동통상정책

1) 공동통상정책 범위 확대

TFEU 제207조는 공동통상정책을 EU의 '배타적 영역'으로 규정하고 있고, 동조 4항은 서비스, 지식재산권보호, 문화·시청각·사회·교육·보건 서비스 분야에 있어서의 특별한 경우에는 '회원국들의 만장일치'를 요건으로 하되, 그 외 대부분의 분야를 EU의 '배타적 권한'으로 이전하고 있다.[9] 이로서 공동통상정책 입법과정에서 개별 회원국, 특히 소국인 회원국의 권한이 약화되었다.

2) 유럽의회 역할 강화

TFEU 제207조 2항에 의하면 EU가 공동통상정책을 이행하기 위한 골격을 정의하는 조치로서의 규칙(regulations)을 채택하기 위해서는 가중다수결 방식을 요건으로 하는 일반입법절차(ordinary legislative procedure, 보통입법절차라고도 하며 회원국의 만장일치를 요하지 않음)가 적용된다.[10] 그리고 TFEU 제207조 3항에 의하면 '대외 통상협상' 분야에서 집행위원회는 '이사회 특별위원회' 외에 유럽의회에도 통상협상 '과정'에 관하여 정기적으로 보고해야 한다. 이는 대외 통상협상 과정에서 유럽의회가 '이사회 특별위원회'와 동일한 수준의 권한을 행사함을 의미하며, 이로서 '유럽의회'는 이사회 특별위원회의 구성원인 통상관료와는 달리 보다 '정치적인 논리로 통상 이슈에 접근'(예를 들면, 로비활동 가능)하는 태도를 보일 것으로 보인다. 이 경우 유럽의회의 권한이 강화되는 것과는 반대로, 의원의 전문성과 윤리규정의 미비한 점으로 인해 유럽의회에 대한 EU 업계의 로비가 전개될 가능성이 있다. 예를 들면, 한·EU FTA타결에서 이탈리아 자동차업계가 자국 출신 유럽의회 의원을 통해 전략을 구사했듯이, 통상문제에 대한 회원국 국내 정치적 요구가 자국 출신 유럽의회

---

9) TFEU 제207조 4항.
10) TFEU 제207조 2항.

의원을 통해 표출될 가능성이 있다. 그리고 TFEU 제218조(6.a.v) 대외통상협상을 포함하여 모든 국제협정체결을 위해서는 유럽의회의 동의(승인)가 필요하다.[11]

3) EU 대외정책과의 일관성

TFEU 제207조 1항에 의하면 EU의 공동통상정책은 EU의 외교정책체계에서 운영된다. 즉 2009년 12월 1일부터 신설된 EU외교안보정책고위대표는 EU의 공동통상정책을 전체적으로 책임지고 조율하고 운영한다. 따라서 EU의 통상협상에서는 EU외교안보정책고위대표가 추진하는 외교정책적 고려 요인이 중요하게 작용하게 된다. 예컨대 EU가 동아시아에서 다른 나라가 아닌 한국과 FTA를 추진한 것이 향후 한반도 평화에 시사하는 바가 적지 않을 것으로 볼 수 있다.

그러므로 한·EU FTA에서도 위와 같은 내용이 반영되어 우리나라 정부에 EU 역내시장 수준의 개방을 점차 요구할 것이고, 우리나라 정부로서는 EU공동시장 법제와 주요 판례에 관한 분석과 검토가 더욱 절실히 필요한 상황이라고 할 수 있다. 협상의 상대방을 이해하는 데 있어서 상대방의 법제도적 측면을 이해하는 것만큼 빠르고 합리적인 방법도 드물 것이다. 양 당사자 간 다양한 분야에서의 시장개방 내용은 한·EU FTA의 초기에서든지 아니면 차후의 협상에서든지 요구되어 적용될 수 있다.

Ⅲ. 한·EU FTA에 대한 EU의 전략

EU는 외부적으로는 WTO를 통한 다자주의를 지향하면서 내부적으로는 동유럽 국가들의 EU신규가입을 통하여 EU의 영역을 확대하였다. 국제사회가 WTO를 통한 다자주의에 있어서 한계를 갖고 있고, EU신규회원국들의 가입도 어느 정도 마무리되어 가고 있는 현재, EU의 장기발전전략은 여전히 '시장 확대'(역외 시장접근)에 맞추어져 있다고 볼 수 있다. 단지 '시장 확대'의 초점이 '동유럽'에서 세계시장에 대한 선택적 양자주의, 즉 '자유무역협정(FTA)'과 같은 상호 시장개방을 통한 확대로

---

11) TFEU 제218조 6항 a호 v).

전환되고 있다고 볼 수 있고, EU가 한국, 동남아시아국가연합(ASEAN), 인도 등과의
FTA에 관심을 갖는 이유도 같은 맥락이라고 할 수 있다. 범유럽적 통합을 달성한
EU로서는 이제 시야를 EU 외부로 더욱 넓힐 수 있게 된 것이다.

　　그런데 EU가 교역규모가 더 큰 미국, 일본, 중국이 아닌 한국과 FTA를 선 대상
으로 삼은 이유에 대하여 살펴볼 필요가 있다.

　　첫째, EU는 WTO체제 수준의 규범을 잘 준수하는 국제사회의 구성원인 국가와
통상관계를 맺기 원하며, 이러한 국가들과 '관세 및 비관세장벽'을 초월한 더 높은
단계(수준)의 통상관계를 맺기를 원한다는 것이다. 이는 EU가 WTO창설에 적극적
이었던 배경과도 맥을 같이한다. EU는 당연히 EU와의 교역규모나 시장잠재력이 비
교적 큰 국가라는 점 외에도 EU와의 통상 분쟁이 감소하고 있는 국가에 매력적 관
심이 있다고 할 수 있다. EU는 중국과의 관계에서는 통상 분쟁의 증대와 시장잠식
에 대한 우려가 있다.

　　둘째, EU는 세계시장에서의 표준화경쟁에서 EU표준의 우위를 확보하는 데 우
리나라가 도움이 될 수 있다고 판단하고 있다. 미국, 일본은 EU의 입장에서 보면
과학 및 기술 표준화에 있어서 경쟁관계에 있는 국가들이라고 볼 수 있다. 실제로
전기, 자동차, 정밀기계 등 다양한 분야에서 미국, 일본, EU는 국제사회에서 넓은
소비시장과 선진기술을 갖추어 세계시장의 표준을 선점하기 위하여 치열한 경쟁을
벌여 왔다. 그런데 서로 대등한 세력 간 경쟁이 예상되는 분야에서는 우리나라와
같이 신속하게 첨단기술을 상품화하는 국가와 '과학 및 기술 표준화'에 합의하는 것
이 국제표준의 선점을 위해서도 중요하다고 할 수 있고, 이는 국제통상에 있어서도
매력적이라고 할 수 있다. 무엇보다 정치, 경제, 사회, 문화적으로 비교적 안정적이
며 장차 영향력을 발휘할 국가로 우리나라를 선택했다고 볼 수 있다. 특히 미국경
제가 점차 둔화될 가능성에 대비하면서도 중국경제 성장에 대비하여 우리나라를
주목했을 가능성이 크다고 할 수 있다. 장기적으로는 한반도통일을 통한 동북아경
제시장 또는 동아시아경제시장의 허브(hub)로 우리나라를 주목하고 있다고 볼 수
있다.

Ⅳ. EU가 원하는 한·EU FTA의 경제통합수준

　　EU가 생각하는 FTA의 경제통합수준은 EU와 같은 '단일시장'보다는 낮고 다자
주의체제에 의한 'WTO'의 개방보다는 높은 수준이라고 할 수 있다. 이는 EU가
'WTO창설'에 적극적이었던 점과 EU '공동시장'을 설립한 점을 통해 알 수 있다. 여
기에서 EU와 같은 수준의 '단일시장'이란, 여러 기술 표준화, 경쟁의 원칙, 환경기
준, 국가보조금 등에 있어서 모든 규정이 모든 회원국들에게 동일하게 적용되는 것
을 말한다. 한편 'WTO의 개방 수준'이란, 주로 '상품시장'의 자유화를 중심으로 하
는 시장의 개방(시장접근)을 의미한다. 그런데 과거보다 한층 강화된 '신세대 FTA'
란, 바로 상대방에 대한 시장접근(market access)의 개선을 통상협상의 최우선 목표
로 삼는 것이고, 따라서 EU도 통상협상의 상대방에 대하여 기존의 단순한 '관세율
인하'로 해결할 수 없는 상대방의 위생 및 검역기준, 환경보호 기준, 또는 상거래관
행 등 다양한 '비관세장벽' 문제를 해결하기를 원하고 있는 것이다. 즉 시장접근을
용이하게 하기 위하여 비관세장벽들을 제거하는 것이 통상협상의 주요 쟁점 사항
이자 목표라고 할 수 있다.

　　따라서 EU기업들에게 불리한 경쟁조건이 될 수 있는 FTA 상대방 국가의 '상이
한 제도'가 국제통상관계에서 쟁점 사안이 될 수 있다. 우리나라의 경우에는 그동안
WTO에서 수차례 제기되었던 국가보조금(state aid) 문제, EU기업들보다 낮은 '환경
기준' 문제가 EU기업과 우리나라 기업 간의 '공정한 경쟁'을 방해하는 요인으로 지
적될 가능성이 있다. 이는 오늘날 국제사회에서 환경과 에너지, 식품안전 기준에
대한 관심이 점점 증대되는 것과 맥을 같이한다고 볼 수 있다. EU의 경우 자신들의
'공정한 경쟁정책'을 위하여 공공금융기관이 민간 기업에 대해 지원하는 것을 금지
하고 있기 때문에, 우리나라의 산업은행, 수출입은행, 기업은행, 수출보험공사 등이
공적 신용을 기반으로 저리로 민간 기업에 대출하거나 수출신용을 제공하는 경우
에 이것이 문제가 될 수 있다. 또한 G20 등 국제사회에서 많은 관심을 갖기 시작한
환경문제와 관련하여 이제 우리나라도 환경에 대한 법적 규제를 강화하고 환경에
대한 인식을 제고해야 할 것이다. 한·EU FTA가 발효되었으나, 이는 추후에도 쟁점
화될 우려가 없지 않다.

이에 대하여 우리나라는 다음과 같은 태도로 대응할 수 있을 것이다. 첫째, 계속해서 발전하고 있는 과학 및 기술의 표준화와 관련해서는 유럽표준과 미국표준 가운데 우리나라 기업들의 연구개발 및 상품화에 있어서 유리한 표준을 채택하는 방향으로 나아가야 하며, 우리나라 정부와 기업들의 이해가 일치하는 방향에서 우리나라의 기술이 국제표준이 될 수 있도록 노력해야 할 것이다. 둘째, 당사자 간 경쟁정책의 이행, 특히 '국가보조금'과 관련해서는 EU의 요구를 무조건 수용할 필요는 없는데, EU 내에서도 여러 정책적 필요에 따라 국가보조금과 관련하여 EU 회원국들에게 요구되는 사항들이 완벽하게 이행되지 않고, EU 회원국들의 이해관계에 따라 조정과정을 통해 이행되고 있기 때문에, 우리나라는 우리나라의 국가보조금 관련 제도가 WTO협정 부속서 1A '보조금협정' 기준을 준수하고 있으면 충분하고, EU 회원국들도 다양한 분야에서 '허용가능 보조금'을 지원하고 있다는 사실을 언급해야 할 것이다. 셋째, 오늘날 국제사회에서 큰 관심을 갖고 있는 환경문제에 대해서는 우리나라가 WTO협정 등 '환경'과 관련된 국제조약상의 국제적 기준과 합의를 이행하고 있으면 충분할 것이다. 나아가 국내 환경관련 산업 자체가 미래의 먹을거리(식품 및 사료 등)와 관련된 부분이기도 하기 때문에, 환경관련 표준에 있어서는 선진국들의 국제적 표준 제정에 공동으로 적극적으로 협력하여, 우리나라의 환경관련 기업들에게도 미래의 관련 산업에 대한 성장가능성을 제고시키는 계기로 삼아야 할 것이다.[12)]

---

12) http://www.lgeri.com 참조; 또한 우리가 한·EU FTA에서 관심을 가져야 할 부분으로 주목받는 분야는 '친환경 EU시장의 개척'을 들 수 있다. 전 세계적으로 식품 등과 관련된 '친환경문제'가 부각되고 있는 오늘날 EU의 환경관련 제품에 대한 대응으로 이러한 '친환경시장'을 공략하는 것도 앞으로는 필요할 것이다. EU는 기존 15개국에 동유럽 10개국과 루마니아, 불가리아, 크로아티아가 추가적으로 가입하여 영역이 확대되었다. 이제는 동유럽과 서유럽의 구별개념이 사라지고 있는 것이다. 우리나라는 이런 EU와 FTA를 발효시켰고, 또한 녹색성장기본법을 제정하여 친환경정책을 주도적으로 추진하고 있다. 장기적 측면에서 EU가 환경에너지관련 각종 규칙과 지침을 제정하고 있는 것을 볼 때, 환경관련 국제기준을 EU가 앞으로 주도해 나갈 것으로 예견되는 만큼, 당장 '친환경생산공정'의 전면도입 또는 '환경관련 규제'의 실시를 강력하게 실행할 수는 없다 하더라도 미래를 위하여 중·장기적인 정책을 추진하여 EU의 시장정책에 대응해야 할 것이다.

V. 한·EU FTA 협상과정

우리나라와 EU는 1차(2007.5.7.~5.11.: 서울), 2차(2007.7.16.~7.20.: 브뤼셀), 3차 (2007.9.17.~9.21.: 브뤼셀), 4차(2007.10.15.~10.19.: 서울), 5차(2007.11.19.~11.23.: 브뤼셀), 6차(2008.1.28.~2.1.: 서울), 7차(2008.5.12.~5.15.: 브뤼셀), 8차(2009.3.23.~3.24.: 서울)[13] FTA협상을 개최하였다. 8차 협상 결과 양측 협상단 차원에서 대부분 핵심 쟁점에 대해 잠정합의에 도달했으나, 관세 환급(duty drawback) 등 미해결 정치적 이슈에 대해서는 이후 추가 실무적 차원에서 합의를 도출한 끝에 2009년 10월 15일 양측이 가서명하게 되었다. 양측은 2010년 10월 6일 정식 서명 이후, 비준절차를 거쳐 본 FTA를 2011년 7월 1일 발효하기로 합의하였다.

---

13) 8차 협상: 약 2개월 전 김종훈 외교통상부 통상교섭본부장과 캐서린 애쉬튼(Catherine Ashton) EU 집행위원회 통상담당 집행위원은 2009년 1월 20일 양측 통상장관회담에서 3월 서울에서 8차 협상을 통해 FTA를 최종 타결할 것을 밝힌 바 있다. 이 과정에는 양측의 수석대표인 이혜민 FTA교섭대표(외교통상부 자유무역협정추진단장)와 이그나시오 가르시아 베르세로 (Ignacio Garcia Bercero, EU위원회 통상총국 동아시아국장)가 수석대표회담을 통해 준비에 관여하였다. 이 통상장관회담에서 난항을 겪은 분야는 '관세 환급'(duty drawback)인데, 이는 원자재(부품)에 대한 수입비중이 높은 우리나라가 이를 수입할 때 부과했던 관세를 제품수출 시 환급해 주는 것을 말한다. 이 관세 환급 문제는 2009년 4월 2일 런던에서 있었던 한·EU통상장관회담에서도 합의에 이르지 못하여 한·EU FTA의 최종타결이 다시 미루어지게 되었던 것이다. 그럼에도 불구하고 양측은 세계경제위기로 보호무역주의가 대두되고 있는 상황에서 여전히 자유무역주의에 의한 해결을 강구하고 있다고 할 수 있었다. 세계경제위기 속에서 수출이 차지하는 비중이 큰 우리나라는 주요 무역 국가들과 FTA를 추진하는 것이 더욱 필요한 상황이다.

제3부

개별법제의 발전

제13장
식품법제의 발전

Ⅰ. 서언

2008년 12월 6일 아일랜드산 돼지고기에서 다이옥신(Dioxin)이 검출되자 EU 회원국들과 이를 수입한 EU의 역외 국가들은 식품안전에 있어서 큰 위기에 직면한 바 있다. 이러한 식품위기는 EU가 역내시장에서 '상품'의 자유이동을 보장하고 있기 때문에 더 위기가 고조될 수밖에 없었고, 또한 2008년 9월에 전 세계를 강타한 중국산 분유에서의 멜라민(Melamine) 검출이 있었던 후이기 때문에 '식품안전'과 '소비자보호'에 대한 관심은 어느 때보다도 높았다고 할 수 있다.

이에 아일랜드 정부는 2008년 12월 6일 자국산 돼지고기, 사료에서 다이옥신[1]이 허용치(1.5pg TEQ[2]/g 돼지지방)[3]를 초과하여 검출되었다는 아일랜드식품안전청

---

[1] 다이옥신은 독성이 높아 환경호르몬 중에서도 가장 위험한 물질에 해당된다. 일단 인체에 들어가면 지방에 축적되어 7-11년간 잔류하는 것으로 피부, 간기능, 신경계, 면역체계 등에 손상을 가져와 암을 유발할 수 있는 유해물질이다. 다이옥신 같은 유해물질은 먹이사슬의 최종 소비자로 갈수록 더 많이 검출된다. 이를 '생물학적 축적'(bio accumulation)이라고 하는데, 사람 중에서도 모유를 먹는 아기가 먹이사슬의 최고 정점에 있다고 볼 수 있다.

[2] TEQ(Toxicity Equivalency Quantity: 독성등량)는 I-TEF(I-Toxicity Equivalency Factor: 국제 독성등가환산계수)로 환산한 농도를 의미하며, 다이옥신의 단위로서는 다이옥신의 이성질체 PCDDs 75개, PCDFs 135개로서 전체의 독성 중 가장 독성이 높은 2,3,7,8-Tetrachloro dibenzene dioxine의 독성으로 환산한 등가농도를 나타낸다.

[3] 돼지고기에 대한 다이옥신의 유럽의 기준치는 1 피코그램(pg)/(g fat)이고, 우리나라의 기준치

(Food Safety Authority of Ireland: FSAI)의 보고에 따라 다음 날인 7일에 '2008년 9월 1
일' 이후에 생산된 돼지고기(가공품 포함)를 전량 회수조치(recall)하기로 하였다고 발
표하였다[4]. 아일랜드 정부는 돼지사료, 돼지고기(돼지의 비계, 즉 지방)에 대한 실험
결과 허용기준치의 80 - 200배에 이르는 다이옥신이 검출됐다고 밝혔다. 이러한 식
품위기는 북아일랜드 식품안전당국(Food Standards Agency, Northern Ireland: FSA NI)의
보고에 기초해 볼 때, 사료공장(Millstream Power Recycling)에서 산업용 기름(기계유)
이 혼입된 돼지사료가 원인이었던 것으로 보고 있다. 즉 일부 돼지사료에 기계용
기름이 섞이었기 때문에 돼지 몸속에 다이옥신이 축적된 것이다. 이 사료공장에서
사료를 만드는 과정에서 원료를 건조시키기 위해 사용한 기계유의 연소과정에서
생긴 연기가 사료 원료에 혼입되면서 문제를 야기했던 것이다.[5] 이 아일랜드산 돼
지고기는 북아일랜드, 영국(아일랜드산 돼지고기의 최대 수입국으로 가장 민감하게 반응한
국가), 벨기에, 프랑스, 독일 등 EU국가와 한국, 일본, 중국, 러시아 등 총 30 여개
국가에 수출되었다. 특히 유럽에서는 EU공동시장 법제상 '상품'의 자유이동이 보장
되어 '식품'이 자유롭게 유통되지만, '공중보건'을 이유로 하여 해당 상품, 즉 여기에
서는 돼지고기라는 식품의 자유이동이 제한을 받을 수 있음을 보여 주고 있다.

　　이로서 아일랜드산 돼지고기 관련 식품들이 소매점과 레스토랑에서 판매금지
의 조치가 이루어졌고, 이는 아일랜드 농부들[6]에게는 큰 타격을 주는 일이었다. 모
든 농부들은 정부가 허가한 공급자에게서 먹이(사료)를 구입하기 때문에 이는 돼지
사육 농부들만의 책임이었다고 볼 수는 없을 것이다. 더욱이 이 사건은 연말 크리

　　는 2 피코그램(pg)/(g fat)이다. EU의 규칙(Regulation 1881/2006 참조)에 의하면 다이옥신과
　　폴리염화비페닐(polychlorinated biphenyl: 이하 PCB, 다이옥신 유사물질)을 합한 잔류량이
　　1.5 pg TEQ/g fat를 초과해서는 아니 된다. 즉 돼지고기에 대한 잔류허용기준은 다이옥신 단
　　독으로는 1 pg TEQ/g fat이며, 다이옥신+PCB로는 1.5 pg TEQ/g fat이다. 참고로 피코그램
　　(picograms)의 'pico'는 '1조분의 1'을 말하며, '2 pg/g fat'는 '2 picograms per gram for pork
　　meat'를 말한다.
4) Recall of Irish Pork and Bacon Products, Alert Notification: 2008.09 (06/December/2008).
5) Recall of Irish Pork and Bacon Products, Alert Notification: 2008.09: Update 1 (10/December/2008).
6) 이러한 사태가 발생할 때마다 곤란한 상황에 처하는 곳은 농부들을 포함하는 식품업계라고
　　할 수 있다. 과거에는 보이지 않거나 또는 측정이 불가능하여 알지도 못하고 또한 찾아낼 수
　　도 없었던 변형 크로이츠펠트야콥병(variant Creutzfeldt-Jakob Disease, vCJD, 소위 인간 광
　　우병(human variant of BSE)), 노로바이러스감염(Norovirus infection), 다이옥신오염(dioxin
　　contamination) 등까지 신경을 써야 하기 때문이다.

스마스 기간에 발생한 일로 햄 등을 구입하는 시기에 발생하였기 때문에 그 손해가 더욱 크다고 할 수 있고, 또한 이는 2008년 하반기 세계 경제의 침체와 맞물려 그 타격이 더욱 가중되는 사건이라고 할 수 있다.

이에 따라 EU 집행위원회는 이탈리아의 파르마(Parma)에 위치하고 있는 독립된 식품안전담당기구인 유럽식품안전청(European Food Safety Authority: EFSA)과 유기적인 협력을 통하여 EU의 식품안전과 소비자보호를 보장하고자 노력하였고, 신속경보체제(Rapid Alert System)를 통하여 빠르게 대응하였다.[7] 이 체제에 의하면 일단 식품위기가 발생하면 각 회원국은 EU 집행위원회에 이를 통지해야 하고, 집행위원회는 이를 확인한 후 각 회원국과 유럽식품안전청 등에 통지한다. 특히 이 과정에서 유럽식품안전청은 해당 과학패널(Scientific Panels) 소속의 과학전문가들의 조사결과에 근거하여 과학적 의견을 제시한다. 이번 사건에서 유럽식품안전청은 아일랜드 정부가 돼지고기를 회수한지 4일 뒤에 '아일랜드산 돼지고기의 위해성에 대한 평가보고서'를 발표하였고, 이 보고서에 의하면 "오염이 가장 심한 돼지고기(200 pg TEQ/g fat)를 오염 기간 내내(90일) 먹었다 하더라도 건강엔 문제가 없다"[8]라는 신속하고도 명쾌한 결론을 내렸는데, 이와 관련해서는 좀 더 구체적으로 고찰할 필요가 있다고 할 수 있다.

따라서 여기에서는 유럽에서의 여러 식품위기들을 통해 확립된 식품안전과 소

7) 식품안전에 대한 신속한 대응에 관하여는 2008년 9월 중국산 분유에서의 '멜라민'(Melamine) 사태를 보아서도 알 수 있다. 공업용 화학물질로 사용되는 멜라민은 식품첨가물로 사용될 수 없으나, 원가만 절감하면 된다는 중국의 관련 식품업자들의 도덕불감증으로 인하여 본 사건이 발생하였다. 중국 관련 업체들은 이미 생산된 우유의 양을 늘리기 위해 물을 사용하였는데, 이는 우유의 단백질 성분을 묽게 한다는 생각에, 무엇보다 우유품질 검사 시 단백질 측정을 위해 질소의 함유 비율을 기준으로 이용한다는 사실을 알고 질소함량이 풍부한 멜라민을 넣어 고단백의 품질이 좋은 우유인 것처럼 속여 판매하였던 것이다. 특히 문제가 더 심각한 것은 중국 간쑤 성에서 이러한 잘못된 관행으로 인해 동년 6월 관련회사가 제조한 분유를 먹은 영아 16명이 한꺼번에 신장결석 또는 요도결석 증세로 입원하면서 불거지기 시작했는데도 중국 당국은 9월에 가서야 이를 공표해 대처했다는 것이다. 따라서 신속경보체제의 확립과 운영이 중요하다고 할 수 있다.

8) Scientific Opinions, Publications & Reports(Statement of EFSA on the risks for public health due to the presence of dioxin in pork from Ireland: Question number—EFSA—Q—2008—777), http://www.efsa.europa.eu/EFSA/efsa_locale—1178620753812_1211902210863.htm 참조(2009년 1월 20일 접속).

비자보호를 위한 EU식품법제의 성립과 유럽식품안전청의 설립과정을 살펴봄으로
서 EU 역내시장에서의 식품의 자유이동의 보장과 그 한계에 대하여 검토하고자 한
다. 이를 위하여 아래에서는 먼저 '상품'의 자유이동에 대한 EU의 비관세장벽의 금지
의 문제에 관하여 살펴본 후, 식품안전과 소비자보호를 위한 EU식품법제의 성립, 유
럽식품안전청의 설립과 역할 및 한계, 그리고 EU식품법제의 성립과 유럽식품안전청
설립의 의의 및 EU식품법의 발전적 방향에 대하여 검토하고자 한다. 이는 한·EU
FTA 시대뿐만 아니라 향후 동북아지역공동체의 성립에 있어서도 관련 분야에 대한 역
내 협력에 부여하는 의미가 크다고 할 수 있다.

II. EU의 상품의 자유이동에 대한 비관세장벽의 문제

1. 관세장벽과 비관세장벽의 일반적 금지 규정

EU에서 상품의 자유이동을 방해하는 장벽에는 두 종류가 있는데, 하나는 회원
국이 부과하는 관세에 의한 장벽인 '관세장벽'이고, 다른 하나는 수량제한에 의한
'비관세장벽'이다. EU는 관세장벽에 대하여는 TFEU 제28조~제30조(EC조약 제23조~
제25조(역내관세의 폐지))에 의하여, TFEU 제31조~제32조(EC조약 제26조~제27조(관세동
맹에 의한 대외공동관세))에 의하여, 그리고 TFEU 제110조~제113조(EC조약 제90조~제
93조(차별적·보호적 내국세의 금지))에 의하여 규율하고 있다. 한편 '비관세장벽'에 대
하여는 TFEU 제34조~제37조(EC조약 제28조~제31조(수량제한 및 이와 동등한 효과를 갖
는 조치의 금지))에 의하여 규율하고 있다. EU는 이를 통하여 역내시장에서의 상품의
자유이동을 실행하고 있으며, TFEU 제36조(EC조약 제30조)에 따라 공익적 차원에서 합리
적 정당성을 인정받는 경우에만 제한적으로 회원국의 특정 국내조치를 허용하고 있다.

2. TFEU 제36조에 의한 비관세장벽의 허용 요건

EU의 역내시장의 비관세장벽을 규율하는 TFEU 제34조와 제35조는 매우 포괄
적으로 적용되고 있다. 즉 EU는 수량제한과 이와 동등한 효과를 갖는 조치의 금지

와 관련하여 '수량제한과 동등한 효과를 갖는 조치'의 인정범위를 매우 광의로 해석하여 적용하고 있다는 것이다. 이에 대하여 EU는 TFEU 제36조를 통하여 허용될 수 있는 국내조치를 특정한 조건으로서 한정하여 열거하고 있으며, 이로서 역내무역에서 회원국들의 임의적이고도 독단적인 '자의적 차별'이나 또는 '위장된 제한조치'를 허용하고 있지 않다. 즉 허용되는 특정한 국내조치들은 역내무역상의 '자의적 차별'이나 '위장된 제한조치'의 범주에서 제외되며, 마약판매의 금지와 같은 경우는 TFEU 제36조상의 공중도덕, 공공정책 또는 공공안보, 인간의 생명과 건강의 보호, 예술적·역사적·고고학적 가치가 있는 국보의 보호, 산업적·상업적 재산권의 보호라고 하는 예외적 허용 범주에 포함된다고 할 수 있다. TFEU 제34조와 제35조의 규정에도 불구하고 TFEU 제36조에 의하여 그 국내조치의 합리성이 '공익차원'에서 인정되는 경우에는 비관세장벽의 존재가 허용된다고 볼 수 있다.[9] 그러나 실제로 해당 회원국의 국내조치가 인간의 건강보호를 위하여 필요하기 때문에 이것이 TFEU 제34조의 금지규정에 대한 예외에 해당한다는 것을 회원국들이 주장하는 것은 매우 어려운 일이라고 할 수 있다.[10]

3. 비관세장벽의 문제해결에 대한 소견

앞에서 살펴본 TFEU 제36조의 규정과 같이 EU법 하에서도 일정한 경우에는 비관세장벽과 같은 무역장벽이 제한적이긴 하지만 여전히 허용될 수 있다. EU는 TFEU 제115조를 규정하여 이러한 문제를 해결하기 위하여 관련 사안에 대한 '조화지침'[11]을 채택하여 회원국들의 공통규칙을 제정하도록 EU의 '이사회'에 권한을 부여하고 있다. 이를 통하여 회원국들의 상이한 관련 법제를 통일시켜 적용할 수 있고, 모든 회원국들이 같은 제한조치를 적용하는 경우 점차 자연스럽게 모든 역내의

---

9) 김두수, "EU의 상품의 자유이동에 있어서의 관세 및 수량제한과 동등한 효과를 갖는 조치의 금지", 「외법논집」, 제33권 제3호(2009), pp.12,26−27.

10) Caoimhín MacMaoláin, *EU Food Law* (Oxford: Hart Publishing, 2007), p.45 참조.

11) EU는 2차적 법원들 중 하나인 '지침'을 통하여 회원국들 간의 상이한 법률을 조화시키고자 하고 있으며, 이를 소위 '법률의 조화'라고 한다. 지침은 유럽의 공동시장의 확립과 발전을 위하여 회원국들의 주권을 존중하는 가장 적절한 방법으로 활용되어 왔다.

무역장벽이 사라지게 될 것으로 여기고 있기 때문이다.

그러나 결국 EU가 역내무역에 있어서의 모든 무역장벽들을 제거하기란 매우 어려운 일이며, 또한 불가능한 일이라고 할 수도 있다. 물론 EU가 세계무역기구 (World Trade Organization: WTO)의 시장경제질서의 취지와 정신을 지역적 차원에서 가장 성공적으로 실현하고 있다고 평가할 수는 있지만, WTO의 궁극적인 이상을 완벽하게 실현하고 있다고는 볼 수 없을 것이다. 따라서 EU역내시장의 미래지향적 전망에 관한 지나친 긍정도 신중을 기할 필요가 있다고 할 수 있다. 예를 들어 광우병(Bovine Spongiform Encephalopathy: BSE)으로 인한 소고기 수입 금지조치는 다른 회원국의 소고기 생산자에게는 막대한 손해를 주는 동안 해당 국가의 돼지고기 생산자에게는 큰 이익을 줄 수 있다. 그럼에도 불구하고 해당 수입금지조치의 목적이 '공익차원'에서 합리적인 경우에는 해당 수입 금지조치는 허용될 수 있다고 할 수 있다. 이러한 사례로는 광우병으로 인한 통상마찰로서 1996년부터 1998년까지 논쟁이 지속된 영국과 프랑스 간의 소고기전쟁(beef war)을 들 수 있다. 이 사건의 긍정적인 점은 상품의 자유이동에 있어서의 식품안전과 소비자보호에 관한 논쟁 이후에 이를 계기로 EU식품법의 발전이 더욱 촉진되었다는 점이다. 즉 EU역내시장에서도 특별한 경우의 무역장벽은 허용되어야 한다는 것인 바, 주의할 점은 이러한 경우에 있어서 중요한 점은 어떠한 경우에 그 국내적 제한조치의 '합리성'이 공익차원에서 허용될 수 있는가를 결정하는 것이라고 할 수 있다.

Ⅲ. EU의 식품안전과 소비자보호에 관한 식품법제의 성립과정

오늘날 식품안전은 세계적인 주요 관심사 중의 하나가 되었고, 특히 EU는 법적으로 '상품의 자유이동'이 보장되고 있는 상황이기 때문에 식품안전에 관하여 더욱 관심이 증대되고 있다고 할 수 있다. 아울러 EU시민들은 안전하면서도 질 좋은 식품을 구매하기를 원하고 있기 때문에, EU식품법도 이제는 식품안전의 보장뿐만 아니라 소비자보호, 도의적 책임, 영양적 가치 등에 관하여도 관심을 갖게 되었다.[12] 이러한 식품은 모든 사람들의 '생존'을 위한 필수적 생산품의 하나이다. 그리

고 어떠한 상황에서든 식품법은 최고의 수준으로 소비자를 보호하고 공중보건에
기여해야 한다. 그러나 식품산업과 식품문화의 다양성으로 인하여 식품법의 통일화
작업은 수월한 일이 아니라고 할 수 있고, 그렇기 때문에 식품에 관한 규칙을 제정
함에 있어서 반발하는 수많은 국내이해당사자들과 논쟁을 펼쳐야 하는 브뤼셀에서
의 이사회와 EU위원회의 임무수행에 많은 어려움이 있다고 할 수 있다.[13]

EU의 식품안전에 관한 입법은 지난 약 30년 동안 서서히 전개되어 발전되어
왔으며, 이는 과학적, 사회적, 정치적, 경제적 요소들의 혼합된 반영이라고 할 수
있다. 그런 만큼 EU의 식품안전에 관한 입법은 때때로 일관성이 결여되기도 하였
고, 복잡성을 띠기도 하였으며, 지속성이 부족하였다고 할 수 있다. 2000년대를 전
후로 최근에 들어와서야 비로소 EU가 역내 식품법에 대하여 명확한 정책의 체계를
발전시켜오고 있다고 할 수 있다.[14]

1. 1997년 '식품법 일반원칙에 관한 녹서' 이전의 EU 식품법의 지위

1957년 3월 25일 체결되어 1958년 1월 1일 발효된 로마조약(Treaty of Rome)은
공동시장의 설립을 위한 EC의 활동들을 제3조[15]에 규정하고 있으나, 1957년 그 당
시의 로마조약은 '소비자보호' 또는 '공중보건'에 대하여 명백하게 언급하지 않았고,
이러한 목표들은 단지 추후 1986년 2월 17일,28일 체결되어 1987년 7월 1일 발효
된 단일유럽의정서(Single European Act: SEA)나 1992년 2월 7일 체결되어 1993년 11
월 1일 발효된 마스트리히트 조약(Maastricht Treaty)이 제3조를 수정함으로서 첨가되
었다.[16] 실제로 마스트리히트 조약 이전까지 EU의 기관들은 '보건' 영역에 대한 명
시적 권한을 가지지 못하였던 것이다.[17] 그럼에도 불구하고 이 보건 영역에 대한

---

12) MacMaoláin, *supra* note 10, p.2 참조.
13) Raymond O'Rourke, *European Food Law* (London: Sweet & Maxwell, 2005), p.1.
14) Kaarin Goodburn, *EU food law* (Cambridge: Woodhead Publishing Limited, 2001), p.1.
15) EC의 주요 활동들에는 첫째, 상품의 수출·수입시 회원국들 간의 관세 및 이와 동등한 효과
　　를 갖는 조치의 폐지, 수량제한 및 이와 동등한 효과를 갖는 조치의 폐지, 둘째, 상품·사람
　　·서비스 및 자본의 자유이동의 보장을 위한 무역장벽의 폐지, 셋째, 역내시장의 완성과 활
　　성화를 위한 회원국들 간의 법률의 조화가 있다. TFEU 제8조(EC조약 제3조) 참조.
16) Goodburn, *supra* note 14, p.2.

EU차원에서의 노력은 지속되었으며, 이 경우에도 회원국들의 입법과는 달리, EU식품법은 대부분 명확한 규정에 근거하지 못하여 EC조약 제5조(구제3b조)와 같이 희미한 모습을 보였으며,[18] 오랜 기간 동안을 거쳐서 조금 발전하게 되었다. 이전에는 식품생산라인의 모든 단계에 있어서 관련자들의 의무를 명확하게 정의할 EU식품법의 기본원칙을 제정하는 중앙통일화문서가 없었던 것이다. 최초의 EU식품지침은 식료품의 색깔(colours)에 관한 것으로 1962년 각료이사회(Council of Ministers)에서 채택되었고, 이 지침은 고유의 EEC번호가 없었는데, 이는 당시에는 아직까지 EU의 2차적 법원에 고유번호를 부여하는 공식적인 제도가 확립되지 않았기 때문이다. 이는 EU식품법의 제정을 위한 이상적인 출발점은 아니었다고 볼 수 있다.[19]

　　EU식품법에 관한 EU 집행위원회의 첫 시도는 공동시장을 통한 식료품(foodstuffs)의 자유이동의 보장을 위한 로마조약 제3조상의 의무에 대해 집중하면서 이루어졌다. 수년 동안 EU식품입법은 이러한 방식으로 추진되었고, 이러한 입법의 한 기초로서 TFEU 제115조(회원국들의 상이한 법률의 조화를 위한 이사회의 지침채택의 권한 근거 규정)를 원용하였다. 따라서 관련 지침의 채택을 위해서는 이사회의 만장일치를 필요로 하였다. 따라서 EU식품법상의 독립적 기구인 유럽식품안전청의 설립까지는 여러 과정과 많은 시간이 필요하였고, 유명한 1979년 *Cassis de Dijon*[20] 사건을 포

17) Tamara K. Hervey and Jean V. McHale, *Health Law and the European Union* (Cambridge: Cambridge Univ. Press, 2004), p.72.

18) *Ibid.*, p.73.

19) O'Rourke, *supra* note 13, p.3.

20) Case 120/78, *Rewe−Zentral AG* v. *Bundesmonopolverwaltung für Branntwein (Cassis de Dijon case)*, [1979] ECR 649, paras.8−14. Cassis de Dijon은 향료나 감미료를 넣은 강한 술로 프랑스에서 생산되는 리퀘르(fruit liqueur)로, 독일에서는 그러한 종류의 리퀘르는 브랜디독점법(Branntweinmonopolgesetz) 제100조에 의거해 25%의 최소알코올함량을 준수해야만 하였다. 독일의 모든 리퀘르는 그러한 최소알코올함량을 갖고 있었으나, 대부분의 프랑스 리퀘르는 보다 낮은 알코올함량을 갖고 있었고, Cassis de Dijon은 15~20%의 알코올함량을 갖고 있었다. 그 결과 Cassis de Dijon은 독일에서 판매될 수 없었고, 이에 항의하기 위한 Rewe−Zentral AG의 연방브랜디독점행정청(Bundesmonopolverwaltung für Branntwein)을 상대로 한 독일에서의 소송은 결국 독일재정법원(Hessisches Finanzgericht)에 의해 선결적 결정을 위하여 ECJ에 부탁되었다. 그런데 알코올의 제조와 판매에 관한 EC(현 EU)차원의 공동규범이 부재하는 경우, 회원국들은 자국 영토에서 알코올이나 알코올음료의 제조 및 판매에 관한 모든 사항들을 규율할 수 있다. ECJ도 문제가 된 상품의 제조 및 판매에 관한 회원국 국내 법률들의 다양성으로 인하여 초래되는 EC내의 상품의 자유이동의 장애물들은 그러한 국내법규정들이 특히 재정 관리의 효과, 공중보건, 상업적 거래의 공평, 소비자보호

함한 유럽사법법원(European Court of Justice: ECJ)의 단지 몇몇 주요 사례를 통하여 EU 집행위원회는 식품법에 다시 관심을 갖고 접근하기 시작하였다. EU 집행위원회는 1985년 '역내시장의 완성: 식료품에 관한 공동체입법에 관한 위원회 통보'[21] (Commission Communication on Completion of the Internal Market: Community Legislation on Foodstuffs)에서 식료품에 대한 집행위원회의 새로운 접근과 시도를 소개하며, 식료품에 관한 EC의 2차적 입법은 첫째, 공중보건, 둘째, 소비자에 대한 건강문제에 관한 정보의 제공과 소비자보호 및 공정무역의 보장, 셋째, 식료품에 대한 본질적이고도 적절한 공식적 통제를 제공하는 내용의 경우에 그 2차적 입법이 정당화될 수 있다고 하였다.

1989년 이후 EU 집행위원회는 역내에서의 '식료품'의 자유이동에 관한 투명성 제고를 위하여 또 다른 집행위원회 통보를 공표하였다. 이 집행위원회 통보는 일반적으로 한 회원국에서 생산되고 판매되는 식품은 다른 회원국에서도 그 유통 및 판매를 허용해야 한다는 원칙을 확립한 *Cassis de Dijon* 사건의 판결에 대한 결과라고 할 수 있다. 그러나 만약 그러한 유통 및 판매를 불허하는 경우, 당사국은 이러한 불허가 공중보건에 위협이 된다는 것을 증명할 수 있어야만 한다. 그런데 1992년 단일시장설립의 전 단계에 있어서 EU식품법은 식품안전 또는 공중보건 보다는

와 관련된 요건을 충족하기 위하여 필요한 경우에는 인정될 수 있다고 판시하였다. 이에 본 사건에서 독일 정부는 프랑스산 Cassis de Dijon에 대한 국내 판매금지조치를 정당화하기 위하여 두 가지를 주장하였는데, 첫 번째 주장은 다소 놀랍게도 최소알코올함량의 요구는 '공중보건'에 필요했다는 것이다. 즉 음주가들은 고알코올함량 보다는 저알코올함량의 알코올음료를 통하여 보다 쉽게 알코올에 중독될 수 있다는 주장이었는데, ECJ는 이러한 주장을 기각하였다. 독일 정부의 두 번째 주장은 '소비자보호'에 근거를 두고 있다. 즉 저알코올함량음료는 고알코올함량음료에 부과되는 알코올에 대한 높은 세금 때문에 상대적으로 불공정한 이득을 얻게 되고, 독일산 고알코올음료를 음용하는 소비자들에게는 경제적 불이익이 발생하게 된다는 것이다. ECJ는 이러한 주장 역시 기각하였다. 결국 문제는 상품무역에 장애가 있어서는 아니 되고 알코올음료의 병에 알코올함량이 표시되어야 한다는 단순한 문제로 귀결되었고, 상품의 선택은 소비자의 몫이라는 것이다. 이와 같은 이유로 알코올음료의 최소알코올함량의 요구는 EU의 기본 원칙의 하나인 '상품의 자유이동' 보다 우선될 수 없었고, 따라서 알코올음료의 판매를 목적으로 회원국규범이 부여한 최소알코올함량의 요구(독일에서는 25%의 최소알코올함량요구)는 일방적인 요구로서, 이는 EU 역내무역에 장애를 초래하는 것으로 TFEU 제34조(EC조약 제28조)에 위배된다고 유럽사법법원은 판시하였다.

21) The New Approach on Community Food Law: Commission Communication on Completion of the Internal Market: Community Legislation on Foodstuffs (1985) Com (85) 603.

여전히 '무역 촉진'과 '상품의 자유이동의 보장'에 관한 문제에 집중되어 있었다.[22] EU식품법에 있어서의 소비자보호와 공중보건의 측면은 역내무역의 논점에서 주연이 아닌 조연의 역할을 할 뿐이었다. 실제로 이 기간 동안 회원국들은 종종 '식품산업'을 육성하고자 EU식품법의 '규제 완화'를 요청하였고, 식품과 관련된 EU입법은 과도한 규제로 상품의 자유이동에 관한 법리와 모순된다는 비판을 받았다.[23]

그러나 그 후 EU에서의 광우병위기는 EU식품법이 발전할 수 있는 전환기를 제공하였다. EU 집행위원회는 광우병문제에 대한 유럽의회(EP)의 비난 움직임에 직면하여 집행위원회의 식품입법에 대한 준비에 착수하였다. 이러한 EU식품법의 발전적 정황들의 대부분의 내용은 주로 유럽식품안전청의 설립에 관한 것이었다. 이에 대하여는 이 글의 다음 장(Ⅳ)에서 구체적으로 살펴보고자 한다.

2. 영국의 '광우병위기'에 따른 식품안전 및 공중보건'에 관한 '재고'

식품안전의 문제는 광우병위기의 영향에 따라 표면화되었고, EU에서는 이를 계기로 식품위기 시의 과학적 조언, 검역 및 정보교환을 책임질 독립적이고도 투명한 식품안전기구의 필요성에 대하여 진지하게 논의하기 시작하였다. EU에서 EU 집행위원회, 이사회, 회원국들은 유럽의회에 의해 설치된 광우병임시위원회(Temporary Committee on BSE)의 작업결과에 따라 상당한 압력을 받게 되었다.[24] 일종의 조사법정과 같은 이 광우병임시위원회는 관련 증거자료를 수집하였고, 당시 EU 집행위원회의 위원장과 전·현직 농무담당 위원들도 질의의 대상이었다. 그리고 유럽의회는 1997년 2월 '광우병임시위원회의 결과에 대한 결의'를 채택하여 광우병위기가 EU의 식료품의 안전성, 소비자보호, 공중보건정책에 대한 근본적인 논쟁의 주도적 역할을 하였다고 공언하였다.[25] 광우병위기로 인하여 EU 집행위원회는 유럽의회로부

---

22) The EC Commission for the first time puts forward a Community−wide food inspection programme (1992). http://europa.eu/rapid/pressReleasesAction.do?reference=IP/92/899&format=HTML&aged=0&language=EN&guiLanguage=en 참조(2020년 1월 30일 접속).

23) O'Rourke, *supra* note 13, p.3.

24) http://europa.eu/bulletin/en/9701/p102225.htm 참조(2009년 1월 20일 접속).

25) BSE resolution, 19 February 1997 (PE 257.005 pp.3−4).

터의 견책에 직면하였고, EU 집행위원회 위원들은 광우병문제의 해결에 집중할 수
밖에 없었다. 그 결과 1997년 2월 19일 EU 집행위원회의 위원장인 Jacques Santer
는 '식품안전'이라고 하는 중요한 분야에 있어서의 집행위원회의 서비스업무의 개
선에 목적을 둔 일괄제안을 통하여 이번 사태의 해결에 대한 윤곽을 제시하였다.
그런데 여기서 한 가지 유념할 것은 이 세상에 '안전'의 개념과 관련하여 안전이라
고 불리는 완전한 표준은 없으며, '완전하게 안전한' 생산물도 없다는 것이다. 다만
공식적 개념으로 자주 사용하는 100% 안전한 생산물이라고 하는 것은 상대적 개념
에 해당한다는 것이다. 따라서 안전의 정도는 '이익'과 '위험'에 대한 비교평가의 차
원에서 생각되어야 한다는 것이다.[26]

Jacques Santer EU 집행위원회 위원장은 1997년 2월 19일 그의 연설 말미에서
당시의 광우병위기가 그의 오랜 정치경력을 통틀어 직면한 가장 어려운 위기 중의
하나였으나, 이러한 광우병위기를 통해 많은 교훈을 얻게 되었고, EU 집행위원회가
식품안전에 관한 문제들을 다루는 방식에 있어서 새로운 개혁들을 도입하게 될 것
이라고 언급하였다.[27] 그는 동·식물의 보건에 관한 입법제안 시에 앞으로는 TFEU
제43조(단순한 자문기능)보다는 TFEU 제114조(유럽의회의 공동협력 권한의 강화)를 좀
더 비중 있게 활용할 것이고, 이로서 유럽의회는 이러한 문제들에 대하여 보다 '강
화된 통제권'을 갖게 될 것이라고 하였다. EU 집행위원회 또한 TFEU 제168조의
'공중보건에 관한 수정안'을 정부 간 회의에 제안할 것에 동의하였다. EU 집행위원
회는 식품안전문제들에 대한 자체 모니터링 체계를 재정립할 것을 결정하였고, 따
라서 앞으로는 이러한 식품안전문제를 전담기관이 독립적으로 책임지게 하는 것이
바람직하며, 이것이 Emma Bonino 집행위원회 위원의 주된 임무라고 하였다.
Jacques Santer 집행위원회 의장은 그의 연설에서 "진정한 식품정책의 점진적 도입
은 특히 '소비자보건'에 초점을 맞추고 있다"라고 언급하였고, 따라서 그는 미국의
FDA(Food and Drug Administration)에 모델을 둔 하나의 독립된 유럽식품안전기구의

---

26) Christopher Hodges, *European Regulation of Consumer Product Safety* (Oxford: Oxford Univ.
  Press, 2005), p.226 참조.
27) Speech by President Santer, 18 February 1997. http://europa.eu/bulletin/en/9701/
  p203001.htm(2009년 1월 20일 접속).

설립에 관심이 있다고 하였다.[28] 이러한 제안과 노력으로 결국 유럽식품안전청이 설립되었던 것이다.

'공중보건'에 관한 TFEU 제168조는 EU에게 인간의 건강보호를 '최고수준으로 보장'할 권한을 부여하고 있다. 그런데 흥미롭게도 영국은 1991년 Maastricht 조약 체결의 협상과정에서 공중보건 정책 분야의 이러한 광범위한 EU권한을 비교적 잘 견제하였다. 이에 대하여 Jacques Santer EU 집행위원회 위원장은 그의 연설 (Answer to the fourth question: did the Commission give in to political pressure from the United Kingdom?)에서 'No'라는 입장을 피력한 바 있다.[29] 여하간 마스트리히트 조약체결의 협상과정에서 TFEU 제168조가 다소 소극적인 결과(weak streaming)[30]로 도출되었음은 분명한 것이었다. 그런데 TFEU 제168조의 가장 중요한 부분은 4(b)이며, 이에 의하면 공동결정(보통입법절차)상의 입법행위에 의하여, 그리고 TFEU 제44조(농업정책)와의 저촉에도 불구하고 EU 이사회는 '공중보건'이라는 직접적 목적으로서 가축(수의)과 자연위생의 영역에 있어서의 '규제 조치'들을 도입할 수 있게 되었다. 따라서 광우병위기에서와 같이 문제가 농업분야에서 발생된 식품안전에 관한 경우, EU는 적절한 보호조치들을 채택할 수 있게 되었다. 이는 2차적 입법을 통해서 가 아닌 '조약상의 권한'에 의한 것이기 때문에 중요한 의미를 갖는다고 할 수 있다.

또한 EU 집행위원회는 1997년 5월의 '식품법 일반원칙에 관한 녹서(Green Paper on the General Principles of Food Law in the European Union)'[31]와 연결하여 '소비자보건과 식품안전에 관한 위원회 통보'(Commission Communication on Consumer Health and Food Safety)를 채택하였는데, 여기에서는 1997년 2월 19일의 Jacques Santer 집행위원회 위원장의 연설에서 윤곽을 드러내었던 식품안전과 소비자보호에 관한 EU식품입법정책의 기본원칙들을 핵심으로 삼고 있다. 이 세 가지 원칙은 첫째, 과학적 조언을 위한 독립된 입법책임, 둘째, 검역을 위한 독립된 입법책임,

---

28) *Ibid.*
29) *Ibid.*
30) Hervey and McHale, *supra* note 17, p.74.
31) Green Paper on the General Principles of Food Law in the European Union (May 1997) Com (97) 176. 당시만 해도 EU에서 2백 60만 명 정도가 식품산업에 종사하고 있었고, 상품의 자유이동이 보장된 상황에서 식품시장은 점점 더 확대되어 가고 있어 식품에 대한 법제도적 구비의 필요성이 더욱 증대되고 있었다고 볼 수 있다.

셋째, 의결절차 및 검역 등 전반에 걸친 높은 투명성의 보장과 광범위하면서도 유용한 정보의 확보에 관한 것이다.[32]

3. 1997년 '식품법 일반원칙에 관한 녹서' 이후의 EU 식품법 지위의 변화

1997년 5월 발행된 '식품법 일반원칙에 관한 녹서'는 식품법의 발전에 있어서 기여효과가 큰 것으로 평가할 수 있는데, 왜냐하면 식품법 분야에 있어서 EU가 어떻게 하면 최고수준의 입법 활동을 수행할 수 있는가에 대한 수많은 논점들을 창출해 낼 수 있는 자료이기 때문이다. 당시 영국의 광우병위기가 식품법의 발전에 중대한 역할을 하였다고 볼 수 있다. 이 녹서에서 EU 집행위원회는 향후 EU식품법제의 발전 방향에 관한 EU식품법의 기본적인 목적들로 최고수준의 공중보건, 식품안전 그리고 소비자보호의 규정, 단일시장 내에서의 상품의 자유로운 유통보장, 과학적 증거와 위해성 평가에 기초를 둔 입법 활동, 유럽 식품산업의 경쟁력 확보, 공식적 통제나 강제가 뒷받침된 자가진단 규정(소위 Hazard Analysis Critical Control Points systems, HACCP)의 확립을 통한 산업, 생산자 그리고 공급자의 식품안전에 대한 책임부담[33] 등을 제시하였다.

또한 광우병위기 이후 EU 집행위원회는 '식품법 일반원칙에 관한 녹서'에서 "식품안전과 공중보건은 언제나 최우선으로 고려되어어야 하며, 이는 단지 식품위기와 같은 긴급한 상황에서만 특별한 것으로 다루어져야 하는 것이 되어서는 아니 된다"[34]라고 하여, 소비자의 건전하고 안전한 소비를 위해서는 농장에서 식탁까지 식품의 안정이 보장되는 공동시장질서가 정착되어야 함을 강조하였다.

그리고 EU 집행위원회는 이 녹서에서 EU식품정책의 수립에 있어서 소비자의 건강을 '최우선적 의제'의 하나로 다루기 위해 집행위원회가 보장해야 할 사항으로

---

32) Commission Communication on Consumer Health and Food Safety (May 1997). pp.9－10.
33) Green Paper on the General Principles of Food Law in the European Union (May 1997) Com (97) 176.
34) *Ibid.*

서 첫째, 새로운 식품법안 준비 시에는 '최근의 과학적 증거'를 중요하게 다룰 것, 둘째, 과학적 증거가 불충분하고 충분한 위해평가가 불가능한 경우에는 입법안의 제시가 어려우므로 '예방적 원칙'을 우선적으로 고려할 것, 셋째, 식품안전을 위하여 '명확한 책임'을 지우고 모든 먹이사슬의 단계에서 식품의 건전성을 확보할 것, 넷째, 식품생산초기단계에서 최종판매시점까지 전체적인 먹이사슬에 있어서의 관리 및 통제 조치가 가능할 것, 다섯째, 관련 규칙은 국산품과 수입된 식료품들에게 동일하게 적용할 것, 여섯째, 소비자에게 식료품의 성질과 내용물에 관하여 통지하는 적절한 방법을 채택할 것[35] 등을 언급하였다.

Ⅳ. EU의 유럽식품안전청의 설립과 역할

1. '식품안전백서'에 기초한 유럽식품안전청의 설립

1997년 5월에 발표된 '식품법 일반원칙에 관한 녹서'가 EU식품법제의 발전상 중요한 내용이었음에도 불구하고, 이는 광우병위기에 따른 총체적인 EU식품법제의 확립에 대한 최종적 결과는 되지 못하였다. 따라서 EU 집행위원회는 식품안전과 소비자보건을 최고의 의제로 하는 광범위한 EU식품규범체제를 확립하겠다고 유럽의회에 공언하였고, 그 결과 EU 집행위원회는 1999년에 채택한 식품안전백서(White Paper on Food Safety)를 2000년 1월 12일 브뤼셀에서 발행하였다. 이 백서는 그 주요 내용인 유럽식품안전청(식품안전백서에서의 'European Food Authority'는 규칙 178/2002에 의하여 'European Food Safety Authority'로 명칭이 확정됨)의 설립을 제안하여 미래의 안전한 식품생산 및 공급에 기여하도록 하였고,[36] 또한 식품 비상사태에 대한 EU차원의 신속경보체제(Rapid Alert System)의 쇄신을 제안하였다. 그리고 동물사료, 동물복지, 식품위생, 포장 등 식품에 관한 포괄적 영역에 해당하는 EU 식품법제에 관한 여러 분야를 제시하였다.[37]

---

35) *Ibid.*
36) MacMaoláin, *supra* note 10, p.179 참조.
37) White Paper on Food Safety. COM (1999) 719. ANNEX: Action Plan on Food Safety 참조;

한편 EU 집행위원회의 신임 위원장이었던 Romano Prodi는 1999년 7월에 유럽의회에서의 그의 첫 번째 정책연설에서 식품안전의 강화는 집행위원회에서의 그의 재직기간 중의 주요 우선정책의 하나라고 언급하였으며, David Byrne위원은 강력한 식품안전과 소비자보호를 반영할 목적으로 EU식품법을 혁신시키고 재정립하기 위하여 영국에서의 광우병위기나 벨기에에서의 다이옥신오염 등의 식품사태를 재고할 임무를 부여받았고, 그 결과 농장에서 식탁까지의 식품안전과 소비자보호에 관한 입법행동방침을 담은 식품안전백서가 발행되었던 것이다.[38]

이 식품안전백서의 주요 내용은 EU차원에서의 독립적인 '유럽식품안전청'을 설립하는 것이었고, EU 집행위원회는 이 기구가 최고수준의 식품안전을 보장하는 가장 적합한 기관이 될 것으로 기대하였다. 그런데 이러한 독립적인 유럽식품안전청의 설립에 관한 구상은 유럽의회의 견책에 직면하던 광우병위기의 1997년 2월에 Jacques Santer 집행위원회에 의해 이미 의제로 삼은 바가 있었다. 그 후 수년 동안 집행위원회와 회원국들은 그러한 기구의 필요성이 없다고 주장하였으나, 이들의 견해는 벨기에에서의 다이옥신오염에 의하여 변화를 가져오게 되었고, 1999년 7월 Romano Prodi 집행위원회는 유럽의회에서 유럽의 FDA의 설립을 구상하고 있다고 언급하였다.[39] 그러나 이 식품안전백서에서 제안된 기구는 유럽의 FDA는 아니었고, 대신 '식품안전'에 대해서만 관여하여 독립적인 과학적 조언의 제공에 관한 임무를 수행하는 기구이었다. 또한 이 기구는 식품위기 사태 시 신속경보체제를 운영하고, 식품안전과 공중보건에 관한 소비자들과의 의사소통을 수행할 기구이었다.[40]

2. 유럽식품안전청의 역할수행과 한계

규칙 178/2002[41] 제3장(Chapter Ⅲ: European Food Safety Authority)에 따라 유럽

http://ec.europa.eu/dgs/health_consumer/library/pub/pub06_en.pdf(2009년 1월 20일 접속).
38) O'Rourke, *supra* note 13, pp.6−7 참조.
39) *Ibid.*, p.7.
40) White Paper on Food Safety. COM (1999) 719, pp.3−5,6−7 및 ANNEX: Action Plan on Food Safety 참조.
41) [2002] OJ L 31/1.

식품안전청은 첫째, EU 집행위원회, 회원국, 회원국의 국내 식품단체 또는 유럽의
회에 의한 요청에 의하여 식품안전에 대한 위해성을 평가하는 독립적인 과학적 자
문의 역할을 수행하고, 둘째, EU내에서 식품안전을 모니터링하고 식품안전과 영양
학의 영역 내에서 EU정책을 보조하기 위하여 영양, 식이요법, 위해성과 같은 사안
을 다루는 과학적 자료를 수집 및 분석하고, 셋째, 식품첨가물, 유아용 또는 유기농
과 같은 특정한 사용을 위한 식품, 기능식품, 유전자변형체(Genetically Modified
Organisms: GMO) 등에 관한 안전성을 평가하고, 넷째, 새롭게 발생되는 식품안전의
위해성을 식별하고, 다섯째, 식품안전의 위기발생 시 EU 집행위원회를 보조하고,
여섯째, 과학적 자문과 위해성 평가의 내용과 같은 정보를 EU 집행위원회를 통하
여 EU시민들에게 커뮤니케이션하는 등의 주요 역할을 수행한다.[42]

　　이를 위하여 유럽식품안전청은 10개의 '과학패널들'을 설치하여 각각 고유권한
의 영역에서 '과학적 의견'을 제공하도록 하고 있다.[43] 이러한 과학패널에는 첫째,
식품첨가물에 관한 패널, 둘째, 동물사료의 주재료 및 첨가물에 관한 패널, 셋째,
공장보호생산 및 잔류물에 관한 패널, 넷째, 유전자변형체에 관한 패널, 다섯째, 다
이어트제품, 영양섭취, 알레르기에 관한 패널, 여섯째, 생물학적 위험에 관한 패널,
일곱째, 먹이사슬상의 오염물질에 관한 패널, 여덟째, 동물보건과 복지에 관한 패
널, 아홉째, 식물보건에 관한 패널, 그리고 마지막으로 조미료, 촉진제 사용의 식품
에 관한 패널이 있다.[44]

　　유럽식품안전청은 이들 각각의 과학패널에 일반 사무직 직원들을 배치할 뿐만
아니라, 유럽식품안전청 내에 과학적 자문의 사무를 전담하는 상임직원을 고용하여
과학적 지원 업무에도 효율성을 제고하였다.[45] 이로써 과거와는 달리 각 과학패널
의 과학전문가들은 정해진 기한에 위해성 평가라고 하는 중요한 임무의 수행에 집

---

42) 규칙 178/2002, 제22조−제23조. 이 규칙은 2008년 3월 4일 위원회 규칙 202/2008(OJ L60/17,
　　5/3/2008)에 의하여 개정되었다; EU의 GMO 규제에 관하여는 김두수, "EU 유전자변형생물체
　　(GMO)규범체계를 통해 본 국제통상에 있어서의 식품안전과 환경보호", 「국제경제법연구」 제
　　11권 제2호(2013.7), pp.29−78; EU의 식품첨가물 규제에 관하여는 김두수, "EU의 식품첨가물
　　규범체계를 통해 본 식품안전정책", 「국제경제법연구」 제11권 제3호(2013.11), pp.25−66.
43) 규칙 178/2002, 제28조−제29조, 제31조.
44) 규칙 178/2002, 제28조.
45) 규칙 178/2002, 제28조의 8항 참조.

중할 수 있게 되었다. 따라서 업무의 중압감에서 벗어나 관련서류 및 보고서의 준비작업과 위해성 평가 작업을 진행할 수 있게 되어 과거처럼 많은 시간을 소비하지 않게 되었다.

유럽식품안전청의 역할수행의 구조를 살펴보면, '유럽의회뿐만 아니라 회원국들, 회원국들의 권한 있는 과학기관들'은 유럽식품안전청에 식품안전에 관한 '과학적 의견'을 요청할 수 있다. 물론 이러한 요청의 대상이 되는 식품안전에 관한 사안은 EU법상 유럽식품안전청의 자문이 '의무적인' 경우에 해당되는 분야로써 매우 '중대한 질문'에 관한 것이어야 한다. 이 경우에 EU 집행위원회는 유럽식품안전청에 이러한 질문들을 제출할 단독책임을 진다. 한편 유럽식품안전청은 식품안전문제와 관련이 있다고 판단되는 경우 자신의 고유의 '조사권'에 의한 직무수행과 이에 따른 '과학적 의견'을 제시할 독립된 권한을 소유한다.[46] 즉 유럽식품안전청은 독립된 법인격을 갖고[47] 투명성을 확보하여 공익적 차원에서 직무를 수행하는 기구이

---

[46] 규칙 178/2002, 제37조; 그런데 이는 단순한 사항은 아니라고 할 수 있다. 유럽식품안전청과 EU기관들 또는 회원국 과학기관 간의 '과학적 의견'의 차이로 인하여 위험관리와 위험정보의 교환에 있어서 혼선이 초래될 가능성이 있다. 특히 문제가 관련 회원국에게 매우 민감한 사안인 경우에는 더욱 복잡해 질 수 있다. EU 집행위원회는 최근에 이러한 경험을 한 바가 있는데, 이는 소위 영국-프랑스 간의 소고기 전쟁(UK-French Beef War)으로 알려져 있으며, 프랑스정부는 1999년 10월 1일 EU에 통지하여 프랑스식품안전청(Agence française de sécurité sanitaire des aliments: AFSSA)으로부터 전달받은 새로운 과학적 의견에 근거하여 영국산 소고기의 수입 금지조치를 취한 것은 EU 집행위원회 결정 1999/514/EC에 따른 것은 아니라고 하였다. 프랑스식품안전청(AFSSA)이라는 국내식품기관이 제시한 프랑스정부의 과학적 의견에 의하면, 동 광우병위기는 영국에서 완전히 해결되었다고 보기 어려우며, 따라서 프랑스정부는 영국산 소고기가 다시 프랑스시장에서 판매되는 것을 허가하는 것과 관련하여 프랑스 국내소비자들의 보건에 관심을 가질 수밖에 없고, 또한 영국으로부터 수입된 육류와 육류가공품의 날짜에 기초한 영국의 수출체계가 불충분하다고 판단되는 경우의 육류생산품에 대한 추적에 예의주시하고 있다고 하였다. 이에 EU 집행위원회는 프랑스식품안전청(AFSSA)이 제기한 문제들을 해결하기 위하여 즉시 과학조정위원회(Scientific Steering Committee: SSC)를 개최하였다. 이 과학조정위원회(SSC)는 유럽의 나머지 국가들로의 영국산 소고기수출에 대한 금지조치는 정당하다는 자신의 이전의 과학적 조언을 재확인하였다. 많은 외교적 협상이 진행된 후에도 프랑스는 영국산 소고기에 대한 금수조치를 계속 유지하였다. EU 집행위원회는 하나의 선택권만을 가질 뿐 이었는데, 그것은 유럽사법법원(ECJ)에서 프랑스정부를 상대로 소송을 제기하는 것이었다. 결과적으로 프랑스는 유럽사법법원에서 패소하였고, 단지 유럽사법법원의 판결을 이행하지 않기 때문에 EU 집행위원회가 제시하는 '매일의 벌금의 위협' 때문에 영국산 소고기의 프랑스시장으로의 유입을 허락하는데 동의하였다. O'Rourke, *supra* note 13, p.20.

[47] 규칙 178/2002, 제46조.

다.[48] 여기에서 중요한 점은 유럽식품안전청이 식품안전에 관하여 책임을 지는 회원국들의 국내 과학적 전문기관들과 긴밀하게 협력할 수 있게 되었다는 것이며,[49] 이를 좀 더 확대해석하여 의미를 찾는다면, 이로써 유럽과 그 이외의 지역과도 '과학적 교류'를 좀 더 원활하게 할 수 있는 네트워크를 형성하게 되었다는 것이다. 이러한 식품안전에 관한 중요한 역할수행의 중심에 유럽식품안전청이 위치해 있다고 할 수 있고, 따라서 EU 집행위원회는 유럽식품안전청을 적극 지원해야 하며 유럽식품안전청으로부터 나오는 과학적 의견들을 중요하게 다루어야 할 것이다.[50][51]

그러나 이러한 유럽식품안전청의 역할수행상의 가장 큰 한계는 '위해성 관리'에 관한 것으로, EU 집행위원회는 식품위기 발생 시의 위해성 관리에 관한 권한을 유럽식품안전청에 부여하지 않았다. EU 집행위원회가 새롭게 설립된 유럽식품안전청에 위해성 관리에 관한 권한을 부여하지 않은 이유는 집행위원회와 회원국들 모두가 새로운 독립된 식품안전기구인 유럽식품안전청에 자신들이 갖고 있었던 '식품관리'와 나아가 '식품입법'에 관한 권한을 포기하는 것이 쉽지 않았기 때문이라고 할 수 있다. 그러나 EU 집행위원회가 새로이 설립된 유럽식품안전청에 위해성 관리의 역할수행에 대한 권한을 부여하는 데에 찬성했다고 해서 식품관리나 식품입법에 있어서 큰 손상을 입었을 것이라고는 명확하게 말할 수는 없을 것이다. 결국 유럽식품안전청은 식품위기 발생 시의 '과학적 자문'의 역할을 수행하는 기관이라는 점에 있어서 제한된 특성을 갖게 된다고 볼 수 있다.

48) 규칙 178/2002, 제37조.
49) 규칙 178/2002, 제30조.
50) MacMaoláin, *supra* note 10, pp.186－187 참조.
51) 한편 유럽식품안전청은 다양한 식품위기에 대응하거나 또는 자신의 임무수행상의 부족한 지식을 확보하기 위하여 필요한 경우 과학연구를 수행하기 위해 고유의 예산을 확보하고 있다. 이를 통하여 유럽식품안전청이 비상사태의 경우에 비로소 반응을 하기보다 매래의 식품안전을 위해 보다 충실한 역할을 수행할 수 있을 것이다. 규칙 178/2002, 제43조 참조.

V. EU의 식품법제 성립과 유럽식품안전청 설립의 의의

식품안전백서의 결과로서 가장 중요한 내용은 2002년 EU식품법상의 일반원칙
들을 도입한 규칙 178/2002의 제정과 이를 통한 유럽식품안전청의 설립과 신속경
보체제의 쇄신이었다. 여기에서의 일반원칙들은 식품위기발생 시에 필요한 신속한
생산품 리콜의 강화를 위한 추적능력체제를 갖추고, 안전한 식품생산을 위한 먹이
사슬 전 과정을 통한 모든 식품생산자들에 관한 의무를 포함하고 있다. 규칙
178/2002는 EU식품법의 확립과 발전에 있어서의 하나의 주요한 선구자적 이정표
로 간주될 수 있을 것이다. 이 규칙 178/2002는 특히 회원국들에게 EU식품법의 기
본적 성질과 체계에 관한 명확성을 제공하고 있다. 이 규칙 178/2002를 통하여 EU
식품법제는 많은 발전을 하였다. 현재 EU의 미래가 불안전하다고는 말할 수 있겠
지만, 로마조약이 완성되고 있었던 1957년의 상황으로 회귀될 가능성은 희박하다
고 할 수 있다. 실제 회원국들은 '식품'이 EU차원에서 가장 잘 규율될 수 있을 것이
라고 신뢰하고 있다. 그런데 여기에서 검토해 볼 필요가 있는 것은 무엇 때문에 회
원국들이 '식품'과 같은 중요한 정책분야에 있어서 국가의 '주권적' 권한을 EU에 이
전할 수 있게 되었는가 하는 것이다.

이와 관련해서는 많은 회원국들에서 지속적으로 발생했던 식품으로 인한 많은
상처에 관하여 살펴 볼 필요가 있다. 첫째, 2001년 7월에 있었던 스페인의 찌꺼기
오일(pomace oil) 사건을 예로 들 수 있다. 이 사건에서 보건경보를 발령하기 전에
저급 식품오일이 잠재적으로 해로운 수준의 발암물질(carcinogen)을 함유하고 있다
는 것을 스페인의 공공기관에서는 3개월 동안 알고 있었다. 그런데 스페인 정부는
2001년 7월 3일에 이 찌꺼기 오일의 선적을 중지시켰고, 이 찌꺼기 오일이 허용할
수 없을 정도의 벤조피렌(benzopyrene, 콜타르에 함유된 발암 물질, 오랜 동안 암의 원인으
로 추정되고 있는 탄화수소(polyaromatic hydrocarbon)[52]의 일종)을 함유하고 있다는 검사
결과가 있은 후 해당 오일의 보건위험을 경고하였다. 그러나 스페인의 외교경제부
(Economy and Foreign Ministries)는 4월 초에 이미 스페인의 해당 찌꺼기 오일이 '체코

---

52) Czech Agriculture and Food Inspection Authority(CAFIA), Annual Report 2001 (02/01/2002),
    8-2-6-1.

공화국'에서 과도한 수준의 벤조피렌을 함유하고 있다는 검사를 받았다는 사실을 알고 있었다. 체코공화국의 농업 및 식품검역당국(Czech Agriculture and Food Inspection Authority: CAFIA)은 이미 2001년 2월 해당 스페인의 찌꺼기 오일을 회수하기 시작하였다. 체코공화국의 검사결과는 이미 올리브 오일에 붙은 잔여 올리브에서 해당 찌꺼기 오일이 10억 당 100의 벤조피렌(100 parts per billion of benzopyrene)을 함유하고 있음을 보여주었다.[53] 그런데 스페인 정부가 당시 확립한 기준은 10억 당 2의 벤조피렌함유가 허용 가능한 최고 한계치였다. 체코공화국의 한계치는 10억 당 10의 벤조피렌함유이었다. 스페인 정부는 찌꺼기 오일의 위험경보를 2001년 7월 3일 발령하였고, 보건장관인 Celia Villalobos는 체코공화국이 수행한 검사결과를 스페인 당국도 알고 있었다고 하였다. 이러한 스페인 정부의 위험경보에 대해 올리브 오일 산업계는 초기 혼란으로 인하여 안전한 양질의 올리브 오일에 대한 주문취소의 상황을 보고한 후 스페인 정부의 위와 같은 결정이 충분한 연구조사 및 검토에 의하지 않은 과잉반응이라고 비난하였다. 이러한 식품공황으로 인하여 찌꺼기 오일은 스페인과 포르투갈 시장으로부터 몇 달 동안 리콜이 진행되었다. 그런데 유럽식품안전청이 설립되기 전인 당시에 EU 집행위원회는 합리적이고도 적절한 역할을 수행하지 못하였다. 체코공화국 당국이 2001년 2월 스페인당국에게 해당 오일 생산품에 대한 스페인의 자체 '검사'를 하도록 수개월의 기간을 부여했다고 통지하였지만, 그들은 체코공화국의 농업 및 식품검역당국(CAFIA)이 수행한 작업을 신뢰하지 않았던 것이 아니냐는 의구심을 갖게 하였다. 2005년에 EU에 가입한 체코공화국이 당시에는 EU가입협상이 진행 중이었고, 더욱이 아직까지 체코공화국이 식품문제에 대한 그러한 역할을 정확하게 수행한 경우가 없었기 때문에 체코공화국과 같은 국가들을 경유하여 EU에 수입되는 불안전한 식품에 대하여는 EU 집행위원회가 큰 관심을 갖지 않았던 것으로 보인다.[54]

둘째, 2002년 7월의 벨기에와 네덜란드 간의 사건으로 위탁 판매된 동물사료가 호르몬의 일종인 'medroxyprogestrone-acetate(MPA)'로 오염되었다고 공표되자, 소비자들은 수일 안에 EU 전역에 걸친 식품위기가 발생할 것이라고 생각하였다.

---

53) *Ibid.*
54) O'Rourke, *supra* note 13, pp.8-9 참조.

이에 '식품 및 사료'에 대한 유럽신속경보체제(European Rapid Alert System for Food and Feed: RASFF)[55]가 발령되었고, 해당 동물사료와 관련된 주요 생산품 리콜에 연계된 회원국들 간의 정보교환이 당시에는 상당히 향상되었기 때문에 큰 위기는 벗어나게 되었다. 이 사건은 EU차원에서 식품공포의 억제를 위한 신속하고 효과적인 체제의 결함을 증명해 보였던 벨기에의 다이옥신 오염 사건과는 뚜렷한 대조를 보였다.[56]

셋째, 위와 같은 교훈에도 불구하고 2005년 3월에 식품에는 첨가할 수 없는 'Sudan red 1'('solvent yellow 14'로 알려진)로 인하여 소비자들은 또다시 대규모의 식품공포에 직면하게 되었다. Sudan red 1은 일종의 합성 적색염료로 미국에서는 1918년 이래로 식품에서 사용이 금지된 것이다. 그러나 수백 종류의 기성품의 음식, 양념 등에 자체 방식에 기초한 복잡한 과정을 통하여 사용되었다. 영국에서는 Premier Foods에서 생산된 우스터소스(Worcester Sauce)를 예로 들 수 있다. 이 우스터소스는 금지된 염료인 불량의 칠레 파우더(chilli powder)를 함유하고 있었고, 영국

---

55) 규칙 178/2002는 식품과 사료에 대한 위험의 통지를 위한 신속경보체제(RASFF)를 특별히 확립하고 있다. 이 제도는 기존에 존재하던 일반생산품안전지침에 대한 부속서(Annex to the General Product Safety Directive)를 포함하고 있던 신속경보체제를 새로이 쇄신한 것이다. 이 규칙 제50조, 제51조, 제52조는 식품과 사료에 대한 신속경보체제의 범위와 절차를 규정하고 있다. 그 목적은 식품안전의 보장을 위해 채택된 조치에 관한 정보교환의 효과적인 통제 및 관리 수단과 그 권한을 규정하는 것이다.

EU 집행위원회가 중심이 되어 운영되는 이 제도는 각 회원국, EU 집행위원회 그리고 유럽식품안전청과의 네트워크를 다루고 있다. EU에서 인간의 건강에 대해 심각한 위험을 초래하는 식품문제는 그것이 직접적이든 간접적이든 관계없이 모두 EU 집행위원회에 통지되어야 하고, 그 다음 이 네트워크의 다른 구성원들에게 통지된다(동 규칙 제50조의 1). 회원국들은 전문경영자(professional operators)와의 협정을 포함하여 식품에 제한을 가하기 위하여 채택된 어떠한 국내조치든지 EU 집행위원회에 통지해야 한다(동 규칙 제50조의 3(b)). 그리고 회원국들은 국경부서(border posts)에서 식품 또는 사료의 반입거절의 근거가 된 건강위험에 대한 세부내용을 EU 집행위원회에 통지해야 한다(동 규칙 제50조의 3(c)).

국경부서의 식품에 대한 반입거절은 EU 집행위원회에 의하여 즉시 모든 다른 EU국경부서들과 원인발생의 근원지 국가에게 통지되어야 한다. 네트워크상에 제공된 정보는 일반적으로 EU시민들에게 공표된다. 그러나 전문적 보안사항(professional secrecy)으로 통제되는 정보는 인간의 건강보호에 필요한 경우를 제외하고는 공개되지 않게 된다(동 규칙 제52조의 1, 2).

인간건강에 해가 되는 식품위험이 국내조치에 의해 만족스럽게 견제되지 못하는 경우, EU 집행위원회는 문제가 된 식품 또는 사료의 거래 또는 사용의 정지를 명할 권한을 가지며, 또한 이를 통제하기 위하여 다른 조치들을 규정할 권한을 갖는다. 한편 한 회원국이 EU 집행위원회에 긴급조치의 필요성을 통지해 오고, 집행위원회가 위의 규율에 따르는 것에 실패하는 경우 해당 회원국은 임시적 보호조치를 채택할 수 있다(동 규칙 제54조의 1, 2, 3).

56) O'Rourke, *supra* note 13, p.9 참조.

소비자 역사상 가장 많은 생산품 리콜로서 거의 20개국에서 500 여종 이상의 생산품 리콜이 이루어졌다. 그러나 이 염료는 식품생산자, 슈퍼마켓 또는 조사당국에 의해 발견되지 않았고, 뜻밖에도 식품의 불순물의 탐지를 개선할 수 있다는 제안을 하는 이탈리아의 한 '실험실'에서 발견되었다.[57]

이러한 사례를 통하여 볼 때, 회원국들 정부가 EU차원의 식품안전기관에 식품안전, 식품정책의 영역에 대한 주권적 권한을 이전할 준비가 되어 있었다는 점은 조금은 예상할 수 있는 일이라고 할 수 있다. 영국에서의 광우병위기 당시 정치가들은 매체를 동원하는 시대에 있어서도 식품위기가 발생하는 경우 소비자에게 관련 정보를 신속하게 전달하고 식품문제에 대한 확신을 주기 위하여 모든 통신기술을 활용하는 데에는 한계가 있음을 인식하게 되었다. 이러한 이유로 인하여 EU 회원국정부들은 유럽식품안전청과 같은 EU차원의 다른 어떤 기관이 이러한 사건을 담당하도록 허용할 준비를 해왔다고 볼 수 있고, 회원국정부들 입장에서는 식품위기의 발생 시 자신의 건강이 위험에 놓인 성난 소비자들의 제일선에 서지 않아도 된다는 직무상의 부담감을 감소시키게 되었다는 점에서 이에 동조하였다고 할 수 있을 것이다.[58]

끝으로 EU식품법에 있어서 앞으로 보다 관심을 가져야 할 내용은 EU가 항상 회원국정부의 영역으로 여겨졌던 영양물섭취와 같은 다른 영역들에 관하여도 관여하기 시작했다는 것이다. 미래의 EU식품법 시대에는 식품영양에 대한 관심이 더욱 높아질 것이기 때문에 '식료품의 자유이동'과 같은 부분에서 '식품안전'을 보증하기 위한 많은 법안이 제시될 것이다. 이러한 식료품의 자유이동의 보장과 식품안전의 문제는 실제로 EU 집행위원회의 새로운 식품법안의 기초를 이루고 있다. 또한 앞으로는 유기농식품생산시장, 전통적 식품생산과 음식문화를 보호하고자 하는 슬로푸드운동[59]

---

57) *Ibid.*
58) *Ibid.*
59) 슬로푸드(slow food)란 집에서 직접 만든 음식으로 만드는 데 시간이 오래 걸리는 음식을 말하며, 슬로푸드운동(slow food movement)이란 대량생산·규격화·산업화·기계화를 통한 맛의 표준화와 전 세계적 미각의 동질화를 지양하고, 나라별·지역별 특성에 맞는 전통적이고 다양한 음식·식생활 문화를 계승·발전시킬 목적으로 1986년부터 이탈리아의 작은 마을에서 시작된 식생활운동을 말한다. 특히 미국의 세계적인 햄버거 체인인 맥도널드의 '패스트푸드'에 반대해 일어난 운동으로, 맥도널드가 이탈리아 로마에 진출해 전통음식을 위협하자 미각의 즐거움, 전통음식의 보존 등의 기치를 내걸고 식생활운동을 전개하기 시작, 몇 년 만에 국제적인 음식 및 와인 운동으로 발전하였다. 이어 1989년 11월, 프랑스 파리에서 세계 각국의 대표들이 모여 미각의 발

(Slow Food movement)의 열망 등에 대하여 관심을 가질 필요가 있다고 할 수 있다. 왜냐하면 이러한 영역들은 앞으로 EU식품법을 새로운 방향으로 움직이는 주요한 요소로 작용할 수 있기 때문이다.

Ⅵ. 결언

앞에서 EU의 식품안전과 소비자 보호를 위한 식품법제의 성립 과정, 유럽식품안전청의 설립과 역할 및 한계, 그리고 EU식품법제 성립과 유럽식품안전청 설립의 의의에 대하여 검토하였다. EU의 집행위원회, 이사회, 유럽의회 등 여러 주요 기관들은 영국에서의 광우병위기 등에 관하여 EU본부가 위치하고 있는 브뤼셀에서 많은 논의를 진행하였고, 그 주요 주제는 식품안전과 공중보건 및 소비자보호에 관한 총체적인 문제에 대한 것이었다. 이러한 논의로 식품안전과 소비자보호와 관련된 많은 변화가 발생하였고, 이러한 변화의 내용은 '식품법 일반원칙에 관한 녹서', '식품안전백서', 식품 및 수의 사무소(Food & Veterinary Office: FVO[60])의 설립, 유럽식품안전청의 설립과 과학패널들, 신설조항인 EC조약 제152조(현 TFEU 제168조), 재조직된 보건총국인 DG SANCO(EU위원회 내의 건강과 소비자 보호를 위한 총국(Directorate General)을 의미하며, 과거의 DGXXIV(Health and Consumer Protection)를 말함), 소비자보건과 식품안전에 관한 여러 건의 EU 집행위원회 통보 등을 포함한다.

이러한 변화된 내용들은 EU 내의 소비자들과 정치가들에게 모두 환영을 받을

전과 음식 관련 정보의 국제적인 교환, 즐거운 식생활의 권리와 보호를 위한 국제운동 전개, 산업 문명에 따른 식생활 양식의 파괴 등을 주요 내용으로 하는 '슬로푸드 선언'을 채택함으로써 이 운동은 공식 출범하였다. 이 운동의 지도 원리는 소멸 위기에 처한 전통적인 음식·음식재료·포도주 등을 수호하며, 품질 좋은 재료의 제공을 통해 소생산자를 보호하고, 어린아이와 소비자들에게 미각이 무엇인가를 교육하는 데에 있다. 2000년부터는 슬로푸드 이념을 실천하는 사람을 발굴하고, 그들의 공적을 널리 알리기 위해 슬로푸드 시상대회를 개최하고 있다. 심벌(symbol)은 느림을 상징하는 달팽이다. http://100.naver.com/100.nhn?docid=759319(2020년 1월 31일 접속).

60) FVO는 특히 검역(inspection)에 있어서 식품안전 및 동·식물의 보건에 관한 효과적 통제의 증진, 이에 대한 제3국과의 연계, EU의 식품안전 및 동·식물의 보건정책의 발전에 대한 기여 등을 위하여 그 역할을 수행한다.

만한 일이었다. 그러나 영국에서의 광우병위기라든가 또는 벨기에에서의 다이옥신 오염위기는 당시에 미래 EU식품법제의 발전상의 하나의 문제점을 제기하였는데, 그것은 향후 더 이상 EU의 역내시장 전체에 '식품의 자유이동'을 완전하게 보장할 수 없게 되었다는 사실이다. 이는 EU식품법제의 발전만큼 식품안전과 소비자보호를 위해서 회원국들이 규제완화의 태도를 재고하게 되었다는 것을 의미한다. 이로서 EU의 식품의 자유이동의 영역에 있어서 단일시장은 그 기능의 폭이 좁아지게 될 우려가 있는 것이다. 광우병과 같은 식품위기가 발생하는 경우에 EU 또는 회원국정부들은 식품안전 및 공중보건과 관련된 사태를 통제 및 관리해야 하는 것이고, 이를 위해서는 EU역내시장에서의 상품의 자유이동의 적용이 제한을 받게 되는 것이다. 이러한 문제 때문에 EU 집행위원회와 회원국들은 식품문제 발생 시의 위해성 관리에 관한 권한이나 식품입법에 관한 권한을 유럽식품안전청에 부여하는 것을 기피하였다고 볼 수 있다.

이 글에서 살펴본 바와 같이 영국에서의 광우병위기와 벨기에에서의 다이옥신 오염위기 등의 영향으로 인하여 EU식품법의 목적이 식품의 자유이동에 관한 것이 아니라, 오히려 EU역내시장에서의 식품안전의 보장과 소비자건강의 보호라는 것을 알 수 있다. 즉 EU식품법이 회원국이 국내에서 수행하던 식품안전과 공중보건과 같은 역할을 부분적으로 대신 수행하게 되었다고 볼 수 있다. 또한 규칙 178/2002에 의하면, 현재 EU의 식품법은 안전한 식품생산을 위하여 먹이사슬상의 모든 사람들에 대한 추적능력,[61] 투명성의 확보,[62] 책임부담[63] 등에 관하여도 규율하고 있다. 2004년을 전후로 EU의 회원국확대와 EU헌법조약(Treaty establishing a Constitution for Europe)에 관한 브뤼셀에서의 논의가 정점일 때, EU 집행위원회는 당시만 하여도 국내정치가들로부터 그다지 많은 관심을 받지 못하던 EU차원에서의 식품산업을 규제 및 관리할 권한을 행사하였던 것이다. 이처럼 EU는 식품안전과 소비자보호를 위한 법제의 정비를 통하여 식품법을 발전시켜 왔으며, 그 결과로서 유럽식품안전청을 설립하였고, 나아가 식품문제가 발생하는 경우 과학패널들의 과

---

61) 규칙 178/2002, 제18조.
62) 규칙 178/2002, 제38조.
63) 규칙 178/2002, 제17조.

학적 조언을 통하여 협조를 받을 수 있고 또한 식품위기가 발생하는 경우 신속경보체제의 운영을 통하여 유럽에서의 식품안전과 소비자보호를 '강화'할 수 있게 되었다.

　　다이옥신에 오염된 아일랜드산 돼지고기의 유통은 멜라민이 첨가된 중국산 분유의 유통에 이어서 세계의 식품안전에 다시금 경종을 울렸고, 유럽뿐만이 아닌 '전 세계적인 식품안전 네트워크'의 필요성이 대두되었다. 글로벌 식품위기 사태가 계속되면서 전 세계의 소비자들은 자국이 아닌 다른 나라의 식품문제가 이제는 나의 문제가 될 수 있다고 인식하게 된 것이다. 또한 세계 각국 정부들도 세계적 식품안전 네트워크 하에서 식품문제의 관리가 이루어져야 하고, 이를 위해서는 국제적인 협력이 더욱 절실하다는 것을 알게 되었다. 이러한 점에 있어서 지역 국제사회인 EU의 식품안전과 소비자보호에 대한 법과 제도의 확립 및 발전은 국내외적으로 중요한 의미를 갖는다고 할 수 있다. 이러한 맥락에서 볼 때 규칙 178/2002에 비견되는 식품안전과 소비자보호를 위한 우리나라의 2008년 6월 13일의 식품안전정책의 수립 및 추진체계, 긴급대응 및 추적조사, 식품안전관리의 과학화, 정보공개 및 상호협력, 소비자의 참여를 담은 '식품안전기본법'의 제정과 시행은 매우 의미가 있는 일이며, EU의 위와 같은 노력의 결과는 한·EU FTA시대뿐만 아니라 향후 동북아 지역공동체의 발전에 있어서도 상품 특히 '식품'의 안전과 소비자보호를 위한 역내 협력에 있어서 부여하는 의미가 크다고 할 수 있다.

제14장

유럽식품안전청(EFSA)의 조직구조와 역할

Ⅰ. 서언

1차 생산물과 가공물을 포함하여 '농장에서 식탁까지'[1]의 식품안전과 소비자보
호에 관한 문제는 오늘날 유럽에서도 점점 관심을 갖고 비중 있게 다루는 분야가
되었다.[2] 이미 유럽에서는 1990년대 후반에 들어서면서 광우병(Bovine Spongiform
Encephalopathy: BSE)의 위험성에 대하여 경각심을 갖게 되었다. 이에 EU의 주요기
관 중의 하나인 EU 집행위원회는 1997년 4월 식료품에 대한 미래의 EU규범체계를
개혁할 필요성을 인식하였고, 이를 공론화하기 위하여 'EU식품법 일반원칙에 관한
녹서'[3](Green Paper on the General Principles of Food Law in the European Union)를 발행
한 바가 있다. 그런데 영국에서는 1985년 처음으로 소의 죽음에 대해 조사된 바 있

---

1) 'farm to table'과 같은 방식으로 사용되는 용어들에는 'farm to fork', 'stable to table', 'seed to
   silo', 'plough to plate'가 있다. Caoimhín MacMaoláin, *EU Food Law* (Oxford: Hart Publishing,
   2007), p.184, note 13.
2) 식품안전 및 소비자보건에 대한 국제적 관심과 노력은 점점 증가하고 있다. 왜냐하면 국제교
   역의 증가는 위기발생시 그 대응방안에 있어서 국내적 차원의 규제조치와 대응책만으로는
   전 세계적 위기초래에 대비한 한계를 보이게 되기 때문이다. 또한 이러한 세계적 위기는 국
   제무역을 위협할 수도 있기 때문이다.
3) Green Paper on the General Principles of Food Law in the European Union (May 1997),
   Com (1997) 176.

었으나 소의 죽음에 대한 정확한 요인을 밝히지 못하였고, 1997년 영국 의회에 의하여 광우병조사가 실시되어 1970년대 신종원인으로 인한 질병이 소의 죽음의 원인이었음이 밝혀졌다. 그러나 이것도 확증이라기보다는 가능성에 가까운 것이라는 데에 문제가 있다고 할 수 있다. 이처럼 광우병을 명확하게 규명하기 어려운 이유는 매우 긴 잠복기를 갖기 때문으로 보고 있다. 한편 광우병이 스크래피(Scrapie: 양의 바이러스성 전염병으로 뇌와 중추신경계를 파괴시키는 질환)로부터 파생되었을 가능성도 제기되는데, 스크래피는 지난 200년이 넘게 인간에 전이된 사례가 없다. 따라서 광우병도 이러한 방식으로 인간에게 전이되지는 않을 것이라는 견해도 있다.[4]

이러한 'EU식품법 일반원칙에 관한 녹서'의 발행과 동시에 당시 EU 집행위원회 위원장인 Jacques Santer와 집행위원회 내의 소비자문제 담당위원인 Emma Bonino는 '유럽식 식품의약품안전청(Food and Drug Administration: FDA)'의 설립을 주장하였다. 이에 유럽위원회 내의 소비자문제 담당위원인 Emma Bonino는 미국을 방문하였다. 그러나 그녀는 미국 식품의약품안전청(FDA)이 처음 기대했던 만큼 독립적이지 않았고, 육류 · 조류 · 어류와 같은 1차 산업에 의한 주요 식품들을 다루지 않았으며, 9000여명의 직원으로 구성되는 매우 거대한 조직이었기 때문에 EU의 차원에서는 비현실적이었다고 판단하여 이것이 유럽에 있어서 좋은 모델은 아니라고 결정하였다.[5] 이러한 사실에도 불구하고 독립적인 유럽식품기구를 창설하고자 하는 목표와 계획은 1999년 7월 EU 집행위원회 신임 위원장인 Romano Prodi의 유럽의회에서의 첫 번째 연설에서 다시 언급되었다. 이 연설에서 그는 자신의 재직기간 동안 식품안전이 EU의 주요 우선 정책사항 중 하나가 될 것이라고 하여 유럽식품기구의 창설에 찬성하고 있음을 밝혔다.[6] 그 결과로 독립적인 유럽식품기구의 윤곽이 1999년 12월에 채택되어 2000년 1월에 발행된 집행위원회의 '식품안전백서'[7] (White Paper on Food Safety)에 포함되게 되었다. 그리고 이 식품안전백서에 수록된

---

4) MacMaoláin, *supra* note 1, pp.175−176.
5) Raymond O'Rourke, *European Food Law* (London: Sweet & Maxwell, 2005), p.193.
6) *Ibid.*, pp.6−7 참조.
7) White Paper on Food Safety. COM (1999) 719, pp.3−5,6−7 및 ANNEX: Action Plan on Food Safety 참조. http://ec.europa.eu/dgs/health_consumer/library/pub/pub06_en.pdf(2010년 8월 15일 접속).

식품안전과 소비자보호에 관한 내용을 참고하여 2002년에 이사회/유럽의회 규칙 178/2002가 채택되었고, 이에 의거하여 유럽식품안전청(European Food Safety Authority: EFSA)이 설립되었다.

그런데 이렇게 창설된 유럽식품안전청은 Jacques Santer, Emma Bonino, Romano Prodi가 구상했던 유럽의 독립된 완전한 식품안전기구로서는 한계와 문제점을 지니게 되었다. 유럽식품안전청이 설립되는 과정에서 보건 및 소비자 보호 담당위원이었던 David Byrne은 미국 FDA의 모델을 EU내로 수용하는 데 대하여 부정적인 입장이었다. 그리고 영국에서의 광우병 위기에 대한 각성으로 많은 EU 회원국들이 식품안전에 대한 소비자신뢰를 유지하기 위해서 자신의 국내식품담당기관을 설치하게 되었다. 이로서 유럽식품안전청은 EU라고 하는 지역 국제사회에서 역할수행상의 여러 문제점이 발생하게 되었다. 오늘날 국제사회는 세계무역기구(World Trade Organization: WTO)체제하에서 식품관련 시장이 점차 개방되고 있고, 유럽에서는 공동시장법상 상품의 자유이동법제에 따라 식품이 자유롭게 유통되고 있다. 따라서 EU는 광우병위기를 정점으로 하여 EU시민들을 위한 먹을거리의 안전성 확보와 소비자보호를 중요하게 다루게 되었다. 이러한 사회적 필요성과 배경 하에 유럽식품안전청이 설립되어 운영되고 있다. 무엇보다 2009년 10월 15일 한·EU FTA가 가서명되고, 2010년 10월 6일 정식 서명되어 타결됨에 따라 우리나라의 상대방 당사자인 EU의 유럽식품안전청의 조직구조와 역할을 살펴보는 것은 한·EU FTA의 발효(2011년 7월 1일 잠정발효)에 대해 양 당사자가 먹을거리에 대한 위기관리와 안전성의 확보 및 소비자보호를 위한 협력관계를 구축함에 있어서 큰 의미를 갖는다고 할 수 있다.

그러므로 여기에서는 먼저 이사회/유럽의회 규칙 178/2002[8] 제22조에 의해 설립된 유럽식품안전청[9]의 조직구조 및 역할에 관하여 살펴본 후, 유럽식품안전청의

---

8) 이는 EU에서는 식품안전과 소비자보호를 위한 '식품기본법'(The General Food Law: GFL)으로 부르기도 한다.

9) 유럽식품안전청은 이탈리아의 파르마(Parma)에 위치하고 있으나, 동 기구의 소재와 관련해서는 논란이 없지 않았다. 식품안전백서 제58절에 의하면 동 기구는 EU 집행위원회의 공무집행을 위하여 집행위원회에 인접한 곳에 위치해야 할 필요가 있고, 집행위원회도 '쉽게 접근할 수 있는' 지역일 필요가 있다고 여겨 특히 식품안전위기에 따른 신속경보체제가 작동되는 곳에 소재해야 할 필요가 있다고 하였다. White Paper on Food Safety. pp.20−21; 동 기구의 소재지 후보로 거론된 지역은 핀란드

역할수행상의 몇 가지 문제점들에 관하여 검토하고 적절한 개선책을 모색하고자 한다.

Ⅱ. 유럽식품안전청의 조직구조와 역할

1. 유럽식품안전청의 설립 배경 및 필요성

1997년 5월에 발표된 'EU식품법 일반원칙에 관한 녹서'는 EU식품법제의 발전
상 중요한 내용이었으나, 이는 광우병위기 이후의 총체적인 EU식품법제의 확립에
대한 최종적인 결과는 아니었다. 따라서 EU 집행위원회는 식품안전과 소비자보건
을 최고 의제로 하는 포괄적인 EU식품법체제의 확립을 유럽의회에 약속하였고,
1999년에 채택한 식품안전백서를 2000년 1월 12일 브뤼셀에서 발행하였다. 이 식
품안전백서는 유럽식품안전청(식품안전백서에서의 'European Food Authority'는 규칙
178/2002에 의하여 'European Food Safety Authority'로 명칭이 확정됨)의 설립을 제안하는
것을 주요 내용으로 하고 있으며, 이를 통해 미래의 안전한 식품생산 및 공급에 기
여하도록 하였고,[10] 식품위기 또는 식품공황 등의 비상사태에 대한 EU차원의 신속
경보체제(Rapid Alert System)의 쇄신을 제안하였다. 그리고 동물사료, 동물복지, 식품
위생, 포장 등 식품에 관한 포괄적 영역에 해당하는 EU식품법제와 관련된 여러 분
야를 제시하였다.[11]

의 헬싱키(Helsinki), 이탈리아의 파르마(Parma), 스페인의 바르셀로나(Barcelona), 프랑스의
리옹(Lyons)이었다. 이에 이들 후보지가 브뤼셀(Brussels)의 의결권자들(즉 '위해성 관리자들')
에게 있어서 '쉽게 접근할 수 있는' 지역인가에 대한 의문이 있었고, 2001년 12월 벨기에에서
개최된 EU이사회에서 동 기구의 소재지결정에 실패한 후, 동 기구의 초기의 발전을 위하여
임시적으로 브뤼셀로 결정하였다. 이후 2003년에 가서야 유럽식품안전청의 소재지가 이탈리
아의 파르마로 결정되었고, 조화로운 목적달성을 위하여 브뤼셀에 소규모의 체제를 유지하기
도 하였다. O'Rourke, *supra* note 5, p.199; 이 유럽식품안전청은 조약(TFEU)에 언급된 EU의
주요기관들 중의 하나는 아니다. 따라서 TFEU상의 법적 보호 규정은 유럽식품안전청에는 적
용되지 아니 한다. 그러나 EU의 '식품기본법'인 이사회와 유럽의회 규칙 178/2002 제47조에
의하여 유럽식품안전청의 계약적 그리고 비계약적 책임에 대한 결정의 경우에 유럽사법법원
(European Court of Justice: ECJ)의 관할권이 인정된다. Bernd van der Meulen and Menno
van der Velde, *European Food Law* (Wageningen: Wageningen Academic Publishers, 2009),
p.212.
10) MacMaoláin, *supra* note 1, p.179 참조.

이러한 식품안전백서의 주요 내용은 EU차원의 독립적인 '유럽식품안전청'을 설립하는 것이었고, EU 집행위원회는 이 기구가 EU에서 최고수준의 식품안전을 보장하는 가장 적합한 기관이 될 것으로 기대하였다. 그런데 이러한 독립적인 유럽식품안전청의 설립에 관한 구상은 유럽의회의 견책에 직면하던 광우병위기의 1997년 2월에 Jacques Santer 집행위원회에 의해 이미 의제로 삼은 바가 있었다. 그 후 수년동안 집행위원회와 회원국들은 그러한 기구의 필요성이 없다고 주장하였으나, 이들의 견해는 벨기에에서의 다이옥신오염에 의하여 변화를 가져오게 되었고, 1999년 7월 Romano Prodi 집행위원회는 유럽의회에서 유럽의 FDA의 설립을 구상하고 있다고 언급하였다.[12] 그러나 이 식품안전백서에서 제안된 기구는 유럽의 FDA는 아니었고 대신 '식품안전'에 대해서만 관여하여 독립적인 과학적 조언의 제공에 관한 임무를 수행하는 기구였다. 또한 이 기구는 식품위기 사태시 신속경보체제를 운영하고, 식품안전과 공중보건에 관한 소비자들과의 의사소통을 수행할 기구였다.[13]

2. 유럽식품안전청의 조직구조의 분석

유럽식품안전청은 4개의 조직, 즉 하나의 운영위원회(Management Board), 청장(Executive Director) 및 그 사무직원, 하나의 자문포럼(Advisory Forum), 하나의 과학위원회(Scientific Committee) 및 다수의 과학패널들(Scientific Panels)로 구성되어 있다.[14]

1) 운영위원회의 운영과 역할

운영위원회는 한 명의 EU 집행위원회 대표 외에 유럽의회의 자문을 통해 이사회가 지명한 14명의 위원들로 구성된다. 14명의 위원들 후보의 명부는 EU 집행위원회가 작성하여 유럽의회에 자문을 위하여 제출되고, 이는 가능한 한 3개월 내에

---

11) White Paper on Food Safety. COM (1999) 719. pp.3－5,6－7 및 ANNEX: Action Plan on Food Safety 참조.
12) O'Rourke, *supra* note 5, p.7.
13) White Paper on Food Safety. COM (1999) 719, pp.3－5,6－7 및 ANNEX: Action Plan on Food Safety 참조.
14) 규칙 178/2002, 제24조.

이사회에서 최종 결정되어야 한다. 이들 운영위원들은 전문지식과 권위가 있어야 하며, 이들의 임명에는 EU의 광범위한 지역적 안배가 고려된다. 규칙 178/2002는 특히 운영위원들 중 4명의 위원은 소비자와 먹이사슬에 있어서 이해관계를 대표하는 기관에서의 경력을 갖는 자로 임명되어야 한다고 규정하고 있다.[15] 처음 운영위원회가 구성되고 2002년 7월에 위원들이 지명될 당시, 소비자를 대표하는 기관에서 근무한 경력이 있다고 인정될 수 있는 운영위원회의 위원은 단 2 명만 해당되었기 때문에 이 문제에 대해서는 일부 논쟁이 있었다. 그러나 이사회는 많은 운영위원회 위원들이 다른 형태로서 소비자를 대표한다고 언급하면서 자신의 결정을 옹호하였다.[16] 이들 운영위원회 위원의 임기는 4년이고 1회 재임이 가능하다. 다만 운영위원들의 부분적 교체를 위하여 첫 임명의 경우에 운영위원들 절반의 임기는 6년에 해당되었다.[17]

운영위원회는 유럽식품안전청의 청장의 제안에 기초하여 유럽식품안전청의 내부절차규칙을 채택하며, 이는 공개된다.[18] 운영위원회는 2003년 9월 16일 성실하고 친절한 행정운영과 서비스를 위한 규정(EFSA Code of good administrative behaviour)을 채택하였으며,[19] 그 기초는 EU기본권헌장[20](Charter of Fundamental Rights of the European Union) 제41조(right to good administration)라고 할 수 있다.[21] 운영위원회는 임기 2년의 운영위원장을 선출하며 재임할 수 있다.[22] 운영위원회는 특별한 규정이 없는 한 다수결에 의하여 자체의 내부절차규칙을 채택한다.[23] 운영위원회는 운영위원장의 소집에 의하거나 또는 운영위원의 최소 1/3의 요청에 의하여 회합하며,[24] 유럽식품안전청이 규칙 178/2002에 따라 직무를 수행하는 것을 보장한다.[25] 운영위원회는 매년 1월 31일 이전에 유럽식품안전청의 연간계획(annual

---

15) 규칙 178/2002, 제25조 제1항.
16) O'Rourke, *supra* note 5, p.196.
17) 규칙 178/2002, 제25조 제2항.
18) 규칙 178/2002, 제25조 제3항.
19) MB Decision 16.09.2003 − 11 − Adopted, EFSA.
20) OJ 2000 C364/01.
21) van der Meulen and van der Velde, *supra* note 9, p.202.
22) 규칙 178/2002, 제25조 제4항.
23) 규칙 178/2002, 제25조 제5항.
24) 규칙 178/2002, 제25조 제6항.

programme)을 채택하고 이를 유럽식품안전청의 예산 채택에 반영한다. 또한 운영위원회는 다소 수정될 수도 있는 다양한 연간프로그램을 채택할 수 있으며, 이들 프로그램이 식품안전 분야에 있어서 EU의 입법과 정책적 우선에 일치되고 조화되도록 보장한다. 운영위원회는 매년 3월 30일 이전에 전년도 유럽식품안전청의 일반활동보고서(annual general report)를 채택하고 6월 15일 발행한다.[26] 유럽식품안전청의 청장이 운영위원회의 사회를 주관하며, 과학위원회 위원장은 운영위원회 회의에 초대될 수 있다. 그러나 이들 양자에게는 투표권이 부여되지 않는다.[27]

2) 유럽식품안전청장의 임명과 역할

유럽식품안전청장은 EU 집행위원회로부터 추천된 후보자리스트에 근거하여 공개경쟁 후에 운영위원회가 임명하며, 임기는 5년이며 재임이 가능하다.[28] 청장은 운영위원회가 임명하기 전에 유럽의회에 초청되어 모종의 진술의 기회를 가지며 유럽의회 구성원들의 질문들에 대하여 답변을 한다. 청장은 운영위원회의 다수결에 의하여 해임될 수 있다.[29]

청장은 유럽식품안전청을 법적으로 대표하여[30] 유럽식품안전청의 매일의 일상적인 행정운영에 대한 책임을 지며,[31] EU 집행위원회와 협의하여 유럽식품안전청의 연간계획을 구상하고,[32] 운영위원회가 채택한 결정이나 활동프로그램을 수행하며,[33] 적절한 과학적·기술적·행정적 지원을 통하여 과학위원회와 과학패널들이 원활하게 활동하도록 보장할 책임[34]을 진다. 또한 청장은 유럽식품안전청의 수입과 지출의 평가에 대한 진술과 집행에 대한 책임이 있으며,[35] 모든 사무직원들의

---

25) 규칙 178/2002, 제25조 제7항.
26) 규칙 178/2002, 제25조 제8항.
27) van der Meulen and van der Velde, *supra* note 9, p.196.
28) 유럽식품안전청의 초대 청장은 2002년 11월에 운영위원회에 의해서 임명된 Geoffrey Podger로서 2003년 그의 직위에 취임했다. 그는 유럽식품안전청장에 임명되기 전 영국 식품표준청(UK Food Standards Agency)이 2000년 설립된 이래로 그곳의 수장이었다.
29) 규칙 178/2002, 제26조 제1항.
30) 규칙 178/2002, 제26조 제2항.
31) 규칙 178/2002, 제26조 제2항(a).
32) 규칙 178/2002, 제26조 제2항(b).
33) 규칙 178/2002, 제26조 제2항(c).
34) 규칙 178/2002, 제26조 제2항(d), (e).

문제에 대하여 책임을 지며,[36] 유럽의회와의 관계유지와 발전 및 유럽의회내의 관련 위원회들과의 정규적인 대화의 확보에 대하여 책임[37]을 진다.

또한 청장은 매년 운영위원회에 전년도 유럽식품안전청의 모든 활동들이 포함된 일반보고서초안(draft general report)을 제출해야 하며,[38] 일반적인 활동계획서 초안(draft programmes of work)을 제출해야 한다.[39]

3) 자문포럼의 운영과 역할

자문포럼은 회원국들의 권한 있는 기관인 국내식품기관들로부터 파견되는 EU 회원국 수에 해당하는 대표들로 구성되며,[40] 이 자문포럼의 구성원은 운영위원회의 위원이 될 수 없다.[41]

이 자문포럼은 유럽식품안전청장의 직무수행을 위하여 자문하며, 특별히 유럽식품안전청의 연간계획을 구상함에 있어서 자문역할을 수행한다. 역시 유럽식품안전청장도 이 자문포럼에 '과학적 의견들'의 요청에 대한 우선권에 관하여 조언을 요청할 수 있다.[42] 이 자문포럼의 목적은 EU에서의 상이한 기구·기관·당국들의 역할과 책임에서 발생하는 충돌을 회피하기 위해서 유럽식품안전청과 국내식품기관 간의 긴밀한 협조의 강화를 지원하는 것이다. 이 자문포럼은 잠재적 위해성에 대한 '정보교환'이 가능하도록, 그리고 국내기관과 유럽식품안전청 간의 관련 정보와 지식의 공동관리가 가능하도록 메커니즘을 형성한다. 그러므로 이 자문포럼은 유럽적 차원에서 과학적, 기술적 위해성 통보문제에 대한 긴밀한 협조와 공동연구를 가능케 함으로서 국내식품기관들을 위한 구심점 역할을 수행한다고 할 수 있다.[43]

이 자문포럼은 유럽식품안전청장에 의하여 진행되며, 청장인 의장의 제안에 따

---

35) 규칙 178/2002, 제26조 제2항(f).
36) 규칙 178/2002, 제26조 제2항(g).
37) 규칙 178/2002, 제26조 제2항(h).
38) 규칙 178/2002, 제26조 제3항(a).
39) 규칙 178/2002, 제26조 제3항(b).
40) 규칙 178/2002, 제27조 제1항.
41) 규칙 178/2002, 제27조 제2항.
42) 규칙 178/2002, 제27조 제3항.
43) 규칙 178/2002, 제27조 제4항.

라 정규적으로 개최되거나 또는 구성원 1/3의 요청에 의하여 개최되고, 매년 최소
4회 개최된다. 자문포럼의 운영절차는 유럽식품안전청의 내부규칙에 따른다.[44] 유
럽식품안전청은 자문포럼을 위하여 사무에 관한 제반시설을 제공할 수 있다.[45] 유
럽위원회의 관련 부서대표들은 자문포럼의 실무에 참여할 수 있으며, 유럽식품안전
청장은 유럽의회의 대표들과 국내 다른 관련 기관들의 대표를 자문포럼에 초청할
수 있다.[46] Geoffrey Podger 초대 유럽식품안전청장은 2003년에 가서야 취임되었
기 때문에, 이 자문포럼은 초기에는 '임시과학자문포럼'(interim scientific advisory
forum)이라는 비공식적 회의의 형식으로 유럽식품안전청의 초기계획을 순조롭게 진
행하기 위해서 2002년에 개최되었다.[47]

4) 과학위원회 및 과학패널들의 운영과 역할

과학위원회와 상설 과학패널들은 각 영역이나 권한의 범위 내에서 유럽식품안
전청에 '과학적 의견'을 제공할 책임이 있다.[48] 규칙 178/2002로 표명되는 EU식품
기본법 이전에는 여러 과학위원회들(scientific committees)이 과학운영위원회(Scientific
Steering Committee)가 중심이 되어 과학적 자문의 역할을 수행하였으나, 현재는 하나
의 과학위원회(Scientific Committee)와 10개의 상설 과학패널들(Scientific Panels)로 개
편되어 유럽식품안전청의 부속기관으로 재조직되었다.

그런데 EU식품기본법 이전에는 유럽차원에서의 식품안전문제를 관할하는 유
럽식품안전기구가 설립되지 않아 EU의 2차적 법원의 한 종류인 결정(decisions)의
형태로 식품안전의 문제를 다루고 있었다. 첫째는, 1997년 EU 집행위원회 결정
97/404[49]에 의거하여 과학운영위원회(SSC)가 창설되어 여러 과학위원회들의 실무
를 조화시키는 임무를 수행하였다. 둘째는, 1997년 EU 집행위원회 결정 97/579[50]
에 의거하여 8개의 과학위원회들이 창설되어 특별히 '소비자보건과 식품안전'과 관

---

44) 규칙 178/2002, 제27조 제5항.
45) 규칙 178/2002, 제27조 제6항.
46) 규칙 178/2002, 제27조 제7항; 규칙 178/2002, 제22조 제5항(b).
47) O'Rourke, *supra* note 5, p.197.
48) 규칙 178/2002, 제28조 제1항.
49) OJ 1997 L169/85.
50) OJ 1997 L237/18.

련된 문제에 대해 '과학적 조언'을 제공하게 하였다. 이 EU 집행위원회 결정 97/579 에 의하여 창설된 과학위원회에는 식품과학위원회, 동물음식(영양섭취)에 관한 과학 위원회, 동물보건과 동물복지에 관한 과학위원회, 공중보건과 관련된 가축조치에 관한 과학위원회, 식물과학위원회, 소비자를 위한 화장품 및 비식품에 관한 과학위 원회, 의약품 및 의료기기(설비)에 관한 과학위원회, 유독성과 환경유독성 및 환경 에 관한 과학위원회가 있었다.[51]

(1) 운영

먼저 '과학위원회'는 과학패널의 의장들과 어떠한 과학패널에도 속하지 않은 6 명의 독립적인 과학자들로 구성된다.[52] 과학위원회는 과학적 자문절차의 일관성, 특히 실무절차의 채택과 실무방식의 일관성 보장을 위한 조화의 책임을 진다.[53] 이 는 기존의 과학운영위원회[54]와 유사한 역할을 수행하는 것을 의미한다. 과학위원 회는 문제의 사안이 특히 어떠한 과할패널에도 속하지 않는 경우에 이를 위한 실무 그룹을 설치할 수 있으며, 이러한 실무그룹을 구성함에 있어서는 과학적 의견을 제 시하는데 필요한 전문적 과학지식을 갖춘 자들로 구성되도록 고려한다.[55] 이는 유 럽식품안전청의 활동에 있어서 개방성과 투명성이 매우 강조되어 반영되기 때문이다.[56]

---

51) *Ibid.*, 제1조. 이들 8개 과학위원회들의 권한 및 영역은 EU 집행위원회 결정 97/579의 부속 서에 구체적으로 명시되었다. 이들 8개 과학위원회들은 집행위원회 결정 97/579 이전에 존 재했던 6개의 과학위원회들을 대체한 것으로, 이들 6개의 과학위원회들은 식품, 가축(수의) 문제, 동물음식, 미용(화장품), 살충제, 독성 및 환경 독성 분야를 포함하고 있었다.

52) 규칙 178/2002, 제28조 제3항.

53) 규칙 178/2002, 제28조 제2항, para.1.

54) 1997년 과학운영위원회(Scientific Steering Committee: SSC)를 창설하는 집행위원회 결정 97/404 는 여러 과학위원회들(scientific committees)의 실무를 조화시키는 데 그 목적이 있었다. 특 히 과학운영위원회는 여러 과학위원회들의 실무를 모니터하여 평가하고, 필요한 경우에는 관련 업무의 적절한 수행을 위하여 이들 과학위원회들을 교체할 수 있었다. 또한 과학운영 위원회는 하나 이상의 과학위원회의 과학적 조언이 필요한 경우에 해당업무와 관련된 과학 위원회들을 지명할 수 있으며, 관련된 과학위원회들이 제시한 과학적 조언들이 본질적으로 상이한 경우에 과학운영위원회는 집행위원회에 과학적 조언들에 관한 종합적 견해를 제공 할 의무가 있었다. 또한 회원국들 국내식품기관의 과학자들이 수행한 과학적 작업의 평가에 기초하여 EU차원의 조치를 취하는 경우, 과학운영위원회는 그러한 과학적 조언이 EU차원에 서 수용되어 적용될 필요성이 있는지에 관하여 평가함으로서 집행위원회의 업무를 보조할 수 있었다. OJ 1997 L169/85.

55) 규칙 178/2002, 제28조 제2항, para.2.

다음으로 '과학패널들'은 독립적인 과학 전문가들로 구성되어 있으며,[57] 유럽
식품안전청은 다음과 같은 과학패널들을 설치하고 있다. 첫째, 식품첨가물에 관한
패널, 둘째, 동물 사료에 사용된 첨가물, 재료에 관한 패널, 셋째, 식물보전생산과
잔류물에 관한 패널, 넷째, 유전자변형유기체(Genetically Modified Organisms: GMO)에
관한 패널, 다섯째, 다이어트제품, 영양섭취, 알레르기에 관한 패널, 여섯째, 광우병
문제를 포함하는 생물학적 위험에 관한 패널, 일곱째, 먹이사슬상의 오염균에 관한
패널, 여덟째, 동물보건과 복지에 관한 패널, 아홉째, 식물보건에 관한 패널, 그리고
열 번째로 조미료 및 촉진제 식품에 관한 패널이다.[58] 과학패널들의 명칭이나 개수
는 과학기술의 발전에 따라 유럽식품안전청의 요청이 있는 경우 규칙 178/2002 제
58조 제2항의 절차에 따라 집행위원회가 결정할 수 있다.[59]

과할패널들의 구성원이 아닌 과학위원회의 구성원(6인)과 과학패널들의 구성원
은 유럽식품안전청장의 제안에 따라 운영위원회가 임명하며, 임기는 3년이며 재임
할 수 있다.[60] 과학위원회와 과학패널들은 각각 한명의 의장과 2명의 부의장을 그
들 중에 선출한다.[61] 과학위원회와 과학패널들은 단순다수결에 의하여 임무를 수
행하며, 소수의견들은 기록된다.[62] EU 집행위원회의 관련 부서대표들은 과학위원
회, 과학패널들 그리고 그 실무그룹들의 회의에 참여할 권한이 있다.[63] 그러나 어
떠한 방식으로든 이 회의에서 결정되는 사안에 대해 영향력을 행사할 수는 없다.[64]
과학위원회와 과학패널들 간의 상호협력과 직무의 수행은 유럽식품안전청의 내부

---

56) van der Meulen and van der Velde, *supra* note 9, p.208.
57) 규칙 178/2002, 제28조 제4항.
58) 규칙 178/2002, 제28조 제4항(a)~(j).
59) 규칙 178/2002, 제28조 제4항, last para; 2007년 9월 11일 AFC패널(Panel on additives, flavorings, processing aids and materials in contact with food)의 직무분할에 관한 '운영위원회의 제안'과 2008년 3월 4일 기존의 이사회와 유럽의회 규칙 178/2002의 과학패널의 명칭과 숫자를 수정하는 '집행위원회 규칙 202/2008'을 통하여 ANS패널(Panel on food additives and nutrient sources added to food)과 CEF패널(Panel on food contact materials, enzymes, flavorings, and processing aids)이 각각 설치되었다. OJ 2008 L60/17; van der Meulen and van der Velde, *supra* note 9, p.205.
60) 규칙 178/2002, 제28조 제5항.
61) 규칙 178/2002, 제28조 제6항.
62) 규칙 178/2002, 제28조 제7항.
63) 규칙 178/2002, 제28조 제8항.
64) MacMaoláin, *supra* note 1, p.191.

절차규칙에 의하며,[65] 이 내부절차규칙은 2002년 9월에 유럽식품안전청이 설립된 후 개최된 첫 운영위원회 회의에서 채택되었다.[66]

(2) 역할: 위해성 평가

과학위원회와 과학패널들은 위해성 평가(risk assessment)를 통하여 과학적 의견 (scientific opinions)을 제시하는 중요한 역할을 수행한다. 무엇보다도 과학위원회와 과학패널들의 이러한 중요한 역할을 통하여 유럽식품안전청은 '집행위원회, 유럽의회, 회원국, 권한 있는 국내식품기관'의 요청에 대하여 과학적 의견을 제시할 수 있다. 그런데 유럽식품안전청은 과학위원회와 과학패널들의 주된 역할을 통하여 EU 입법의 모든 경우에 어떤 자문적 의견의 제시나 또는 자체적인 과학적 의견의 제시를 통하여 참여할 수 있으나,[67] '입법' 과정상의 의결권은 부여되어 있지 않다. 그런데 규칙 178/2002 제29조 제1항에 따라 과학적 의견을 요청하는 당사자는 과학적 문제를 설명하는 배경에 대한 정보와 공동체의 이익에 관한 관점을 제시해야 하며,[68] 그렇지 않은 경우에 유럽식품안전청은 접수를 거부할 수 있거나 또는 요청한 EU기관이나 회원국과 상의하여 수정안을 제시할 수 있다.[69] 그리고 규칙 178/2002 제58조 제2항에 규정된 절차에 따라 EU 집행위원회는 유럽식품안전청의 자문을 받은 후 제29조의 과학적 의견의 요구 '신청서'에 대한 향후의 이행세칙을 확정한다.[70] 한편 유럽식품안전청은 내부절차규칙을 통하여 과학적 의견의 작성형식, 설명배경, 그리고 발행과 관련된 내용을 구체적으로 정한다.[71]

---

65) 규칙 178/2002, 제28조 제9항.
66) O'Rourke, *supra* note 5, p.198.
67) 규칙 178/2002, 제29조 제1항.
68) 규칙 178/2002, 제29조 제2항.
69) 규칙 178/2002, 제29조 제4항.
70) 규칙 178/2002, 제29조 제6항.
71) 규칙 178/2002, 제29조 제7항.

3. 유럽식품안전청의 주된 역할 및 한계

1999년 12월 채택되어 2000년 1월 발행된 식품안전백서에 의하면 EU 집행위원회는 식품안전에 대한 높은 수준의 소비자보호를 위한 효과적인 조치를 강구하여 소비자신뢰를 회복하고 유지하는 중요한 역할을 수행해야 한다.[72] 그런데 이러한 목적을 달성할 수 있는 최선의 방법 중 하나는 독립적인 기관인 유럽식품안전청을 설립하는 것이었다.

이렇게 하여 설립된 유럽식품안전청의 역할은 위해성 평가(risk assessment), 위해성 통보(risk communication) 그리고 위해성 관리(risk management)의 측면에서 살펴볼 수 있다.[73] 특히 '과학적 의견'에 해당되는 '위해성 평가'는 어떤 정책이나 기타 외부적 상황에 좌우되어서는 아니 되며, 이렇게 할 때 그 공정성과 객관성을 보장할 수 있다.[74] 그런데 식품안전백서에서는 새로운 식품안전기구의 역할과 관련하여 '입법행위나 통제행위'와 같은 '위해성 관리'의 주요한 영역의 측면에서는 유럽식품안전청에 그 권한이 부여되지 않는다고 구체적으로 언급하고 있다.[75] 왜냐하면 위해성에 대한 관리적 차원의 결정은 '과학'이라는 요소뿐만이 아니라 '경제적, 사회적, 윤리적, 환경적 요인' 등 많은 관련된 측면들을 고려해야 되기 때문이라고 하였다.[76] EU식품법도 과학이라는 요소 외에 이처럼 많은 요소들을 고려하여 제정되고 운영되어야 할 필요가 있다는 것이다.

1) 주된 역할: 과학적 의견의 제시를 중심으로

---

72) White Paper on Food Safety. p.3; MacMaoláin, *supra* note 1, pp.179-180.
73) 식품안전 및 공중보건과 관련된 위생 및 검역조치(SPS조치)는 WTO회원국의 국내규제 중 가장 중요한 영역의 하나로서 국가 간 무역증대로 인하여 그 중요성이 더해지고 있다. 무역과 보건에 관한 WTO협정 중 가장 중요한 협정들은 '위생 및 검역 협정'(Agreement on the Application of Sanitary and Phytosanitary Measures: SPS협정)과 '무역관련 기술 장벽 협정'(Agreement on Technical Barriers to Trade: TBT협정)이다. 특히 SPS협정 제2조 제2항은 SPS조치의 합법성의 판단 기준으로 충분한 '과학적 증거'를 제시하도록 규정하고 있어 위해성 평가에 있어서 과학적 요소를 중요하게 다루고 있다. 한국국제경제법학회, 「신국제경제법」(박영사, 2018), pp.200, 204.
74) van der Meulen and van der Velde, *supra* note 9, p.194.
75) White Paper on Food Safety. p.15.
76) van der Meulen and van der Velde, *supra* note 9, p.194.

유럽식품안전청의 역할의 측면에서 첫째, '위해성 평가'란 식품안전문제에 대한 광범위한 정보의 수집과 분석을 요하는 과학적 조언에 관한 유럽식품안전청의 역할을 말한다. 둘째, '위해성 통보'란 부적절한 식품안전문제의 발생과 관련된 위해성의 확대를 감소시키기 위하여 소비자들에게 문제의 식품에 대한 정보가 제공되고, 해당 문제의 식품에 대한 과학적 조언이 널리 대중에게 유용하도록 하는 유럽식품안전청의 역할을 말한다. 셋째, '위해성 관리'란 입법과 통제에 관한 것으로, 이는 유럽식품안전청의 직접적인 역할에는 포함되지 않았다.[77] EU 집행위원회는 위해성 관리에 관한 입법과 통제는 과학뿐만이 아닌 정치적 결단을 내포하는 것이고, 이런 경우에 '위해성 분석과 평가'는 '위해성 관리'로부터 명백하게 분리되어야 한다는 것이다.[78] 따라서 위해성 관리에 관한 입법은 EU기관의 임무수행의 범위 내에 존치되어야 한다는 것이다. 즉 관련 입법은 유럽식품안전청의 직무사항이 아니라, EU기관인 이사회·유럽의회의 공동결정 사항이고, 유럽식품안전청이 아닌 집행위원회가 결정된 사항을 수행하거나 위임입법의 형태로 직무를 수행하게 된다는 것이다.[79] 집행위원회는 공동체 조약(Treaty)의 수호자로서 EU법이 회원국 내에서 국내기관에 의하여 적절하게 이행되고 있는지 법규이행의 준수를 감시하고 그 이행에 대한 압력 내지 부담을 주어야 한다는 것이다. 그러한 관리 및 통제의 기능은 집행위원회 산하기관인 '식품수의국'(Food & Veterinary Office: FVO)에 의해서 수행되며,[80] 이 기관의 업무는 긴급보호조치(emergency safeguard measures)를 취해야 할지를 결정하는데 있어서 중요한 요소로 작용하며, 이 업무는 세계무역기구(World Trade Organization: WTO)의 위생 및 검역 협정(Agreement on Sanitary and Phytosanitary Measures: SPS협정) 하에서 제3국의 식품안전관리와 차별됨이 없이 동등하게 수행된다.

---

77) 그런데 유럽식품안전청은 집행위원회와 EU 회원국을 보조하여 이들이 위해성 관리를 잘 수행할 수 있도록 하며, 역내 공동시장에서 발생할 수 있는 불공정하거나 또는 불필요한 통상 장애요인을 제거하는 역할을 수행할 수 있다. MacMaoláin, *supra* note 1, p.188.

78) *Ibid.*, p.186.

79) EU식품법의 법적 근거 규정으로는 TFEU 제114조(EC조약 제95조), TFEU 제168조(EC조약 제152조), TFEU 제169조 및 제12조(EC조약 제153조), TFEU 제43조(EC조약 제37조)가 있으며, 특히 식품법에 있어서 집행위원회를 통한 위임입법의 장점으로는 사안에 대한 집행위원회의 직무수행상의 신속성과 효율성을 들 수 있다. *Ibid.*, p.183.

80) *Ibid.*, pp.184–185.

앞에서 간략하게 기술되었듯이 규칙 178/2002에 상술된 유럽식품안전청의 주된 책임은 과학위원회와 과학패널들의 '위해성 평가'를 통하여 식품안전에 대한 직접적 또는 간접적 영향력을 줄 수 있는 모든 사안에 대하여 독립된 '과학적 의견'을 제공하는 것이다. 유럽식품안전청이 제공하는 과학적 의견에서는 1차 생산품과 동물사료의 안전에서부터 소비자에게 제공되는 가공식품에 이르기까지 전체 먹이사슬을 다루게 된다. 유럽식품안전청은 EU차원에서 또한 국제적 차원에서의 전문가들 및 정책입안자들과 상호작용할 뿐만 아니라, 대중과도 직접적으로 의사소통을 한다.[81] 이러한 유럽식품안전청은 EU기관들로부터 분리 독립된 공동체의 독자적인 기구로서 EU예산으로부터 별도로 자금이 제공되는 합법적인 독자성을 지닌 공동체의 기구이다.[82] 이러한 유럽식품안전청의 사무 관리는 EU 집행위원회가 아닌 유럽식품안전청의 청장이 수행하며, 청장은 유럽식품안전청의 운영위원회에 대하여 책임을 진다.

규칙 178/2002에 의하여 유럽식품안전청은 '과학적 의견'의 제시를 포함하여 아래와 같은 여러 가지의 주요 기능을 수행한다. 첫째, 유럽식품안전청은 집행위원회, 회원국, 국내식품기구 또는 유럽의회가 요청하는 경우에 식품안전의 위해성을 평가하여 독립적인 과학적 의견을 제공한다. 둘째, 유럽식품안전청은 EU내에서의 식품안전을 모니터링하기 위하여, 그리고 식품안전과 영양에 대한 EU정책을 보조하기 위하여 영양, 식생활습관, 누출, 위험 등과 같은 문제들을 포함하는 과학적 데이터의 수집과 분석의 임무를 수행한다. 셋째, 유럽식품안전청은 식품첨가물, 특정 용도를 위한 식품, 유전자변형유기체, 신규식품 등과 같은 물질과 공정에 있어서 산업계가 제출한 서류에 대한 공동체차원의 안전성을 평가한다. 넷째, 유럽식품안전청은 새롭게 발생된 식품안전의 위해성에 대하여 확인한다. 다섯째, 유럽식품안전청은 식품안전위기 또는 식품안전공포가 발생하는 경우 집행위원회의 업무를 보조한다. 여섯째, 유럽식품안전청은 과학적 자문과 위해성 평가의 내용을 일반 대중에게 통보하여 일반인들과 의사소통을 한다.[83]

---

81) 규칙 178/2002, 제22조 참조.
82) 유럽식품안전청은 독립된 법인격을 지닌 기구이다. 규칙 178/2002, 제46조; MacMaoláin, *supra* note 1, p.189.

2) 한계: 위해성 관리의 역할을 중심으로

EU 집행위원회는 유럽식품안전청을 설립하는 법안을 준비하면서 '위해성 관리'에 대한 역할수행의 권한을 유럽식품안전청에 부여하지 않았다. 그 이유는 다음과 같은 우려에 있었다고 할 수 있다. 첫째, 위해성 관리의 책임과 투명성이 희석되어 그 가치를 하락시킬 수 있다는 것이다. 즉 과학의 영역과 식품정책의 영역이 혼탁해질 수도 있다는 것이다. 둘째, 특히 위해성 관리의 영역 내에서 긴급사태시 조약상의 의무이행에 영향력을 행사할 수 있는 집행위원회의 통제 및 관리의 기능을 손상시킬 수 있다는 것이다. 셋째, 만약 유럽식품안전청이 규제의 권한을 부여받는 경우에 TFEU(EC조약)상의 현존하는 규정의 개정을 요구할 수도 있다는 것으로 이해될 수 있는데, 이는 EU입법상 매우 강력한 사항에 해당하는 것이라고 할 수 있어 주의를 요하는 사항이라는 것이다.[84] 이는 결국 유럽식품안전청이 EU의 독립적인 식품안전기구로 설립되었으나, 집행위원회의 업무를 보조하는 역할을 수행하는 데 불과하다는 인식을 갖게 한다고 할 수 있다.

그런데 만약 집행위원회가 유럽식품안전청에게 '위해성 관리'의 기능을 부여하는 데에 찬성했을 경우에 앞에서 언급했던 우려가 현실화되었을 것인지에 대하여는 논란의 소지가 있을 수는 있을 것이다. 그러나 유럽식품안전청에 위해성 관리의 기능이 부여되지 않은 주된 이유는 집행위원회와 회원국들 모두가 이 새로운 독립적인 식품안전기구에 자신들의 '식품입법'과 '식품관리'에 관한 권한을 포기하는 데에 있어서 소극적 또는 부정적이었기 때문이라고 할 수 있을 것이다.[85]

---

83) 규칙 178/2002, 제22조－제23조 참조.
84) O'Rourke, *supra* note 5, p.194.
85) *Ibid,*, p.195.

Ⅲ. 유럽식품안전청의 역할수행상의 문제

유럽식품안전청은 식품안전문제에 대한 과학적 의견을 제시하는 독립성과 투명성을 갖는 EU의 기관으로서, 위해 요소를 규명하여 식품안전문제에 대한 신속경보체제(Rapid Alert System)의 운영에 있어서 EU 집행위원회를 보조하는 중요한 역할을 수행한다. 그런데 이러한 유럽식품안전청이 국내식품기관들에 대한 진정한 독립적 식품안전기관인지 또는 EU기관들과 회원국들에 대한 단순한 과학적 자문기관으로서의 보조적 성격을 탈피한 기관인지 등의 몇 가지 문제가 제기될 수 있어 이에 대한 검토가 필요하다고 하겠다.

1. 유럽식품안전청과 국내식품기관 간의 과학적 의견의 충돌 문제

유럽식품안전청의 주된 임무는 식품안전문제에 있어서 과학적 의견을 준비하여 제시하는 것이며, 이러한 과학적 의견의 내용은 통상적으로 유럽식품안전청 웹사이트에 공표된다. 유럽의회, 회원국들, 집행위원회는 유럽식품안전청에 과학적 의견을 요청할 수 있으며, 또한 유럽식품안전청은 자체적으로 과학적 의견을 제시할 수도 있다.[86] 이러한 과학적 의견의 요청은 유럽식품안전청장에 의해 해당 과학패널에 할당되며, 여러 과학패널들에 동시에 관련되어 있는 사안이거나 또는 어떠한 과학패널의 관할에도 속하지 않는 사안인 경우에는 과학위원회에 할당된다. 그리고 유럽식품안전청을 설립하는 규칙 178/2002는 동 기관이 초기 가능한 단계에서 동 기관과 같이 과학적 의견을 제시할 수 있는 유사한 업무를 수행하는 국내식품기관이 제시한 과학적 의견 간의 충돌가능성을 경계해야 한다고 하였다.[87] 즉 동 규칙에 의하여 유럽식품안전청은 유럽식품안전청과 국내식품기관이나 단체 간의 '효과적인 과학 네트워크'의 확립을 통해 충돌을 예방할 수 있어야 하며, 이 경우 자문포럼은 유럽식품안전청과 회원국 국내식품기관 간의 과학적 의견의 충돌의 문제를 해결하는 데 기여할 수 있다는 의미이다.[88] 만약 유럽식품안전청이 이러한 과

---

86) 규칙 178/2002, 제29조; van der Meulen and van der Velde, *supra* note 9, p.209.
87) 규칙 178/2002, 제30조 제1항.

학 네트워크를 통하여 과학적 의견들 간에 존재하는 잠재적인 충돌원인이 무엇인지 규명하는 경우, 모든 관련된 과학적 정보는 모든 당사자가 함께 공유되고 있다는 것이 보장되어 상호 신뢰를 구축하는 계기가 마련된다고 할 수 있을 것이다.[89]

그러나 위와 같은 체계에도 불구하고 규칙 178/2002가 제안하고 있는 방식은 EU의 과학적 의견에 반대하여 영국산 소고기에 대한 수입 금지를 주장하는 프랑스 정부에 프랑스식품청(Agence Française de Sécurité Sanitaire des Aliments: AFSSA)이 제시한 과학적 의견을 제지하는 데는 실패한 바 있다.[90] 왜냐하면 회원국들은 국내식품위기가 발생하는 경우 TFEU 제34조~제36조(EC조약 제28조~제30조)에 의하여 국내적 차원에서 개별 조치를 취할 수 있기 때문이다.[91] 동 규칙에 의한다면 논쟁이 된 과학적 사안(광우병의 문제)을 명백히 하기 위하여 유럽식품안전청과 국내식품기관은 서로의 상충된 과학적 의견에 대해 상호 협력하여 해결해야만 한다.[92][93] 그런데 이러한 유럽식품안전청과 국내식품기관 간의 상호 협력의 방식이 프랑스 관련

88) van der Meulen and van der Velde, *supra* note 9, p.209.
89) 규칙 178/2002, 제30조 제2항; MacMaoláin, *supra* note 1, p.191.
90) Case C−1/00, *Commission v. France*, [2001] ECR Ⅰ−9989. 프랑스식품안전청이라는 국내식품기관이 프랑스정부에 제시한 과학적 의견에 의하면, 동 광우병위기는 영국에서 완전히 해결되었다고 보기 어려우며 따라서 프랑스정부는 영국산 소고기가 다시 프랑스시장에서 판매되는 것을 허가하는 것과 관련하여 프랑스 국내 소비자들의 보건에 관심을 가질 수밖에 없고, 또한 영국으로부터 수입된 육류와 육류가공품의 날짜에 기초한 영국의 수출체계가 불충분하다고 판단되는 경우의 육류생산품에 대한 추적에 예의주시하고 있다고 하였다.
91) MacMaoláin, *supra* note 1, p.195; 특히 TFEU 제36조(EC조약 제30조)에 의하면 회원국은 공공안보·공중보건 등 공익적 차원에서 국내적 조치의 정당성을 인정받게 된다. Paul Craig and Grainne de Burca, *EU Law: Text, Cases, and Materials* (Oxford: Oxford Univ. Press, 2008), p.696.
92) 규칙 178/2002, 제30조 제3항−제4항, 제32조(공동체차원의 과학연구협력), 제33조(공동체차원의 정보수집) 참조.
93) 유럽식품안전청의 과학자들은 2003년 7월 4일에 북부오스트리아에서 유전자변형유기체(GMO) 재배의 전면금지를 도입하기 위한 북부오스트리아의 지방정부의 법률초안에 대한 자신들의 의견을 표명하기도 하였다. 유럽식품안전청은 이러한 법률초안의 보건과 환경문제에 대한 검토 및 답변을 요청받았다. 유럽식품안전청의 유전자변형유기체에 관한 과학패널(Scientific Panel on Genetically Modified Organisms)은 북부오스트리아에서 취해지는 접근법을 정당화할 수 있는 공중보건이나 환경과 관련된 어떠한 증거도 존재하지 않는다는 결론을 내렸으며, 그러나 이러한 결론은 EU전역에 관련된 일반적인 내용은 아니었다. 또한 동 패널은 전반적인 EU의 접근방식을 오스트리아의 증거제출에 기초한 유전자변형유기체 위해성 평가방식으로 변경할 필요는 없다고 하였다. O'Rourke, *supra* note 5, p.206; Joined Cases T−366/03 and T−235/04, *Land Oberösterreich and Republic of Austria v. Commission*, [2005] ECR Ⅱ−4005, paras.67−68.

사례에서 착수되었으나 소용이 없었다. 왜냐하면 유럽식품안전청이 설립되던 초기에 EU 집행위원회의 제안서에는 동 기구에게 EU내의 과학적 자문에 대한 최종적 재결기구로서의 역할을 수행할 권한을 부여하는 것이 적절하지 않다고 간주되었기 때문이다. 즉 유럽식품안전청은 '위해성 관리'에 관한 권한이 부여되어 있지 않았다. 따라서 프랑스―영국의 '소고기 전쟁'(Beef War) 사례와 같은 문제는 유럽사법법원에서 장시간의 법정 공방이 벌어질 것이라는 것을 누구나 예측할 수 있을 것이다. 그런데 이러한 법적 소송은 소비자와 산업계의 신뢰가 훼손될 뿐만 아니라, 유럽사법법원에서의 소송 과정상 최종판결이 있기 까지 거의 2년이라는 시간이 소요되기 때문에 경제적 손실이 상당하다고 할 수 있다. 이것은 분명 EU 집행위원회가 이러한 문제가 미래에 발생할 것이라는 것을 예측하지 못한 결과라고 할 수 있고, 이는 또 다른 회원국이 특정한 식품안전문제에 대해서 프랑스만큼 강하게 대처할 가능성을 배제할 수 없다는 것을 의미한다. EU 회원국 확대의 결과로써 등장한 새로운 중·동부유럽 회원국들이 브뤼셀 EU 집행위원회에 의해 '지시되는 것'에 대해서 불만을 가질 수 있을 것이고, 과학적 의견 등에 대한 브뤼셀 집행위원회와의 견해 차이로 인한 갈등에 직면하는 경우 금수조치로 강경하게 대응했던 프랑스식 해결책을 강구할 가능성도 배제할 수 없다고 할 수 있다. 따라서 집행위원회는 '자문 포럼'을 활용한 과학 네트워크의 강화를 통해 과학적 의견에 기초한 유럽식품안전청의 역할제고와 신뢰구축에 힘을 기울여야 할 것이며, 특히 유럽식품안전청과 국내식품기관 간의 '협력의 과학적 네트워크'를 확보하고 강화하는 데 더욱 관심을 가져야 할 것이다.

[표 14-1] EU 회원국들의 국내식품안전 관련기구

Austria	AGES	1
Belgium	Federal Public Service Federal Agency for the Safety of the Food Chain	2
Bulgaria	Ministry of Health National Veterinary Service	3
Cyprus	Ministry of Health	4
Czech Republic	Ministry of Agriculture	5
Denmark	Technical University of Denmark	6
Estonia	Ministry of Agriculture	7
EU Commission (Observer)	DG Health and Consumers	8
Finland	Finnish Food Safety Authority	9
France	AFSSA	10
Germany	Federal Institute for risk assessment	11
Greece	EFET	12
Hungary	Food Safety Office	13
Iceland (Observer)	Environment Agency Icelandic Food and Veterinary Authority (MAST)	14
Ireland	FSAI	15
Italy	Ministry of Health	16
Latvia	Food and Veterinary Service	17
Lithuania	State Food and Veterinary Service National Food and Veterinary Risk Assessment Institute	18
Luxembourg	Ministry of Agriculture OSQCA	19
Malta	Standards Authority Food Safety Commission	20
Norway (Observer)	VKM	21
Poland	Chief Sanitary Inspectorate	22
Portugal	ASAE	23
Romania	Sanitary Veterinary and Food Safety Authority	24
Slovakia	Ministry of Agriculture State Veterinary and Food Administration	25
Slovenia	Institute of Public Health	26
Spain	AESAN	27
Sweden	National Food Administration Board of Agriculture Chemicals Inspectorate National Veterinary Institute	28
Switzerland (Observer)	Federal Office of Public Health	29
The Nederlands	Food and Consumer Product Safety Authority	30
United Kingdom	Food Standards Agency	31

http://www.efsa.europa.eu/en/people/fpmembers 참조 (2020년 1월 31일 접속)

2. 독립성의 문제

유럽식품안전청의 각 조직의 구성원들의 청렴성과 독립성은 유럽식품안전청의 가장 중요한 부분 중 하나라고 할 수 있다. 운영위원회의 위원들, 자문포럼의 구성원들, 유럽식품안전청장, 과학위원회와 과학패널들의 과학자들, 이들의 실무에 참여하는 외부전문가들은 항상 EU의 공익적 차원에서 독립적으로 행동해야 하며 외부의 영향을 받아서는 아니 된다. 이들은 자신이 EU의 공익적 목적에 기여하며 독립성에 저촉되는 일체의 행동을 자제하겠다는 의지를 표명하며, 매년 자신의 공익적 활동에 대한 보고서제출이 요구될 수 있고, 매 회의 때마다 논의할 항목과 관련하여 독립성에 편견을 갖게 할 수 있는 어떤 특별한 이익에 대하여는 어떤 관점을 갖는지를 공표해야 한다.[94] 그런데 여기서 문제가 되는 것은 회원국 정부의 공무원인 운영위원회 또는 자문포럼의 위원들이 이러한 기관에서 '어떻게' 행동할 것인지가 여전히 불명확하다는 것이다. 그런데 이들이 자신의 역할을 수행함에 있어서 자국 정부의 이익을 지지할지 아니면 유럽식품안전청의 이익을 지지할지에 관한 상충문제는 시간이 지나면 알 수 있는 문제라고 할 수 있다.[95] 그러나 이 문제는 EU의 식품안전과 소비자보호라는 본질적 목적에 부합된 전문가로서의 자질에 대한 것으로서 관련 당사자는 독립된 지위가 보장된 만큼 충실하게 자신의 역할을 수행해야 하는 것으로 보아야 할 것이다.

3. 투명성의 문제

유럽식품안전청은 자신의 활동이 매우 높은 수준의 투명성을 통하여 이루어지고 있음을 보장해야 한다. 동 기관은 과학위원회와 과학패널들이 과학적 의견을 채택한 즉시 공표해야 하며, 소수의견도 항상 그 공표내용에 포함시켜야 한다. 또한 동 기관은 자신의 과학적 연구조사결과와 연례활동보고서를 공표한다. 그리고 동 기관은 EU 집행위원회, 유럽의회, 회원국들이 요청한 과학적 사안에 대하여 거부하거나 수정한 경우에 그 정당한 이유를 공표해야 한다.[96] 나아가 운영위원회는 유럽식품안전청장의 제안에 따라 일정한 회의를 공개할 수 있고, 유럽식품안전청의 활

---

94) 규칙 178/2002, 제37조 제1항-제3항.
95) O'Rourke, *supra* note 5, p.204.
96) 규칙 178/2002, 제38조 제1항(a)-(g).

동과 그 과정의 일부를 관찰하기를 원하는 소비자대표나 다른 이해당사자들을 회의에 초청할 수 있다.[97] 이처럼 유럽식품안전청은 자신의 활동에 있어서의 투명성을 확보하기 위하여 여러 가지 방법을 실시하고 있다. 이미 동 기관의 초대 청장인 Geoffrey Podger가 운영위원회의 회의들을 유럽식품안전청의 웹사이트를 통해 중계했다는 것은 매우 고무적인 일이다. 이러한 내용들은 모두 긍정적으로 평가할 만하며 미래를 위한 좋은 징표라고 할 수 있다. 한편 유럽식품안전청의 문서에 대한 접근권은 이사회와 유럽의회 규칙 1642/2003[98]에 의하여 강화되어 EU시민의 문서접근의 권리가 보장됨과 아울러 동 기관에 대한 불만에 대하여는 고충처리원(Ombudsman)을 이용할 수 있게 되었다. 나아가 유럽식품안전청은 규칙 178/2002 제38조 제1항과 제2항에 언급된 투명성의 원칙을 이행하기 위하여 실제적인 준비를 위한 내부규칙을 제정해야 한다.[99] 이처럼 투명성에 관하여는 문제가 많지는 않다고 할 수 있으나, 관련 규정과 여러 방식을 충실히 이행하는 것이 중요한 문제라고 할 수 있다.[100]

4. 신종 위해요소의 규명 문제

유럽식품안전청은 소비자신뢰를 회복하기 위한 노력의 일환으로 모든 유형의 먹이사슬 내에서 새롭게 발생하는 식품안전의 위해성을 규명하기 위해 과학적 정보와 데이터를 수집하고, 분석하고, 그리고 정리하는 데 있어서 중요한 역할을 수행한다.[101] 만약 특정한 회원국내에 심각한 식품안전 위해성의 잠재적 발발 가능성이 존재한다고 간주되는 경우, 동 기관은 위해요소의 규명을 위하여 회원국들, 집행위원회 및 기타 EU기관들에게 추가적인 정보를 요청할 수 있다.[102] 유럽식품안전청은 회원국들의 과학기관들, EU의 공동연구센터(Ispra Joint Research Centre)[103]

---

97) 규칙 178/2002, 제38조 제2항.
98) OJ 2003 L245/4.
99) 규칙 178/2002, 제38조 제3항.
100) O'Rourke, *supra* note 5, p.204.
101) 규칙 178/2002, 제34조 제1항.
102) 규칙 178/2002, 제34조 제2항.
103) 이탈리아 이스프라(Ispra)에 위치한 생명공학, 환경 및 보안 분야에 대한 EU의 전문 공동 연구센터를 말함.

그리고 많은 회원국들의 국내식품기관과 대학 및 연구기관의 설치를 통한 완전한 통합네트워크를 통하여 업무지원을 받게 된다.[104] 이를 통하여 회원국들의 권한 있는 기관들에 의해 과학적 정보와 전문지식의 교환, 프로젝트의 개발과 실행, 수준 높은 업무수행이 가능해질 수 있고, 유럽식품안전청의 업무를 보조할 수 있다.[105] 그런데 이와 같은 내용은 미래지향적인 염원으로 앞으로 얼마나 실효성을 확보하여 실제 이행할 수 있느냐가 문제라고 할 수 있다. 특히 EU 회원국들로부터 과학적 네트워크에 대한 협력을 어느 정도까지 도출할 수 있을지가 관건이라고 할 수 있다.[106] 따라서 유럽식품안전청과 회원국들 간의 매개체·구심점 역할을 하는 '자문포럼'의 기능이 중요하며, 이 자문포럼은 유럽식품안전청과 여타 기관들 간의 긴밀한 협조의 강화를 지원해야 할 것이다. 나아가 이 자문포럼은 잠재적 위험에 대한 정보교환과 지식의 공동관리가 가능하도록 메커니즘을 형성해야 할 것이다.

5. 위해성 관리에 대한 결정의 통보 문제

유럽식품안전청의 입장에서 볼 때 규칙 178/2002의 가장 취약한 요소는 유럽식품안전청이 수집한 과학적 자문과 위해성 평가의 통보의 문제라고 할 수 있다. EU의 공무원과 입법자에 대한 중요한 교훈을 담고 있는 영국의 Lord Philip의 광우병 조사보고서는 '통보의 결함'이 광우병위기 전체에 중대한 원인이었다고 언급하였듯이, 식품위기의 발생시 '신속한 통보'는 식품안전에 있어서 매우 중요한 부분이다. Philip경의 광우병 조사보고서에 의하면 영국의 장관들은 광우병에 대한 공황사태의 예방에 지나치게 몰두하고 있었고, 과학자들이 경고하였음에도 불고하고 광우병의 위해성에 대한 '정보 교류'를 수년 동안 지연시켰다고 하였다. 그러나 이러한 교훈이 영국과 아일랜드에서 알려져 왔던 것만큼 EU 집행위원회가 위치한 브뤼셀에서는 잘 알려져 있지 않은 것으로 보이며,[107] 이는 집행위원회의 신속한 대처능

---

104) 규칙 178/2002, 제36조 제1항−제2항 참조.
105) MacMaoláin, *supra* note 1, p.192; van der Meulen and van der Velde, *supra* note 9, p.210.
106) O'Rourke, *supra* note 5, p.204.
107) *Ibid.*, pp.204−205.

력에 의구심을 갖게 하였다.

'위해성 통보'의 개념은 '유럽식품안전청으로부터의 통보'(Communications from the Authority)라고 표제가 붙은 규칙 178/2002의 제40조에서는 정의되어 있지 않다. 따라서 제40조는 단순히 유럽식품안전청의 과학적 보고서에 대한 대중의 정보접근을 용이하게 하는 규정이라고 할 수 있다. 오히려 제3조 제13항의 위해성 통보가 위해성 통보의 핵심은 그 '신속성'에 있다는 의미에서 앞에서의 Philip경의 견해를 보다 잘 반영하고 있다고 할 수 있다.[108)]

EU식품법은 규칙 178/2002의 초기의 입법초안을 마련하는 과정에서 유럽식품안전청장이 정규적으로 유럽의회에 출석하여 업무를 보고한다는 규정을 제정하는데 실패하였다. 왜냐하면 EU 집행위원회가 자신들의 권한축소를 우려하였고, 유럽식품안전청의 과학적 의견에 기초하여 집행위원회가 의사결정을 함에도 불구하고 여전히 '위해성 관리에 대한 결정의 통보'의 책임 및 권한과 관련해서는 오직 집행위원회만이 관여할 수 있도록 명시하였기 때문이다.[109)] 위해성 관리의 기초가 되는 과학적 의견의 마련에 대한 실질적인 역할은 유럽식품안전청이 수행했음에도 불구하고, 그 관리에 있어서는 집행위원회가 권한을 행사하게 된 것이다. 그러나 유럽식품안전청은 이러한 집행위원회의 '위해성 관리에 대한 결정의 통보'에 저촉되지 않는 사항에 대해서는 일정 부분 자신의 직무범위 내에서 통보가 가능하다고 해석할 수 있을 것이다. 그럼에도 불구하고 이 사안에 있어서 중요한 점은 '위해성 관리와 통보'의 측면에서는 집행위원회의 주된 역할로 인하여 유럽식품안전청의 역할이 제한된다는 점이다. 그러나 유럽식품안전청의 업무의 연속성과 발전적 차원에서 유럽식품안전청이 '과학적 탁월성'을 기반으로 '위해성 관리에 대한 통보'에 관한 권한을 소유해야 한다는 논의가 현재 진행되고 있는 것이 사실이며, 이는 유럽식품안전청의 지위의 강화와 관련하여 중요한 과제에 해당된다고 할 수 있다.[110)]

---

108) *Ibid.*, p.205.
109) 규칙 178/2002, 제40조 제1항, 제50조 제1항 참조.
110) van der Meulen and van der Velde, *supra* note 9, p.210.

6. 신속경보체제하에서 유럽식품안전청의 지위 문제

식품위기사태를 대비한 신속경보체제(Rapid Alert System)는 일반생산품안전지침 92/59[111](General Product Safety Directive 92/59)에 의하여 확립되었고, 현재는 유럽식품안전청으로부터의 조언을 받아 집행위원회에 의해서 운영되고 있다.[112] 이 제도는 EU 소비자들의 건강이 여러 회원국들 내의 식품안전문제로 인해 위협받는 경우에 작동된다. 일단 그 오염상황이 회원국을 통해 집행위원회에 통지되면, 집행위원회는 관련된 정보를 수집, 분석, 정리하고 이를 모든 회원국의 권한 있는 식품안전기관에 전달한다. 또한 그 위험성을 차단하여 시장으로부터 식료품을 될 수 있는 한 회수(recall)하는 것을 목적으로 신속경보체제가 운영된다. 1999년 벨기에에서의 돼지고기 다이옥신 오염사건 이후에는 신속경보체제에 '식품' 외에 '사료'를 포함시키는 등 그 제도적 결함이 보완되었다.[113]

한편 EU 집행위원회는 유럽식품안전청과 회원국들과 함께 식품위기 발생 시 위해성 관리에 대한 일반계획(general plan)을 작성한다.[114] 심각한 식품안전사태의 경우 그 상황을 대처하기 위해서 집행위원회는 집행위원회 내에 '위기대책반'(crisis unit)을 설치하며, 유럽식품안전청은 그러한 위기대책반에 관여한다. 그런데 문제는 이 경우 규칙 178/2002의 제56조 제2항에 의하면 유럽식품안전청은 '필요할 경우'[115](if necessary)에, 즉 집행위원회가 요청하는 경우에 과학적, 기술적 지원을 제공한다고 규정하고 있다는 점이다.[116] 따라서 집행위원회가 식품긴급사태에 관한 어떤 '결정'이나 심지어는 기타 '정책적 의견제안'의 경우에, 유럽식품안전청을 신속경보체제 하에서든지 혹은 위기대책반 하에서든지 직시하지 않았다는 것이 명백한 사실임을 알 수 있다. 이는 유럽식품안전청은 집행위원회가 생각했던 것처럼 단지 의무가 아닌 필요에 의해 자문 역할을 수행하는 기관임을 다시 한 번 증명해 주고

---

111) OJ 1992 L228/24.
112) 규칙 178/2002, 제50조 제1항.
113) 규칙 178/2002, 제50조 – 제52조.
114) 규칙 178/2002, 제55조.
115) 규칙 178/2002, 제56조 제1항 – 제2항 참조.
116) van der Meulen and van der Velde, *supra* note 9, p.209.

있는 것이라고 할 수 있으며, 유럽식품안전청의 역할수행상의 탁월한 전문성과 독립성에 다소 의문을 가져다주는 부분이기도 하다.[117] 이처럼 유럽식품안전청은 위해성 평가의 과정상 과학적 의견의 제시를 통해 집행위원회에 대한 자문 역할은 수행할 수 있으나, 위해성 관리의 과정상 정책적 권한이 없다는 점에서 한계를 갖고 있다고 할 수 있다. 그러나 그럼에도 불구하고 유럽식품안전청이 EU의 식품안전 분야에서 중요한 구성원으로서 자리매김하고 있다는 점에 있어서는 의문의 여지가 없을 것이다.

Ⅳ. 결언

유럽식품안전청은 유럽에서의 식품안전에 관한 높은 수준의 소비자보호를 목적으로 2002년 이사회와 유럽의회 규칙 178/2002에 의하여 설립되었다. 이러한 목적을 수행하기 위하여 유럽식품안전청은 EU의 광범위한 지역적 안배를 고려하여 이사회가 지명한 14명의 위원과 집행위원회 대표 1명으로 구성되는 하나의 운영위원회, 독립된 법인격을 갖는 유럽식품안전청을 대표하여 직무를 담당하는 유럽식품안전청 청장 및 그 사무직원, EU 회원국들의 권한 있는 국내식품기관들로 구성되는 하나의 자문포럼, 유럽식품안전청의 과학적 의견의 제시에 있어서 가장 중요한 역할을 수행하는 하나의 과학위원회 및 다수의 과학패널들로 조직되었다.

앞에서 살펴 본 바와 같이, 이 유럽식품안전청은 집행위원회, 회원국, 국내식품기관 또는 유럽의회가 식품안전에 관한 자문을 요청하는 경우에 식품안전의 위해성을 평가하여 과학적 의견을 제시한다. 이를 위해 유럽식품안전청은 EU내에서의 식품안전을 모니터링하고, 집행위원회의 식품안전정책을 보조하기 위하여 관련된 과학적 데이터를 수집하고 분석하는 임무를 수행한다. 또한 유럽식품안전청은 식품첨가물, 유기농 및 다이어트 등 특정 용도를 위한 식품, 유전자변형유기체, 신종식품에 대하여 안전성을 평가하고 최종 확인한다. 나아가 유럽식품안전청은 식품안전

---

117) O'Rourke, *supra* note 5, p.206.

위기 또는 식품안전공포가 발생하는 경우 집행위원회의 업무를 전반적으로 보조하는 역할을 수행한다. 이로서 유럽식품안전청은 과학적 자문과 위해성 평가의 내용을 일반 대중에게 통보하는 데에도 기여하게 된다.

　　그러나 유럽식품안전청은 국내식품기관들에 대하여 진정한 독립적 식품안전기구인지 또는 EU기관들과 회원국들에 대한 단순한 과학적 자문기관으로서의 보조적 성격에 지나지 않는 기구인지 등의 몇 가지 검토해야 할 문제가 제기된다고 할 수 있다. 첫째, 유럽식품안전청과 회원국 국내식품기관 간의 과학적 의견이 충돌할 수 있으나, 이 경우에는 회원국대표로 구성되는 자문포럼을 활용하여 유럽식품안전청과 회원국 국내식품기관들 간의 효과적인 과학 네트워크를 확립하여 과학적 의견의 충돌을 예방할 수 있을 것이다. 둘째, EU 회원국 정부의 공무원인 운영위원회 또는 자문포럼의 위원들이 그 독립적 지위가 손상될 경우 어떻게 행동할 지가 불명확하다는 점이다. 이 문제는 EU의 식품안전과 소비자보호라는 본질적 목적에 부합된 해당 전문가로서의 자질에 대한 것으로, 관련 당사자는 직무상의 독립된 지위가 보장된 만큼 자신의 역할을 충실하게 수행해야 하는 것으로 보아야 할 것이다. 셋째, 유럽식품안전청의 역할수행의 공개와 투명성과 관련해서는 관련 규정을 충실히 이행하는 것이 중요하다고 할 수 있다. 넷째, 신종위해요소의 규명과 관련해서는 얼마나 실효성을 확보할 수 있느냐가 문제이다. 이는 유럽식품안전청과 회원국 간의 매개체 및 구심점 역할을 하는 자문포럼에서의 식품안전에 관한 잠재적 위험에 대한 '정보교환'과 관련 '전문지식의 공동 관리'를 통한 긴밀한 협조체제의 강화에 의해 해결될 수 있을 것이다. 다섯째, 위해성 관리의 기초가 되는 과학적 의견의 준비에 대한 실질적 역할은 유럽식품안전청이 수행했음에도 불구하고, 그 위해성 관리는 EU 집행위원회가 권한을 행사하여 위해성 관리의 측면에서는 집행위원회의 주된 역할로 인하여 유럽식품안전청의 역할이 제한된다는 점이다. 그러나 이는 과학적 탁월성을 기반으로 위해성 관리 및 통보의 권한을 업무의 연속성과 발전적 차원에서 유럽식품안전청도 보유하는 방향으로 즉 집행위원회와 유럽식품안전청이 공유하는 방식으로 재고될 필요가 있다고 할 수 있다. 여섯째, 신속경보체제와 관련하여 유럽식품안전청은 집행위원회의 필요에 의해 요청되는 경우에 한하여 과학적, 기술적 지원을 제공하고 있다. 그러나 이는 식품안전문제에 있어서 중요한 구성원으로서 인정되어야 할 유럽식품안전청의 역할수행의 탁월성과 전문성 및 독립성을 제한할 수 있으므로 개선되어야 할 것이다.[118]

　이처럼 유럽식품안전청은 역할수행상의 몇 가지 문제가 제기될 수 있다. 그러나 그럼에도 불구하고 유럽에서 수행되고 있는 유럽식품안전청의 역할은 식품안전과 소비자보호의 필요성이 점점 증대되고 있는 현대 국제사회의 '식품안전네트워크에 중요한 의미'를 부여하고 있다고 할 수 있다. 왜냐하면 오늘날 식품안전문제는 초국경적 성질을 갖는 문제로서 지역 국제사회의 차원에서 그리고 보편적 국제사회의 차원에서 모두 관심 있게 다루어야 할 사안이기 때문이다.[119] 결국 유럽식품안전청도 자신의 한계와 문제점들을 개선하는 데 더욱 노력해야 하며, 아울러 국제사회의 구성원인 모든 국가들도 국경을 초월해서 함께 다루어야 하는 식품안전문제에 대한 국제적인 노력에 더욱 협력해야 할 것이다.

---

118) 결국 규칙 178/2002에 의해 설립된 유럽식품안전청은 '독립된 식품안전기구'라기 보다는 EU위원회를 보조하는 '과학적 자문기구'라고 말하는 것이 더 정확하다고 할 수도 있다. 그리고 EU위원회가 소재하는 브뤼셀의 일부의 행정가들은 이것을 시작으로 다음 단계에서는 유럽의약청(EMEA: European Medicines Agency)이나 식품수의국(Food & Veterinary Office: FVO)이 유럽식품안전청으로 합병될 수도 있다고 보고 있다. *Ibid.*
119) 오늘날과 같이 전 세계적으로 식품안전문제에 대하여 점점 더 큰 관심을 보이는 시대에 본문에서 살펴 본 바와 같이 EU의 유럽식품안전청의 설립과 운영은 식품안전과 소비지보호에 있어서 매우 중요한 의미를 갖는다. 이는 EU시민들의 복지와 인권에 관한 내용이기도 하고, 또한 역외 제3국 국민들의 보건에 관한 내용이기 때문이다.

제15장

환경법제의 발전

I. 서언

현대 국제사회는 기후변화[1]에 대응하기 위한 국가들 간의 협력과 연대가 강조
되고 있으며 환경오염으로 인한 오존층파괴, 기후변화 등으로 생존의 위협을 어느
때 보다도 심각하게 인식하기 시작하였다.[2] 그런데 일단 모든 환경오염의 근원은
'인간의 활동'에서 찾을 수 있고, 이러한 인간의 활동으로 인해 지구에 많은 열과
유해물질이 방출되고, 삼림이 훼손된다고 할 수 있다. 결국 국가들의 산업장려 및
개발정책이 환경을 오염시키고 생태계를 계속하여 파괴시켜왔던 것이다. 이런 상황
에서 환경보호에 관한 국제사회의 노력은 1972년 스톡홀름 UN인간환경회의(UN
Conference on the Human Environment, in Stockholm)에서 시작되었다고 할 수 있으
며,[3] 2009년 12월 코펜하겐 합의문(Copenhagen Accord) 채택을 통하여 그리고 2015

---

1) 기후변화는 불확실성이 큰 리스크이지만, 국제사회는 이러한 리스크를 인정하고 국내외적으로
   대응하고 있다. 이와 관련하여 환경문제의 국제적 성격과 국제적 도전에 대한 같은 취지에 대
   하여는 Philippe Sands, *Principles of international environmental law* (Manchester: Manchester
   Univ. Press, 1995), pp.9−10 참조.
2) Linda A. Malone, *Environmental Law* (New York: Aspen Publishers, 2007), p.201.
3) 1972년 스톡홀름 선언(Stockholm Declarations) 원칙(Principle) 1은 다음과 같이 규정하고 있다.
   "Man has a fundamental right to freedom, equality and adequate conditions of life *in an
   environment of a quality that permits a life of dignity* and well−being [emphasis added]."

년의 파리협정의 채택에 이르기까지 지속적으로 시도되고 있다고 볼 수 있다. 이러한 가운데 EU는 국제사회에서 환경 분야에 있어서 주도적, 창의적 역할을 수행하고자 하고 있다. 물론 이에 대하여는 보는 시각에 따라서 한편으로는 순수하게 '환경론자'의 입장에서 이해할 수도 있고, 다른 한편으로는 이러한 EU의 환경정책에 대하여 비관세장벽으로 파악하여 '통상법적'으로 이해할 수도 있다. 그런데 현 시점에서 이에 대해 어떤 관점으로 이해한다고 해도, 이렇게 EU가 지역적 차원에서 환경법의 적용영역을 확대 및 강화하고 있다는 점은 결코 쉬운 일은 아니다. 이를 위해 EU 집행위원회가 각 회원국별로 상이한 환경관련 국내법의 조화를 이루고, 그 이행까지 감독하고 있는 상황이다. 이 과정에서 EU 집행위원회는 불이행 또는 불완전이행 회원국을 상대로 EU사법기관에 제소하는 방법도 가능하나, 이런 방법보다는 EU 회원국과의 긴밀한 연대를 유지하며 미래를 향한 발전적 방향에서 지속적인 노력을 할 필요성이 있는 것이 현실적이기도 하다. 무엇보다도 실체법적 차원에서 EU 환경법규의 내용은 매우 광범하고 대규모적인 성질을 가지고 있으며, 기후변화 및 대기오염, 폐기물 관리, 토양오염, 수질오염, 생물다양성, 화학물질의 규제, 환경영향평가 등의 과제를 다루어야 한다. 그런데 EU환경법규는 회원국마다 그리고 지역마다의 행정조치가 매우 다양할 뿐만 아니라 초국경적인 대규모의 사항을 다루기 때문에 국내외적으로 통일된 법질서를 형성하기가 쉽지 않다고 할 수 있다. 그럼에도 불구하고 EU는 유럽이라고 하는 지역적 국제사회에서 회원국들 간 환경법규의 통일을 통해 환경 분야를 규율하고 있다.

이에 여기에서는 환경법의 세부 각론적 사항이 아닌 EU가 오늘날 환경 분야에서 국제사회에서 주도적, 창의적 역할을 수행하기까지의 역내 환경법제의 발전과정과 EU환경법상 환경보호에 관한 주요 일반원리들 혹은 일반원칙들의 현황을 살펴보고자 한다. 이는 기후변화에 국제사회가 공동으로 대응하기 위해 협력하는 국제적 견지에서 좋은 경험과 교훈을 줄 수 있다는 데 의미가 있다. 이를 위해 먼저 EU의 환경보호에 관한 법제의 발전을 살펴본 후에 이 과정 속에서 확립되어 온 일반원리들 혹은 일반원칙들의 현황에 관하여 상세히 검토하고자 한다.

Elli Louka, *International Environmental Law* (Cambridge: Cambridge Univ. Press, 2006), p.30.

Ⅱ. EU환경법의 발전 과정

2010년을 전후로 국제사회가 크게 주목하기 시작한 '환경' 분야에 대한 유럽에서의 환경법은 아래와 같이 6단계로 나누어 살펴볼 수 있다. 유럽환경법의 발전사는 환경을 깊이 있게 인식하지 못하여 부수적 차원에서 환경적 고려가 이루어진 시기(제1단계: 1958~1972), 경제성장의 질적 측면인 환경보호를 인식하기 시작한 시기(제2단계: 1972~1987), 환경보호를 위한 초기 법적 근거를 마련한 시기(제3단계: 1987~1993), 지속가능한 성장의 추구 시기(제4단계: 1993~1997), 지속가능한 발전의 추구 시기(제5단계: 1997~2009), 환경 및 에너지 관련법제의 강화 시기(제6단계: 2009~현재) 등 6단계로 나눌 수 있다.

1. 제1단계 시기(1958~1972)

첫 번째 단계는 1958년부터 1972년까지이다. 이 시기는 유럽경제공동체(EEC)와 유럽원자력공동체(EAEC 또는 Euratom)가 설립되어 환경보다는 유럽의 경제부흥에 관심이 많았던 시기이다. 이 시기는 환경문제에 관하여 구체적으로 그리고 심각하게는 인식하지 못했던 시기이며, 당시의 EEC조약 제2조에서 "공동체 전체에 걸친 경제활동의 조화로운 발전, 생활수준의 향상"을 규정하고, 제36조에서 "인간과 동·식물의 건강 및 생명의 보호"에 관해 규정하고 있어 환경정책을 추진하기는 하였지만 직접적으로 환경, 환경보호, 환경정책에 대한 체계적인 추진은 이루어지지 않았다.

이 시기의 환경과 관련되어 부분적으로 존재했던 법률로서는 1967년 '위험한 조제용 물질들의 포장과 라벨작업에 대한 지침 67/548'[4]과 1970년 '자동차 소음정도와 배기가스 시스템에 대한 지침 70/157'[5]이 있었다. 이 시기 이러한 지침들은 유럽이라고 하는 공동시장에서 이루어진 최초의 조치였다는 점에서 의미가 있으나, '환경적 고려'는 매우 부분적인 것으로서 환경을 깊이 있게 인식하지 못한 가운데 '부수적 차원'에서 이루어졌다.[6] 1970년대 이전의 EU환경정책은 역내시장 설립을

---

4) OJ 1967 L196/1.
5) OJ 1971 L42/16.

위한 장벽을 제거하는 것에 초점이 맞추어져 있었고 공동체의 공동시장의 기능 활성화에 있었다. 그렇기 때문에 역내교역에 방해가 되는 회원국들의 상이한 환경규제조치들을 조화시키는 것에 중점을 두었고 환경보호는 부수적 차원에서 다루어졌던 것이다.

2. 제2단계 시기(1972~1987)

두 번째 단계는 1972년 10월 19일~21일 파리에서 6개 EU 회원국 정상회의(European Council Summit)에서 EU차원의 환경정책을 마련하는데 합의한 다음 해로, EU차원의 실질적인 환경정책의 시작을 의미한다. 이 시기는 환경이란 개념을 EU차원에서 처음으로 인식하고 환경문제를 자각한 시기로, 역내 경제성장은 물적 생활수준과 삶의 질의 향상이 병행되어야 한다고 논의가 되었던 시기이다. 유럽경제의 성장으로 삶의 질이 향상되면서 이전에는 없었던 '경제와 환경의 조화'의 필요성을 인식하게 되었던 시기이다. 인류의 진보를 위해서 환경보호와 건강 및 정신적 가치에 특별한 관심을 갖게 되었고, 이를 기회로 6개국 정상들이 모여 EU 집행위원회에 환경정책을 수립하도록 촉구하게 되었다.[7] 이를 통해 공동체 차원의 환경행동계획[8](Environmental Action Programme)이 마련되기 시작하였다.

이 시기에 유럽의회(EP)는 유럽의 '환경정책의 가치'를 강조하기 시작하였으며, EU기관들에게 공동체차원의 환경프로그램을 강구하도록 요청하였다. 당시 EEC조약 제2조는 "EC의 임무는 공동체의 조화로운 경제활동의 발전과 지속적이고 균형 있는 발전을 도모하여"라고 규정하여 인간의 삶과 환경보호의 질을 향상시키는 것으로서 이는 환경오염방지에 관한 캠페인이 없는 상태에서는 상상할 수 없는 것이었다. 비록 당시 EEC조약 제2조와 제3조에서 '환경보호'라는 용어가 직접적으로 사용되지는 않았지만, 이는 이후로 EU의 경제성장을 '양적'인 것뿐만 아니라 '질적'인

---

6) Jan H. Jans and Hans H.B. Vedder, *European Environmental Law* (Europa Law Publishing, 2008), p.3.
7) Jans and Vedder, *supra* note 6, p.3.
8) EU의 6차례의 환경행동계획의 실시는 1차(1973~1976), 2차(1977~1981), 3차(1982~1986), 4차(1987~1992), 5차(1993~2000), 6차(2002~2010)에 거쳐 진행되었다.

것으로도 여기게 하였으며, 처음으로 공동체의 중요한 목적 중 하나가 환경보호라고 인식되었다는 점에서 의미 있는 시기이다.9) 이 시기에 유럽차원에서 환경에 대한 인식의 전환이 이루어지게 되었다고 할 수 있다.

그러나 이에도 불구하고, 유럽경제공동체(EEC)의 권한에 대한 논란의 여지는 남아 있었다. 환경 용어에 대한 정의가 개념화 되고 있었으나, 환경정책에 영향을 미치는 'EEC의 권한'은 논란거리가 되었던 것이다. EEC의 환경정책에 대한 권한은 '명확한 법적 근거'를 갖추지 못하였었고, 일반규정에 환경규제에 대한 개별조치가 내포되어 있는 한계를 보이고 있었다.10)

두 번째 단계에서의 유럽환경에 관한 대부분의 지침은 주로 당시의 EEC조약 제100조(TFEU 제115조)와 제235조(TFEU 제352조)에 근거하였다. 제100조(TFEU 제115조)는 공동시장의 설립 및 기능에 직접적인 영향을 주는 각 회원국의 각종 법규를 통일시키는 주요 방법을 규정하고 있으며, 제235조(TFEU 제352조)는 EU로 하여금 공동체설립조약의 '목적'을 달성하기 위해 필요한 조치를 취할 수 있는 근거를 규정하고 있다.

그런데 초기에는 EEC조약 제100조(TFEU 제115조)에 근거한 환경지침이 이루어 졌지만 제100조만으로는 한계가 있었고, 명확한 합법적 근거가 필요하였다. 따라서 이러한 흠 또는 문제를 해결하기 위해 유럽의회는 EEC조약 제235조(TFEU 제352조)를 발동하였고, 위와 같은 한계 또는 문제를 극복하기 위해 EEC조약 제235조를 이용하여 환경정책의 중요성을 설득하였다. 환경보호 부분을 명백하게 하기 위한 법적 논거의 필요는 1987년 이전의 큰 문제점으로 지적되는 부분이라고 할 수 있다. 그럼에도 불구하고 환경정책의 추진 이래로 회원국에 의한 특별한 반대가 제기된 일이 없다는 것은 EU 환경정책 대한 '금반언의 원칙'이 확립되었다고 볼 수 있고, 유럽사법법원(ECJ)도 같은 태도를 취하고 있다.

1985년 ADBHU 사건11)에서 유럽사법법원(ECJ)은 처음으로 환경보호를 공동체의 필수적 목표로 인식하고 있다고 판단하였으며, 제235조(TFEU 제352조)가 제100조

---

9) Jans and Vedder, *supra* note 6, p.4.
10) *Ibid.*
11) Case 240/83, *ADBHU*, [1985] ECR 531.

(TFEU 제115조)를 보완하고 있다고 보고 있어, 이는 제235조 자체가 유럽환경정책의 법적 기초로서의 역할을 할 수 있다는 것을 의미하였다.[12] 그러나 실제로 제235조에 기초한 법률은 많지 않았으며, 그것도 환경보호를 위한 최소한의 조치들만이 제235조를 기반으로 하고 있었다.[13]

3. 제3단계 시기(1987~1993)

세 번째 단계는 단일유럽의정서(Single European Act: SEA)가 발효된 1987년부터 EU조약(TEU)이 발효된 1993년까지의 시기이다. 이 시기에는 EEC조약 제100조(TFEU 제115조)와 제235조(TFEU 제352조)와 같은 간접적인 법적 규제로는 'EU차원의 환경정책'에 한계가 있다는 것을 인식하고, 이러한 이유로 공동체 차원의 환경정책에 관한 '법적 근거'를 마련하자는 공감대가 형성되었다.[14] 단일유럽의정서(SEA)는 기존의 EEC조약 제100조(TFEU 제115조)와 제235조(TFEU 제352조)를 기초로 환경보호에 있어서 각 회원국의 경쟁에 있어서 동등하지 않은 상태를 방지하기 위한 법적 접근, 즉 EU차원의 공동목적을 위한 법적 접근을 시도하였다.[15] 이 시기는 처음으로 환경정책의 목적이 조약에서 중대하게 다루어진 시기로, EU조약에서는 환경보호를 위한 강제적 조치들이 구체화되었다. 처음으로 '환경'이라는 주제로 특별히 환경보호를 위한 법조항이 제정되었으며, 그 예로 EEC조약 130r, 130s, 130t, 100a(3) 그리고 100a(4) 등을 들 수 있다. 이 중 130r조는 EU 환경정책의 목적, 환경정책의 원칙(특히 2항에서는 방지의 원칙(preventive principle), 근원의 원칙(environmental damage should as a priority be rectified at source), 오염자부담의 원칙(polluter-pays principle)을 규정하였음, 4항에서는 보충성의 원칙[16](principle of subsidiarity)을 도입하였음) 및 지침

---

12) Jans and Vedder, *supra* note 6, p.6.
13) Directive 82/884 on a limit value for lead in the air(OJ 1982 L378/15); Recommendation 81/972 concerning the re-use of paper and the use of recycled paper(OJ 1981 L355/56).
14) Ludwig Krämer (ed.), *European Environmental Law* (Aldershot: Dartmouth, 2003), pp.32-39,82-84 참조.
15) Jans and Vedder, *supra* note 6, p.6.
16) 이러한 보충성의 원칙은 이후 EU조약(마스트리히트 조약)에 의해 EC조약 제3b조 2단에서 EC 전체에 적용되는 일반원칙으로 규정되었기 때문에 삭제되었다.

그리고 환경보호를 위한 국제적 협력에서의 EU의 역할 등을 정의하고 있다.[17]

이로써 공동체적 환경정책이 '하나의 공동체 정책'으로 자리 잡게 되었고, 이전의 환경보호에 대한 법적 근거에 대한 논란의 여지는 사라지게 되었으며, 환경문제에 대한 공동체의 임무가 확고해지고 적극적이게 되었다.[18]

단일유럽의정서(SEA)는 EU차원의 환경정책에 관한 확실한 '법적 근거'를 처음으로 마련함으로써 환경보호에 관한 법적 근거의 흠의 논란을 없애고, 각 회원국 간의 통합적인 규범의 틀을 마련했다는 점에서 의미가 크다. 단일유럽의정서(SEA)는 공동시장의 확립 등 1992년 EU출범에 있어서 매우 중요한 법적 준비의 근거가 되었듯이, EU환경법의 발달에 있어서도 법적 기초의 제공에 있어서 매우 중요한 전환점이라고 할 수 있다.

4. 제4단계 시기(1993~1997)

네 번째 단계는 EU조약이 발효된 1993년부터 1997년까지의 시기이다. 단일유럽의정서(SEA)에 이어 1993년 11월 1일에 발효된 EU조약은 EU환경정책을 한 단계 더 발전시키고,[19] 환경정책의 지위를 EU정책의 하나로 확고히 하는 계기를 마련하였다.

이 시기에는 환경을 주제로 한 하나의 '독립된 편'을 만들었으며, 환경이라는 단어가 당시 EC조약 제2조와 제3조에서 핵심적 용어로 언급되기도 하였다. 당시 EC조약 제2조는 공동체의 목적을 단순한 경제성장이 아닌 '환경을 보호하는 지속가능한 성장'(sustainable growth)이라고 언급하였다. 그런데 '지속가능한 성장'은 지속가능한 발전[20](sustainable development)이라는 표현보다는 환경보호적인 관점에서

---

17) Krämer, *supra* note 14, pp.84~99 참조.
18) 정홍열, "EU환경정책의 발전과 우리나라 산업에 주는 영향", 「유럽연구」 제24권(2007.2), p.267 참조.
19) 현재 EU의 환경정책의 목적과 원칙은 이 당시의 EC조약 제130r조에 의해 대부분 정립되었다.
20) 본래 인간은 개발을 통해 경제적 이익을 얻음으로서 복지의 행복한 삶을 살 수 있기 때문에, 개발권은 인권으로서 이해할 수 있다. 그러나 문제는 과도한 경제개발 '속도와 방법'은 일반적으로 환경보호와 양립할 수 없다는 것이다. 과거에 개발은 환경보호를 고려하지 않는 방식으로 진행되었던 것이다. 이는 일면 개발권과 환경권의 충돌이라고 볼 수도 있다. 따라서 국제사회는 개발이 환경보호의 범주 내에서 진행되어야 한다는 인식하에 개발과 환경을 '조화'시키는 '지속가능한 발전'이라는 개념을 도입하게 되었다. 이 지속가능한 발전의 개념

미약하다는 비난을 받았다. 그럼에도 불구하고 환경적 목적의 조약상의 도입은 대단한 정치적 의미를 갖는다. 그리고 당시 EC조약 제3조는 '공동체의 목적을 달성하기 위한 수단으로 상품의 자유이동, 경쟁정책 등과 함께 환경정책'을 명시적으로 언급하였다. 이로써 환경보호가 공동체의 궁극적 목표임이 명확해졌으며, 이는 현재와 미래에 있어서 환경규제를 위한 중요한 의미를 가진다. 즉 EU차원의 환경조치를 취할 수 있는 '법적 근거'로서 효력을 갖게 되었다. 무엇보다 중요한 것은 1979년부터 의원 직접선거를 실시하던 유럽의회의 역할과 권한이 강화되었는데, 그것은 바로 유럽의회가 '환경' 관련 입법과정에 참여할 수 있게 되어 거부권을 행사할 수 있다는 의미의 공동결정절차를 수립했다는 것이다.[21]

5. 제5단계 시기(1997∼2009)

다섯 번째 단계는 1997년부터 2009년까지의 시기이다. 이 시기는 '포스트 암스테르담, 포스트 니스 단계'에 해당된다. 1997년 암스테르담 조약에서는 당시 EC조약 제2조에서 '지속가능한 발전'을 언급하였을 뿐만 아니라, 높은 수준의 환경보호정책을 추진하고 환경의 질을 개선할 것에 관하여 논의하였다. 그리고 2001년 니스조약에서는 암스테르담조약에 비해서 의사결정과정이 중시되었다.[22]

이 시기는 '지속가능한 발전'의 추구 시기라고 할 수 있다. 이는 '현재와 미래 세대'를 위해 자연 재산과 생물학적 다양성을 유지하며, 삶의 수준과 복지가 향상된다는 것을 의미한다.[23] 모든 환경정책과 입법은 지속가능한 발전을 기초로 추진되며 '환경영향'(평가)을 고려해야 함을 의미한다.

은 개발이 환경에 종속된다는 의미는 아니며, 개발과 환경이 동등한 지위에서 서로 통합되는 것이라고 하겠다. 또한 이 개념은 환경보호 없이는 지속적인 발전이 이루어질 수 없고, 경제적 발전이 없이는 환경의 질을 유지하고 인류의 생활수준을 향상시킬 수 없다는 사실을 전제로 하고 있다. 그러나 이 개념은 '지속가능성' 또는 '개발'의 성격이나 기준이 무엇인지 등에 대한 명확한 기준이 규명되고 있지 않다는 한계를 보이고 있다. 김기순, "지속가능 발전 개념의 법적 지위와 적용사례 분석", 「국제법학회논총」 제52권 제3호(2007.12), pp.12,16 참조.

21) Jans and Vedder, *supra* note 6, p.7.
22) *Ibid.*
23) Sands, *supra* note 1, pp.199∼200 참조.

이러한 다섯 번째 단계가 가져온 변화로, 첫째는 환경을 파괴하지 않는 '지속가능한 발전'을 EU의 궁극적 목표로 여겼다는 점이다. 둘째는 환경의 질의 향상과 높은 보호수준을 EU의 임무로 도입했다는 점이다. 셋째는 TFEU 제11조(EC조약 제6조)의 '통합적 원리'(통합의 원칙)의 촉진으로, 즉 '지속가능한 발전'을 중심으로 하는 환경보호가 TFEU의 일반적인 원칙으로 다른 공동체정책을 보완하고 그 정의가 통합되어야 한다는 것이다.[24]

6. 제6단계 시기(2009~현재)

여섯 번째 단계는 2009년 12월 1일 발효된 리스본조약[25] 이후의 시기이다. 2001년 니스조약(Treaty of Nice)에 의해 환경법이 강화되었고, 특히 환경 관련 의사결정과정이 심도있게 논의되어 현재 유럽의회는 공동결정절차를 통해 이사회와 함께 환경 관련 입법과정에 관여하게 되었다. 2007년 체결되어 2009년 12월 1일 발효된 리스본조약(Treaty of Lisbon)을 보면 EU가 환경을 얼마나 심사숙고하고 있는지 알 수 있으며, 현재까지도 환경을 고려한 지속가능한 발전과 보호 사이에서 논의가 계속되고 있다.

TFEU 제191조 제1항에서 '기후변화'를 처음으로 새롭게 규정하고 있는 리스본조약은 환경 개선과 보호를 바탕으로 한 EU의 지속가능한 발전을 목표로 하고 있으며, EU는 2020년까지 '탄소배출'[26]을 1990년에 비해 20% 이상 감축할 것을 표명

---

24) Jans and Vedder, *supra* note 6, pp.8~9; Stuart Bell and Donald McGillivray, *Environmental Law* (Oxford: Oxford Univ. Press, 2006), p.64.
25) TFEU는 제2조-제6조에서 EU의 배타적 권한 및 EU와 회원국의 경합적 권한에 관하여 규정하고 있으며, 환경과 에너지 분야는 제4조(2)에서 경합적 권한으로 규정하고 있다. 한편 환경입법절차에 있어서, 일반입법절차(기존의 공동결정절차: 집행위원회의 제안에 대해 유럽의회와 이사회가 공동결정)에 의한 가중다수결이 일반적으로 적용되되, 특별입법절차(기존의 협의절차: 유럽의회의 의견 필요)가 TFEU 제192조(2)에 따라 이사회의 만장일치가 적용된다. 대부분의 환경관련조치는 일반입법절차인 가중다수결이 적용되지만, TFEU 제192조(2)에 규정된 내용인 재정적 성질의 경우, 도시계획과 수자원관리 및 토지 사용의 경우, 회원국의 에너지 자원 선택과 에너지 공급구조에 중대한 영향을 미치는 경우에는 이사회의 만장일치가 적용된다.
26) EU는 탄소배출권거래제도(Emission Trading Scheme: EU-ETS)의 시행을 위한 유럽의회와 이사회 지침 2003/87/EC(OJ 2003 L275/32)를 채택하였다. EU-ETS는 처음부터 강제적인 참

한 바 있다. 그리고 환경 관련 규제에 있어서 각 회원국은 EU 공통의 기준만 충족
시키면 되나, 기후변화 방지, 에너지 안보 등에 있어서는 개별 회원국의 거부권이
삭제(강제적 구속력이 강화)됨에 따라 더욱 포괄적인 환경 규범이 제시되고 있는 시기
이다. EU환경청(European Environment Agency: EEA)을 중심으로 '환경정보네트워크와
모니터링'이 이루어지고 있으며,[27] 환경책임이 강화되었고,[28] 에코라벨이 도입되었
으며,[29] 신재생에너지[30] 관련 법규가 마련되는 등 점점 환경규제가 강화되고 있다.

기후변화, 즉 이상기후는 지구전체에 물리적·경제적 피해를 초래하여 경제 성
장이 멈추어 심각한 위기를 초래할 수 있다. 무엇보다 이러한 기후변화로 인간이
'통제'할 수 없는 상황에 직면할 수 있다. 따라서 인간은 자원을 합리적으로 신중하
게 사용해야 한다. 오늘날 EU가 환경·에너지 분야에서 취하는 법·제도적 노력은
국제적인 행위자로서의 기능을 실험하는 실험의 공간으로 이용될 수 있다. 이를 통
해 EU는 지구적인 환경개선과 EU이익의 극대화라는 양 측면에서 좋은 결실을 맺
을 수 있다.[31]

이처럼 EU는 1972년 이후 환경보호에 관한 관심이 고조되면서 환경과 관련한
다양한 분야에 걸쳐 환경정책을 꾸준히 확대, 시행해 오고 있다. 환경요건이 EU의
다른 산업분야의 정책에도 적극적으로 반영되는 것을 볼 때, EU환경정책은 일개

여제도를 실시하고 수시로 검토하여 내용을 수정해 반영함으로서 EU의 온실가스 저감의 목
적을 일정부분 성취하였다고 할 수 있다. 그러나 초기단계에서 낮은 배출권 할당에 대한 우
려로 EU 회원국들이 국가별 할당계획을 지나치게 여유롭게 설정하여 배출권가격의 하락에
영향을 주었다는 문제가 있었다; EU의 기후변화 대응을 위한 중장기적 '저탄소경제를 향한
로드맵 2050'에 관하여는 김두수, "기후변화에 대한 EU의 저탄소 경제정책", 「국제경제법연
구」 제12권 제2호(2014.7), pp.39－66.

27) Regulation 401/2009(OJ 2009 L126/13),

28) Directive 2004/35(OJ 2004 L143/56). 이 지침은 Directive 2006/21(OJ 2006 L102/15)에 의해
개정되었다.

29) Regulation 66/2010(OJ 2010 L27/1), 동 규칙은 인체대상 의약품에 관한 유럽의회와 이사회
지침 2001/83(OJ 2001 L311/67) 및 동물대상 의약품에 관한 유럽의회와 이사회 지침
2001/82(OJ 2001 L311/1) 상의 의약품과 의료기기에는 적용되지 아니한다.

30) Directive 2009/28(기존의 Directives 2001/77/EC 및 2003/30/EC을 개정)(OJ 2009 L140/16).

31) 이와 관련하여 김두수, "나고야의정서상 주요 이용국들의 접근 및 이익 공유(ABS) 법제 분
석과 우리나라 유전자원법에 대한 법적 검토", 「국제경제법연구」 제17권 제3호(2019.11),
pp.85－123; 이강용, "유럽연합의 지구기후변화 대책에 관한 연구", 「유럽연구」 제27권 제2
호(2009.8), pp.284－285 참조.

국가나 국제사회에서도 하나의 성공적인 사례로 평가할 수 있다. 현재와 미래 세대에 보다 좋은 환경여건을 조성하고 물려주기 위한 이후의 단계들은 현세대가 어떻게 하느냐에 달려있다고 할 수 있다. 이것이 기후변화나 환경 관련 법제에 있어서 규제 완화와 규제 강화 사이에서 현 인류가 고민해야할 선택의 문제인 것이다.

Ⅲ. 환경보호에 관한 EU법상의 일반원칙들

환경보호를 위한 EU법에도 일반적인 원리들 혹은 원칙들이 존재한다. 이러한 일반원칙들은 보통 EU의 1차적 법원인 조약에 규정되어 있으며, 이에 기초해 구체적인 EU환경 관련 2차적 규범들이 채택되고 이행된다. 이러한 내용에는 특정 권한의 원칙, 보충성의 원칙, 비례의 원칙, 통합의 원칙, 기본권보장을 위한 환경보호 등이 있다.

1. 입법절차상 특정성의 원칙

현재 환경법 분야에서 발전적 모습을 보이고 있는 EU도 환경문제를 다루기 위한 법적 기초를 마련하는 데는 수십 년의 시간이 필요하였다. 환경과 관련된 EU법상의 법적 근거의 마련은 다음과 같은 측면에서 중요성을 갖는다. 첫째, 환경과 관련하여 EC조약 제5조에 따라 EU법상에 '권한 없는 행위 또는 조치'는 무효의 행위 또는 조치가 된다. 둘째, 환경 관련 법적 근거의 마련은 특정 환경 법안의 채택시 따르는 제정 절차와 관련되는데, 여기서 제정철차는 법령의 주요 '입법 목적'의 근거가 되는 정확한 법적 근거를 의미한다. 셋째, 환경 관련 법적 근거는 회원국들에게 있어서 협의된 유럽 기준보다 '더 엄격한' 자국의 환경법령들을 채택할 자격의 여부에 영향을 미치게 된다.[32] 결국 EU 환경법안의 적절한 법적 근거 결정의 필요성에 있어서, EU법이 규정하고 있는 권한의 범위와 이 권한에 근거하여 채택된 법

---

32) Jans and Vedder, *supra* note 6, p.10 참조.

안만이 그 실효성을 갖기 때문에 법적 기초가 중요한 의미를 가진다.

따라서 환경 관련 생산(제품)을 위한 기준들을 조화시키는 법안의 경우에 그것이 '역내시장'에 중점을 두는 경우에는 TFEU 제114조(EC조약 제95조)에 근거한 의사결정방식이, 그것이 '환경보호'에 중점을 두는 경우에는 TFEU 제192조(EC조약 제175조)에 근거한 의사결정방식이 적용되어야 한다.[33] 이와 같이 환경 관련 법안에 대해 EU법상의 의사결정에 관한 근거 규정을 둠으로써 적법성을 보장받을 수 있다.

2. 보충성의 원칙

1) 의의

TEU 제5조 제3항(EC조약 제5조 제3항)은 보충성의 원칙에 대해 언급하고 있다. 여기서 보충성의 원칙(principle of subsidiarity)이란, 독점적 권한에 속하지 않는 범위 내에서 회원국들에 의해 제안된 조치들로서는 충분하게 달성될 수 없고, 공동체적 차원에서 더 낮게 해당 목적을 달성할 수 있는 경우에 한하여 EU가 행동하는 것을 의미한다.[34] 개별 회원국들의 능력만으로는 달성되기 어려운 부분을 EU가 보완한다고 할 수 있다.

보충성의 원칙의 예로는 교토의정서(Kyoto Protocol: 기후변화협약에 따른 온실가스 감축목표에 관한 의정서)의 '온실가스방출 허용거래'를 위한 체계의 마련으로,[35] 제5조에서 규정된 보충성의 원칙에 따라 개별적으로 결정하는 회원국들에 의해서는 충분하게 달성될 수 없어 EU 차원에서 보다 잘 달성될 수 있는 경우가 있다. 이와 같은 경우에 바로 EU는 유럽 전역에 효과를 미치는 관련 법령들을 채택할 수 있으며, 다만 이 경우 뒤에서 설명될 비례의 원칙(principle of proportionality)에 따라 그 목표 달성을 위한 필요 이상으로 규제 범위를 넘겨서는 아니 된다.[36] 이와 같이 국경을

---

33) Krämer, *supra* note 14, p.480.
34) Richard L. Revesz · Philippe Sands · Richard B. Stewart, *Environmental Law, the Economy and Sustainable Development* (Cambridge: Cambridge Univ. Press, 2000), p.80.
35) Directive 2004/101 establishing a scheme for greenhouse gas emission allowance trading(OJ 2004 L338/18).

넘나드는 '초국경적' 대기오염을 방지하기 위한 조치는 '개별적으로' 활동하는 회원국에 의하여 충분히 성취 될 수 없지만 EU 차원에서 더 잘 해결 할 수 있다.

　　이처럼 국경을 넘나드는 초국경적인 환경문제[37]에 대한 조치는 유럽차원의 법안을 채택하는 것이 필요하다고 할 수 있는데, 특히 대기오염·수질오염의 경우 더욱 그렇다. 따라서 초국경적인 문제에 대하여 수십 개국으로 이루어진 EU에 의한 일반적인 조치는 보충성의 원칙에 따른 조치라고 할 수 있다. 만약 그 연방제적 공동체, 즉 예를 들어 EU와 그 회원국 정부 모두 관할권을 갖는 분야로서 어떠한 결정을 내릴 경우에, 그것이 효율성을 해하지 않는 한 그 당사자인 해당 국민들의 입장에서 가장 적정하다고 생각되는 기관에서 이를 수행해야 하는데, 바로 그 주체가 EU라고 할 수 있다.

　　그리고 '선적 원료의 오염과 위반에 의한 벌금도입'에 관한 지침 2005/35[38]의 내용과 '야생 조류 보호'에 관한 지침[39] 또한 이와 동일하다. 농업상의 질산오염(지침 91/676),[40] 유전학적으로 변형되는 미생물(지침 90/219),[41] 국내의 폐기물소각(지침 89/369)[42]도 동일한 차원에서 EU 지침에서 다루고 있다.

---

36) Jans and Vedder, *supra* note 6, p.11 참조.

37) '초국경적' 환경문제와 관련하여 '동아시아' 또는 '동북아'의 환경문제 해결은 환경문제의 특성상 지역 국가들 간의 체계적인 협력체제의 확립이 무엇보다도 중요한 선결 과제라고 할 수 있으며, 환경문제인식의 공유와 환경정보공유네트워크 및 모니터링체계를 갖추고 있는 유럽환경청(European Environment Agency: EEA)을 대표적인 예로 들 수 있다. 동아시아 또는 동북아 환경협력에 관한 연구로는 서철원, "동북아 환경협력에 관한 연구", 「서울국제법연구」 제6권 제2호(1999), pp.123-168; 채영근, "동북아시아 환경협력-두만강 지역개발을 중심으로", 「서울국제법연구」 제7권 제2호(2000), pp.85-104; 노명준·성재호·최승환·서철원, "동북아 환경협력체제에 관한 법적 연구", 「국제법학회논총」 제46권 제1호(2001), pp.47-77 참조.

38) OJ 2005 L255/11.

39) 1987년에 '야생 조류 보호'에 관한 지침에 대한 판결에서 ECJ는 환경문제는 회원국들에 대한 공통된 책임들을 수반하며, 공동체 자연 유산과 그 위협은 국경을 넘어 자연에서 흔히 존재하는 것이라는 점에서 서식지와 종은 그 위협으로부터 보호되어야 한다는 유럽차원의 법규 제정이 반드시 필요하다고 하였다. Case 247/85, *Commission v. Belgium*, [1987] ECR 3029.

40) OJ 1991 L375/1.

41) OJ 1990 L117/1.

42) OJ 1989 L163/32.

2) 문제점

보충성의 원칙의 장점에도 불구하고 문제는 이러한 보충성의 원칙이 국가 간 우위의 차이를 줄여 경쟁을 피할 수도 있기 때문에 회원국들의 '건전한 정책 경쟁'(healthy policy competition)의 기회를 박탈할 수 있다는 점이다. 좋게 해석한다면 경쟁의 왜곡을 방지하고 무역상의 제한 또는 장벽을 회피할 수 있으며, 유럽의 경제적·사회적 통합을 강화시킬 수 있다.[43] 흔히 국제법의 법적 성격을 논함에 있어서 G. Scelle의 사회연대성이론에 비추어 보면 전체질서가 부분질서를 지배하는 것과 일면 유사하다고 할 수 있다. 한편 합리적인 균형은 유럽의 환경보호 규칙들이 주로 '최소한의 조화'만을 추구하려는 성질을 지니게 되면 얻을 수 있다. 그런데 EU 전체에 '최소한의 보호 기준'(minimum level of protection)에 관한 조항이 허용 된다면, 회원국들로부터 자국의 영토에서 '더 엄격한 환경 기준'을 채택할 권한을 박탈하게 된다. 유럽의 최소기준 이하로는 정책 경쟁이 불가능하게 될 것이다.[44] 보충성의 원칙을 적절하고 합리적으로 적용하기 위해서 EU 차원의 조치가 회원국 수준의 조치와 비교해 볼 때 그 범위와 효력 면에서 확실히 이익을 창출하는가 하는 문제가 있는 것이다. 물론 EU 전체에 최소 기준의 보호를 성취하려는 목적이 EU법규에 의하여 효과적으로 달성될 수는 있다. 그럼에도 불구하고 비례의 원칙에서 보여주는 바와 같이 회원국에 의한 보다 엄격한 환경 규제 조치는 존중될 필요가 있다.

3) 한계

보충성의 원칙은 문제점 외에 한계점도 보이는데 보충성의 원칙의 한계로는 첫째, TEU 제5조(EC조약 제5조)의 보충성의 원칙은 오직 'EU와 회원국들 간의 관계'만을 규정하고 있다는 것이다. 즉 여타의 권력이 있는 주체에 대해서는 언급 한 바가 없다. 특히 회원국내의 어떤 지역—예를 들면, Scotland 또는 Catalonia 혹은 독일의 Länder와 같은 지역—은 전혀 명시되어 있지 않다. 이러한 이유로 보충성의 원칙은 EU와 회원국내 여타 지역(sub−national regions)의 관계에 적용되지 않을 뿐만

---

43) Jans and Vedder, *supra* note 6, p.13 참조.
44) *Ibid.*

아니라, 회원국과 회원국내 지역의 관계에도 적용되지 않을 수도 있다.

둘째, 보충성의 원칙은 EU와 회원국 간 관계를 '항상' 규율하는 보편적인 원칙이 아니라는 점이 동 조항에 분명히 규정되어 있다는 점이다. 오히려 보충성의 원칙은 EU가 '배타적 권한'을 갖지 않는 영역에만 적용될 수도 있다는 것이다.[45]

3. 비례의 원칙

1) 의의

TEU 제5조 제4항(EC조약 제5조 제4항)은 "EU에 의한 어떤 조치도 조약의 목적을 달성하기 위한 필요 이상의 내용적(실체법적), 형식적(절차법적) 권한을 소유할 수 없다"고 규정함으로서 비례의 원칙(principle of proportionality)을 도입하고 있다.

EU와 각 회원국 정부에 대하여 부과되는 모든 비용들은 최소한으로 해야 하며, 제시된 목적에 비례해야 한다. EU 입법기관들은 환경관련 입법을 한다 해도 반드시 회원국의 의사결정에 최고수준의 자유를 보장함으로서 회원국의 법제도가 존중(as much scope for national decision as possible, or subject to the need for proper enforcement)되는 법안을 선택해야 한다는 의미이다.[46] 이는 회원국들이 더 엄격한 환경보호 기준을 확립하는 데 있어서 자율성을 보장받는다는 측면에서 의미가 있다.[47]

2) 목적

이러한 비례의 원칙의 목적은 EU 당국의 '과도한 개입'에 대하여 개인의 권리를 보호하는 역할에 있다고 할 수 있다. 이에 대한 조건으로는 개인적 이익과 공공이익 및 EU 당국의 자유재량권의 행사 간 갈등이 야기되어야 하며, 또 이들 간에 상관관계가 있어야 한다. 이렇게 회원국들이 과도한 EU 차원의 개입에 대해 자유로워진다면, 최소 기준이 가능한 한 많이 사용될 것인데, 이 경우 EU의 '지침'은 규

---

45) *Ibid.*
46) Krämer, *supra* note 14, p.167.
47) Jans and Vedder, *supra* note 6, p.14 참조.

칙의 사용보다 우선적으로 고려될 것이며, 세부적인 내용보다는 일정한 구조적 가이드라인이 우선될 것이다. 그리고 중요한 점은 이와 같은 조건을 충족하는 범위 내에서 EU의 일반적 이익에 비추어 보아 추구하는 목적을 달성하기 위한 필요한 조치를 제외하고는 EU 당국은 사인에게 의무를 부과할 수 없다는 점이다.[48] 이는 국가들이 규칙보다는 '지침'의 활용을 선호해 왔던 이유이다. 또한 이는 회원국의 권한을 제한하는 것이 아니라, 실질적으로는 EU의 권한을 제한하는 것으로 이해되는 측면도 있다.

이러한 자발적 법체계는 예를 들어, 첫째, 많은 환경보호법령 중 하나인 '질산비료에 의한 환경오염'에 관한 지침 91/676[49]의 제4조는 농부들이 '자발적으로' 행하는 좋은 농업 사례에 대한 법률이 되어야 한다고 보고 있다. 이는 회원국들이 좋은 농경 관행에 대한 법제를 마련하되, 이 목적 달성은 농민에 의해 자발적으로 구현되는 방식으로 법안이 마련되어야 한다는 의미이다. 이와 비슷한 법령으로 산업계, 소매업자, 환경기관들 등이 관여하는 '에코라벨 부여제도'에 관한 규칙[50]도 있다. 둘째, 같은 맥락에서 '환경감사'에 관한 규칙 761/2001[51]도 환경 경영과 감사(Eco-management and audit scheme: EMAS)는 기업과 기타 조직들이 그들의 환경보호 활동을 평가하고 보고하고 개선시키는 경영도구이므로 그 참가는 완전히 자발적이라는 것이다. 셋째, 교토의정서에 따른 '온실가스 배출 관련 무역 허가'에 관한 지침 2004/101[52]과 관련해서도 온실가스로 인한 지구온난화 문제는 범국가적, 초국가적 환경문제로서 TEU 제5조의 보충성의 원칙상 EU차원의 조치를 위해 취할 수 있도록 하고 있으나, 이 지침은 TEU 제5조상의 비례의 원칙에 따라 그 목표를 달성하기 위한 필요 이상으로는 적용되지 아니한다.

오늘날 공공기관과 산업 간의 환경보호협정이 점점 환경정책을 구현하는데 사용되는 것과 같이 자발적인 환경보호협정의 사용에 대한 관심은 점점 증가하고 있다. 그리고 EU의 환경정책은 환경 분야의 결정에 대한 '지침'의 사용이 상당한 관행

48) *Ibid.*, p.15 참조.
49) OJ 1991 L375/1.
50) OJ 2000 L237/1(Regulation 66/2010(OJ 2010 L27/1)에 의해 개정됨).
51) OJ 2001 L114/1.
52) OJ 2004 L338/18.

으로 확립되어 왔으며, 특히 규칙은 국제협약의 구현 또는 국제무역규제에 있어서 보다 균일한 정치제도가 필요하다는 분야에서 우선적으로 사용되었다. 이런 규칙은 '직접 적용성' 때문에 EU통합적 측면에서는 지침보다 더 적합한 법률문서라고 볼 수도 있다. 그러나 규칙들은 국제무역상의 규제에만 사용되는 것은 아니고 특정회사, 수입업체 혹은 제조업체에 직접 특정 권한을 부여하거나 의무를 부여할 필요가 있을 때에도 사용된다.[53]

　　Standley 사건[54]에서 ECJ는 원칙적으로 비례의 원칙에 비추어 EU입법을 재검토하고자 하였다. 이 사건에서 ECJ는 질산염에 대한 지침을 검토하였는데, 여기에서 논점은 관련 지침이 농민들에게 불균형한 의무들이 증가했기 때문에 비례의 원칙에 반한다는 것이었다. 그러나 ECJ는 신중하게 검토한 후, 비례의 원칙의 준수 여부를 판단하고 보장하는 책임을 지는 주체는 국내법원이며, ECJ는 '지침'을 통한 회원국의 국내 이행에 대한 권한 행사를 존중한다고 판시하였다. 이 *Standley* 사건이 갖는 의미는 회원국들의 비례의 원칙을 준수한다는 유연성 있는 조항(flexible provisions)에 따른 EU의 지침의 사용이 EU의 환경보호 입법에 있어 가장 효과적이라는 점이다.[55]

4. 통합의 원칙

1) 의의

　　EU는 세계 환경운동의 선도적 · 대변자적 역할을 해왔을 뿐 아니라, 어느 지역보다 강력하고 혁신적인 환경정책을 펴왔다. 그러나 처음부터 그런 것은 아니었으며, 공동체 초기의 EEC조약에는 환경에 대한 어떠한 언급도 없었다. 그 이후 단일경제시장으로의 통합을 촉진하기 위한 1987년의 단일유럽의정서(SEA)에서 환경이라는 단어가 처음으로 조약에서 언급되었다. 이때부터 "EU의 균형 있는 경제성장

---

53) Jans and Vedder, *supra* note 6, p.15 참조.
54) Case C−293/97, *Standley*, [1999] ECR I−2603.
55) Jans and Vedder, *supra* note 6, p.16.

은 EU의 환경정책으로의 통합"을 의미하였다. 10년 후 1997년 암스테르담조약에서 "환경보호의 의무는 유럽공동체 정책과 활동의 정의와 이행에 반드시 포함되어야 하며 … 특히 '지속가능한 발전'을 추진하는 관점으로…"56)라고 합의되어 있다.57) 그런데 EU 역내에서 환경기준을 조화시키는 것은 경제활동의 조건을 공평하게 마련하는 것이다. 한편 EU 환경정책의 원칙들은 사전예방의 원칙, 방지조치의 원칙, 오염자부담의 원칙 등에 기초하고 있으며, WTO체계와는 달리 EU는 생산(방출기준) − 유통(에코라벨) − 소비자에 걸친 전체의 단계에 걸쳐서 환경기준을 적용해 오고 있다.

EU에서 환경 관련 법규는 1970년대와 1980년대에 채택된 바 있으나, 그 이후로 유럽공동체의 환경 입법의 속도가 다소 느려졌다. EU 회원국들도 환경관련 입법 형식으로서 규칙보다는 '지침'을 선호하는 경향이 나타났다. 즉 EU는 포괄적인 장기 목표를 위한 기본 지침을 마련하지만, 적용할 방법들을 결정하고 적절한 입법 행위를 하는 것은 회원국들에 위임되어 왔다. 따라서 환경에 관해 민감하고 기술적으로도 앞선 EU에서도 정치적 입장 차이와 이행의 문제점들이 널리 존재하는 것이 현실이다. 그러나 EU의 접근법(그리고 그들의 성공요인이라고도 볼 수 있는 것)은 구속력 있는 공동정책을 달성하기 위해 관리와 강제 전략을 결합하였다는 사실이다.

EU는 공동시장을 기반으로 하는 공동정책의 목적들 중의 하나로서 '경제활동의 조화롭고 균형 있는 지속가능한 개발', '높은 수준의 환경보호 및 환경의 질의 개선'을 추구하고 있다. 그리고 TFEU 제11조(EC조약 제6조)는 지속가능한 발전을 추진하기 위하여 EU의 모든 정책 및 활동에 '환경적 고려'가 포함되어야 한다는 점을 명시하고 있다. 즉 EU의 모든 정책영역은 제11조의 규정에 따라 '환경보호가 고려'되어야 하며, 정책의 수립과 집행에 있어서 '환경적 측면'에서의 '통합적이고 균형적인 영향평가'가 이루어져야 함을 의미한다. 이는 환경관련 규정이 TFEU 제191조~제193조(EC조약 제174조~제176조)까지 명시되어 있는 규정뿐만 아니라 기타 모든 정책들과 연계되어 적용될 수 있음을 의미한다. 이러한 EU의 공동환경정책은 서로

---

56) 지속가능발전 개념을 구성하는 요소에 대해서는 일반적으로 통합의 원칙, 개발권의 원칙, 지속가능한 이용의 원칙, 세대 내 형평의 원칙, 세대 간 형평의 원칙이 제시되고 있다. 이들 요소는 주로 1992년 리우선언(Rio Declaration)의 원칙(Principles) 3−8, 원칙 16에서 명시되었다.
57) Jans and Vedder, *supra* note 6, p.17 참조.

근접해 있기 때문에 회원국들 간 국경을 초월한 광범위한 규모의 환경문제가 발생할 경우 공동대응이 필요하다는 '지리적 이유'와 단일유럽의정서(SEA)에 의한 상품, 사람, 서비스, 설립의 자유로운 이동을 추구하는 공동시장의 특성상 환경 관련 규제가 각 회원국들 간 상이할 경우 '무역장벽'으로 작용할 수 있기 때문에 회원국들 간의 '공정한 경쟁기반'을 왜곡시킬 가능성을 제거하기 위해 추진되고 있다.

이처럼 통합의 원칙은 환경보호를 위한 EU법상의 가장 중요한 원칙 중 하나로서, 환경보호는 공동체의 경제 활동과 정책의 이행 내에서 고려해야 한다는 것으로 TFEU 제11조(EC조약 제6조)에서 규정하고 있다.

2) 검토 사항

통합의 원칙은 그 취지는 좋으나 이 통합의 원칙과 관련해서는 다음과 같은 세 가지 사항을 검토할 필요가 있다.

(1) 환경보호의 법적 의미와 적용 범위와 관련하여

첫째, 통합의 원칙에 따라 TFEU가 언급하는 '환경보호'가 어떤 의미를 갖는가의 문제이다.[58]

TFEU 제191조 제1항(EC 제174조 제1항)은 EU '환경정책의 목적'을 환경의 보호와 환경의 질적 향상, 건강한 삶을 위한 환경의 유지, 환경자원의 건전하고 합리적 이용, 국제적 차원에서의 지역적 혹은 세계적 환경문제를 해결하기 위한 협력의 촉진에 두고 있음을 명시하고 있다. 그런데 EU법상 '환경'에 대한 명시적인 개념정의가 없다는 점은 환경보호의 필요성이 대두되었을 경우 '유연하게' 법을 적용 할 수 있다는 장점이 있지만, 다른 한편으로는 환경 관련 법률에 의하여 구속되는 '대상의 범위가 불분명'하기 때문에 관련 법률의 적용시 '해석상의 오류'가 발생 할 수 있다는 단점이 있다.

TFEU 제191조 제2항(EC 제174조 제2항)은 EU가 지향해야 할 '환경정책의 기본 원칙들'을 제시하고 있는 데, 이는 EU만의 특별한 원칙이라기보다는 환경정책 및

---

58) *Ibid.*

환경규범에 관한 일반원칙으로 받아들여지고 있는 내용이기도 하다. 제191조 제2항(EC 제174조 제2항)에 명시된 원칙들로는 높은 수준의 환경보호 원칙, 사전예방의 원칙, 방지조치의 원칙, 오염자부담의 원칙, 근원(발생원)의 대응원칙이 있다.

TFEU 제191조 제3항(EC 제174조 제3항)은 환경정책의 실행에 있어서의 '고려사항'에 대해 명시하고 있는데, 그 내용에는 먼저 환경정책의 입안과 수행 및 평가는 '이용가능한 과학적 및 기술적 측면의 자료'를 기반으로 하여야 하며, EU 환경정책의 수행 또는 지침을 통해서 규율하게 되는 공통사항에 있어서도 EU에 소속되어 있는 각 '지역별 특성'을 감안해 정책을 집행해야 한다. 또한 환경정책의 수행에 있어서는 비용과 효과에 대한 '이익형량'이 고려되어야 하고, 해당 회원국별 경제 및 사회적 발전상황에 능동적으로 부합하는 환경정책의 수행이 이루어져야 한다. 그런데 이렇게 될 경우 EU 차원에서의 조화롭고 균형 있는 발전이라는 측면에서 개별 회원국의 정책은 그 외연상의 한계를 지니게 된다.

(2) 정책결정시 우선권의 여부와 관련하여

둘째, 통합의 원칙이 EU의 다른 정책권역을 넘은 우선권(priority)을 내포하고 있는가의 문제이다.[59] 즉 EU의 다른 정책권역과 충돌하는 상황이 발생하는 경우에 환경정책이 법적인 관점에서 확정적으로 부여된 우선권을 갖는가이다.

이에 대한 대답으로는 환경 관련 통합의 원칙이 우선적인 어떤 권한을 가지는 것은 아니라고 본다. 다른 EU정책과 환경정책 간의 충돌시 '최소한도의 환경보호'가 고려되어 채택되도록 하고 있음을 볼 때, 환경정책이 다른 정책분야에 대해 우선적인 어떤 권한을 가지는 것이라고 볼 수는 없기 때문이다. 예를 들어, 농업, 운송, 에너지, 개발원조, 무역, 외교관계, 내수시장, 경쟁정책, 종교정책에서도 '최소한의 환경보호'를 고려하여 정책을 채택하도록 하고 있음을 볼 때, 환경보호를 최고로 생각하여 환경보호의 범위 내에서만 절대적으로 다른 정책을 입안해야 하는 것이 아니라 최소한의 환경보호를 고려하도록 하고 있는 것이다.[60]

따라서 통합의 원칙은 환경보호가 '최소한'의 고려사항이 될 수 있도록 하기 위

---

59) *Ibid.*
60) *Ibid.*, p.18 참조.

해 특정권역 내에서 제한적으로 구상된다고 볼 때 우선권을 갖지는 않는다고 할 것이며, 환경보호와 국내시장의 기능 간의 잠재적 충돌은 통합의 원칙이 아닌 '비례의 원칙'에 의한 논의 대상이라고 할 수 있다.

그런데 사안이 우선권에 초점이 맞춰진 문제인 이상, 통합의 원칙의 법적 실행의 문제는 매우 중대하게 여겨질 수 있는데, 이 원칙에 의하면 EU 환경정책의 수립에 있어서도 기존의 입법방식과 마찬가지로 다층적구조 하에서 관련 기관의 참여를 보장함으로서 EU 내에서의 입법절차상 민주적 정당성을 제고하고 있다. 환경정책의 경우에도 환경정책 자체의 의미도 중요하지만 환경정책이 영향을 주는 산업 및 경제관계, 그리고 보건 등의 관련 분야가 많음에 따라 절차적 정당성의 보장은 매우 중요한 의미를 갖는다. 따라서 TFEU 제192조 제1항(EC 제175조 제1항)에 의거하여 유럽의회와 이사회는 회원국의 대표자들로 구성되는 자문기구인 경제사회위원회와 지역위원회의 '자문'을 통해 입법적 고려사항들을 수렴하는 절차를 거치게된다. 그러나 제192조 제2항(EC 제175조 제2항)에서 열거하고 있는 특별한 사항인 재정적 부담을 동반하거나 도시계획, 수자원의 양적관리, 토지의 사용 등에 영향을 미치는 조치, 일반적인 에너지 공급구조와는 다른 특별한 에너지 공급구조를 가지고 있는 회원국의 정책선택에 영향을 미치는 경우에, 이사회는 반드시 유럽의회와 경제사회위원회 그리고 지역위원회의 자문을 거친 후 특별입법절차에 따라 '만장일치'로 이를 의결해야 한다.

그런데 여기에서 환경정책이 통합의 원칙에 따른 우선적인 어떤 권한을 가지는 것이 아니기 때문에 발생되는 다음과 같은 세 가지 문제를 살펴볼 필요가 있다. 첫째, 통합의 원칙이 '법적 강제'의 실현성이 있는가 하는 문제이다. 이와 관련해서는 원자력 발전소의 폭발로 인한 방사능 누출 사고인 '체르노빌 사건'에서 보면, 사고가 일어난 이후 제3국가들은 러시아산 농산물의 수입을 통제하는 등의 환경보호를 위한 법안을 채택하였다. 그런데 외국에서 환경보호를 위해서 법안을 채택하기는 했지만 환경정책을 고려하여 다른 정책을 채택되는 것이 강제되는 것은 아니었다. 즉 모든 EU 법안이 환경보호를 위한 요구를 만족시켜야 하지만, 이것이 필수적이고도 강제적인 요건으로 보기에는 무리가 있다는 것이다. 이처럼 통합의 원칙이 완전한 법적 강제성이 있는 것은 아니라고 볼 수 있다. 둘째, 환경보호 정책추진에 대한 제한의 우려 여부이다. 통합의 원칙이 우선적인 어떤 수단을 가지는 것이 아니기 때문에, 통합의 원칙에 의해서 다른 정책들이 얽매이는 것이 아니라, '최소한도'의 환경을 고려하도록 함으로서 다른 정책들을 더 폭넓게 입안시킬 수 있도록 하기 때문에 환경보호 정책의 추진을 도리어 제한할 우려가 있다는 것이다. 이것이 남용되는 경우 선심성 또는 가식적 행위로 여겨질 우려가 있다. 셋째, 이사회 조치의 적법성에 대한 유럽사법법원의 사법적 판단 여부의 문제이다. 통합의 원칙이 우선적인 권한을 갖지 않는다면, 각 회원국의 정책 채택시 환경보호를 최소한으로 고려했기 때문에 환경침해가 발생한 경우 각 회원국 정책들의 환경침해 여부에 대한 유럽사법법원의 판단을 받아야 할 대상인가 하는 문제가 제기될 수 있다.

(3) 결과 도출의 필연성과 관련하여

셋째, 통합의 원칙에 따라 회원국을 위한 가능한 '결론을 도출'시킬 수 있는가의 문제이다. 이 통합의 원칙에 있어서 사실의 관점에 입각하여 보면, TFEU 제11조(EC조약 제6조) 원문은 명확히 '연합(공동체)의' 정책과 활동이란 내용을 인용하고 있는 바, 통합의 원칙은 직접적으로 회원국을 위한 법적 결과를 초래해야 하는 것은 아니다. 또한 EU기본권헌장[61](Charter of Fundamental Rights of the European Union) 제37조와 TFEU 제11조(EC조약 제6조)를 비교해 보았을 때, EU기본권헌장이 '높은 수준의 환경보호와 환경의 질적 개선'을 구체적으로 명시하여 통합을 요구하고 있는 것에 반해, TFEU 제11조는 '환경보호요건'이라고 하는 폭넓은 인용방식을 사용하고 있음을 통해서도 이해 할 수 있다.[62]

5. 기본권보장을 위한 환경보호

기본권과 환경의 관계와 관련하여, 기본권을 존중하기 위해서는 환경을 보호해야 하고, 환경을 보호하지 못할 경우에 기본권이 침해되며, 환경을 보호함에 있어서도 기본권을 존중해야 하듯 양자는 매우 밀접한 관계를 갖고 있다.[63] 그 근거로

---

61) OJ 2000 C346/1.
62) Jans and Vedder, *supra* note 6, pp.22−23.

TEU 제6조 제3항은 "EU는 기본권을 존중해야 하고, 유럽인권협약(European Convention for the Protection of Human Rights and Fundamental Freedoms)에 의하여 보장된 기본권을 존중해야 한다"라고 규정하고 있다. 이 조문은 ECJ의 판례[64]를 통하여 성문화된 것이다.

이와 관련해서는 *Öneryildiz* 사건[65]을 통해 보다 구체적으로 살펴볼 필요가 있다. 이 사건에서 터키 Istanbul 근처의 Hekimbaşı Ümraniye의 한 판자촌에 터키국적의 Öneryildiz가 그의 가족 12명과 함께 살고 있었다. 이 지역은 슬럼집단으로 쓰레기로 가득 찬 동네였다. 이 동네에 대해 1991년 한 기자는 쓰레기가 분해되면서 발생하는 메탄가스가 폭발할 수 있음에도 이것이 제거되지 않고 있으며 또한 이에 대한 아무런 법안이 마련되지도 않았다고 보도했다. 이 후 1993년 우려하던 메탄가스 폭발 사고가 일어나면서 동네에서 11가구가 소실되었고, Öneryildiz의 가족 9명이 사망하게 되었다. 이에 1996년 형사적 · 행정적 조사가 이루어지면서 Öneryildiz와 시장이 법정에 소환되었고, 시장은 직무태만으로 160,000 TRL(터키화폐단위는 리라(lira))의 벌금형과 3개월 이하의 징역을 받게 되었다. 동시에 1995년 Öneryildiz는 남은 가족 3명을 위해서 친족들의 죽음과 재산적 손해에 대해 행정법원에 손해배상을 청구했는데, 이것이 받아들여져 정부는 원고 Öneryildiz에게 100,000,000 TRL(당시 약 2077유로)의 정신적 손해배상을,[66] 10,000,000 TRL(당시 약 208유로)의 재산적 손해배상을 지불하게 되었다.

이렇게 Öneryildiz가 손해배상을 청구할 수 있었던 법적 근거는 유럽인권협약 제2조상의 관련국의 부주의로 발생한 손해라고 할 수 있으며, 동 협약 제6조 제1항에 따른 적절한 시간 내의 공정한 청문권에 따라 절차가 진행되었으며, 동 협약 제13조에 따른 효과적인 구제를 받을 권리를 위해 제소했던 것이다. 이에 제2조의 생명권, 프로토콜1 제1조의 재산보호에 의거하여 Öneryildiz는 손해배상을 받을 수 있었다.[67]

---

63) Sands, *supra* note 1, pp.220−221 참조.
64) Case 29/69, *Stauder*, [1969] ECR 419.
65) *Öneryildiz* v. *Turkey*, 48939/99 [2002] ECHR 496.
66) 1억 TRL은 그 당시 약 2077유로 정도 되고, 2077유로는 약 300만 원 정도이다.
67) Jans and Vedder, *supra* note 6, p.24 참조.

이렇듯 환경보호는 기본권보장과 밀접한 관련이 있으며, 환경보호 정책을 채택하지 않음으로써 EU시민의 기본권이 침해될 수 있다는 것을 알 수 있다. 따라서 EU는 환경보호에 대한 인식을 확고히 하고, 또한 환경보호 정책의 채택시 기본권을 존중하고자 노력하고 있다. 예를 들면, '온실가스방출'을 위한 계획을 설립하는 지침 2003/87 전문에서도 "이 지침은 기본권을 존중하고 EU기본권헌장상의 원칙을 준수한다"[68]라고 규정함으로서 기본권을 존중하기 위하여 환경을 보호(환경정책을 추진)해야 함을 밝히고 있다. 이는 더 나아가 환경책임의 강화가 어느 정도로 실현될 수 있는지의 여부와도 관련이 있을 것이다.

Ⅳ. 결언

유럽 환경법의 발전 과정은 EU가 경제성장을 하면서 동시에 점차적으로 '환경'을 고려하기 시작하였다는 데에서 그 출발점을 찾을 수 있다. 이러한 과정 속에서 EU는 단순한 양적 경제성장이 아닌 '질적 경제성장'을 추구하였으며, 지속가능한 발전을 통한 인류의 번영을 추구하였다. 여기에서 '지속가능한 발전'이란 현재 세대들이 미래 세대들에게 부끄럽지 않은 범위 내에서 필요를 충족시키는 것을 말한다. 이러한 계획 아래 환경 개선과 보호를 바탕으로 한 EU 경제의 지속 가능한 발전의 추구는 지금까지 계속되고 있으며, 2009년 리스본조약의 6번째 단계의 시기에 들어서면서 더욱 포괄적인 의미의 EU 차원의 환경 규범이 제시되고 있다.

그리고 앞에서 살펴본 바와 같이 구체적인 환경관련 2차적 규범은 논외로 하더라도, EU는 기본조약의 체제 내에서 환경관련 주요 일반원리 혹은 일반원칙들을 확립하고 있다. 환경이 '역내시장'에 관한 사안일 경우에는 TFEU 제114조가 적용되고, '환경보호'에 관한 사안일 경우에는 TFEU 제192조가 적용되어 입법과정상 '특정성의 원칙'에 따라 2차적 입법 활동이 가능하다. 또한 '보충성의 원칙'에 따라 EU 차원의 초국경적 환경문제를 해결하되, 비례의 원칙에 따라 EU차원의 과도한 조치

---

68) OJ 2003 L275/32; '선박유출오염과 형사제재'에 관한 지침 2005/35(OJ 2005 L255/11) 전문 (Point 16)에서도 EU기본권헌장을 준수하도록 하고 있다.

를 제한하고 회원국 차원의 환경강화조치의 자율성을 보장하고 있다. 그리고 '통합의 원칙'에 따라 EU의 여러 정책영역에서 환경적 고려가 이루어지도록 하고 있으며, 지속가능한 발전을 위한 환경영향평가가 실시되도록 하고 있다. 나아가 '기본권과 환경'의 밀접한 관계에 기초하여 EU시민의 기본권존중을 위해 환경보호가 이루어지도록 하고 있다.

　　이처럼 EU는 환경법제사의 연장선상에서 EU법상의 일반원칙들에 의거해 환경보호를 지속적으로 강화하고 있다. 이러한 차원에서 EU환경입법의 회원국으로의 강제가 TFEU 제258조(EC조약 제169조)에 기초해 EU 집행위원회의 위반회원국을 상대로 한 유럽사법법원(ECJ)으로의 제소가 가능하다는 점은 앞으로 EU환경법의 발전에도 중요한 의미가 있다.[69] 제소시 EU 집행위원회는 해당회원국이 납부해야할 벌금을 명시하는데, 유럽사법법원은 해당회원국이 판결이행을 하지 아니하는 경우에 집행위원회가 제시한 내용에 근거해 벌금을 부과할 수 있다.[70]

---

69) Krämer, *supra* note 14, p.290; EU법 위반회원국에 대한 제소는 EU 집행위원회 또는 회원국을 통해 가능하다. 물론 한 회원국이 다른 회원국을 상대로 EU법 위반을 이유로 이행강제 절차(TFEU 제259조, 구 EC조약 제170조))를 사용하는 것은 EU 회원국들 간의 관계 악화 또는 긴장 조성을 이유로 자제할 수 있다.
70) 이 벌금은 일괄납부액(lump sum: 총 액수가 결정된 벌금의 경우) 또는 정기적 벌금납부 (penalty payment: 위반사항의 종료 시까지 위반회원국이 정기적 시기마다 벌금을 납부)의 형태 중 하나로 부과된다. TFEU 제260조(2); Alina Kaczorowska, *European Union Law* (London: Routledge, 2011), p.418 참조.

제16장

유럽환경청(EEA)과 환경정보관찰네트워크

I. 서언

EU환경청(European Environment Agency: EEA)은 덴마크 코펜하겐(Copenhagen)에 본부가 소재하며, '규칙 1210/1990'에 의해 설립되어, 1994년부터 정상적인 운영을 시작하였다. 설립 목적 및 지위와 관련해서는 유럽 국가들의 환경상황을 모니터링하고, 바람직한 독립적 환경관련정보를 제공하기 위해 조직·운영되는 EU의 산하 기관이다.

한편 EU는 EEA설립과 동시에 동 규칙을 통하여 유럽의 환경상태와 환경상의 악영향에 대한 평가에 있어서 신속한 양질의 환경관련정보와 전문지식의 제공을 위하여 '유럽환경정보관찰네트워크'(European Environment Information and Observation Network: EIONET)를 설립함으로써 EEA는 EIONET과 조화롭게 협력할 책임을 지게 된다.

현재 EU는 국제사회에서 어떤 국가보다도 이산화탄소배출의 감축에 관심을 가지고 있으며, 바이오연료 등 신재생에너지원의 개발에 힘을 기울이고 있다. 그만큼 EU는 교토의정서(Kyoto Protocol)의 이행에 적극적이었으며, 환경문제에 대해서는 국제사회에서 적극적으로 주도해 나가고 있다. 이는 '녹색성장기본법'의 제정과 발효를 통해 환경문제에 큰 관심을 갖기 시작한 우리나라에게 EU가 좋은 본보기이자 또한 선의의 협력자가 될 수 있음을 의미한다.

아래에서는 규칙 401/2009에서 규정하고 있는 유럽환경청과 유럽환경정보관찰네트워크의 설립과 운영에 있어서의 조직 및 운영의 측면에 관하여 구체적으로 살펴본다. 이를 통하여 EU의 환경보호노력을 벤치마킹할 수 있을 것이고, 이는 국제사회뿐만 아니라 우리나라에게 있어서도 다음 세대를 위한 환경보호와 지속가능한 발전이 어떠한 방향으로 추진되어야 할 것인지에 관하여 시사해줄 것이다.

II. 유럽환경청(EEA)의 주요 내용

1. 유럽환경청의 설립 목적

규칙 401/2009 제1조에 따르면, 유럽환경청과 유럽환경정보관찰네트워크는 동 규칙과 유럽연합차원의 환경프로그램에 명시된 환경 보호 및 환경 개선의 목적을 달성하기 위하여 EU 및 그 회원국들에게 ① 환경을 보호하고 환경조치의 결과를 평가하며 회원국 국민이 환경상태에 관한 상세한 '정보'를 제공받을 수 있도록 하기 위해 필요한 조치를 취할 수 있도록 하는 유럽차원의 객관적이고, 신빙성이 있으며, 비교 가능한 '정보'를 제공하고, ② 이에 필요한 과학적·기술적 지원을 제공한다.[1]

2. 유럽환경청의 기능

유럽환경청은 동 규칙 제1조에 명시된 목적을 달성하기 위하여 ① 네트워크의 설립·운영 및 환경정보의 수집·가공·분석의 역할 수행, ② 환경정책 관련정보의 제공, ③ 환경조치 모니터링을 조력, ④ 환경조치 모니터링에 대한 조언의 제공, ⑤ 각 회원국 환경상태에 대한 정보의 수집과 평가, ⑥ 유럽차원의 환경정보가 비교 가능하도록 보장하고, 필요한 경우에는 적절한 수단을 통해 환경정보 측정방법의

---

1) Regulation 401/2009(OJ 2009 L126/13), 제1조.

개선된 통일화를 권장하는 등의 기능을 수행한다.[2]

1) 네트워크의 설립 · 운영 및 환경정보의 수집 · 가공 · 분석의 역할 수행

유럽환경청은 회원국과의 협력 하에 동 규칙 제4조에 규정된 유럽환경정보관찰네트워크를 설립하여 관리하고, 동 규칙 제3조에 규정된 분야에 있어서의 환경관련 자료의 수집 · 가공 · 분석에 대하여 책임을 진다.[3]

2) 환경정책 관련정보의 제공

유럽환경청은 EU와 그 회원국에게 건전하고 효율적인 환경정책을 구축하고 시행하는데 필요한 객관적 '정보'를 제공한다. 이러한 목적을 위해 유럽환경청은 특히 '환경' 분야에 있어서의 조치와 입법에 있어서 EU 집행위원회가 성공적으로 확인 · 준비 · 평가할 수 있도록 하기 위해 필요한 정보를 EU '집행위원회'에 제공한다.[4]

3) 환경조치 모니터링을 조력

유럽환경청은 보고요건에 대한 적절한 지원을 통하여 질문지의 개발, 회원국으로부터의 보고서의 가공, 결과의 배분 등을 포함한 환경조치의 모니터링을 조력한다. 단, 이러한 활동은 유럽환경청의 다년간 작업프로그램 및 보고요건 지원의 목적에 합치되는 것이어야 한다.[5]

4) 환경조치 모니터링에 대한 조언의 제공

유럽환경청은 회원국의 요청이 있고 그것이 유럽환경청의 연례사업프로그램에 합치되는 경우에는 회원국에게 환경조치 모니터링체제의 개발 · 설립 · 확장을 위한 '조언'을 제공한다. 단, 이러한 활동은 동 규칙 동조에 의해 확립된 유럽환경청의 다른 기능을 저해하는 것이어서는 아니 되며, 또한 이러한 조언은 회원국의 구체적 요청이 있는 경우에 '전문가에 의한 재검토'를 포함할 수 있다.[6]

---

2) Regulation 401/2009, 제2조.
3) Regulation 401/2009, 제2조(a).
4) Regulation 401/2009, 제2조(b).
5) Regulation 401/2009, 제2조(c).

5) 각 회원국 환경상태에 대한 정보의 수집과 평가

유럽환경청은 각 회원국의 환경상태에 대한 정보를 기록·정리·평가하고, 회원국 영토내 환경의 질·민감성 및 환경에 대한 악영향에 대한 전문가보고서를 발행하며, 모든 회원국에 적용될 수 있는 환경정보를 위한 통일된 평가기준을 제공하고, 환경에 대한 정보문의처를 더욱 발전·유지시키고, 환경에 대한 각 회원국의 입법조치를 확보하는 유럽환경청 기능의 일환으로서 이러한 정보를 사용한다.[7]

6) 기타 기능

(1) 유럽환경청은 유럽차원의 환경정보가 비교 가능할 수 있도록 보장하고, 필요한 경우에는 적절한 수단을 통해 환경정보 측정방법의 개선된 통일화를 권장한다.[8]

(2) 유럽환경청은 국제연합(United Nations: UN)과 그 전문기구들에 의해 설립된 '국제환경 모니터링 프로그램'으로의 유럽환경정보의 통합을 촉진한다.[9] 이를 통해 UN 내에서 유럽환경청은 유럽연합을 대표해서 활동한다.

(3) 유럽환경청은 매 '5년' 마다 특정 이슈들에 집중한 지표보고서들에 보충하여 환경의 상태·추세 및 전망에 대한 보고서를 발행한다.[10]

(4) 유럽환경청은 적절한 '예방적 조치'가 '적합한 시기'에 취해질 수 있도록 할 목적으로 환경예측기술의 개발 및 적용을 촉진한다.[11]

(5) 유럽환경청은 환경피해비용 및 환경의 예방·보호·복구 정책에 소요될 비용을 평가하는 방법의 개발을 촉진하고,[12] 환경피해를 예방하거나 감소시키기 위하여 '이용 가능한' '최상의 기술'에 대한 '정보교환'을 촉진한다.[13] 또한 유럽환경청은 동 규칙 제15조에 명시된 기관들 및 프로그램과 협력한다.[14]

---

6) Regulation 401/2009, 제2조(d).
7) Regulation 401/2009, 제2조(e).
8) Regulation 401/2009, 제2조(f).
9) Regulation 401/2009, 제2조(g).
10) Regulation 401/2009, 제2조(h).
11) Regulation 401/2009, 제2조(i).
12) Regulation 401/2009, 제2조(j).
13) Regulation 401/2009, 제2조(k).
14) Regulation 401/2009, 제2조(l).

(6) 유럽환경청은 특히 환경상태에 있어서 '신빙성' 있고 '비교 가능'한 환경정보의 일반 '대중'으로의 광범위한 배포를 보장하고, 이러한 목적을 위하여 새로운 텔레마티크(telematique) 기술의 사용을 촉진한다.[15]

(7) 유럽환경청은 환경평가방법의 개발 및 최상의 현행 평가방법에 대한 정보교환과정에 있어서 EU 집행위원회를 지원하고,[16] 관련 환경연구결과에 관한 정보의 배포에 있어서 그리고 정책개발을 최대한 지원할 수 있는 형식으로 EU 집행위원회를 지원한다.[17]

3. 유럽환경청의 주요 활동 영역

유럽환경청의 주요 활동 영역은 동 기관이 '지속가능한 발전'의 맥락에서 ① 환경의 질, ② 환경에 대한 악영향, ③ 환경민감성의 관점에 있어서 현재의 그리고 예측 가능한 환경상태를 기술하기 위해 정보를 수집하기 위한 모든 요소를 포함한다.

유럽환경청은 EU의 '환경정책'의 실행에 있어서 직접적으로 사용가능한 '정보'를 제공한다. 한편 그 중요도는 ① 공기의 질 및 대기오염, ② 수질, 오염원 및 수원, ③ 토양·동식물·소생활권의 생태, ④ 토지사용 및 천연자원, ⑤ 폐기물 관리, ⑥ 소음 공해, ⑦ 환경에 위해한 화학물질, ⑧ 연안 및 해양보호의 순이다. 특히,

---

15) Regulation 401/2009, 제2조(m); '텔레마티크'(telematique)란, 프랑스어로 통신(telecommunication)과 정보(informatique)의 합성어. 통신과 컴퓨터의 융합과 그에 의하여 야기되는 사회적 변화를 종합적으로 가리키는 말이다. 이는 1978년 1월 프랑스의 재무심사관 S.노라 등이 대통령에게 제출한 '사회의 정보화'라는 보고서에서 처음으로 사용한 말이다. 보고서에는 텔레마티크의 사회적 영향으로서 행정의 지방 분권화, 자동화에 의한 실업의 증대, 국제적인 측면에서는 세계 컴퓨터 시장에서의 IBM사의 압도적 시장점유율, 데이터 베이스의 미국 집중에 의한 미국에의 예속화가 우려된다고 지적하며 프랑스 정부에서는 텔레마티크를 정책 입안의 기반으로 하여 정보화를 강력하게 추진하는 한편, 이것을 외교의 무기로 삼아야 한다고 했다. 즉 텔레마틱으로 먼 곳의 사람들과 정보를 주고받으면서 유대를 형성하고 책임 있는 연대의식이 형성되리란 진단이다. 지스카르 프랑스 대통령은 이에 대한 충분한 이해와 통찰력을 바탕으로 정보화 중장기계획을 구상했고, 임기 만료 이후에도 고 미테랑 대통령에게 사회와 산업의 정보화에 대한 중요성을 지속적으로 인지시켰다. 이후 텔레마티크는 주로 유럽에서 '정보화'란 용어와 함께 쓰여 왔다. 텔레마티크 응용을 통한 원격의료, 운송, 도로교통, 물류(logistics) 등도 국가차원에서 지원되었다.
16) Regulation 401/2009, 제2조(n).
17) Regulation 401/2009, 제2조(o).

초국경적·복수국가적·세계적 자연현상에 대한 정보가 포함되며, 이에는 사회적·경제적인 입장이 고려(반영)된다.

　　유럽환경청은 환경법의 시행 및 집행을 위한 유럽네트워크(IMPEL Network)를 포함한 다른 기관들과의 '정보 교환'에 있어서 협력할 수 있다. 유럽환경청은 자신의 역할을 수행함에 있어서 현존하는 다른 기관 및 기구의 활동과의 중복을 피한다.[18]

4. 유럽환경청의 법적 지위

1) 법인격

　　유럽환경청은 법인격을 가지며, 모든 회원국의 영토 내에서 회원국의 국내법에 의해 법인에게 부여되는 최대한의 법적 능력을 향유한다.[19]

2) 특권 및 면제

　　한편 EU의 특권 및 면제에 관한 의정서(Protocol on the Privileges and Immunities of the European Union)가 동 기관에 적용되어 EU공무원으로서의 지위를 향유한다.[20]

5. 유럽환경청의 구성

1) 운영위원회

(1) 설치

　　유럽환경청은 운영위원회(Management Board)를 가지며, 각 '회원국'으로부터 1명의 대표, EU '집행위원회'로부터 2명의 대표로 구성된다. 동 기관에 참여하는 각

---

18) Regulation 401/2009, 제3조.
19) Regulation 401/2009, 제7조.
20) Regulation 401/2009, 제16조.

회원국은 관련 규정에 따라 1명의 대표를 운영위원회에 추가적으로 둘 수 있다.[21]

(2) 의장의 선출

운영위원회는 그 회원국들 중 3년 임기의 '의장'을 선출하고, 자체 '내규' 즉 절차규칙을 채택한다. 운영위원회에서 각 회원국은 1표의 권한을 가진다. 운영위원회는 자체 내규에 따라 그 행정적 결정을 위임할 사무국의 임원을 선출한다.[22]

(3) 의사 결정

운영위원회의 결정은 구성원의 2/3 다수결로 채택된다.[23]

(4) 활동

① 다년간 사업프로그램의 채택

운영위원회는 동 규칙 제3조 제2항에 명시된 순서에 따라 '다년간 사업프로그램'을 채택한다. 이 경우 운영위원회는 동 규칙 제9조상의 유럽환경청장(Executive Director)이 제출한 초안을 근거로 이용하며, 동 규칙 제10조상의 과학위원회(Scientific Committee)와 협의하며, EU 집행위원회의 의견을 수렴한다. '다년간 사업프로그램'은 EU의 연례예산절차를 해함이 없이 다년간 예산측정치를 포함한다.[24]

② 연례 사업프로그램의 채택

다년간 사업프로그램 하에 운영위원회는 유럽환경청장이 과학위원회와 협의하고 EU 집행위원회의 의견을 수렴한 후 제출한 초안에 근거하여 매년 자신의 연례 사업프로그램을 채택한다. 이 연례 사업프로그램은 동일한 절차에 의하여 연중 조정이 가능하다.[25]

---

21) Regulation 401/2009, 제8조 제1항.
22) Regulation 401/2009, 제8조 제2항.
23) Regulation 401/2009, 제8조 제3항.
24) Regulation 401/2009, 제8조 제4항.
25) Regulation 401/2009, 제8조 제5항.

③ 연례 보고서의 채택

운영위원회는 유럽환경청의 활동에 관한 연례 보고서를 채택하고, 이는 늦어도 6월 15일까지 유럽의회, 이사회, 집행위원회, 감사원 및 각 회원국에게 송부한다.[26]

2) 유럽환경청장

(1) 임명

유럽환경청장은 유럽환경청의 수장으로, EU 집행위원회의 추천에 따라 '운영위원회'에 의해 임명된다. 유럽환경청장의 임기는 5년이며, 재임이 가능하다. 유럽환경청장은 동 기관을 법적으로 대표하여 직무를 수행하고 책임을 진다.[27]

(2) 직무

유럽환경청장은 ① 운영위원회가 채택한 결정 및 프로그램의 적절한 준비 및 실행, ② 유럽환경청의 일반 행정업무, ③ 동 규칙 제12조 및 제13조상의 예산관련 업무, ④ 동 규칙 제2조(h)에 명시된 보고서의 작성 및 발행, ⑤ 동 규칙 제8조 제4항 및 제5항에 명시된 기관 직원 관련 제반 업무수행, ⑥ 동 규칙 제10조에 따른 기관 과학스태프 고용에 있어서의 과학위원회로부터의 의견 수렴을 수행한다.[28]

또한 유럽환경청장은 자신의 활동에 관하여 운영위원회에 설명할 책임을 지며,[29] 유럽환경청의 예산을 집행한다.[30]

3) 과학위원회

(1) 직무

운영위원회와 유럽환경청장은 동 규칙에 규정되어 있는 경우 자신에게 제출되

---

26) Regulation 401/2009, 제8조 제6항.
27) Regulation 401/2009, 제9조 제1항.
28) Regulation 401/2009, 제9조 제1항.
29) Regulation 401/2009, 제9조 제2항.
30) Regulation 401/2009, 제13조 제1항.

는 유럽환경청의 활동과 관련된 어떠한 '과학적 문제'에 대하여도 의견을 제출할 의무가 있는 과학위원회(Scientific Committee)의 원조를 제공받는다. 그리고 이때 동 과학위원회의 의견은 '공개'되어야 한다.[31]

(2) 구성

과학위원회는 특별히 환경 분야에 있어서 자격을 갖춘 '환경전문가'로 구성되어야 하며, 1회 재선이 가능한 4년 임기 하에 운영위원회가 선출한다. 이때 운영위원회는 특히 운영위원회의 활동에 조력하기 위해 과학위원회에서 다루어져야 할 과학적 분야를 고려하여야 한다. 동 과학위원회는 동 규칙 제8조 제2항에 규정된 '내규'에 따라 기능을 수행해야 한다.[32]

4) 유럽환경정보관찰네트워크

(1) 구성

유럽환경정보관찰네트워크는 ① 국내정보네트워크의 주요 요소, ② 각 회원국의 연락 대표자(focal points), ③ 토픽센터(topic centres)로 구성된다.[33]

(2) 회원국의 주요 의무

① 자국 환경정보네트워크의 주요기관 공지의무

회원국은 가능한 한 최대한도의 자국 영토의 지리적 범위를 보장할 필요를 고려하여, 특히 동 규칙 제3조 제2항에 규정된 분야에 있어서 자국의 '환경정보네트워크의 주요기관'을 유럽환경청에 지속적으로 공지한다. 이에는 EEA의 활동에 기여할 수 있는 어떠한 기관도 포함된다.[34]

---

31) Regulation 401/2009, 제10조 제1항.
32) Regulation 401/2009, 제10조 제2항.
33) Regulation 401/2009, 제4조 제1항.
34) Regulation 401/2009, 제4조 제2항 전단.

② 환경관련 정보수집활동에 대한 협력의무

회원국은 적절할 경우에 유럽환경청과 협력하고 자국의 정보를 수집·정리·분석함으로써 유럽환경청의 활동프로그램에 따라 유럽환경정보관찰네트워크의 활동에 기여한다. 또한 회원국은 '초국경적' 차원에서 이러한 활동에 협력할 수 있다.[35]

③ 국내 연락대표자의 지정

회원국은 유럽환경청과 제4항에 규정된 토픽센터를 포함한 유럽환경정보관찰네트워크를 구성하는 기관에 제공되어야 할 국내적 환경정보를 조율하거나 송달하기 위한 목적으로 특히 제2항에 규정된 기관 또는 자국 내 설립된 그 밖의 기관 중에서 국내 연락대표자를 지정할 수 있다.[36]

6. 유럽환경청의 재정

1) 예산

운영위원회는 매년 회계연도에 따라 유럽환경청장이 작성한 초안에 기초하여 기관의 수입과 지출에 관한 '예산(초)안'을 작성한다. 예산초안은 운영위원회에 의해 늦어도 3월 31일까지 EU 집행위원회에 제출한다.[37] 한편 예산국은 기관에 대한 보조금의 할당을 승인하여 기관의 예산안을 채택한다.[38]

이처럼 예산안은 운영위원회에 의해 채택되며, EU의 일반예산안의 최종적 채택에 따라 최종예산으로 결정된다. 적절한 경우 예산안은 수정될 수 있다.[39]

2) 예산의 집행

유럽환경청장은 기관의 예산을 집행하며,[40] 운영위원회는 기관의 최종 결산보

---

35) Regulation 401/2009, 제4조 제2항 후단.
36) Regulation 401/2009, 제4조 제3항.
37) Regulation 401/2009, 제12조 제1항.
38) Regulation 401/2009, 제12조 제4항.
39) Regulation 401/2009, 제12조 제5항.
40) Regulation 401/2009, 제13조 제1항.

고에 대한 '의견'을 제출한다.[41] 유럽환경청장은 매년 회계연도에 맞추어 늦어도 7
월 1일까지는 최종 결산보고서를 운영위원회의 의견과 함께 유럽의회, 이사회, 집
행위원회, 감사원에 제출한다.[42] 기관에 적용되는 재정적 규율은 운영위원회가 EU
집행위원회와 협의한 후 채택된다.[43]

7. 다른 기관과의 협력 의무

1) EU 다른 기관 및 프로그램과의 협력의무

유럽환경청은 특히 공동연구개발센터(Joint Research Centre), 유럽통계청(Statistical
Office of the European Union), 그리고 EU의 환경연구 및 개발프로그램 등 EU의 다른
기관 및 프로그램들과 적극적으로 협력을 구축한다.[44]

2) 유럽우주기구 · 경제협력개발기구 · 유럽심의회 · 국제연합전문기구 등
   과의 협력의무

유럽환경청은 유럽우주기구, 경제협력개발기구(OECD), 유럽심의회(Council of
Europe), 그리고 국제연합(UN)과 특히 국제기상기구(WMO)와 국제원자력기구(IAEA)
등 그 전문기구와 적극적으로 협력한다.[45]

3) EU 회원국이 아닌 국가와의 협력가능성

유럽환경청은 동 기관과 '공동의 이익'을 갖고 있는 분야에 있어서 EU 회원국
이 아닌 국가들의 기관들이 제공하는 정보, 전문지식, 정보분석 · 평가수집의 방법
등이 '상호 이익'이 되고 유럽환경청의 성공적인 임무수행을 위해 필요한 경우에 이
들 기관들과 협력할 수 있다.[46]

---

41) Regulation 401/2009, 제13조 제4항.
42) Regulation 401/2009, 제13조 제6항.
43) Regulation 401/2009, 제14조.
44) Regulation 401/2009, 제15조 제1항.
45) Regulation 401/2009, 제15조 제2항.

4) 활동의 중첩 회피

유럽환경청은 특히 동 규칙 제15조 제1항에서 제3항까지 명시된 기관들과 그 활동의 중첩을 피할 필요가 있는지 고려해야 한다.[47]

8. 유럽환경청의 직원

유럽환경청의 직원은 EU의 관료(officials) 및 그 밖의 직원(servants)에게 적용되는 규칙의 적용을 받는다. 유럽환경청은 자신의 직원에 대해 위임된 권한을 행사하며, 운영위원회는 EU 집행위원회와의 합의에 근거하여 적절한 시행규칙을 도입한다.[48]

9. 유럽사법법원의 관할권

1) 계약적 책임의 경우

유럽환경청의 계약적 책임은 문제가 된 계약에 적용되는 법에 의해 규율된다. 유럽사법법원(ECJ)은 동 기관이 체결한 계약상 포함되어 있는 중재조항에 의거하여 관할권을 가진다.[49]

2) 비계약적 책임의 경우

유럽환경청의 비계약적 책임의 경우, 동 기관은 회원국의 법에서 공통으로 발견되는 일반원칙에 준하여 동 기관 자신이 또는 자신의 직무를 수행하는 직원이 야기한 어떠한 손해에 대하여도 보상한다. 이 경우 유럽사법법원은 어떠한 손해의 보상 문제와 관련된 분쟁에 대하여 관할권을 가진다.[50]

---

46) Regulation 401/2009, 제15조 제3항.
47) Regulation 401/2009, 제15조 제4항.
48) Regulation 401/2009, 제17조.
49) Regulation 401/2009, 제18조 제1항.
50) Regulation 401/2009, 제18조 제2항.

3) 직원의 사적 책임의 경우

유럽환경청에 대한 직원의 사적 책임의 경우에는 기관 직원에게 적용되는 규정에 의해서 규율된다.[51]

10. 유럽환경청에의 가입

유럽환경청은 EU 회원국이 아니지만 동 기관의 목적 달성을 위해 EU 및 그 회원국들과 '공동의 관심사'를 공유하는 다른 국가들에게 가입을 허용하고 있다.[52] 즉 유럽환경청은 EU의 환경관련 행정기관으로서 EU 가입국은 자동적으로 동 기관에 참가할 수 있으며, EU 비회원국일지라도 EU가 합의할 경우에는 동 기관에의 참여가 허용되고 있다. 2004년의 EU의 확대 이전에 13개 가입후보국에게 그 참가자격을 부여한 예는 EU의 행정기관으로서는 유럽환경청이 처음이었다. 이에 따라 유럽환경청은 EU 모든 회원국들, 유럽자유무역연합(European Free Trade Association: EFTA) 3개국(아이슬란드, 노르웨이, 리히텐슈타인), 유럽연합 1개 가입후보국(터키), 스위스를 포함하여 총 32개국으로 구성되게 되었다.

Ⅲ. 결언

이상에서는 '유럽환경청'과 '유럽환경정보네트워크'의 설립과 운영 시스템을 중심으로 EU의 환경정책에 대한 관심과 노력에 관하여 살펴보았다. 1992년 마스트리히트 조약(TEU)에 의해 EU가 창설될 즈음에 유럽은 이미 '환경'에 대하여 지대한 관심을 가지고 있었다. 특히 2009년 12월 1일 리스본조약이 발효됨과 함께 환경에 대한 EU의 적극적 활동이 국제사회의 환경정책을 주도하고 있다. 이산화탄소의 배출을 줄이고 신재생에너지원을 증대시키려는 노력을 통해 EU는 '친환경정책'을 적

---

51) Regulation 401/2009, 제18조 제3항.
52) Regulation 401/2009, 제19조.

극적으로 추진하고 있다. 특히 2013년부터의 '연장된 교토의정서체제'를 거쳐 신 기후변화협약시대가 도래되는 2020년을 기점으로 신재생에너지의 활용을 전체 에너지사용의 20%까지 확보하도록 법제도적 조치를 취하고 있다. 또한 신 기후체제로 2015년 채택된 파리협정(Paris Agreement)에도 적극적으로 참여하고 있다.

이처럼 EU의 환경에 대한 관심은 특별하다. EU가 추구하고 있는 친환경정책은 단순히 '환경을 보호'하는 것이 목적이 아니라, '미래를 향한' 지속가능한 발전을 촉진하고 다음 세대에게 건전한 자연환경을 물려주기 위함이라고 할 수 있다. EU는 '더 늦기 전에' 환경보전의 초석을 놓고자 노력하고 있는 것이다. 그런데 이는 개별 국가적 차원에서 뿐만 아니라, 국제적 차원에서도 모두 중요한 사안이라고 할 수 있다. 즉 개별국가의 입장에서는 교토의정서의 이행에 적극적으로 동참해야 하고, 나아가 자유무역협정(Free Trade Agreement: FTA) 등을 통하여도 지역적 또는 국제적 환경보호에 적극적으로 협력해야 할 것이다. 국제적 차원에서는 국제 공동체 의식을 제고하여 전 세계적인 환경보호정책을 추진해야 한다. 기존의 다자간환경협약(MEAs)에 많은 국가들이 가입하는 방법을 통하여 동 협약의 보편적 효력을 확보하는 방법이 있을 수 있고, 새로운 초국가적 국제환경기구를 창설하는 방법이 있을 수 있다.

따라서 EU가 유럽이라고 하는 지역적 차원에서 운영하고 있는 유럽환경청과 유럽환경정보관찰네트워크 시스템은 개별 국가적 차원 그리고 국제 공동체적 차원 모두에서 환경보호에 관한 협력에 있어 부여하는 바가 크다. 우리나라도 녹색성장기본법의 제정과 시행 및 추가 입법 활동을 통해 국내적으로 환경보호정책을 추진함과 아울러 동아시아적 차원 또는 국제적 차원에서의 환경정책의 협력에 관심을 가져야 할 것이다.

부 록

부록 1

EU의 연대기
(Chronology of the European Union)

1951. 4. 18.	파리조약(Treaty of Paris)에 의해 ECSC조약(Treaty Establishing the European Coal and Steel Community)의 채택 * 원회원국: 독일, 프랑스, 이탈리아, 베네룩스 3국(벨기에, 네덜란드, 룩셈부르크) * 이사회(Council), 고등관청(High Authority), 의회(Assembly), 법원(Court)의 설립
1952. 7. 25.	ECSC조약의 발효
1957. 3. 25.	로마조약(Treaty of Rome)에 의해 EEC조약(Treaty Establishing the European Economic Community)과 EAEC조약(Treaty Establishing the European Atomic Energy Community)의 채택 * 이사회(Council), 위원회(Commission), 의회(Assembly), 법원(Court)의 설립 * Convention on certain Institutions common to the three Communities: 단일의회(a single Assembly)와 단일법원(a single Court)의 합의
1958. 1. 1.	EEC조약과 EAEC조약의 발효
1962. 3. 30.	유럽의회가 Assembly 대신 European Parliament라는 명칭을 사용하기로 결의
1965. 4. 8.	통합조약(Merger Treaty)의 채택(Treaty establishing a Single Council and a Single Commission of the European Communities)
1967. 7. 1.	통합조약(Merger Treaty)의 발효
1968. 7. 1.	관세동맹(Customs Union)의 창설
1972. 1. 22.	영국, 덴마크, 아일랜드, 노르웨이의 EC서명
1973. 1. 1.	영국, 덴마크, 아일랜드의 EC가입(노르웨이는 국민투표에서 비준거부)
1976. 9. 20.	직접보통선거에 의한 의원선출에 관한 의정서(Act concerning the Election of Representatives of the Assembly by Direct Universal Suffrage)의 채택
1979. 6. 7, 10.	유럽의회(European Parliament: EP)의 첫 직접선거의 실시
1979. 7. 17.	유럽의회(European Parliament: EP)의 공식개회
1981. 1. 1.	그리스의 EC가입
1985. 2. 1.	그린란드(1973년 1월 1일부터 EC의 회원국이었던 덴마크 영토의 일부였음)의 EC탈퇴
1986. 1. 1.	스페인, 포르투갈의 EC가입
1986. 2. 17, 28.	단일유럽의정서(Single European Act: SEA)의 채택
1987. 7. 1.	단일유럽의정서(Single European Act: SEA)의 발효
1988. 10. 24.	이사회에 의한 제1심법원(Court of First Instance: CFI) 설립에 관한 결정 (Council Decision 88/591)의 채택
1989. 9. 25.	제1심법원(Court of First Instance: CFI)의 설치

1989. 11.	제1심법원(Court of First Instance: CFI)의 직무 개시
1990. 10. 3.	독일의 통일
1992. 2. 7.	유럽연합조약(Treaty on European Union: TEU, Maastricht 조약)의 채택
1992. 5. 2.	EEA협정(Agreement on a European Economic Area)의 채택
1993. 11. 1.	유럽연합조약(Treaty on European Union: TEU, Maastricht 조약)의 발효
1994. 1. 1.	EEA협정(Agreement on a European Economic Area)의 발효
1995. 1. 1.	스웨덴, 핀란드, 오스트리아의 EU가입(노르웨이는 국민투표에서 비준 거부)
1997. 10. 2.	Amsterdam조약(Treaty of Amsterdam amending the Treaty on European Union, the Treaties establishing the European Communities and certain related Acts)의 채택
1999. 5. 1.	Amsterdam조약(Treaty of Amsterdam amending the Treaty on European Union, the Treaties establishing the European Communities and certain related Acts)의 발효
2001. 2. 26.	Nice조약(Treaty of Nice amending the Treaty on European Union, the Treaties establishing the European Communities and certain related Acts)의 채택
2002. 7. 23.	ECSC조약의 소멸
2002. 7. 24.	ECSC 자산과 부채의 EC로의 이전(ECSC조약 만료의 재정적 결과와 석탄철강 연구기금에 관한 의정서: Protocol on the financial consequences of the expiry of the ECSC Treaty and on the Research Fund for Coal and Steel)
2003. 2. 1.	Nice조약(Treaty of Nice amending the Treaty on European Union, the Treaties establishing the European Communities and certain related Acts)의 발효
2004. 5. 1.	사이프러스, 몰타, 헝가리, 폴란드, 슬로바키아공화국, 라트비아, 에스토니아, 리투아니아, 체크공화국, 슬로베니아의 EU가입
2004. 10. 29.	EU헌법조약(Treaty establishing a Constitution for Europe)의 채택
2005. 5. 29.	EU헌법조약－프랑스 국민투표에서 부결
2005. 6. 1.	EU헌법조약－네덜란드 국민투표에서 부결
2007. 1. 1.	루마니아, 불가리아의 EU가입
2007. 12. 13.	Lisbon조약(Treaty of Lisbon amending the Treaty on European Union and the Treaty establishing the European Community: the Treaty on European Union and the Treaty on the Functioning of the European Union)의 채택
2008. 6. 13.	Lisbon조약－아일랜드 1차 국민투표에서 부결
2009. 10. 2.	Lisbon조약－아일랜드 2차 국민투표에서 가결
2009. 10. 15.	한·EU FTA－벨기에 브뤼셀에서 가서명
2009. 12. 1.	Lisbon조약(Treaty of Lisbon amending the Treaty on European Union and the Treaty establishing the European Community: the Treaty on European Union and the Treaty on the Functioning of the European Union)의 발효
2010. 10. 6.	한·EU FTA－벨기에 브뤼셀에서 정식서명
2011. 7. 1.	한·EU FTA (잠정)발효
2013. 7. 1.	크로아티아의 EU가입
2020. 1. 31	영국의 EU탈퇴

부록 2

리스본조약에 의한 신구조문 대조표
(Tables of equivalences)[1]

Treaty on European Union

Old numbering of the Treaty on European Union	New numbering of the Treaty on European Union
TITLE I —. COMMON PROVISIONS	TITLE I —. COMMON PROVISIONS
Article 1	Article 1
	Article 2
Article 2	Article 3
Article 3 (repealed)	
	Article 4
	Article 5
Article 4 (repealed)	
Article 5 (repealed)	
Article 6	Article 6
Article 7	Article 7
	Article 8
TITLE II —. PROVISIONS AMENDING THE TREATY ESTABLISHING THE EUROPEAN ECONOMIC COMMUNITY WITH A VIEW TO ESTABLISHING THE EUROPEAN COMMUNITY	TITLE II —. PROVISIONS ON DEMOCRATIC PRINCIPLES
Article 8 (repealed)	Article 9
	Article 10
	Article 11
	Article 12
TITLE III —. PROVISIONS AMENDING THE TREATY ESTABLISHING THE EUROPEAN COAL AND STEEL COMMUNITY	TITLE III —. PROVISIONS ON THE INSTITUTIONS
Article 9 (repealed)	Article 13
	Article 14
	Article 15
	Article 16
	Article 17
	Article 18
	Article 19
TITLE IV —. PROVISIONS AMENDING THE TREATY ESTABLISHING THE EUROPEAN ATOMIC ENERGY COMMUNITY	TITLE IV —. PROVISIONS ON ENHANCED COOPERATION
Article 10 (repealed)	Article 20
Articles 27a to 27e (replaced)	
Articles 40 to 40b (replaced)	
Articles 43 to 45 (replaced)	
TITLE V —. PROVISIONS ON A COMMON FOREIGN AND SECURITY POLICY	TITLE V —. GENERAL PROVISIONS ON THE UNION'S EXTERNAL ACTION AND SPECIFIC

---

1) Tables of equivalences as referred to in Article 5 of the Treaty of Lisbon. OJ 2008 C115/1.

	PROVISIONS ON THE COMMON FOREIGN AND SECURITY POLICY
	Chapter 1 —. General provisions on the Union's external action
	Article 21
	Article 22
	Chapter 2 —. Specific provisions on the common foreign and security policy
	Section 1 —. Common provisions
	Article 23
Article 11	Article 24
Article 12	Article 25
Article 13	Article 26
	Article 27
Article 14	Article 28
Article 15	Article 29
Article 22 (moved)	Article 30
Article 23 (moved)	Article 31
Article 16	Article 32
Article 17 (moved)	Article 42
Article 18	Article 33
Article 19	Article 34
Article 20	Article 35
Article 21	Article 36
Article 22 (moved)	Article 30
Article 23 (moved)	Article 31
Article 24	Article 37
Article 25	Article 38
	Article 39
Article 47 (moved)	Article 40
Article 26 (repealed)	
Article 27 (repealed)	
Article 27a (replaced)	*Article 20*
Article 27b (replaced)	*Article 20*
Article 27c (replaced)	*Article 20*
Article 27d (replaced)	*Article 20*
Article 27e (replaced)	*Article 20*
Article 28	Article 41
	Section 2 —. Provisions on the common security and defence policy
Article 17 (moved)	*Article 42*
	Article 43
	Article 44
	Article 45
	Article 46
TITLE VI —. PROVISIONS ON POLICE AND JUDICIAL COOPERATION IN CRIMINAL MATTERS (repealed)	
Article 29 (replaced)	
Article 30 (replaced)	
Article 31 (replaced)	
Article 32 (replaced)	
Article 33 (replaced)	
Article 34 (replaced)	
Article 35 (replaced)	

Article 36 (replaced)	
Article 37 (replaced)	
Article 38 (replaced)	
Article 39 (replaced)	
Article 40 (replaced)	*Article 20*
Article 40 A (replaced)	*Article 20*
Article 40 B (replaced)	*Article 20*
Article 41 (repealed)	
Article 42 (repealed)	
TITLE Ⅶ —. PROVISIONS ON ENHANCED COOPERATION (replaced)	TITLE Ⅳ —. PROVISIONS ON ENHANCED COOPERATION
Article 43 (replaced)	*Article 20*
Article 43 A (replaced)	*Article 20*
Article 43 B (replaced)	*Article 20*
Article 44 (replaced)	*Article 20*
Article 44 A (replaced)	*Article 20*
Article 45 (replaced)	*Article 20*
TITRE Ⅷ —. FINAL PROVISIONS	TITLE Ⅵ —. FINAL PROVISIONS
Article 46 (repealed)	
	Article 47
Article 47 (replaced)	*Article 40*
Article 48	Article 48
Article 49	Article 49
	Article 50
	Article 51
	Article 52
Article 50 (repealed)	
Article 51	Article 53
Article 52	Article 54
Article 53	Article 55

Treaty on the Functioning of the European Union

Old numbering of the Treaty establishing the European Community	New numbering of the Treaty on the Functioning of the European Union
PART ONE —. PRINCIPLES	PART ONE —. PRINCIPLES
Article 1 (repealed)	
	Article 1
Article 2 (repealed)	
	Title I —. Categories and areas of union competence
	Article 2
	Article 3
	Article 4
	Article 5
	Article 6
	Title Ⅱ —. Provisions having general application
	Article 7
Article 3, paragraph 1 (repealed)	
Article 3, paragraph 2	Article 8
Article 4 (moved)	*Article 119*
Article 5 (replaced)	
	Article 9

	Article 10
Article 6	Article 11
Article 153, paragraph 2 (moved)	Article 12
	Article 13
Article 7 (repealed)	
Article 8 (repealed)	
Article 9 (repealed)	
Article 10 (repealed)	
Article 11 (repealed)	*Articles 326 to 334*
Article 11a (replaced)	*Articles 326 to 334*
Article 12 (repealed)	*Article 18*
Article 13 (moved)	*Article 19*
Article 14 (moved)	*Article 26*
Article 15 (moved)	*Article 27*
Article 16	Article 14
Article 255 (moved)	Article 15
Article 286 (moved)	Article 16
	Article 17
PART TWO —. CITIZENSHIP OF THE UNION	PART TWO —. NON−DISCRIMINATION AND CITIZENSHIP OF THE UNION
Article 12 (moved)	Article 18
Article 13 (moved)	Article 19
Article 17	Article 20
Article 18	Article 21
Article 19	Article 22
Article 20	Article 23
Article 21	Article 24
Article 22	Article 25
PART THREE —. COMMUNITY POLICIES	PART THREE —. POLICIES AND INTERNAL ACTIONS OF THE UNION
	Title I —. The internal market
Article 14 (moved)	Article 26
Article 15 (moved)	Article 27
Title I —. Free movement of goods	Title Ⅱ —. Free movement of goods
Article 23	Article 28
Article 24	Article 29
Chapter 1 —. The customs union	Chapter 1 —. The customs union
Article 25	Article 30
Article 26	Article 31
Article 27	Article 32
Part Three, Title X, Customs cooperation (moved)	Chapter 2 —. Customs cooperation
Article 135 (moved)	Article 33
Chapter 2 —. Prohibition of quantitative restrictions between Member States	Chapter 3 —. Prohibition of quantitative restrictions between Member States

Article 63, points 1 et 2, and Article 64, paragraph 2	Article 78
Article 63, points 3 and 4	Article 79
	Article 80
Article 64, paragraph 1 (replaced)	*Article 72*
	Chapter 3 —. Judicial cooperation in civil matters
Article 65	Article 81
Article 66 (repealed)	*Article 74*
Article 67 (repealed)	
Article 68 (repealed)	
Article 69 (repealed)	
	Chapter 4 —. Judicial cooperation in criminal matters
	Article 82
	Article 83
	Article 84
	Article 85
	Article 86
	Chapter 5 —. Police cooperation
	Article 87
	Article 88
	Article 89
Title Ⅵ —. Transport	Title Ⅵ —. Transport
Article 70	Article 90
Article 71	Article 91
Article 72	Article 92
Article 73	Article 93
Article 74	Article 94
Article 75	Article 95
Article 76	Article 96
Article 77	Article 97
Article 78	Article 98
Article 79	Article 99
Article 80	Article 100
Title Ⅵ —. Common rules on competition, taxation and approximation of laws	Title Ⅵ —. Common rules on competition, taxation and approximation of laws
Chapter 1 —. Rules on competition	Chapter 1 —. Rules on competition
Section 1 —. Rules applying to undertakings	Section 1 —. Rules applying to undertakings
Article 81	Article 101
Article 82	Article 102
Article 83	Article 103
Article 84	Article 104
Article 85	Article 105
Article 86	Article 106
Section 2 —. Aids granted by States	Section 2 —. Aids granted by States
Article 87	Article 107
Article 88	Article 108
Article 89	Article 109
Chapter 2 —. Tax provisions	Chapter 2 —. Tax provisions
Article 90	Article 110
Article 91	Article 111
Article 92	Article 112
Article 93	Article 113
Chapter 3 —. Approximation of laws	Chapter 3 —. Approximation of laws
Article 95 (moved)	Article 114
Article 94 (moved)	Article 115
Article 96	Article 116

Article 97	Article 117
	Article 118
Title Ⅶ 一. Economic and monetary policy	Title Ⅶ 一. Economic and monetary policy
Article 4 (moved)	Article 119
Chapter 1 一. Economic policy	Chapter 1 一. Economic policy
Article 98	Article 120
Article 99	Article 121
Article 100	Article 122
Article 101	Article 123
Article 102	Article 124
Article 103	Article 125
Article 104	Article 126
Chapter 2 一. monetary policy	Chapter 2 一. monetary policy
Article 105	Article 127
Article 106	Article 128
Article 107	Article 129
Article 108	Article 130
Article 109	Article 131
Article 110	Article 132
Article 111, paragraphs 1 to 3 and 5 (moved)	*Article 219*
Article 111, paragraph 4 (moved)	*Article 138*
	Article 133
Chapter 3 一. Institutional provisions	Chapter 3 一. Institutional provisions
Article 112 (moved)	*Article 283*
Article 113 (moved)	*Article 284*
Article 114	Article 134
Article 115	Article 135
	Chapter 4 一. Provisions specific to Member States whose currency is the euro
	Article 136
	Article 137
Article 111, paragraph 4 (moved)	Article 138
Chapter 4 一. Transitional provisions	Chapter 5 一. Transitional provisions
Article 116 (repealed)	
	Article 139
Article 117, paragraphs 1, 2, sixth indent, and 3 to 9 (repealed)	
Article 117, paragraph 2, first five indents (moved)	*Article 141, paragraph 2*
Article 121, paragraph 1 (moved)	
Article 122, paragraph 2, second sentence (moved)	Article 140
Article 123, paragraph 5 (moved)	
Article 118 (repealed)	
Article 123, paragraph 3 (moved)	
Article 117, paragraph 2, first five indents (moved)	Article 141
Article 124, paragraph 1 (moved)	Article 142
Article 119	Article 143
Article 120	Article 144
Article 121, paragraph 1 (moved)	*Article 140, paragraph 1*
Article 121, paragraphs 2 to 4 (repealed)	
Article 122, paragraphs 1, 2, first sentence, 3, 4, 5 and 6 (repealed)	

Article 122, paragraph 2, second sentence (moved)	Article 140, paragraph 2, first subparagraph
Article 123, paragraphs 1, 2 and 4 (repealed)	
Article 123, paragraph 3 (moved)	*Article 141, paragraph 1*
Article 123, paragraph 5 (moved)	*Article 140, paragraph 3*
Article 124, paragraph 1 (moved)	*Article 142*
Article 124, paragraph 2 (repealed)	
Title Ⅷ —. Employment	Title Ⅸ —. Employment
Article 125	Article 145
Article 126	Article 146
Article 127	Article 147
Article 128	Article 148
Article 129	Article 149
Article 130	Article 150
Title Ⅸ —. Common commercial policy (moved)	*Part Five, Title Ⅱ, common commercial policy*
Article 131 (moved)	*Article 206*
Article 132 (repealed)	
Article 133 (moved)	*Article 207*
Article 134 (repealed)	
Title Ⅹ —. Customs cooperation (moved)	*Part Three, Title Ⅱ, Chapter 2, Customs cooperation*
Article 135 (moved)	*Article 33*
Title Ⅺ —. Social policy, education, vocational training and youth	Title Ⅹ —. Social policy
Chapter 1 —. social provisions (repealed)	
Article 136	Article 151
	Article 152
Article 137	Article 153
Article 138	Article 154
Article 139	Article 155
Article 140	Article 156
Article 141	Article 157
Article 142	Article 158
Article 143	Article 159
Article 144	Article 160
Article 145	Article 161
Chapter 2 —. The European Social Fund	Title Ⅺ —. The European Social Fund
Article 146	Article 162
Article 147	Article 163
Article 148	Article 164
Chapter 3 —. Education, vocational training and youth	Title Ⅻ —. Education, vocational training, youth and sport
Article 149	Article 165
Article 150	Article 166
Title Ⅻ —. Culture	Title XIII —. Culture
Article 151	Article 167
Title XIII —. Public health	Title XIV —. Public health
Article 152	Article 168
Title XIV —. Consumer protection	Title XV —. Consumer protection
Article 153, paragraphs 1, 3, 4 and 5	Article 169
Article 153, paragraph 2 (moved)	*Article 12*
Title XV —. Trans-.European networks	Title XVI —. Trans-.European networks
Article 154	Article 170
Article 155	Article 171
Article 156	Article 172
Title XVI —. Industry	Title XVII —. Industry
Article 157	Article 173

Title XVII 一. Economic and social cohesion	Title XVIII 一. Economic, social and territorial cohesion
Article 158	Article 174
Article 159	Article 175
Article 160	Article 176
Article 161	Article 177
Article 162	Article 178
Title XVIII 一. Research and technological development	Title XIX 一. Research and technological development and space
Article 163	Article 179
Article 164	Article 180
Article 165	Article 181
Article 166	Article 182
Article 167	Article 183
Article 168	Article 184
Article 169	Article 185
Article 170	Article 186
Article 171	Article 187
Article 172	Article 188
	Article 189
Article 173	Article 190
Title XIX 一. Environment	Title XX 一. Environment
Article 174	Article 191
Article 175	Article 192
Article 176	Article 193
	Titre XXI 一. Energy
	Article 194
	Title XXII 一. Tourism
	Article 195
	Title XXIII 一. Civil protection
	Article 196
	Title XXIV 一. Administrative cooperation
	Article 197
Title XX 一. Development cooperation (moved)	Part Five, Title III, Chapter 1, Development cooperation
Article 177 (moved)	Article 208
Article 178 (repealed)	
Article 179 (moved)	Article 209
Article 180 (moved)	Article 210
Article 181 (moved)	Article 211
Title XXI 一. Economic, financial and technical cooperation with third countries (moved)	Part Five, Title III, Chapter 2, Economic, financial and technical cooperation with third countries
Article 181a (moved)	Article 212
PART FOUR 一. ASSOCIATION OF THE OVERSEAS COUNTRIES AND TERRITORIES	PART FOUR 一. ASSOCIATION OF THE OVERSEAS COUNTRIES AND TERRITORIES
Article 182	Article 198
Article 183	Article 199
Article 184	Article 200
Article 185	Article 201
Article 186	Article 202
Article 187	Article 203
Article 188	Article 204
	PART FIVE 一. EXTERNAL ACTION BY THE UNION
	Title I 一. General provisions on the union's external action

	Article 205
Part Three, Title IX, Common commercial policy (moved)	Title II ─. Common commercial policy
Article 131 (moved)	Article 206
Article 133 (moved)	Article 207
	Title III ─. Cooperation with third countries and humanitarian aid
Part Three, Title XX, Development cooperation (moved)	Chapter 1 ─. development cooperation
Article 177 (moved)	Article 208
Article 179 (moved)	Article 209
Article 180 (moved)	Article 210
Article 181 (moved)	Article 211
Part Three, Title XXI, Economic, financial and technical cooperation with third countries (moved)	Chapter 2 ─. Economic, financial and technical cooperation with third countries
Article 181a (moved)	Article 212
	Article 213
	Chapter 3 ─. Humanitarian aid
	Article 214
	Title IV ─. Restrictive measures
Article 301 (replaced)	Article 215
	Title V ─. International agreements
	Article 216
Article 310 (moved)	Article 217
Article 300 (replaced)	Article 218
Article 111, paragraphs 1 to 3 and 5 (moved)	Article 219
	Title VI ─. The Union's relations with international organisations and third countries and the Union delegations
Articles 302 to 304 (replaced)	Article 220
	Article 221
	Title VII ─. Solidarity clause
	Article 222
PART FIVE ─. INSTITUTIONS OF THE COMMUNITY	PART SIX ─. INSTITUTIONAL AND FINANCIAL PROVISIONS
Title I ─. Institutional provisions	Title I ─. Institutional provisions
Chapter 1 ─. The institutions	Chapter 1 ─. The institutions
Section 1 ─. The European Parliament	Section 1 ─. The European Parliament
Article 189 (repealed)	
Article 190, paragraphs 1 to 3 (repealed)	
Article 190, paragraphs 4 and 5	Article 223
Article 191, first paragraph (repealed)	
Article 191, second paragraph	Article 224
Article 192, first paragraph (repealed)	
Article 192, second paragraph	Article 225
Article 193	Article 226
Article 194	Article 227
Article 195	Article 228
Article 196	Article 229
Article 197, first paragraph (repealed)	
Article 197, second, third and fourth paragraphs	Article 230
Article 198	Article 231

Article 199	Article 232
Article 200	Article 233
Article 201	Article 234
	Section 2 一. The European Council
	Article 235
	Article 236
Section 2 一. The Council	Section 3 一. The Council
Article 202 (repealed)	
Article 203 (repealed)	
Article 204	Article 237
Article 205, paragraphs 2 and 4 (repealed)	
Article 205, paragraphs 1 and 3	Article 238
Article 206	Article 239
Article 207	Article 240
Article 208	Article 241
Article 209	Article 242
Article 210	Article 243
Section 3 一. The Commission	Section 4 一. The Commission
Article 211 (repealed)	
	Article 244
Article 212 (moved)	*Article 249, paragraph 2*
Article 213	Article 245
Article 214 (repealed)	
Article 215	Article 246
Article 216	Article 247
Article 217, paragraphs 1, 3 and 4 (repealed)	
Article 217, paragraph 2	Article 148
Article 218, paragraph 1 (repealed)	
Article 218, paragraph 2	Article 249
Article 219	Article 250
Section 4 一. The Court of Justice	Section 5 一. The Court of Justice of the European Union
Article 220 (repealed)	
Article 221, first paragraph (repealed)	
Article 221, second and third paragraphs	Article 251
Article 222	Article 252
Article 223	Article 253
Article 224	Article 254
	Article 255
Article 225	Article 256
Article 225a	Article 257
Article 226	Article 258
Article 227	Article 259
Article 228	Article 260
Article 229	Article 261
Article 229a	Article 262
Article 230	Article 263
Article 231	Article 264
Article 232	Article 265
Article 233	Article 266
Article 234	Article 267
Article 235	Article 268
	Article 269
Article 236	Article 270
Article 237	Article 271
Article 238	Article 272
Article 239	Article 273
Article 240	Article 274

	Article 275
	Article 276
Article 241	Article 277
Article 242	Article 278
Article 243	Article 279
Article 244	Article 280
Article 245	Article 281
	Section 6 —. The European Central Bank
	Article 282
Article 112 (moved)	Article 283
Article 113 (moved)	Article 284
Section 5 —. The Court of Auditors	Section 7 —. The Court of Auditors
Article 246	Article 285
Article 247	Article 286
Article 248	Article 287
Chapter 2 —. Provisions common to several institutions	Chapter 2 —. Legal acts of the Union, adoption procedures and other provisions
	Section 1 —. The legal acts of the Union
Article 249	Article 288
	Article 289
	Article 290
	Article 291
	Article 292
	Section 2 —. Procedures for the adoption of acts and other provisions
Article 250	Article 293
Article 251	Article 294
Article 252 (repealed)	
	Article 295
Article 253	Article 296
Article 254	Article 297
	Article 298
Article 255 (moved)	*Article 15*
Article 256	Article 299
	Chapter 3 —. The Union's advisory bodies
	Article 300
Chapter 3 —. The Economic and Social Committee	Section 1 —. The Economic and Social Committee
Article 257 (repealed)	
Article 258, first, second and fourth paragraphs	Article 301
Article 258, third paragraph (repealed)	
Article 259	Article 302
Article 260	Article 303
Article 261 (repealed)	
Article 262	Article 304
Chapter 4 —. The Committee of the Regions	Section 2 —. The Committee of the Regions
Article 263, first and fifth paragraphs (repealed)	
Article 263, second to fourth paragraphs	Article 305
Article 264	Article 306
Article 265	Article 307
Chapter 5 —. The European Investment Bank	Chapter 4 —. The European Investment Bank
Article 266	Article 308
Article 267	Article 309
Title Ⅱ —. Financial provisions	Title Ⅱ —. Financial provisions
Article 268	Article 310

	Chapter 1 —. The Union's own resources
Article 269	Article 311
Article 270 (repealed)	
	Chapter 2 —. The multiannual financial framework
	Article 312
	Chapter 3 —. The Union's annual budget
Article 272, paragraph 1 (moved)	Article 313
Article 271 (moved)	*Article 316*
Article 272, paragraph 1 (moved)	*Article 313*
Article 272, paragraphs 2 to 10	Article 314
Article 273	Article 315
Article 271 (moved)	Article 316
	Chapter 4 —. Implementation of the budget and discharge
Article 274	Article 317
Article 275	Article 318
Article 276	Article 319
	Chapter 5 —. Common provisions
Article 277	Article 320
Article 278	Article 321
Article 279	Article 322
	Article 323
	Article 324
	Chapter 6 —. Combating fraud
Article 280	Article 325
	Title III —. Enhanced cooperation
Articles 11 and 11a (replaced)	Article 326
Articles 11 and 11a (replaced)	Article 327
Articles 11 and 11a (replaced)	Article 328
Articles 11 and 11a (replaced)	Article 329
Articles 11 and 11a (replaced)	Article 330
Articles 11 and 11a (replaced)	Article 331
Articles 11 and 11a (replaced)	Article 332
Articles 11 and 11a (replaced)	Article 333
Articles 11 and 11a (replaced)	Article 334
PART SIX —. GENERAL AND FINAL PROVISIONS	PART SEVEN —. GENERAL AND FINAL PROVISIONS
Article 281 (repealed)	
Article 282	Article 335
Article 283	Article 336
Article 284	Article 337
Article 285	Article 338
Article 286 (replaced)	*Article 16*
Article 287	Article 339
Article 288	Article 340
Article 289	Article 341
Article 290	Article 342
Article 291	Article 343
Article 292	Article 344
Article 293 (repealed)	
Article 294 (moved)	*Article 55*
Article 295	Article 345
Article 296	Article 346
Article 297	Article 347
Article 298	Article 348
Article 299, paragraph 1 (repealed)	
Article 299, paragraph 2, second, third and	Article 349

fourth subparagraphs	
Article 299, paragraph 2, first subparagraph, and paragraphs 3 to 6 (moved)	*Article 355*
Article 300 (replaced)	*Article 218*
Article 301 (replaced)	*Article 215*
Article 302 (replaced)	*Article 220*
Article 303 (replaced)	*Article 220*
Article 304 (replaced)	*Article 220*
Article 305 (repealed)	
Article 306	Article 350
Article 307	Article 351
Article 308	Article 352
	Article 353
Article 309	Article 354
Article 310 (moved)	Article 217
Article 311 (repealed)	
Article 299, paragraph 2,first subparagraph, and paragraphs 3 to 6 (moved)	Article 355
Article 312	Article 356
Final Provisions	
Article 313	Article 357
	Article 358
Article 314 (repealed)	

| 찾아보기 |

| 저자 소개 |

김두수

약 력

한국외국어대학교 졸업(법학박사)

한국외국어대학교 법학전문대학원, 경희대학교, 서울시립대학교, 아주대학교,
  동국대학교, 창원대학교, 경기대학교, 청주대학교 강의교수

경상대학교 객원교수 · 학술연구교수

국가공무원시험 문제선정위원

한국법제연구원 비교법제연구센터 해외법제조사위원

국회도서관 EU법 강사

Hague Academy of International Law 수료

대한국제법학회 사무국장 · 이사

한국국제경제법학회 출판이사 · 총무이사

한국유럽학회 이사

저 서

「현대국제조약집」 (공편)

「EU소송법상 선결적 부탁절차」

「EU법론」

「EU사법(Ⅰ)·(Ⅱ)」 (공저)

「EU공동시장법」

「글로벌시대의 유럽읽기」 (공저)

「EU식품법」

「유럽연합의 법, 정치와 대외관계」 (공저)

「EU환경법」

「EU의 통합성과 지역성」 (공저)

「나고야의정서의 이행: 환경과 통상」

「신국제경제법」 (공저) 외 다수

EU법

초판발행   2020년 5월 13일

지은이   김두수
펴낸이   안종만·안상준

편 집   장유나
기획/마케팅   정연환
표지디자인   조아라
제 작   우인도·고철민

펴낸곳   (주) **박영사**
                서울특별시 종로구 새문안로3길 36, 1601
                등록 1959. 3. 11. 제300-1959-1호(倫)

전 화   02)733-6771
f a x   02)736-4818
e-mail   pys@pybook.co.kr
homepage   www.pybook.co.kr
ISBN   979-11-303-3635-0   93360

* 잘못된 책은 바꿔드립니다. 본서의 무단복제행위를 금합니다.
* 저자와 협의하여 인지첩부를 생략합니다.

정 가   28,000원